Vincent Tardieu

Le silence des ABEILLES

ENQUÊTE SUR UN DÉCLIN MYSTÉRIEUX

BELIN • POUR LA SCIENCE
8, rue Férou - 75278 Paris cedex 06

Aux éditions Belin-Pour la Science

- J.-L. Hartenberger, *Grandeur et décadence de la girafe*, 2009.
- P. Tassy, *L'invention de la mastodonte. Aux origines de la paléontologie*, 2009.
- J. Bruslé et J.-P. Quignard, *Les poissons font-ils l'amour ? Et autres questions insolites sur les poissons*, 2009.
- J. Collina-Girard, *L'Atlantide retrouvée ? Enquête scientifique autour d'un mythe*, 2009.
- P. Feillet, *OGM, le nouveau Graal ?*, 2009.
- A. Kroh, *Petit traité de l'imposture scientifique*, 2009.
- C. Bousquet, *Darwin. L'homme qui osa*, 2009.
- S. Steyer, *La Terre avant les dinosaures*, 2009.
- A. Meinesz, *Comment la vie a commencé*, 2008.
- R. Gantès et J.-P. Quignard, *Alliances animales*, 2008.
- C. Bousquet, *Cellule, étonne-moi !*, 2007.
- P. Forterre, *Microbes de l'enfer*, 2007.
- J. Bruslé et J.-P. Quignard, *Pas si bêtes les poissons*, 2006.
- G. Lecointre et H. Le Guyader, *Classification phylogénétique du vivant*, 2006.
- M. Pascal, O. Lorvelec et J.-D. Vigne, *Invasions et extinctions, 11 000 ans d'histoire des vertébrés en France*, 2006
- J.-L. Hartenberger, *Une brève histoire des mammifères*, 2001.
- H. Le Guyader (sous la dir.), *L'évolution*, 1998.
- P.-H. Gouyon, J. Arnould, J.-P. Henry, *Les avatars du gène. La théorie néodarwinienne de l'évolution*, 1997.

Du même auteur :

- *Santo, les explorateurs de l'île planète* (avec Lise Barnéoud), Belin, 2007.
- *Forêts des hommes. Tropiques saccagés ou sauvés ?*, Robert Laffont, 1992.

L'auteur a bénéficié du soutien de Centre national du livre pour la rédaction de cet ouvrage.

Retrouvez l'ensemble de nos titres sur le site des éditions Belin : www.editions-belin.com
Couverture : © Keith Brofsky/Uppercut Images/Getty Images

 ISSN 1773-8016 ISBN 978-2-7011-**4909**-7

Aux filles ailées de la garrigue
et à mon prince musicien

Sommaire

PROLOGUE		7
CHAPITRE 1	Elles ont toutes fichu le camp !	11
CHAPITRE 2	To bee or not to bee	19
CHAPITRE 3	Un matin sans abeille...	39
CHAPITRE 4	Buzz planétaire	59
CHAPITRE 5	Un odieux complot chimique	81
CHAPITRE 6	Le poison ne fait pas le cadavre	101
CHAPITRE 7	La machine de guerre américaine	127
CHAPITRE 8	C'est un virus israëlo-australien qui a fait le coup !	149
CHAPITRE 9	Un vampire venu d'Extrême-Orient	167
CHAPITRE 10	Réconcilier la forme et le fond	189
CHAPITRE 11	Un Espagnol met la main sur l'assassin	197
CHAPITRE 12	Le « péril jaune » ! Il est passé par ici...	219
CHAPITRE 13	Les neonics : des boucs émissaires bien suspects	229
CHAPITRE 14	TranshumAmerica	247
CHAPITRE 15	Meurtres diaboliques entre amis	271
POSTCRIPTUM		299
ANNEXES		303
NOTES		319
INDEX		345

Prologue

Au commencement des relations entre l'homme et l'abeille, il y a un vieux contentieux : le premier va barboter la nourriture que la seconde met de longues journées à amasser puis à transformer, en détruisant en prime son nid. Forcément, ça rend méfiant ! Et même agressif. C'est que l'homme des cavernes n'est pas seulement un prédateur un peu fruste, il est aussi sacrément gourmand. Du coup, la chasse au miel devient une vraie partie de plaisir. Enfin, pour lui... Bon, chacun peut évoluer dans l'existence, même un homme fruste et gourmand : à partir de l'Antiquité, les relations deviennent plus pacifiques. Il s'établit une sorte de contrat tacite entre le tout premier éleveur de l'Égypte ancienne et l'abeille mellifère : en échange du gîte – dans un tronc évidé, elle n'est pas trop regardante – et parfois du couvert, à la faveur d'une visite d'un jardin odorant ou des berges fleuries du Nil, l'abeille ouvre ses réserves de miel à son nouveau protecteur. Et chacun paraît s'épanouir dans ce cercle vertueux : pas de ruches ni de plantes cultivées (et donc de fleurs à butiner en nombre) sans hommes, pas de fruits ni de miel sans abeilles.

Depuis, quelque cinquante mille milliards d'abeilles industrieuses et généreuses ne cessent de fertiliser les jardins de la Terre.

Ah, que ces bluettes écologiques m'attendrissent ! Et que j'aimerais faire mentir la chanson affirmant que les histoires d'amour finissent mal... Mais cette fois, j'ai un sérieux doute. Car j'aborde dans les pages qui suivent un tout autre chapitre de la relation entre l'homme et l'abeille, plus sombre celui-là. J'y décris en effet une nouvelle rupture provoquée par nos sociétés industrielles dans le contrat passé, voici quatre mille ans, avec l'insecte pollinisateur. C'est qu'entre les pesticides, la diffusion des maladies, l'épuisement et la malnutrition, la main de l'homme n'est jamais loin du tourment actuel des abeilles.

Dès lors, à nos yeux coupables, l'abeille *Apis mellifera* est devenue la douloureuse figure lilliputienne du martyr que fait subir à l'environnement notre modernité sauvage. Et son calvaire, fortement médiatisé, finit par éclipser celui des milliers d'autres insectes sauvages. Des oiseaux, des reptiles, des batraciens, des organismes du sol, etc. Des millions d'espèces qui s'avèrent, elles, bien incapables de nous offrir un élixir aussi suave que le miel – les larmes du Soleil, disaient les premiers éleveurs d'Égypte. J'adore le miel, mais je dois confesser ici que ma principale motivation pour enquêter sur le drame apicole est qu'il révèle une crise écologique plus globale. Une crise de la diversité biologique – les spécialistes parlent d'une sixième vague d'extinction massive des espèces – et, ajouterais-je, une crise culturelle et sociale qui frappe le métier d'apiculteur.

Me revient en mémoire cette conversation téléphonique du 4 avril 2008 avec l'apiculteur Denis Cournol, du rucher de Fiers-Loup, au-dessus du village d'Olargues, dans les hauts cantons du Languedoc : « *Cela faisait plusieurs jours*, disait-il, *que je me demandais ce qui ne tournait pas rond en sortant de chez moi. Maintenant, je le sais : c'est le silence ! Le silence des abeilles. Avant, la montagne tout entière bourdonnait au printemps, mais à présent, ce n'est plus le cas : je ne vois et je n'entends quasiment plus d'abeilles sauvages !* » En hommage à son miel de châtaignier, si rare et, bien sûr, à Rachel Carson, pionnière de l'écologie occidentale à qui l'on doit le retentissant *Silent Spring* (*Printemps silencieux*), un ouvrage sur l'impact des pesticides publié en 1962 aux États-Unis, je ne pouvais donner un autre titre à mon livre.

Alors, les jours d'*Apis mellifera* et ceux de ses cousines sauvages sont-ils vraiment comptés ? Et faudra-t-il, demain, comme certains nous y invitent, inscrire l'abeille mellifère au Patrimoine mondial de l'Unesco (c'est ce que propose, dans un rapport remis en octobre 2008 au Premier ministre, le député Martial Saddier) ? Dernier hommage à un chef-d'œuvre en péril, en somme. Méfiance ! Là encore, j'ai un doute. Journaliste scientifique, j'ai appris à me garder des chevaliers de l'Apocalypse qui vous annoncent la fin du monde naturel pour l'aube prochaine, de tous ces fossoyeurs de l'abeille qui, à longueur de colonnes et sur les antennes, psalmodient son oraison funèbre.

Face aux nombreuses incertitudes qui entourent le déclin des abeilles, sauvages comme « domestiques », moi qui ne connaissais rien au monde de ces insectes ni à celui de leurs bergers – je demande par avance pardon aux apiculteurs si quelques erreurs ont échappé à ma vigilance – je n'avais qu'une option : démonter la mécanique de ce déclin et décrire le plus cliniquement possible son processus en multipliant les regards, les données et les analyses. C'est ainsi que cette aventure, qui a duré vingt mois, m'a conduit à interroger 65 spécialistes des abeilles en France, en Europe et aux États-Unis. Des naturalistes et des scientifiques, mais aussi des éleveurs et des techniciens de l'apiculture, sans oublier quelques professionnels de l'industrie agrochimique. Ce travail s'est également appuyé sur 188 références – dont 119 publications scientifiques – que vous retrouverez en fin d'ouvrage. Voilà, à l'arrivée ce livre n'est pas un « prêt-à-penser ». Il ne donne ni recettes, ni conclusion définitive. Juste le récit d'une investigation journalistique sur une crise écologique complexe. Juste quelques clés pour éclairer et réfléchir à ce drame et à ces multiples facettes*.

* Dans tout le livre, les appels de notes en chiffres renvoient aux notes de fin d'ouvrage.

Chapitre 1

Elles ont toutes fichu le camp !

D'étranges disparitions surviennent à l'est des États-Unis : le récit du premier « lanceur d'alerte » sur le déclin des colonies américaines d'abeilles mellifères est dramatique. Où l'on s'aperçoit qu'il n'est pas le seul à faire le même cauchemar...

« *C'était le 12 novembre 2006, à 4 heures de l'après-midi.* » Il s'en souvient comme si c'était hier. Devant tous les cadres vides de ses ruches et ce silence si pesant, «*j'ai pensé avoir fait quelque chose de mal*», confie David Hackenberg. Une erreur de traitement peut-être, ou un oubli. Mais, il y a encore trois semaines, elles pétaient le feu ! Il sent bien que, cette fois, il a affaire à quelque chose de nouveau. Car des tapis d'abeilles mortes sur le pas d'envol des ruches, en quarante-cinq ans d'apiculture, vous pensez s'il en a connus. Non, ce qui le stupéfait et le panique tout à la fois, c'est justement de ne retrouver aucun cadavre au sein des ruches ni autour. Ça, il ne l'a encore jamais vu. Comme une disparition dans le triangle des Bermudes... en plein cœur du continent américain !

Revenons quelques mois auparavant, au printemps 2006. Comme à l'habitude, cet apiculteur professionnel consacre toute son énergie à trimbaler ses ruches sur des barges remorquées par un immense camion, à travers tout l'est des États-Unis, quand ce n'est pas jusqu'en Californie pour rejoindre les larges vallées d'amandiers comme il le fait depuis quelques années. C'est de ça qu'il vit, pour l'essentiel. De la location de ses colonies d'abeilles à de grands fermiers pour la pollinisation[1] de leurs cultures. Et l'industrie est florissante : « *Nos abeilles assurent une bouchée sur trois du repas des Américains !* », se plaît à dire Hackenberg, car la pollinisation permet de produire près du tiers des aliments consommés aux États-Unis. Pas rien ! Mais qui sait, au royaume du Mac Do et des sodas, des crèmes glacées et des pizzas, que sans Maya l'abeille pour polliniser fruits, amandes et légumes, on n'aurait plus à se mettre sous la dent qu'une pâte nue ou un hamburger sans tomates ni poivrons ? Et qui imagine que l'essentiel du travail de ces apiculteurs est de jouer les routiers et les manutentionnaires : des jours à avaler l'asphalte des routes américaines, des heures à charger et à décharger leurs ruches avec des engins mécaniques ? Faut être né au pays du Far West et avoir le gène du pionnier, pour endurer ça ! Les abeilles l'ont-elle également ?

Un vrai courant d'air, ce David Hackenberg ! Si vous voulez le joindre, vous avez intérêt à récupérer son téléphone portable et à vous armer de patience. Car dans son camion ou au fond d'une plantation, les appels ne passent pas toujours. Et puis il n'a guère le temps d'y répondre*.

Abeilles migratrices

Avec son troupeau ailé, il parcourt ainsi chaque année 15 à 20 000 kilomètres. De la Pennsylvanie, où les butineuses pollinisent des pommiers, au Maine où elles besognent les myrtilles en fleurs, puis dans la campagne new-yorkaise pour se refaire une santé sur les trèfles et produire un miel haut de gamme, avant de rentrer docilement en Pennsylvanie

---

* C'est finalement en France, au XVIIe Congrès national de l'apiculture française (UNAF), à Villefranche-sur-Saône, le 24 octobre 2008, que je m'entretiendrai avec lui et son collègue Dave Mendes.

pour suer sur des citrouilles. En fait, lorsque l'on commence à parler d'apiculture aux États-Unis, il faut très vite déplier la carte routière du pays afin de pouvoir suivre les mouvements des troupes apicoles. Un véritable champ de manœuvre qui menace aujourd'hui de devenir un champ de ruine !

Bref retour au bercail à l'automne pour Hackenberg et son cheptel, à Lewisburg exactement, dans le comté de l'Union en Pennsylvanie. « *Une ville de 6000 personnes et 88 millions d'abeilles !* » Assez pour piquer tous les habitants de New York, de la Californie et du Texas réunis. Et voilà déjà octobre qui s'annonce : il lui faut repartir ! Le spectacle est alors saisissant dans le pré de son rucher de Lewisburg. Un ballet futuriste de transpalettes motorisés, conduits par de curieux astronautes en combinaison blanche ou rouge, charge sur de longues barges les ruches peintes aux couleurs de l'arc-en-ciel. Le nuage bourdonnant des abeilles qui les enveloppe s'épaissit de minute en minute. Resserrer au plus vite les sangles autour des ruches, les couvrir d'une immense bâche plastique : ses bestioles sont promises à une nuit d'au moins 24 heures.

Surpris ? Vous imaginiez que les apiculteurs étaient tous de braves écolos portant la voilette pour aller récolter le miel de leur ruche au fond du jardin ? Moi aussi, avant de commencer cette enquête. Et vous pensiez que le but d'un apiculteur était de produire du miel ? Oubliez cela ! Car au cours des deux dernières décennies, alors que les États-Unis commençaient à importer du miel bon marché de l'étranger, certains apiculteurs ont vite compris qu'ils pouvaient gagner beaucoup plus d'argent en louant leurs ruches plutôt qu'en produisant cet or liquide.

Le miel est alors devenu un sous-produit chez les plus grands exploitants de l'abeille du pays : seulement 33 % des revenus d'Hackenberg, à peine 25 % de ceux de son ami Dave Mendes, un apiculteur possédant 8000 ruches en Floride qu'il trimballe jusqu'en Californie, dans le Maine et le Massachusetts. Le paradoxe est que ces migrateurs saisonniers constituent une infime minorité aux États-Unis – moins de 1 % des apiculteurs !

Seulement, ils possèdent plus de la moitié du cheptel apicole du pays. Certains disposent même, à eux seuls, de 40 000 colonies, voire de 80 000 ruches, comme Bret Adee, éleveur dans le Dakota du Sud et en Californie : de quoi disposer d'une innombrable main-d'œuvre, aussi zélée qu'efficace, pour satisfaire à ces contrats de pollinisation très lucratifs. À côté, en France, nos plus grands apiculteurs alignent moins de 5 000 colonies par exploitant : petits joueurs ! Et aucun d'eux ne s'adonne à ce sport des voyages exclusivement consacrés à la pollinisation.

Après un été 2006 fort sec, passé dans le Maine sur des myrtilles dépourvues de nectar et de pollen, David Hackenberg et son fils remorquent leurs 2 900 colonies jusqu'en Floride. Elles doivent y passer l'hiver en douceur et butiner fleurs de légumes et nectar d'agrumes. Ils laissent, au passage, 400 ruches dans une friche bordant des plantations, à 80 kilomètres au sud-est de la ville côtière de Tampa. De quoi leur permettre de se goberger d'un poivre brésilien en fleur, une mauvaise herbe devenue très envahissante. Mais à la mi-novembre, Hackenberg reçoit un appel du propriétaire des lieux qui veut récupérer son terrain pour y stocker du matériel : Hackenberg doit y retourner pour déménager ses ruches. La suite, il l'a racontée avec moult détails à de nombreux journaux et sur tous les grands plateaux de télévision du pays[2].

Débâcle d'automne

En arrivant sur ce rucher, David fait comme à l'ordinaire : il enfile son équipement de protection puis prépare son enfumoir pour calmer ses ouailles vrombissantes et pouvoir contrôler l'état des colonies. Son grand nez aquilin, ses yeux bleus et son large sourire disparaissent sous la capuche grillagée. En combinaison, ses jambes interminables semblent lui manger les deux tiers du corps. Premier jet de fumée. Rien ne se passe. Pas un bruit. Au bout de la première rangée de ruches, il a la désagréable sensation de n'avoir enfumé personne d'autre que lui-même… «*J'ai aussitôt balancé le couvercle d'une ruche par terre : vide !*» Coup de sang. Il retire, un à un, les cadres de la ruche : vides, eux aussi. Enfin, pas tout à fait : le couvain* est encore là, avec la reine esseulée et quelques mâles qui se battent en duel autour d'elle. Le stock de miel est quasiment intact, mais plus une abeille adulte à l'intérieur. Elles qui sont si maternelles… Abandonner leur progéniture ? Impossible ! Il se précipite sur les autres ruches, les ouvre les unes après les autres. Même constat : parties, envolées les abeilles ! Elles ont déserté. «*Je suis tombé sur les genoux et j'ai rampé autour des ruches pour chercher mes abeilles mortes. Mais rien, pas une !*» En plus, il n'y découvre aucun parasite, aucune fausse-teigne ni petit coléoptère venus piller ces colonies sans défense ; rien qu'un long silence, en écho à la panique qui le gagne. Volontaire et entreprenant, ce solide gaillard – 1 mètre 88 sous la toise – qui a créé son entreprise apicole et, à 58 ans, la dirige toujours, sent la terre se dérober sous ses pieds.

Au cours de son inspection, chaque fois qu'il trouve une ruche désertée, il la renverse sur le côté. Après qu'il a contrôlé ses 400 colonies de Tampa, seules 36 d'entre elles sont encore debout ! « *Déboussolé, j'ai foncé sur le téléphone. Et j'ai posé des tas de questions à des tas de gens : à d'autres apiculteurs, à des voisins ou à Dave Mendes, le vice-président de la Fédération des apiculteurs américains (ABF) ; à des agents sanitaires aussi, puis à des chercheurs à travers tout le pays…* » Il passe tant d'appels d'ailleurs avec son portable vissé à l'oreille que son opérateur de téléphone finit par le contacter pour s'excuser de s'être trompé sur la facturation ! « *Ils ont dit à ma femme que ça devait être forcément une erreur vu que j'avais passé 5 300 minutes d'appels. Plus de 88 heures en un mois, vous imaginez ?* »

C'est alors qu'il réalise que bien d'autres apiculteurs partagent sa mésaventure.

---

* Dans la ruche, le couvain correspond aux rayons qui contiennent les œufs et les larves.

Disparitions contagieuses

Ainsi, plus à l'est, dans le New Jersey, Jean-Claude Tissot, un Français qui s'est lancé dans l'apiculture aux États-Unis, raconte sensiblement la même histoire*: «*J'avais 145 colonies actives au début de l'hiver 2006 et j'en ai récupéré seulement 35 vivantes au printemps: 76 % de pertes, c'est énorme! Durant l'hiver, je sentais bien qu'il y avait des colonies qui n'allaient pas fort, mais bon, comme j'évite de les déranger à cette période, ce n'est qu'au printemps, en ouvrant les ruches, que j'ai mesuré l'ampleur des dégâts: la plupart des abeilles étaient mortes et beaucoup avaient disparu. En principe, lorsque l'on ouvre des ruches décimées par l'hiver, on retrouve une grosse épaisseur d'abeilles mortes entre les cadres ainsi qu'un matelas de cadavres épais de 2 à 3 cm sur le fond. Là, il y en avait peu entre les cadres et à peine une centaine sur le fond. La plupart des butineuses avaient disparu.*» Rapidement, les reines, sans ouvrières pour les nourrir, les réchauffer et les chérir, meurent à leur tour.

Tissot manifeste la même culpabilité qu'Hackenberg: «*Je me suis dit immédiatement que j'avais mal fait mes traitements contre* Varroa destructor, *un acarien qui est le pire parasite des abeilles. Mais en parlant entre nous, à l'association des apiculteurs du New Jersey, et avec l'inspecteur sanitaire dont nous dépendons, j'ai compris que je n'étais pas le seul à avoir été touché: la moyenne des pertes dans notre État s'est élevée à près de 68 % des colonies pour l'hiver 2006! Le plus dur, peut-être, c'est de ne pas savoir pourquoi on les perd! C'est terriblement stressant pour nous, car on se dit que ça peut recommencer n'importe quand.*»

David Hackenberg ne supporte pas davantage ce mystère. D'autant qu'après avoir contrôlé l'ensemble de ses autres colonies parquées en Floride, il doit se rendre à l'évidence: en quelques mois, il en a égaré… 70 %! Et aucune abeille en fuite n'est revenue. Entre ce que cela va lui coûter pour remplacer son cheptel, les contrats de pollinisation qu'il ne pourra plus honorer et l'absence de collectes de miel, il s'attend à perdre

* Entretien du 3 octobre 2008.

au moins 350 000 dollars. Une sacrée calamité ! S'il peut cette fois-ci l'assumer, car il a engrangé environ 100 000 dollars de bénéfices annuels durant les années fastes, il ne faudrait pas que cette hécatombe recommence plusieurs fois. Il doit comprendre ce qu'il se passe, et vite ! D'autant qu'au mystère s'ajoute le chaos : à l'intérieur des cadres de certaines ruches, Hackenberg découvre des choses bien curieuses : des reines qui pondent des œufs au hasard, parfois deux dans une même cellule, et aucun dans la suivante[3]. Et des ouvrières qui errent au-dessus du couvain, sans action cohérente.

David Hackenberg va être le premier professionnel à alerter les autorités sanitaires sur le fait que quelque chose d'anormal se trame dans son rucher. Le premier à l'admettre, aussi. C'est comme ça qu'il contacte Diana Cox-Foster à l'université d'État de la Pennsylvanie en novembre 2006. « *Il était naturel de supposer que la situation résultait d'une erreur d'application d'un acaricide, d'une infestation trop lourde de varroas, ou d'un autre facteur de stress habituel aux abeilles*, raconte l'entomologiste[4]. *Mais il était bien difficile d'écarter l'idée, martelée avec insistance par Dave, que quelque chose de différent et d'étrange était en train de se produire ! D'autant qu'il s'agissait d'un apiculteur respecté et responsable.* » En effet, l'apiculteur n'est pas seulement une « grande gueule », c'est aussi l'ancien président de la Fédération des apiculteurs américains.

Rapidement, d'autres apiculteurs appellent Hackenberg – certains qu'il ne connaît ni d'Ève ni d'Adam ! – pour lui confier que leurs abeilles, elles aussi, ont disparu. « *Je suis tout à coup devenu un expert sur quelque chose dont je ne savais rien !* sourit-il. *Il y a des années où nous ne récoltons presque pas de miel, mais les abeilles sont toujours là. Cette fois, la plupart d'entre elles avaient disparu...* » Hackenberg, Tissot et des milliers d'autres apiculteurs sont en train de vivre le même cauchemar.

Chapitre 2

To bee or not to bee

La bombe du CCD explose : réalité ou manipulation ? Où l'on découvre que ni la chronologie, ni les symptômes des effondrements de colonies décrits par les médias américains ne correspondent à la réalité…

Janvier 2007. La Fédération des apiculteurs américains et l'Association des producteurs de miel (AHPA) du pays réunissent leurs assemblées annuelles à une semaine d'intervalle. Cette année, les scientifiques sont plus nombreux à s'y presser. Car l'alarme lancée quelques mois auparavant par David Hackenberg en Pennsylvanie est en train de prendre une ampleur nationale : les disparitions brutales et mystérieuses ne concernent plus seulement les ruchers de la côte est, mais aussi ceux du nord et de l'ouest du pays. Surtout en Californie, où converge chaque hiver la moitié du cheptel apicole américain pour polliniser les immenses vergers d'amandiers (lire le chapitre 14). Ainsi à Los Banos, une cité du cœur de l'État, Gene Brandi a perdu en un seul mois 800 de ses 2 000 ruches[1]. Et Brandi n'est pas le plus à plaindre. Autour de lui, les mortalités ou les disparitions paraissent plus élevées encore. La presse et la télévision s'emparent du phénomène. Elles font état de pertes records un peu partout, qui dépassent les 50 % des ruchers et atteignent même parfois

90 % ! Quant aux colonies survivantes, elles sont, lit-on, dans un tel état d'épuisement qu'elles s'avèrent incapables de faire leur travail de pollinisation ou de produire du miel. Au fil des mois, le « syndrome de la fuite des abeilles » s'amplifie.

Cellule de crise au Nebraska

Les rumeurs les plus folles parcourent les États-Unis. Une sorte d'épidémie massive, soudaine, inexpliquée, frapperait l'ensemble des ruchers d'Amérique du Nord, Canada compris. Un mal encore assez vague dans sa description, qui aurait commencé sous le soleil pâle de Tampa, en Floride, un mois avant Noël. Sauf que ce récit qui prend sa source au rucher de David Hackenberg pour faire le tour des États-Unis ressemble un peu trop aux contes inquiétants des frères Grimm... Non qu'Hackenberg ait raconté des sornettes ou qu'il ait arnaqué son assurance : il a bel et bien perdu près des deux tiers de ses colonies durant l'hiver. Mais ce syndrome d'effondrement si mystérieux n'a pas commencé en novembre 2006 : en réalité, il a été constaté par les spécialistes dès l'hiver 2004 ! Et le phénomène n'a pas surgi d'un champ de Floride, mais tout à l'autre bout des États-Unis, dans la Vallée centrale de Californie.

« *Tout au long de l'hiver 2004, notre laboratoire de diagnostic reçoit des appels, de plus en plus nombreux, émanant d'apiculteurs qui ont emmené des colonies en Californie dès la fin de l'automne afin de polliniser les amandiers au début du printemps suivant. Ils nous expliquent qu'un grand nombre d'entre elles sont faibles et mourantes,* me révèle Jeff Pettis, le patron d'un des laboratoires spécialisés sur l'abeille de l'USDA (le département d'État de l'Agriculture), à Beltsville, en banlieue de Washington*. *Intrigués, nous dépêchons l'entomologiste Bart Smith, fin janvier 2005, pour examiner certaines ruches et y faire des prélèvements.* »

---

* Entretiens des 14 et 15 octobre 2008.

La suite met la poignée de spécialistes des abeilles en émoi. Car, sur place, Barton Smith découvre de nombreuses colonies en détresse. « *On est parti de chez nous, à l'automne,* lui rapportent plusieurs apiculteurs provenant de l'est du pays, *avec des ruches en pleine santé, composées de huit à vingt cadres d'abeilles actives. Une fois arrivés en Californie, nous les avons alimentées tant et plus durant l'hiver. On a aussi traité nos ruches correctement contre l'acarien* Varroa destructor. *Mais au moment de faire la pollinisation des amandiers, 20 à 40 % des colonies étaient mortes ou, plutôt, avaient disparu**.» On croirait entendre David Hackenberg, deux ans plus tard, en Floride.

L'envoyé de Beltsville est seul et n'a ni le temps, ni les moyens d'effectuer d'importantes investigations. Il prélève toutefois une centaine d'abeilles adultes chez sept apiculteurs venus de six États, parmi des colonies faibles et des colonies fortes. Curieusement, ces examens ne révèlent rien d'exceptionnel : mis à part un échantillon fortement infecté par l'acarien de la trachée[2], un ou deux autres sont positifs pour le micro champignon *Nosema* (lire le chapitre 12 sur ce parasite) et les quantités de virus sont très variables d'une colonie à l'autre. Pas d'innombrables varroas non plus dans les ruches effondrées. Décidément, il se passe des choses bien énigmatiques au pays des amandiers en fleurs !

« *Je décide alors d'appeler Troy Fore pour lui communiquer ces données troublantes*», se remémore Pettis. Fore est une figure dans le monde apicole américain, à la fois président de la Fédération américaine des apiculteurs et secrétaire exécutif de la Fondation pour la préservation de l'abeille d'élevage (FPHB). « *Lui-même me fait part de nouvelles inquiétantes qui remontent des ruchers américains. Mais nos informations restent éparses. Est-ce que les colonies sont vraiment en train de "tomber en morceaux"* ["colony falling apart"] – *c'est l'expression que nous avons alors employée ? En particulier, celles que l'on déplace en Californie ? Pour tenter de le savoir, nous décidons d'organiser sans attendre une rencontre avec les*

---

* Récit rapporté par Jeff Pettis les 14 et 15 octobre 2008.

professionnels.» Ce rendez-vous discret, tenu loin des médias, va se dérouler dans le Nebraska, au milieu du pays, pour faciliter la venue des différents acteurs.

16 et 17 août 2006, aux portes de Mead : un modeste village de 600 âmes, créé en 1867 au nord de la ville de Lincoln par des pionniers venus de la vieille Europe, de Suède et d'Allemagne. Des maisons basses en brique rouge, trois églises et paroisses, cernées par des champs de maïs et des bosquets d'arbres à perte de vue. Cette plaine ressemble à n'importe quelle autre plaine du Middlewest : plate, rurale, blanche à 98 %, paisible et plutôt jeune, républicaine, mais sans excès. Seule originalité, la bourgade fera un an plus tard le choix de convertir les bouses de ses troupeaux de vaches en éthanol, l'énergie du futur si chère au nouveau président Obama.

À une dizaine de kilomètres de là, une vingtaine de personnes rejoint le siège du Centre de recherche et de développement agricole de l'université du Nebraska. C'est un vaste bâtiment de plain-pied qui a servi à fabriquer des munitions durant la Seconde Guerre mondiale. La troupe s'engouffre dans la petite salle de conférence : outre dix apiculteurs et reproducteurs d'abeilles venus de plusieurs États, se trouvent les représentants des quatre laboratoires sur l'abeille de l'USDA, la direction de la fondation de Troy Fore, et Marion Ellis. Ce dernier, à la tête du laboratoire apicole de l'université du Nebraska, juste de l'autre côté du couloir, joue les maîtres de cérémonie.

D'emblée, les discussions sont animées. Elles durent jusqu'à 8 heures du soir, mais sans tension. Seule l'inquiétude de plusieurs apiculteurs se fait entendre : comment expliquer les mystérieuses pertes que certains d'entre eux subissent ? Chacun y va de son hypothèse. Le rôle de l'acarien *Varroa destructor* apparaît central, de même que le manque d'efficacité des insecticides pour lutter contre lui. Le stress des voyages de pollinisation est également évoqué.

Avec sous le coude les données de son laboratoire concernant la Californie, Jeff Pettis sent bien qu'il y a quelque chose d'autre dans toutes ces disparitions. Pas seulement *Varroa* *destructor* ou le mal des transports ! « *Sans que je puisse apporter la preuve de mon intuition, les différentes données alors disponibles me faisaient dire que les effondrements annoncés à Mead avaient déjà démarré en 2004.* » Marion Ellis n'a pas la même perception* : « *À l'époque de cette réunion, je n'avais pas observé de pertes de colonies assimilables à ce qui sera décrit plus tard par Hackenberg. Pour moi, c'était le varroa.* » D'ailleurs, dans l'assemblée, les réalités sont fort contrastées : certains éleveurs ne rapportent même aucun effondrement.

Un stress alimentaire ?

La médiocre alimentation des colonies emmenées en Californie s'impose au fil des débats. Les participants soupçonnent d'éventuelles carences en protéines, à la suite des nourrissages artificiels apportés aux abeilles durant l'hiver. Mais pourquoi les nourrir artificiellement ? Vous pensiez, peut-être, qu'en hiver les abeilles dorment bien au chaud au fond de leur nid ? Pas toutes ! En réalité, près de la moitié du cheptel apicole américain est emmenée dans ce grand État du sud-ouest américain bien avant les pollinisations de février-mars : avant que le verglas et la neige ne bloquent les routes du nord du pays, soit dès le mois de novembre. Pour maintenir leur croissance afin de disposer d'une main-d'œuvre massive à la fin de l'hiver, les apiculteurs sont alors bien obligés de les gaver de sirop et de compléments protéinés.

Au terme des deux journées de réunion au Nebraska, les apiculteurs se font plus pressants : ils réclament aux chercheurs des solutions alimentaires performantes et durables. Car ils n'arrivent plus à satisfaire le cahier des charges des contrats de pollinisation sur amandiers – garantir à l'arboriculteur six ruches par hectare et huit cadres par ruche pleins d'abeilles actives. Inquiets, ils ont bien tenté de réunir deux, trois voire

* Entretien du 11 février 2009.

quatre colonies affaiblies pour n'en faire plus qu'une, pleine, et sur huit cadres. Seulement, la plupart de ces colonies reconstituées se sont effondrées à leur tour !

De retour dans leurs laboratoires, les chercheurs de l'USDA informent les responsables du ministère de cette situation alarmante. Ils demandent une aide d'urgence pour conduire les premières investigations de terrain. La direction de la recherche du département d'État de l'Agriculture (ARS-USDA) accepte de débloquer 76 000 dollars pour étudier les colonies, en particulier leurs problèmes alimentaires. Une nouvelle enquête est réalisée sur le site californien de Bakersfield, entre la fin de l'année 2006 et janvier 2007. Après avoir analysé l'impact de l'alimentation[3], les spécialistes constatent que les protéines contenues d'ordinaire essentiellement dans l'enveloppe des pollens contribuent bien à maintenir les effectifs des colonies. Mais Jeff Pettis est catégorique : « *Ces protéines ne sont qu'une pièce du puzzle : ce ne sont certainement pas elles qui permettent d'éviter l'écroulement des colonies.* » Il va donc falloir chercher ailleurs les causes de ces effondrements mystérieux.

Histoire médiatique et histoire réelle

Deux ans ! Deux ans avant l'alarme lancée par David Hackenberg, plusieurs grands ruchers d'Amérique étaient au bord du gouffre et personne n'en parlait. Je me dis que le monde apicole doit être bien atomisé pour que cela passe ainsi inaperçu. « *C'est sûr qu'il y a encore un problème de centralisation des données apicoles,* admet Pettis. *Cela ne fait que deux ans qu'avec Dennis van Engelsdorp, mon collègue de l'USDA en Pennsylvanie, nous mettons en place un système de surveillance systématique à l'échelle du pays.* » Et puis, ce mal qui ronge les ruchers américains ne semble pas frapper tous les éleveurs partout en même temps. Seulement ici ou là. Par taches. Surtout l'hiver, une période où les apiculteurs essuient d'ordinaire des mortalités. Alors, un peu plus ou un peu moins… Sauf que, justement, ces pertes-là sont plus massives qu'à l'ordinaire. Surprenant, tout de même, qu'aucun média américain n'ait révélé cette véritable histoire des effondrements de ruchers !

« *Vous savez bien comment ça marche,* me glisse Jeffrey Pettis, narquois, *les médias préfèrent une histoire claire, avec une chronologie simple, un seul tueur, plutôt que différents facteurs qui s'entremêlent.* » Une histoire avec un début et plusieurs fins : celles de milliers d'abeilles ! Certes. Mais les scientifiques rectifient bien mollement le triste conte raconté par David Hackenberg. «*J'expliquais que nous étions au courant de pertes depuis un certain moment, mais ça n'intéressait aucun media*», assure le chercheur de Beltsville*. De même, Hackenberg me confie qu'il avait effectivement enregistré de fortes baisses au sein de son cheptel ailé après le printemps et l'été 2004 : « *Quatre semaines après avoir laissé mes ruches sur des pommiers en Pennsylvanie, qui avaient été traités par un pesticide de Bayer, je suis remonté dans l'État de New York et mes colonies se sont évanouies. J'ai alors perdu 40 à 50 % cette année-là !*» Curieusement, une fois encore, personne n'en a rien su.

Cette crise sanitaire me donne ainsi une première leçon, celle que je rappelais de temps à autre à mes propres étudiants en journalisme, à Montpellier, il y a quelques années : nous sommes dans un monde où la forme du message est aussi importante que son contenu, où l'histoire réelle n'existe que lorsqu'elle accepte de se plier au cadre des histoires médiatiques, à leur format, à leur durée et à leur langage.

Reprenons donc le cours de l'histoire réelle. En avril 2007, un groupe de chercheurs à l'université d'État de Pennsylvanie (PSU) et au département d'État de l'Agriculture boucle une première enquête publique sur ce curieux phénomène[4]. Commandée par les Inspecteurs apicoles américains (AIA), elle a été effectuée par téléphone et porte sur 384 ruchers de

* En septembre 2007, une publication phare des scientifiques étudiant ces effondrements y fera également une allusion discrète[5].

13 États, regroupant, en septembre 2006, 143 816 colonies. Plus les résultats tombent, plus les chercheurs sont troublés. D'abord, contrairement aux discours des médias américains et des apiculteurs eux-mêmes, cette hécatombe n'affecte pas tous les éleveurs, loin de là ! « Seulement » 37,6 % d'entre eux, qui déclarent avoir subi des pertes significatives. Et, parmi eux, un petit quart affirme ne pas avoir retrouvé d'abeilles à l'intérieur des ruches*. On est bien loin de la désertion généralisée des ruchers par les abeilles d'Amérique annoncée par la presse ! Mais aucun média ne rectifie…

La perplexité des enquêteurs s'accroît devant la forte disparité du phénomène, qui s'observe en fonction de la géographie et quel que soit le type d'apiculteur interviewé – commercial (plus de 500 ruches) ou amateur (1 à 50 colonies). Beaucoup pensaient que ce phénomène ne touchait que les grosses exploitations pratiquant la pollinisation. Il n'en est rien. Du moins, à première vue : les amateurs sédentaires semblent autant affectés par ce mal étrange que les migrateurs. À confirmer. Quant aux causes citées, la plupart des amateurs estiment, comme lors de la réunion du Nebraska, que c'est d'abord la faim qui a entraîné la mort de leurs colonies, tandis que les professionnels mettent en avant l'acarien *Varroa destructor*, le petit coléoptère des ruches et l'acarien de la trachée. Au passage, alors que la plupart des apiculteurs citent plusieurs facteurs d'effondrement à la fois, aucun ne semble pointer du doigt l'effet des pesticides. Cela me stupéfait lorsque l'on connaît l'ampleur de la mise en cause des contaminants chimiques chez les apiculteurs européens. S'agit-il d'un biais de cette enquête ? « *Nous ne leur avons fourni aucune liste limitative de facteurs, ils étaient libres dans leurs réponses*, se défend Dennis van Engelsdorp**. *Cela signifie simplement que cette cause n'était pas*

* Si l'on se réfère aux données nationales que diffusera plus tard le département d'État de l'Agriculture, ces pertes de l'hiver 2006 s'élèveront en fait à environ 31 % des colonies apicoles, dont un quart correspond à des disparitions soudaines (CCD) – soit près de 8 %… Restons prudents quant à l'interprétation de ces chiffres, car en 2007, les enquêtes sont restées limitées.

** Entretien du 9 avril 2008.

retenue, à l'époque, par les apiculteurs américains parmi les facteurs à risque les plus sérieux. Mais cela pourrait changer, car il y a quelques avocats écolos très bruyants, ici, qui croient que les pesticides sont à la base du problème.» Ce qui n'est, à l'évidence, pas son cas.

Le CCD existe-t-il vraiment ?

Riche, mais partielle, cette première étude laisse nos enquêteurs sur leur faim. « *Nous avons pris rapidement conscience qu'il nous fallait davantage d'échantillons, et de meilleure qualité, en provenance de la Floride et de la Californie où converge la majeure partie des colonies du pays, si l'on voulait y comprendre quelque chose*, note Jeff Pettis. *Alors, en janvier 2007, avant même que les résultats de l'enquête des Inspecteurs apicoles soient publiés, je pars en Californie avec Dennis van Engelsdorp et quelques chercheurs de l'université du Montana, pour prélever des échantillons.* »

Au fur et à mesure de leurs observations et de leurs analyses, les enquêteurs tentent de trouver une définition à ce fléau, qu'ils baptisent d'un évasif *Colony Collapse Disorder* ou CCD (que l'on peut traduire par « désordre d'effondrement de la colonie »). Mais face à un tel mystère, pouvait-on trouver un nom moins approximatif ? « *Le CCD est caractérisé par la perte rapide de la population d'abeilles adultes d'une colonie*, résument Diana Cox-Foster (université d'État de Pennsylvanie) et ses collègues[5]. *Sauf qu'ici on ne retrouve pas d'abeilles mortes à l'intérieur des ruches ou à proximité. Aux étapes finales de l'effondrement, la reine est servie seulement par quelques ouvrières nouvellement émergées. Les colonies effondrées présentent souvent des surfaces importantes de couvain* [les larves] *et des réserves de nourriture* [miel et pain d'abeille[6]]. »

Ces fins limiers distinguent également les mortalités dues aux parasites déjà connus (*Varroa* ou *Nosema*) des épisodes, plus mystérieux, de CCD. Car les charges parasitaires des colonies touchées par le CCD ne sont ni exceptionnelles, ni vraiment différentes de celles observées dans les ruches saines.

Enfin, ils relèvent un certain caractère saisonnier : « *D'après une étude que nous avons réalisée en 2007 sur 200 colonies d'un apiculteur commercial, les pertes se concentrent surtout à l'automne et l'hiver*, précise Jeff Pettis du Maryland. *Près de 5 % de ses colonies ont disparu entre avril et juillet, puis 10 % en septembre et plus de 25 % en novembre.* » Dans le cas où la colonie frappée de CCD s'effondre massivement, ajoute l'équipe de l'université d'État de Pennsylvanie[7], la force de travail n'est constituée que de jeunes abeilles et il n'y a plus assez d'ouvrières pour maintenir en vie le couvain et la reine. Comme baissant les bras et se laissant mourir – je sais, mon interprétation est un peu finaliste ! – le petit groupe d'abeilles restantes paraît peu disposé à consommer le sirop de sucre et les apports de protéines que lui offre l'apiculteur. *Give up !* La colonie se meurt.

Une hécatombe parmi d'autres ?

Pas vraiment surpris ! Passé le coup de bambou reçu l'hiver dernier, David Hackenberg n'est guère étonné par cette crise majeure, lui qui sillonne le pays depuis quarante ans avec ses ruches et voit l'environnement se dégrader : moins de nourriture naturelle pour les abeilles, plus d'accidents par intoxication chimique, davantage de maladies aussi, obligeant les apiculteurs à multiplier les traitements, chaque fois plus agressifs, mais rarement plus efficaces. D'ailleurs, quelques semaines avant qu'Hackenberg découvre l'ampleur des dégâts au sein de ses ruches, le Conseil national de la recherche américaine (NRC) avait diffusé un rapport de 317 pages particulièrement alarmant[8]. Coordonné par May Berenbaum, de l'université de l'Illinois, il pointait un déclin généralisé des pollinisateurs (abeilles, bourdons, papillons, chauve-souris, etc.) aux États-Unis, au Canada et au Mexique. Et cela malgré les lacunes des inventaires et des suivis : entamés en 1947, ces suivis ne concernent que les colonies produisant du miel, pas celles qui migrent pour la pollinisation.

À lire ce rapport détaillé, on se dit que les médias, et certains apiculteurs aussi, ont la mémoire courte. Ou qu'ils ne se sont guère documentés. Car aux États-Unis, trois grandes périodes de déclin du cheptel apicole ont déjà eu lieu au cours du XXe siècle : entre 1947 et 1972, entre 1989 et 1996, et depuis 2005. Le bilan du Service de la statistique agricole nationale est accablant : en l'espace de soixante ans, le cheptel apicole américain a presque été divisé par trois, passant de 6 millions de colonies en 1947 à 2,4 millions en 2005 !

Au fil des pages de ce rapport du NRC, les organisations professionnelles soulignent un accroissement des mortalités hivernales depuis l'infestation des colonies en 1987 par le bien nommé *Varroa destructor*. Cet acarien de la taille d'un globe oculaire d'abeille, déjà évoqué plusieurs fois, est un véritable vampire suçant leur sang (ou, plus exactement, leur hémolymphe ; lire le chapitre 9). Jusqu'au milieu des années 80, les apiculteurs essuyaient quelque 10 % de pertes hivernales, qu'on dira « normales ». Avec l'apparition du varroa, ces pertes ont bondi : 17 à 40 % chaque année depuis 1987 !

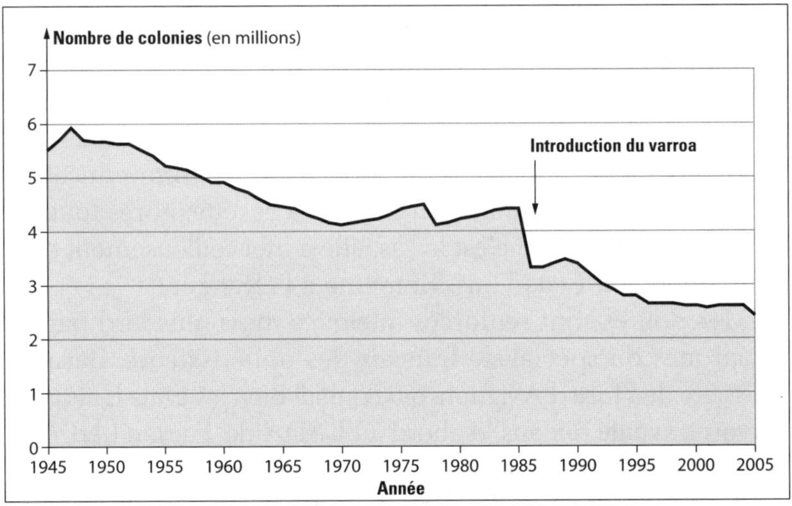

L'évolution du nombre de colonies d'abeilles mellifères aux États-Unis entre 1945 et 2005. Le déclin semble continu au moins depuis l'après-guerre. (Source : NASS-USDA.)

Une magistrale manipulation apicole ?

Une autre étude, passée également inaperçue, indique qu'en moins d'un siècle et demi, depuis 1869, pas moins de… quatorze épisodes de mortalité massive ont déjà secoué les ruchers d'Amérique[9] ! Quatorze autres CCD ? Ces épisodes, plus ou moins bien décrits, répondent aux jolis noms de « maladie de mai » (*May disease*) en 1891 puis en 1896 dans le Colorado – ils ont apparemment été causés par une armée de champignons du genre *Aspergillus*. Quelques années plus tard, cette « maladie de mai » fait place à la « baisse de printemps » (*spring dwindle*), puis à l'« effondrement d'automne » (*autumn collapse*) et, en 1917, à la « maladie de la disparition » (*disappearing disease*) – déjà ! – qui frappe dans le New Jersey, l'État de New York, l'Ohio, au Canada…

La preuve que le fameux CCD n'est qu'un nouvel épisode de « *mortalité normale des colonies* », comme le suggère Nicholas Calderone de l'université Cornell[10] ? Un non-événement, en somme. Voire une simple formule de marketing avancée par quelques apiculteurs angoissés. Et que laissent courir dans les médias des scientifiques en mal de subsides pour conduire leurs études sur l'abeille. Cette distorsion du calendrier, puis les amalgames sur les symptômes du dépérissement des colonies, pratiqués par beaucoup de spécialistes et éleveurs d'abeilles d'élevage américains, nourrissent également mes soupçons sur le montage d'une opération de communication de grande ampleur autour du CCD. La recette, après tout, ne serait pas nouvelle. Si c'est le cas, elle a merveilleusement bien fonctionné aux États-Unis. Et même à l'étranger !

Mes doutes sont renforcés quelques mois plus tard par les remarques du spécialiste français des pollinisateurs, Bernard Vaissière de l'Inra d'Avignon, qui connait bien les États-Unis pour y avoir travaillé dix ans, d'abord à l'USDA de Tucson (Arizona) comme chercheur étranger associé, puis à l'université du Texas A&M, où il a passé sa thèse de doctorat en 1991* : « *J'ai retrouvé*

* Entretien du 25 mars 2009.

Marion Ellis de l'université du Nebraska et Marla Spivak du Minnesota pour une sortie au Pont du Gard, en France, en 2006. Marion était en séjour sabbatique chez Yves Le Conte, dans notre unité, et Marla était de passage après une réunion du comité de rédaction de la revue Apidologie. *Et je me rappelle très bien qu'ils étaient assez embarrassés par la tournure que cette affaire du CCD prenait aux États-Unis. Car tous les experts bossant sur l'abeille se taisaient alors que leurs données scientifiques et de terrain étaient bien minces à l'époque, parce qu'ils savaient que cette histoire pouvait leur rapporter beaucoup d'argent! Très tôt, une série de personnages clés du monde apicole américain sont montés au créneau à propos de ces effondrements: David Hackenberg, bien sûr, mais aussi Danny Weaver, qui a une formation d'avocat et dont la famille, à Navasota au Texas, compte parmi les plus grands producteurs de reines. Lui-même apiculteur, il est à la tête de l'Americain Beekeeping Federation. On a aussi entendu Diana Cox-Foster, de l'université de Pennsylvanie, et surtout Jerry Bromenshenk, de l'université du Montana, qui préside en plus la société Bee Alert Technology.»*

Ce dernier a rapidement créé un site internet sur le CCD en invitant les apiculteurs à signaler leurs «effondrements». Beaucoup ont répondu en rapportant des tas d'épisodes de pertes pas forcément bien documentées et ne correspondant pas toujours au CCD. « *C'est ainsi que, très vite, sa carte du CCD a pris une ampleur considérable, sans qu'il y ait eu de réelles vérifications*», constate Bernard Vaissière. Une carte qui a été ensuite reproduite dans tous les médias.

Troublant. Alors quoi, toutes ces alertes ne seraient qu'un gigantesque bluff, voire une manipulation fomentée par quelques ténors du cercle américain des abeilles ? À réexaminer avec soin les données alors disponibles, et à recouper les déclarations de l'époque, j'abandonne à d'autres cette théorie du complot. Car si l'on se réfère aux épisodes labellisés « 100 % CCD », on constate que l'histoire ne fait pas que repasser les plats. Ainsi, le terme « *dwindle*» (diminution) décrit un processus de déclin graduel, alors que les épisodes dont se plaignent aujourd'hui les apiculteurs sont plutôt soudains. Même le terme « *disease*» (maladie) semble ici incertain. Et l'absence d'abeilles mortes à l'intérieur ou autour des ruches n'est pas le symptôme habituel des infestations de *Varroa destructor.*

« *Certains épisodes du passé rappellent effectivement le CCD,* reconnaît Pettis. *Mais ces événements étaient alors très locaux, limités à une région ou deux, tandis que le CCD actuel a un caractère national. Peut-être cela s'explique-t-il par le fait qu'aujourd'hui, on déplace beaucoup les ruches à travers tout le pays ; il faut compter jusqu'à trois à cinq voyages de pollinisation par an pour les apiculteurs commerciaux. On a pu ainsi exporter le problème dans de nombreuses régions, ce qu'on ne faisait pas à l'époque.* »

Alors, oui : même si certains spécialistes de l'abeille ont vu dans cette crise des ruchers une opportunité pour mobiliser l'opinion, voire pour récupérer des subventions, la réalité du déclin des abeilles *yankee* ne fait guère de doute. Et que le dépérissement des colonies provienne de cet ambigu CCD ou d'attaques récurrentes d'un parasite ou d'un virus, cela ne change pas grand-chose au résultat. Car si la caractérisation précise des épisodes d'effondrement demeure nécessaire pour comprendre ces phénomènes et mieux les prévenir, au fil des mois, une réalité épidémiologique s'impose à tous : les pertes actuelles des colonies d'abeilles n'ont jamais atteint une telle magnitude à l'échelle des États-Unis. Ce qui fait dire à May Berenbaum, la coordinatrice du fameux rapport sur l'état des pollinisateurs en Amérique du Nord, que « *le CCD est bel et bien une crise au sommet de la crise ! Et nous ne pouvons pas compter sur les pollinisateurs sauvages pour les remplacer, vu l'état dans lequel nous avons mis leurs habitats naturels*[11] ».

Il y a donc bel et bien péril dans les ruchers. « *Les pollinisateurs sont un peu les canaris de nos mines de charbon que les mineurs emportaient avec eux dans des cages au début du siècle : lorsqu'ils s'agitaient ou même mouraient, ces oiseaux-sentinelles indiquaient que l'air devenait irrespirable, à cause des émanations gazeuses, et qu'il fallait remonter. Eh bien, avec les abeilles, c'est pareil : leur disparition est le signal de la dégradation terrible de notre environnement !* » prédit Dennis vanEngelsdorp dans toutes les conférences et les émissions de télévision qu'il donne à travers le pays.

Et les médias s'emballent ! « *Les colonies d'abeilles américaines sont décimées par un mal mystérieux* », lance l'agence Reuters. Pire, « *les abeilles sont à genoux !* », se désole le célèbre magazine radiophonique *Living on Earth* (PRI), alors que *CBS News* se demande « *Qu'est-ce qui ne tourne pas rond chez nos abeilles ?* » Aucun doute, pour le *Saint Petersburg Times*, c'est « *une théorie du chaos pour apiculteurs* » ! À tout le moins, « *La mise à mort des abeilles* », dénonce le *Los Angeles Times*. Alors que *The New Yorker* s'interroge : « *Piquées ! Mais où sont donc passées toutes ces abeilles ?* »

Où s'en sont-elles allées ?

En ne retournant pas à la ruche, l'abeille d'élevage a-t-elle voulu nous délivrer un ultime message ? Mais dans ce cas, lequel ? On sait que l'abeille malade, comme d'autres insectes sociaux, est expulsée ou préfère s'éloigner de la colonie pour ne pas mettre en péril celle-ci. Et par ce qui s'apparenterait pour certains à un suicide, la butineuse nous dirait son impossibilité à poursuivre cette coopération avec l'homme, sa lassitude à rendre son gardien plus sage et plus respectueux de sa nature d'hyménoptère malgré tant d'alertes sanitaires restées sans effets depuis plus d'un siècle.

Cette explication qui a les faveurs d'un courant que je qualifierais volontiers d'écolo-poétique souffre, tout de même, d'une approche bien anthropomorphique et finaliste. Car, des intentions de l'abeille ou de sa colonie, que sait-on ? Les expérimentateurs du comportement des insectes sociaux, qui les soumettent à tel ou tel stress, sont bien placés pour nous dire l'impossibilité à sonder leur âme et leur cœur. Et la plupart du temps, ces chercheurs douchent notre imagination en réduisant cet ultime sursaut de révolte de l'esclave mellifère à un dérèglement physiologique extrême : les butineuses ne se sont pas enfuies, elles ne sont simplement pas revenues ! Nuance. Et cela pour toutes sortes de raisons possibles : une perte d'énergie ou de résistance aux températures extérieures, un trouble de l'orientation, un empoisonnement... La conséquence, en tout cas, de stress que les chercheurs tentent d'élucider.

Ce qui est sûr, c'est que loin de son nid et de sa colonie, l'abeille ne peut survivre : trop froid, trop seule, trop inutile ! Maurice Maeterlinck a écrit de très belles choses sur le sujet[12] : « *L'abeille est avant tout, et encore plus que la fourmi, un être de foule.* [...] *Elle plonge un moment dans l'espace plein de fleurs, comme le nageur plonge dans l'océan plein de perles ; mais, sous peine de mort, il faut qu'à intervalles réguliers, elle revienne respirer la multitude, de même que le nageur revient respirer l'air.* »

Allons, quelque chose me dit qu'elles se cachent et nous regardent… Sont-elles hilares ? Sont-elles affolées par ce qu'elles découvrent ? Tentent-elles de décrypter nos actes ? S'organisent-elles pour revenir en force, mieux organisées, plus combatives, afin de négocier les conditions de leur retour ? Qui sait ! Moi, franchement, je trouve que leurs vacances s'éternisent… Peut-être qu'à la faveur d'une lune bien pleine, couleur de miel, elles ont organisé un long voyage vers un Nouveau Monde. En douce. Vers un pays sans hommes pour les polluer, pour tuer leur reine lorsque celle-ci ne leur convient plus, sans maître pour les mettre à la tâche, même en plein hiver, et dérober leurs vivres ! Un voyage alors sans retour, vers le paradis des abeilles.

Les enquêteurs sur la piste infectieuse

Le CCD résonne désormais comme un SOS, une sorte de « *sida des abeilles* » que journalistes et apiculteurs voient en embuscade derrière toutes sortes d'événements mortels qui surviennent chez cet insecte. L'acronyme se répand alors telle une traînée de poudre à travers tous les États-Unis, avant de faire le tour du monde en quelques mois et de s'imposer comme le symbole du déclin planétaire des pollinisateurs.

Dans la foulée des apiculteurs, les gazettes pointent du doigt une pléthore d'agents tueurs d'abeilles pour expliquer le CCD : les pesticides et les OGM bien sûr, mais aussi l'acarien *Varroa destructor*, les ondes électromagnétiques, les perturbations du champ magnétique terrestre, les bouleversements climatiques, des abeilles cannibales, etc. La plupart des scientifiques semblent, eux, considérer en priorité une seule piste : celle d'un agent infectieux.

Entre octobre et décembre 2006, l'équipe de Penn State (l'université de Pennsylvanie) a en effet récupéré des abeilles mortes, de la cire, du miel et du pollen provenant de ruches frappées par le CCD auprès de sept apiculteurs de Floride, de Géorgie, de Caroline du Nord et de Pennsylvanie, dont le cheptel variait de 200 à 3 000 ruches. Ces colonies ont toutes migré deux à cinq fois dans la saison dans différents États pour polliniser des cultures. Et 30 à 90 % d'entre elles ont péri ou disparu, alors même que les traitements sanitaires habituels (contre le varroa) ont été respectés.

Si l'équipe n'élimine pas d'emblée le rôle des pesticides ni celui d'une carence alimentaire, ou encore d'un manque de diversité génétique au sein des colonies[13], l'impact des maïs transgéniques est en revanche rapidement biffé de sa liste des suspects : « *Les symptômes du CCD ne correspondent pas à ce que l'on peut s'attendre à observer chez des insectes affectés par la toxine bactérienne Bt*[14]. » Les radiations transmises par les antennes relais des téléphones portables ne sont pas davantage retenues, dans la mesure où « *la distribution des colonies affectées par le CCD et non affectées ne semble pas être corrélée avec cette cause* » (voir l'annexe 2).

C'est donc la piste infectieuse qui retient leur attention. La raison ? « *Nos échantillons contenaient presque tous les virus de l'abeille possibles et bien souvent aussi des acariens, des bactéries et des champignons parasites*, justifie Diana Cox-Foster, qui dirige l'équipe de Penn State[15]. *Mais il nous était impossible de dire lequel d'entre eux en particulier était le coupable, parce que nous pouvions trouver les mêmes virus ou organismes dans des abeilles de colonies apparemment saines. Aussi, nous nous sommes demandés s'il y avait quelque chose de nouveau, quelque chose que nous n'avions jamais vu, et qui pouvait leur nuire...* »

Un agent non identifié? Hmm ! Excitant pour cette virologiste de l'abeille ! Mais aussi pour ses collègues de l'USDA du Maryland, qui arrivent à la même conclusion après une expérimentation d'irradiation aux rayons gamma réalisée entre février et mars 2007 sur du matériel apicole issu de colonies de Floride frappées par le CCD. « *Cette idée d'un pathogène inconnu nous est apparue naturelle après que des colonies saines eurent été infestées à partir de ruches où avaient séjourné des colonies malades, et après avoir constaté qu'une telle transmission pouvait être stoppée par l'irradiation des équipements avant leur utilisation*», m'explique Jeff Pettis.

Il reste une question et un sacré problème à résoudre : comment être certain que les abeilles ayant disparu de la ruche – symptôme du CCD – présentaient les mêmes pathogènes et sont mortes des mêmes maladies que les survivantes trouvées puis collectées dans les ruches effondrées ? Les enquêteurs ne savent toujours pas répondre à cette question…

L'arme biomoléculaire au secours des abeilles ?

Si c'est bien un microbe qui a fait le coup, il ne reste plus qu'à débusquer l'identité de cette peste maligne qui se tapit au sein des ruches obscures. Mais comment s'y prendre ? Diana Cox-Foster cherche un appui pour percer le mystère. Elle pense alors à Ian Lipkin, un jeune et brillant épidémiologiste de New York qu'elle et Dennis vanEngelsdorp ont croisé lors d'une série de conférences données à Washington quelques mois auparavant. Patron du laboratoire des maladies infectieuses de l'École universitaire Mailman de santé publique à Columbia, il a réalisé plus d'un « miracle » dans l'identification de maladies émergentes.

Un peu malhabile dans un corps trop long, le visage lisse, mangé par deux grandes lunettes qui encadrent une tignasse châtain-roux à la raie bien sage, Ian Lipkin a l'allure d'un adolescent espiègle et surdoué. Un je-ne-sais-quoi d'Harry Potter ! Mais lui est un génie de ce que l'on pourrait appeler l'épidémiologie moléculaire, une discipline qui utilise des méthodes de séquençage de l'ADN à haut débit pour identifier les agents responsables de nouvelles maladies au sein de n'importe quel organisme ou mélange d'organismes. De quoi intéresser vivement les professionnels de la santé, les services médicaux de l'armée, toujours en alerte sur les risques de maladies émergentes, et, bien sûr, nos deux apidologues… L'exposé de Lipkin à l'Académie de médecine les avait d'ailleurs beaucoup impressionnés : « *Sa technique permet d'identifier rapidement la totalité de la séquence du génome d'organismes pathogènes. Nous avons alors aussitôt imaginé que, grâce à elle, nous pourrions repérer s'il y avait chez nos abeilles un pathogène inconnu.* »

Ils lui demandent aussitôt son aide pour résoudre le mystère du CCD. Lipkin est d'abord sceptique : il n'a jamais entendu parler de ce phénomène, il ne connaît rien aux abeilles et il n'est pas bien sûr que son approche moléculaire puisse résoudre les problèmes des enquêteurs aux trousses du CCD. Mais bon, son laboratoire a pas mal bossé sur certaines zoonoses, ces maladies infectieuses animales qui sont transmissibles à l'homme, comme la grippe aviaire*. Alors, il se laisse convaincre. L'équipe de Penn State est aux anges ! « *C'était avant qu'il mentionne le coût d'utilisation de sa technologie* », ajoute Diana Cox-Foster dans un grand éclat de rire[16]. Au prix du marché, et souhaitant analyser les abeilles de 280 colonies ainsi qu'un lot de gelée royale chinoise, cette méga-analyse risque bien de leur coûter la bagatelle de 500 000 dollars. Or à la fin du printemps 2007, aucun fonds spécifique n'existe pour travailler sur le CCD. L'urgence sanitaire devient rapidement une urgence budgétaire…

Avant de poursuivre cette saga du CCD aux États-Unis (au chapitre 7), je veux éclairer deux questions clés. Tout d'abord, quel impact aurait la disparition des abeilles mellifères sur notre alimentation et la biodiversité ? Ensuite, ce déclin des pollinisateurs américains existe-t-il ailleurs ? Notamment en France et en Europe, où deux pesticides ont été bruyamment accusés de décimer les colonies d'*Apis mellifera.*

---

* Le laboratoire de Ian Lipkin travaille par ailleurs actuellement à démasquer l'agent causant les pertes mystérieuses et inquiétantes d'un autre pollinisateur : celles des chauves-souris dans tout l'est et le nord des États-Unis depuis 2007. Elles pourraient être victimes, comme l'abeille, de plusieurs facteurs à la fois (maladies, pesticides, changement climatique, malnutrition, etc.).

Chapitre 3

Un matin sans abeille...

Si l'abeille disparaît, notre alimentation est-elle en péril ? Où l'on démontre que nous survivrons, mais souffrirons tout de même de leur absence... Où l'on dévoile qu'un grand nombre d'autres insectes pollinisent les cultures. Une alternative ?

Mai 2007. Cela fait six mois que David Hackenberg vit sous la menace permanente du mystérieux CCD. Mais il refuse de croiser les bras et d'attendre des jours meilleurs. Pas son genre ! Avec les scientifiques de Pennsylvanie et ceux du Maryland, il pratique un lobbying intense auprès des médias du pays, des ministères et du Congrès américain. Son objectif ? L'allocation d'un fonds d'urgence pour les abeilles. Avec un argument de poids à la clé : la perte des colonies et celle des abeilles sauvages menacent les grandes productions fruitières et maraîchères du pays. Et un chiffre revient en boucle dans chacune de ses interventions : 15 milliards de dollars par an, voilà la contribution financière des pollinisateurs ! Convaincus de se battre pour l'avenir écologique et économique du pays, sinon de la planète, les apidologues et lui se font convaincants : pour préserver la survie des colonies et des contrats de pollinisation, le Congrès finit par voter, dans le cadre du budget agricole national, une enveloppe annuelle de 8 à 10 millions de dollars durant cinq ans pour la recherche sur les abeilles d'élevage au sein des laboratoires du département d'État de l'Agriculture (USDA) ! Et il ajoute un montant équivalent pour l'ensemble des équipes universitaires, les organisations techniques apicoles et les apiculteurs eux-mêmes. Avec obligation de mettre en œuvre un solide réseau de surveillance.

Lobbying apicole et crème glacée

D'autres lobbyistes n'hésitent pas à prendre l'opinion américaine par les sentiments. Non seulement, le déclin des abeilles conduirait à tuer la pizza spéciale pepperoni, mais aussi à une désastreuse fonte des glaces. Si, si ! Pas celles de l'Arctique, dont l'Américain moyen se moque comme d'une guigne, mais celles qui emplissent son boc en carton d'un demi-litre sur son plateau TV : la disparition de la classique Macadamia, de la fraise-vanille ou de la poire caramélisée avec noix de Pécan grillées est programmée.

Cela vous laisse froid ? Vous avez tort. Les abeilles permettent « *la production des ingrédients de presque 40 % de nos meilleures glaces*[1] », assure Josh Gellert, le gestionnaire d'Häagen-Dazs aux États-Unis, qui a lancé cette émouvante croisade en faveur de ces pollinisatrices auprès du grand public. Avec site Internet[2] à l'appui, actions dans les écoles, incitation à cultiver des plantes mellifères et à donner pour la recherche apicole. En l'honneur de « *ces petits héros bourdonnants que nous voulons garder* », la firme a même créé une super crème glacée vanille de Madagascar et miel de trèfles du Dakota. De quoi mobiliser le consommateur du Middle West. Car « *quand l'abeille est en danger, nous sommes tous en danger !* », martèle ce chevalier glacier de l'Apocalypse. Et ça marche…

« *Une gamine de Pennsylvanie nous a envoyé 1 600 dollars qu'elle a récoltés autour d'elle pour qu'on puisse sauver les abeilles !* », s'émerveille Dennis vanEngelsdorp de l'USDA. Et une autre jeune fille, Elizabeth Schetman, de Brooklyn (à New York), a offert spontanément plus de 5 000 dollars pour la recherche sur le CCD. Dans cette campagne de *business* charitable, Häagen-Dazs a su d'ailleurs enrôler les meilleurs spécialistes pour siéger à son « Bureau de l'abeille » : Diana Cox-Foster, Dennis van Engelsdorp, David Hackenberg, Eric Mussen, de l'université californienne Davis (UC Davis)... Les mêmes experts qui multiplient les interventions médiatiques. Leurs équipes recevront d'ailleurs un joli chèque de la firme en 2008 : pas moins de 150 000 dollars à l'université de l'État de Pennsylvanie (PSU) et 100 000 dollars à celle de Californie. En février 2009, le champion des crèmes glacées ajoute 125 000 dollars pour financer divers programmes sur la santé de l'abeille à PSU. La compagnie de cosmétiques Burt's bees n'est pas en reste, qui accorde à son tour plus de 100 000 dollars aux traqueurs du tueur de l'abeille mellifère. Et Whole Foods Market, le plus gros détaillant d'aliments biologiques du pays, fait bénéficier le service d'entomologie de la PSU de son programme de donations au passage en caisses. Bref, au final, les donations privées dépassent les 500 000 dollars. Une broutille, certes, par rapport aux 100 millions votés par le Congrès pour la période 2008-2012. Mais tout de même, les apidologues engrangent une sacrée récolte !

Un petit-déjeuner sans abeille, c'est comme un matin sans soleil

Démagogiques, ces campagnes ? Admettons. Mais tout de même, imaginez ne serait-ce qu'un instant ce que serait votre réveil dans un monde sans abeille. Simplement un cauchemar ! Plus de confitures de groseille, d'abricot ou de marmelade d'orange. Plus de jus d'orange ou de pomme. Et surtout, plus de café ni de chocolat. Bah ! il vous restera le thé... Ah, vous n'aimez pas le thé ? Ben faudra vous y faire !

Quant au beurre, au lait ou aux fromages, désolé, mais les agronomes ne sont pas bien sûr de vous en garantir la fourniture. Car si l'abeille pollinise avant tout les fruitiers et les légumes, elle contribue aussi à la reproduction des légumineuses fourragères, comme la luzerne ou les trèfles, et diverses plantes oléagineuses, comme le soja, le tournesol ou le colza. Or ces végétaux, fortement protéinés ou vitaminés, servent à nourrir… les bovins. Ceux-là mêmes qui fabriquent l'ingrédient de base de tous nos produits laitiers. Mieux, pour les fromages, les saveurs spécifiques qui s'attachent à un Comté, un Cantal ou à un camembert dépendent, en partie, des assemblages floristiques d'un territoire donné. Assemblage que les pollinisateurs (dont l'abeille mellifère) concourent à former et à entretenir. Autant dire que la disponibilité de vos laitages préférés demeurera dès lors bien aléatoire. Allez, rouvrez les yeux : vous avez fait un mauvais rêve.

Traduit en terme monétaire, ce cauchemar donne néanmoins des sueurs froides. Mais cette fois aux économistes et aux agriculteurs. Un groupe de chercheurs de l'Inra d'Avignon et du CNRS de Montpellier a calculé le montant de la contribution des pollinisateurs à la production alimentaire mondiale : 153 milliards d'euros par an[3] ! Soit 9,5 % du chiffre d'affaires agricole planétaire[4]. Cela ne vous parle guère ? On peut mesurer autrement le rôle des insectes pollinisateurs. Une seconde étude[5] montre que plus de 75 % des espèces de plantes alimentaires (essentiellement des fruits et quelques légumes) sont plus ou moins dépendantes des pollinisateurs, alors que moins de 25 % (essentiellement des céréales) peuvent s'en passer – elles s'autopollinisent ou comptent sur le vent. Si l'on rapporte ces données aux volumes de production, compte tenu de la place des céréales dans notre alimentation, le rapport s'inverse : 60 % des plantes alimentaires consommées peuvent se reproduire sans pollinisateurs, alors que 35 % en dépendent – il reste 5 % pour lesquels on ignore encore l'action des pollinisateurs. Parmi ce gros tiers de productions issues de plantes pollinisées par les abeilles, citons certaines légumineuses, la plupart des plantes potagères, les oléagineuses, les stimulantes, les aromatiques et, bien sûr, la plupart des arbres fruitiers.

La malédiction du théorème d'Einstein

« *Si l'abeille venait à disparaître, l'humanité n'aurait plus que quatre ans à vivre* », aurait pronostiqué le grand Albert Einstein. Ce qu'ont repris en chœur tous les médias de la planète – et votre serviteur, il y a quelques années. Foutaise, comme on vient de le voir !

Soit le père de la théorie de la relativité confirme par cette citation qu'il n'était ni écologue, ni biologiste. Soit on lui a attribué à tort une pensée aussi définitive que stupide. Car ce ne sont « que » 35 % de notre nourriture (ou, plus exactement, de la production des plantes alimentaires) qui seraient menacés : pas la mort ! En revanche, quelle tristesse… Quelle existence sans saveur que celle où il n'y aurait plus ces fruits, ces légumes, ces plantes aromatiques et ces fleurs. C'est un peu comme repasser, tout à coup, de la couleur au noir et blanc !

Il n'y a donc plus de doute : le déclin des pollinisateurs aura bel et bien un impact sensible sur notre bien-être, sur notre alimentation et sur l'agriculture mondiale. « *Les trois catégories d'espèces les plus dépendantes des pollinisateurs sont d'abord les plantes stimulantes (comme le cacao et le café), puis les fruits à coque (noix, amandes, noix du Brésil, noix de Macadamia, etc.) et, enfin, les fruits charnus,* précise le jeune thésard Nicola Gallai, basé au laboratoire montpelliérain d'économie théorique et appliqué*. *Mais si l'on rapporte ces types de cultures à leur valeur commerciale, l'impact économique du déclin des pollinisateurs se fera surtout sentir pour les fruits ainsi que pour des cultures moins dépendantes des insectes, comme les légumes et les oléagineux.* »

Concrètement, en cas de fort déclin des abeilles, les agriculteurs ne parviendraient plus à satisfaire la consommation de 24 % de plantes stimulantes (café et cacao), de 12 % des fruits et de 6 % des légumes – selon les niveaux de 2005. « *Cela aura un véritable retentissement sur notre consommation et notre santé (vitamines, fibres),* ajoute Nicola Gallai. *Autant dire que*

* Entretien du 13 mai 2008.

l'objectif de l'Organisation mondiale de la santé (OMS), à savoir la consommation de cinq fruits et légumes par jour, deviendra carrément utopique, alors même qu'aujourd'hui, on en mange déjà une quantité insuffisante.» Les plus riches pourront sans doute s'en offrir encore quelques belles tranches, importées des latitudes tropicales où les pollinisateurs foisonnent. Mais la plupart d'entre nous devront grignoter des vitamines en tubes... Et dans la mesure où les pays occidentaux produisent plus de fruits et de légumes que les nations pauvres*, leur perte nous rendra davantage vulnérables. Une fois n'est pas coutume ! « *La réaction en chaîne du marché entraînera inévitablement des hausses de prix sur tous ces produits, une baisse de leur consommation et l'augmentation du chômage dans les filières correspondantes*», prédit le jeune économiste.

Et ce n'est pas tout! Dans ces conditions de baisse des productions, pour seulement maintenir nos consommations à leur niveau de 2005, les auteurs de cette étude ont calculé que nous devrons débourser chaque année, au niveau mondial, entre 191 et 310 milliards d'euros supplémentaires (pour importer ces produits et/ou polliniser à la main).

À ce stade, je tiens toutefois à rassurer le lecteur. Car, non seulement nous survivrons à la disparition des abeilles, mais sachez que, d'après une enquête menée par un site Internet consacré aux rumeurs[6], le prix Nobel de physique de 1921 ne serait en rien dans cette prédication millénariste. L'auteur de cette maxime serait plutôt un leader syndical apicole français en guerre contre les importations de miel chinois à bas prix : il l'aurait prononcée en 1994, en l'attribuant à l'auguste physicien pour lui donner plus de poids. Et celle-ci a été reprise par la presse belge. La belle formule et la bonne personne : souvenez-vous de l'histoire de l'apiculteur Hackenberg ! Le conservateur des Archives Albert Einstein de Jérusalem, Roni Grosz, est en tout cas formel : « *Il n'y a aucune preuve qu'Einstein ait jamais dit*

* Ce qui n'empêche pas l'Union européenne d'importer, chaque année, 20 % des fruits et légumes qu'elle consomme.

ou écrit une telle phrase.» Et quand bien même, « *Einstein n'avait pas de compétence particulière, ni même d'intérêt pour l'écologie, l'entomologie ou les abeilles*». Ouf !

Et si on remplaçait les abeilles ?

Remplacer les abeilles, en voilà une idée lumineuse ! Après tout, les pollinisateurs, ce n'est pas ça qui manque : tous ces insectes, ces oiseaux, ces chauves-souris voire ces rongeurs qui visitent régulièrement les fleurs et s'en gobergent, ne pourraient-ils pas faire le boulot d'*Apis mellifera* ? D'autant qu'à lire la littérature spécialisée, quelque 225 000 espèces de plantes à fleurs (angiospermes) sont pollinisées par… 200 000 espèces d'animaux[7]. Ça fait du monde, tout de même ! Et les abeilles ne féconderaient de façon exclusive qu'à peine 16,6 % des plantes – 88,3 % le seraient en partie par les coléoptères, autrement plus nombreux que les hyménoptères il est vrai.

Sans compter que l'abeille mellifère n'est qu'une pollinisatrice – plutôt généraliste – parmi les milliers d'autres abeilles (sauvages, pour l'essentiel) peuplant la Terre. Ainsi, comme l'indique Guy Rodet, chercheur à l'Inra d'Avignon*, « *les abeilles solitaires de la famille des* Megachilidae *(mégachiles) sont élevées aux États-Unis et au Canada spécialement pour polliniser les légumineuses comme la luzerne, qui présentent des fleurs fermées qu'*Apis mellifera *a du mal à visiter. Et certaines mouches à asticots vont être utilisées par les agriculteurs pour polliniser les fleurs de carottes, trop petites pour intéresser l'abeille domestique.*» De même, depuis 1989 on a recours régulièrement à cinq espèces de bourdons, notamment en Europe, pour fertiliser certains fruitiers et, surtout, des tomates sous serre (40 000 hectares en 2004)[8], dont les fleurs présentent des caractéristiques particulières[9].

Et puis il y a un groupe d'insectes pollinisateurs formidablement discret, donc ignoré. Quelle injustice ! « *Ces insectes*

* Entretien du 12 février 2008.

sont considérés jusqu'ici comme des pollinisateurs secondaires, mais je vous prédis que ça va changer, m'assure l'entomologiste Jean-Pierre Sarthou, de l'Inra/Ensat à Toulouse*. *Car ils pollinisent déjà toute une série de plantes aux fleurs peu profondes, dans la mesure où leur appareil buccal est relativement court. Ils jouent d'ores et déjà un rôle important dans la reproduction du persil, du fenouil, de l'aneth, du céleri et des fraises, dont ils visitent les fleurs. En plus, leurs larves boulottent des pestes de nombreuses cultures : des pucerons, des cochenilles, des psylles, diverses chenilles…*» Ce nouvel allié des plantes cultivées est une sorte de mini-mouche. Ou plutôt 500 espèces françaises de mini-mouches (plus de 5000 espèces sont décrites dans le monde) de la famille des syrphidés, qui se nourrissent de pollen, mais pas de nectar. Drôles de bestioles en vérité, car plusieurs espèces s'ingénient à ressembler à tout sauf à… une mouche ! « *Pour se protéger des insectes prédateurs, voire des oiseaux, les femelles miment les guêpes, les bourdons et même les frelons ! Elles les imitent par leur taille, leur forme, la couleur de leur livrée et même le bruit de leur vol. Si bien que les entomologistes eux-mêmes peuvent se faire avoir !*»

Quatre à cinq espèces de syrphes sont réellement devenues des auxiliaires de l'agriculture, telle *Episyrphus balteatus*, que des cultivateurs de colza allemands tentent d'élever, après s'être aperçus que cette curieuse mouche avait un impact très positif sur la quantité et la qualité des graines produites. Mêmes essais en Europe du Nord et au Canada sur des cultures de cassis, de groseilliers et d'airelles rouges (canneberges). L'espèce *Eristalis tenax* est également facile à développer en serre pour polliniser les fleurs de poivron.

«*Leur avenir est d'autant plus prometteur que certaines études*[10] *laissent penser qu'elles sont moins sensibles aux bouleversements écologiques que les abeilles et les bourdons*», signale l'entomologiste de Toulouse. C'est vrai que, contrairement aux abeilles, elles ne dépendent pas du nectar et sont moins exigeantes qu'elles concernant l'habitat : de simples mares ou cuvettes d'eau contenant de la matière organique

* Entretien du 16 avril 2008.

en décomposition feront l'affaire pour la ponte et la reproduction des larves. Enfin, pas pour toutes les espèces. Jean-Pierre Sarthou précise en effet : « *Je reste prudent sur cette résistance, car les inventaires que nous-mêmes et d'autres collègues avons réalisés montrent malgré tout quelques cas de régressions des populations de syrphes en Europe, liés à la disparition de certains milieux, comme les vieilles prairies naturelles ou les forêts anciennes composées d'arbres en décomposition. De même, des suivis d'espèces effectués près de Toulouse et dans des prairies de Haute-Savoie nous font craindre qu'elles ne soient sensibles au réchauffement climatique. Mais cela doit encore être confirmé.* »

La reine de la fécondation artificielle ?

Résumons : si, demain, on peut remplacer *Apis mellifera* par d'autres insectes, sa disparition sera finalement indolore pour les plantes à fleurs et pour notre alimentation, non ? Pas si sûr ! Car à écouter tous les apiculteurs et de nombreux cultivateurs, notre abeille mellifère est tout de même la mieux taillée pour le job. Tim Burch, qui exploite 30 hectares de pommes dans le comté d'Erie, au nord-est de la Pennsylvanie, assure même que « *c'est la Cadillac de l'industrie de la pollinisation !* »[11]. Longtemps, on a en effet pensé et diffusé parmi le grand public l'idée qu'*A. mellifera* était l'espèce d'abeilles la plus efficace pour remplir cette fonction essentielle pour l'alimentation humaine et la biodiversité.

Et si ce n'était pas le cas ? Si ce n'était qu'un formidable bluff ? Ces dix dernières années, plusieurs évaluations de l'impact des espèces d'abeilles sur la pollinisation des cultures ont été conduites tant en Europe qu'aux États-Unis. Et elles sont venues mettre à mal la réputation flatteuse de Maya l'abeille. « *Alors que l'on a recours essentiellement aux colonies d'*A. mellifera *pour produire 15 à 30 % de nos produits alimentaires, cette espèce d'abeille n'est pas toujours la pollinisatrice la plus efficace pour toutes les cultures* », pointent, par exemple, Sarah Greenleaf de l'université de Princeton et sa collègue Claire Kremen de l'université californienne de Berkeley[12].

Pourrait-on alors se passer de nos colonies mellifères et tenter d'apprivoiser à leur place quelques espèces sauvages ? Ce serait *a priori* une erreur vu le bénéfice que leur présence mutuelle apporte aux cultures. Du moins dans le cas des tournesols, étudiés par nos deux écologues : « *Nous avons constaté que les interactions entre les abeilles sauvages et d'élevage augmentent l'efficacité de la pollinisation pour la production de graines de tournesol hybride, jusqu'à cinq fois* [cinq fois plus de graines produites en moyenne à la suite d'une visite*] », ajoutent ces scientifiques américaines.

Mais quelle est donc cette interaction entre espèces capable de produire un tel miracle ? « *Oh, c'est très simple ! La présence d'une multitude d'insectes pollinisateurs sur une même parcelle, qu'ils soient sauvages ou d'élevage, crée des petits dérangements incessants pour chaque butineuse, qui multipliera alors les sauts d'une fleur à l'autre, et favorisera du même coup les pollinisations croisées* », explique Bernard Vaissière, spécialiste de la pollinisation qui, à l'Inra d'Avignon, a également testé le rôle des interactions entre abeilles sur la pollinisation des tournesols. Et dans la mesure où *A. mellifera* marque sa préférence pour butiner les fleurs femelles alors que les espèces sauvages pourront visiter à la fois les fleurs mâles et les fleurs femelles, ces dernières dérangeront forcément l'abeille mellifère, qui ira se réfugier un temps sur les soleils mâles avant de revenir à son inflorescence préférée... Ces déplacements croisés entre lignées, plus fréquents, favoriseront ainsi des fécondations qui resteraient limitées en l'absence d'abeilles sauvages.

En fait, si *A. mellifera* s'est bâtie une telle légende, c'est d'abord parce que ses gardiens apiculteurs ont naturellement voulu valoriser leur bétail. Rattachée au monde rural et sujet d'études naturalistes illustres en Europe, cette abeille, par sa

* Les chercheurs montrent qu'à la suite d'une seule visite d'abeille sauvage, la fleur produit en moyenne 1 à 19 graines, contre seulement 3 graines pour *A. mellifera* sans la présence de cousines sauvages. Lorsqu'il y a une abondance d'abeilles sauvages dans le même champ butiné par l'abeille d'élevage, chaque fleur produira en moyenne 15 graines par visite.

proximité avec les hommes, a eu tendance à éclipser à nos yeux toutes les autres espèces. Donc, c'est entendu, l'abeille d'élevage n'est pas la Rolls de la pollinisation que l'on prétend !

Néanmoins, reconnaissons à cette bestiole qu'elle a de sérieux atouts à faire valoir (lire l'encadré p. 51). En premier lieu sa capacité unique à fabriquer en un an, au sein de sa colonie, une quantité et une diversité de miels qu'aucune autre espèce d'abeilles ou de bourdons ne saurait égaler. Concernant la pollinisation, l'espèce, généraliste, permet de féconder une plus grande variété de plantes que certaines abeilles sauvages plus spécialisées. Et, surtout, elle s'attaque avec une rare efficacité aux grandes surfaces fleuries qui sont le propre des champs et des vergers. C'est ainsi que, pour de nombreuses cultures, elle est devenue la pollinisatrice incontournable. Rappelons à cette fin qu'à la belle saison, chaque colonie offre pas moins de 10 à 20 000 « *visiteuses des calices* » aux vergers de la Terre, comme l'écrit joliment Maurice Maeterlinck. Un effectif très compétitif par rapport aux abeilles sauvages et solitaires.

Des atouts indiscutables

C'est à l'évidence la suprématie du nombre et l'efficace organisation sociale au sein de la colonie qui font de l'abeille d'élevage une pollinisatrice très appréciée. Elle partage en outre avec ses cousines apiformes (toutes les abeilles) une anatomie parfaite pour effectuer cette tâche, à quelques variations anatomiques près. Que l'on en juge : deux paires d'ailes soudées d'une belle envergure et capables de battre 400 fois à la seconde ; un corps recouvert par des milliers de soies retenant une quantité prodigieuse de grains de pollen qu'elle diffuse ensuite largement ; des pièces buccales qui lui servaient jadis à découper ou à percer, mais qui, au cours de l'évolution, se sont transformées, si bien qu'elles peuvent aujourd'hui se replier sous la tête et se déplier ensuite comme un ressort, formant un organe creux comme une trompe, capable de pomper le nectar des fleurs ; des capteurs olfactifs exceptionnels ; deux grands yeux formés de 4000 à 6000 facettes hexagonales qui sont autant d'yeux complets ; des poils sensitifs pour capter la vitesse du vent... Bref, tout dans l'architecture des abeilles, dans leur physiologie, leurs sens, leurs gènes, tout chez ces espèces sauvages ou d'élevage semble avoir été façonné au millimètre par l'évolution pour récolter avec succès du pollen et du nectar ; et, ce faisant, pour féconder les plantes à fleurs.

Une pure merveille d'ingénierie biologique où la forme se confond avec la fonction. Et quel plus bel exemple de mutualisme que ce « partenariat » entre les abeilles et les plantes, mis au point au fil des millions d'années. Dernier aperçu de cette alliance évolutive, révélé très récemment par une équipe anglaise de l'université de Cambridge[13] : les sortes de revêtement Velcro – des cônes de 10 micromètres – qui recouvrent les pétales des gueules de loup (*Antirrhinum majus*) et facilitent l'arrimage des bourdons qui les visitent, tête en bas !

N'allez pas croire pour autant que l'abeille transporte le pollen d'une fleur à l'autre juste pour féconder les plantes et assurer leur dissémination. La réalité de la pollinisation est en fait moins sentimentale et plus opportuniste que cela : c'est bien l'évolution qui, au cours des millénaires, a permis à chacun des partenaires d'y trouver son compte malgré la compétition existante entre eux autour du pollen. Et les végétaux ont dû mettre en œuvre diverses stratégies pour résister à la gloutonnerie des abeilles et à leur propension à confisquer toutes leurs récoltes polliniques destinées à la ruche[14]. Par exemple, la forme d'une fleur et la disposition des précieux grains de pollen conduiront l'abeille à s'en mettre plein les poils de l'abdomen et, dès lors, à diffuser malgré elle cette semence d'une corolle à l'autre. De même, les fleurs ne lâcheront leur récompense en nectar qu'à certaines heures du jour, contraignant les butineuses à revenir plusieurs fois les visiter, ce qui multipliera les transports et diffusions de pollens.

L'abeille mellifère a un talent fou !

On s'est beaucoup extasié, parfois à raison, devant les performances exceptionnelles d'*A. mellifera*. Vous pensez, une si petite bestiole qui produit une telle quantité de miel à partir de nectars qu'elle va parfois collecter jusqu'à 16 kilomètres de sa ruche (avec même une pointe à 24 kilomètres)[16] ! Le problème est que l'on fait une généralité de tels chiffres, alors qu'ils reflètent des observations limitées dans le temps et portant sur un petit nombre d'individus.
Un consensus plus raisonnable s'est en fait établi pour considérer que le vol de croisière de notre hyménoptère s'effectue à 2 kilomètres autour du nid. Depuis 2008, on en sait toutefois un peu plus car, pour la première fois, une équipe est parvenue à suivre à la trace, au Kenya, la grosse abeille charpentière *Xylocopa flavorufa*. Ayant équipé cette butineuse solitaire des bois d'un radio-transmetteur pesant 35 milligrammes et d'une antenne de 14 centimètres (quatre fois sa longueur) accrochée sur son dos, les chercheurs ont pu montrer qu'elle peut parcourir jusqu'à 6 km pour aller récolter du nectar[17]. Impressionnant[18] !
Bien sûr, notre abeille mellifère est plus menue que cette solide butineuse des bois et il n'est pas sûr qu'elle soit capable de telles performances. Quoi qu'il en soit, nous aurions tort de nous focaliser sur la seule longueur de ses vols. Car sa capacité à aller siroter du nectar et à moissonner du pollen à l'autre bout de la Terre - vu d'abeille - peut conduire à des dépenses énergétiques invraisemblables pour un butin bien modeste à l'arrivée !
On estime que pour produire un kilo de miel, notre abeille aura butiné environ quatre millions de fleurs et parcouru plus de 150 000 km. Et, selon les calculs de l'apidologue allemand Jürgen Tautz[19], au cours d'un été, une colonie récolte entre 60 et 1 600 kilos de nectar (selon la météo, le site et l'activité des butineuses), soit 30 à 800 kilos de miel. En un an, une colonie moyenne récolte quelque 30 kilos de pollen et plusieurs centaines de grammes de propolis*. Chapeau l'artiste ! Et altruiste avec ça. Car si elle ingurgite bien le nectar qu'elle pompe dans les fleurs, elle ne le consomme pas. Non, elle le stocke dans son jabot et, une fois rentrée à la ruche, elle le régurgite à d'autres abeilles qui le transforment. Typique d'un insecte social : tout pour le groupe ! Le nectar contient principalement trois sucres (du glucose,

* La propolis est fabriquée par les ouvrières à partir d'une résine collectée par les butineuses sur les bourgeons de certains arbres. Elle sert de mortier pour la ruche et de désinfectant aux abeilles. Ses diverses propriétés pharmacologiques sont utiles à l'homme.

du fructose et du saccharose), dans des proportions qui varient avec l'espèce végétale. Transformé en miel par les ouvrières, il constitue un apport énergétique essentiel à la colonie, notamment aux adultes pour passer l'hiver. Le groupe aurait besoin de 60 à 80 kilos de miel par an. Ce qui suppose que les abeilles en produisent bien davantage si l'apiculteur veut pouvoir en collecter aussi sans risquer de tuer son cheptel.

Et le pollen ? C'est le sel de leur vie ! Nos orpailleuses des prés, des alpages et des grandes cultures accumulent fiévreusement ces pépites d'or jaune, rouge, mauve, brun et noir tout au long des beaux jours. Plus prosaïques, les spécialistes vous diront[20] que ce grain vital, dont la composition est très variable selon les plantes et la saison, contient des protéines et des acides aminés (protides), de l'amidon (glucides), des lipides (en particulier des stérols), des vitamines (A, D, E et K, l'acide folique et la biotine) et des éléments minéraux. Il contribue au bon développement des individus, à leur longévité et à leur résistance aux maladies. Le manque de pollen, à la suite d'un été trop sec, a d'ailleurs été cité comme la cause principale de plusieurs mortalités hivernales importantes.

« *L'abeille mellifère semble aimer, comme nous, les grands bouquets de fleurs*, ajoute, un brin poète, Guy Rodet de l'Inra d'Avignon. *De larges bouquets composés de grosses fleurs - car l'abeille est un peu myope ! - et qui sentent fort.* » Ah ! Le parfum des premières miellées* de romarin ou de châtaigner, ça les rend dingues... Le séquençage du génome d'*Apis mellifera* a d'ailleurs montré[21] que si cette butineuse a moins de gènes codant des récepteurs gustatifs que la drosophile ou l'anophèle (un moustique), elle en possède bien davantage qui codent des récepteurs olfactifs (170 récepteurs chez l'abeille contre 62 chez la drosophile et 79 chez l'anophèle)[22]. De quoi repérer les garde-manger floraux les plus consistants et assurer une bonne communication avec ses congénères par phéromones interposées.

Mais n'allez pas croire qu'elle va indistinctement sur tout ce qui a de l'arôme. *A. mellifera* peut aussi choisir son menu en fonction des couleurs : même un peu myope, elle parvient à distinguer certaines fleurs entre elles par la seule perception visuelle. Son « code couleur » n'a toutefois rien à voir avec le nôtre : inutile de lui proposer un coquelicot ou une pivoine, l'abeille n'y verra que du gris car elle ne repère pas le rouge. Son spectre visuel va du jaune jusqu'à l'ultraviolet - une longueur d'onde que nous ne distinguons pas.

---

* La miellée est la production de nectar d'une espèce végétale, ou la période durant laquelle a lieu cette sécrétion nectarifère.

Et si l'abeille d'élevage est capable d'aller moissonner des sources aussi diverses qu'éloignées, elle le doit aussi au million de neurones de son minuscule cerveau - quatre fois plus que le cerveau d'une mouche ! Les importantes capacités cognitives de cet insecte social sont à la base de la concertation et la régulation qui s'établissent entre les quelque 40 000 membres d'une colonie estivale (moitié moins en hiver).

Ayant à cœur de nourrir tout son petit monde, *Apis mellifera* est, en outre, un bourreau de travail[15]. Si elle est plus frileuse que les bourdons et démarre plus tard en saison*, elle ne cesse de s'activer qu'aux mauvais jours, là où certaines consœurs solitaires butinent davantage en dilettante. Et c'est peu dire que l'abeille d'élevage est une besogneuse : assidue aux mêmes sources polliniques et nectarifères, elle les visite jusqu'à plus soif et, par là même, les féconde avec efficacité.

Revenons un instant sur le cas des syrphes : non seulement leur rendement et leur champ d'action comme pollinisatrices n'ont pas grand-chose à voir avec ceux d'*A. mellifera*, mais, surtout, ces deux types d'insectes ne visitent pas les mêmes fleurs. Ils sont plutôt complémentaires : l'abeille préfère les grosses aux petites et les syrphes se limitent aux fleurs peu profondes – faute de trompe, elles ne peuvent atteindre le nectar ou le pollen camouflés profondément chez certaines fleurs. On observe, au moins en partie, la même répartition entre les mégachiles et les bourdons.

Voilà pourquoi vouloir remplacer l'abeille domestique par d'autres pollinisateurs reste aussi dangereux qu'utopique. Cela d'autant plus qu'elle demeure la pollinisatrice la plus facile à élever. Sans compter que, sous nos latitudes, de nombreux « visiteurs des calices », comme les chauves-souris, consomment plus le contenu des fleurs qu'ils ne les pollinisent. Quant à la pollinisation manuelle (à l'œuvre aujourd'hui pour la vanille) ou mécanique (à l'aide d'immenses ventilateurs ou d'hélicoptères), personne n'imagine

* *A. mellifera* ne peut butiner qu'avec une température extérieure supérieure à 12 °C, alors que les bourdons peuvent sortir dès 7 °C.

que ces procédés puissent devenir des substituts performants et rentables, du moins pour des cultures industrielles. Enfin, créer par sélection génétique ou par transgénèse des plantes qui puissent former des fruits sans fécondation ne constitue pas (pas encore ?) une solution. Car ces techniques sont loin d'être maîtrisées et applicables à toutes les espèces, sans compter que les conséquences sur la qualité gustative des fruits ne sont pas négligeables. Au bout du compte, tous les experts vous le diront : le plus simple et le moins coûteux pour assurer la pollinisation, reste encore de préserver nos ressources floristiques, nos abeilles – toutes les abeilles – et nos apiculteurs.

L'inquiétude gagne les agriculteurs américains

Le déclin des abeilles ne désole pas seulement David Hackenberg et ses collègues apiculteurs des États-Unis. Il inquiète aussi leurs clients. Brian Campbell de Berwick, en Pennsylvanie, est l'un d'entre eux. Lui cultive des potirons. Fournisseur officiel de la fête d'Halloween ! Autant dire qu'il est une célébrité dans le comté. Or sans abeilles, son *business* devient simplement impossible. Pensez : il a besoin de 30 visites d'abeilles par fleur pour polliniser 120 hectares de potirons, tous destinés au Wal-Market pour cette fameuse fête quasi nationale. « *Si mes potirons ne sont plus pollinisés, ils vont sécher, se flétrir et tomber* », soupire-t-il.

Aussi, avec des colonies plus difficiles à obtenir, en 2008, Campbell était prêt à les payer davantage, à doubler s'il le fallait les 27 000 dollars qu'il donne à Hackenberg pour louer 12 millions de butineuses pendant six semaines[23] ! Vu le niveau et la fréquence des pertes dans les ruchers, les arboriculteurs tentent, par cette enchère, de prendre une sorte d'« assurance » afin d'obtenir le nombre d'ouvrières commandé au moment opportun. À charge pour l'apiculteur de faire les essaims nécessaires pour remplacer ses colonies mortes et livrer le bon poids de butineuses à son client.

Cette même année, Tim Burch se faisait tout de même un sang d'encre. Car quel que soit le prix offert, il redoutait de ne pas trouver suffisamment d'abeilles pour polliniser ses 30 hectares de pommiers dans le comté d'Erie. En effet, sa source d'abeilles depuis une dizaine d'années – les colonies de Larry Curtis, du comté de Crawford, l'un des plus importants apiculteurs de l'État – s'est brutalement tarie : Curtis a perdu plus de 80 % de ses 1 200 colonies au cours de l'hiver 2006[24].

Même son de cloche dans le comté d'Adams, au centre-sud de la Pennsylvanie, où se concentrent les plus gros producteurs de pommes du pays. Jim LaRue, propriétaire à Lattimore Township de 202 hectares de pommiers et de 40 hectares de cerisiers, témoigne de l'enjeu : « *Nous avons une fenêtre de pollinisation d'à peine quelques jours. Et plus vous aurez d'abeilles, meilleures seront les pommes que vous vendrez.* » Sans pollinisation par les abeilles, il récoltera bien moins de pommes et les fruits qui pousseront sur ses arbres, à partir des fleurs mal ou peu pollinisées, seront difformes. Il faut savoir que les différentes espèces d'abeilles pollinisent 90 % de ce fruitier au nectar abondant et que l'État de Pennsylvanie est un peu la capitale américaine de la pomme – il produit un gros quart des tonnages du pays, ce qui représente un chiffre d'affaire de plus de 2 milliards de dollars. « *J'ai entendu dire que des producteurs de pommes dans les États de Pennsylvanie et de New York se retrouvaient en pleine concurrence pour obtenir des abeilles avec des producteurs de myrtilles du Maine* », confirme à Jessup, en Géorgie, Troy Fore, qui préside la Fédération américaine des apiculteurs.

Autant dire que ça sent la castagne dans les vergers américains ! Les analystes se veulent toutefois rassurants : les plus gros producteurs de pommes auront sans doute les moyens de trouver encore des abeilles dans les cinq ans à venir – d'ici à 2012 – mais ils devront payer 25 à 50 % de plus par colonie, pronostique Dave Biddinger, du Centre de recherche sur les fruits à l'université de Pennsylvanie. Nous en reparlerons au chapitre 14.

Les apiculteurs entrent en résistance

Retour à la fin du printemps 2007. Se battre ! C'est ce que se répète tous les matins David Hackenberg après des nuits abîmées par l'angoisse. Il a trouvé l'énergie et les capitaux pour reconstituer son cheptel. Avec 300 000 dollars, il a repeuplé son rucher avec 2 000 nouvelles colonies – des abeilles venues d'Australie par avion et de nouvelles reines en provenance d'Hawaii. Il a aussi dédoublé les colonies qui lui semblaient valides et suivi les conseils sanitaires des enquêteurs sur le CCD : une société qui stérilise habituellement les solutions d'entretien des lentilles de contact oculaires a accepté d'irradier ses propres équipements apicoles. Il espère ainsi détruire les pathogènes qui pourraient s'y être installés.

Hackenberg participe d'ailleurs à une étude du Centre de la science et de l'ingénierie du rayonnement de Penn State pour déterminer si l'irradiation peut effectivement aseptiser une ruche et contrer ce cycle d'effondrement. « *On a commencé ce travail au printemps 2007 et, après neuf mois, 70 % des colonies irradiées ont survécu contre seulement 30 à 50 % des ruches non irradiées. Il y avait ainsi une claire différence : en irradiant les matériels, on repartait comme avec du matériel neuf. À l'arrivée, ça a apporté un plus à ces colonies, mais ça n'a toutefois pas empêché les réinfections* », observe aujourd'hui Jeff Pettis du département d'État de l'Agriculture à Beltsville.

Insuffisant et provisoire donc. En outre, cette technique de traitement des pathogènes n'est pas accessible à tous les éleveurs. Car elle est coûteuse, demande beaucoup de manipulations et implique la présence d'un laboratoire spécialisé à proximité. Ainsi, au New Jersey, Jean-Claude Tissot n'a pas eu la chance d'en bénéficier. Comme la plupart de ses collègues, il s'est contenté, en 2007, de passer ses ruches vides au chalumeau, de brûler tous les cadres des colonies malades et de racheter des cadres neufs ainsi que de la cire. « *On cherche depuis, avec l'association des apiculteurs du New Jersey, une entreprise chez qui l'on puisse apporter nos ruches mortes pour qu'elle les irradie de sorte que l'on reparte sur du matériel totalement* *sain. Mais pour l'instant, on n'a pas encore trouvé*.*» Lui aussi a dû mettre la main au portefeuille pour remonter son cheptel en 2007 : «*Heureusement, moi, je suis un "petit" : ça ne m'a coûté que 3 000 dollars, pour racheter au printemps 50 lots d'environ 15 000 abeilles et leurs reines. Comme je pense que c'est le varroa qui a décimé mes colonies durant l'hiver 2006, j'ai cherché à m'approvisionner en abeilles russes, dans l'Arkansas, le printemps suivant. Car elles sont réputées mieux tolérer l'acarien.*» Et la fin du printemps et l'été 2007 ont été, pour lui, couronnés de succès : il a fini par récupérer autant de miel que les années précédentes, à savoir 1,4 tonne, ce qui fait près de 10 kg par ruche. Pas énorme ? Jean-Claude Tissot est effectivement «un petit» dans le monde des producteurs de miel.

Après ses rachats coûteux du printemps, Hackenberg retient son souffle : « *Si nous repassons le même hiver, en 2007, nous serons à genoux !*» Souvent d'ailleurs, le désespoir le submerge. Et il ne sait plus toujours pourquoi il doit se battre. Pour des prix du miel en chute libre après l'invasion des productions en provenance de Chine ou d'Argentine ? Heureusement, lui fait assez peu de miel. Se battre pour supporter de plus en plus de stress, ne plus avoir le temps d'aller chasser ou pêcher après sa tournée des ruches, comme avant ? Quel intérêt ? Il a bien failli tout plaquer l'hiver dernier. « *C'est certainement l'année la plus stressante de ma vie*», confie-t-il.

Mais bon, comment tout arrêter d'un coup, cette entreprise familiale qu'il a mis tant d'années à faire prospérer et où il bosse à présent avec son fils Davey ? Comment arrêter de se frotter chaque jour aux abeilles ? Comment tourner le dos à l'angoisse de ses clients et amis agriculteurs ? À leurs offres de plus en plus alléchantes, aussi ? Impensable ! David Hackenberg va tenir bon et continuer à se battre. Mais contre qui, à propos ?

À quelques milliers de kilomètres de lui, à l'université de l'Illinois, en ce printemps 2007, May Berenbaum se pose la même question : se battre contre qui ? Qui est l'auteur de cette catastrophe ? Elle fait et refait sans cesse cette simple

* Entretien du 3 octobre 2008.

équation dans sa tête : moins d'abeilles = une réduction de la pollinisation = une baisse de la production agricole = des denrées alimentaires plus chères. C'est ça l'avenir ? « *Ce scénario de science-fiction est devenu réalité* », soupire-t-elle[25]. Plus de doute : les États-Unis viennent d'entrer en guerre contre un tueur d'abeilles qui dissimule son visage dans l'obscurité tiède des ruches. La guerre. Une de plus pour les Américains !

Chapitre 4

Buzz planétaire

Les abeilles sauvages et d'élevage déclinent-elles aussi en Europe ? Où l'on s'efforce de réunir et d'interpréter des données éparses pour quantifier l'importance du déclin des pollinisateurs en France et dans le reste du monde occidental. Entre science et art divinatoire…

« *Quand je vois qu'il y a de vieux apiculteurs comme mon voisin qui, à 82 ans et malgré une remarquable expérience de l'élevage des abeilles, perdent les trois quarts de leurs colonies, je me dis qu'il se passe vraiment quelque chose de grave…* » soupire, inquiet, Dominique Vannobel, apiculteur au village Le Pompidou, en Lozère*. Lui-même a vu la moitié de son cheptel de 400 ruches disparaître entre l'hiver 2007 et le printemps 2008. Des « *désertions* » d'abeilles inexpliquées. Mais ce sont les mortalités subies par son vieil ami apiculteur qui paraissent surtout l'alarmer. Car la pratique apicole de ce dernier a toujours réduit le stress** des colonies et le risque qu'elles soient infectées par les virus ou les parasites d'autres ruchers : « *Il ne transhume jamais et hiverne dans les Cévennes depuis trente ans, il produit toujours ses colonies par division*

* Entretien du 13 mai 2008.

** Au fil des pages de ce livre, le stress au singulier désigne avant tout une action apicole pouvant entraîner un effort intense ou une perturbation de la colonie. Au pluriel, les stress évoquent davantage les différents facteurs d'agression des colonies, qu'il s'agisse de pratiques apicoles inappropriées, de pathologies ou de contaminants chimiques.

et il n'importe jamais de nouveaux reproducteurs. Bref, il leur fout une paix royale. Et malgré ça, il les perd. Il n'a jamais connu une année pareille ! Alors, que faut-il penser ? Qu'on en demande trop à nos abeilles ? Qu'on a abusé de notre environnement et qu'elles ne peuvent plus suivre ? Franchement, j'en viens à le croire.»

Des récits comme celui de Dominique Vannobel abondent depuis la fin des années 90. Et l'alerte au CCD lancée depuis les États-Unis a fait l'effet d'un électrochoc en Europe. Car les apiculteurs y ont vu la preuve qu'il existe bel et bien une pandémie mondiale, un mal planétaire qui ronge tous les ruchers. Aujourd'hui, à lire la presse ou à regarder la télévision, on a le sentiment que les jours d'*Apis mellifera* sont comptés. À force d'annoncer chaque année des pertes de 20 ou 30 % du cheptel, on se demande même comment il en reste encore…

Gardons-nous de croire, en tout cas, que ces calamités apicoles ont surgi tout à coup d'on ne sait où, au tournant du XXIe siècle, comme une malédiction millénariste ! « *Dès 1850, on notait de fortes mortalités et l'on décrivait, dans le nord de la France, des disparitions brutales de colonies ainsi que des troubles neurologiques qui rappellent ceux dont on parle aujourd'hui. On évoquait alors une maladie du "vertige" de l'abeille* », retrace l'apidologue Jean-Paul Faucon, chef de l'unité Abeilles de l'Afssa (Agence française de sécurité sanitaire et des aliments) à Sophia-Antipolis*.

N'imaginons pas davantage que ce fléau n'affecte que les élevages apicoles. Car, de même qu'outre-Atlantique (voir le chapitre 2), des observations font état d'un déclin des pollinisateurs, abeilles d'élevage *et* sauvages en Europe et sur d'autres continents moins industrialisés. Oh, rien de très spectaculaire ! Ni de bien quantifié. Aucun suivi. Seulement des signalements réguliers, souvent confidentiels, sur quelques populations d'abeilles sauvages, d'habitude ignorées et sans valeur économique reconnue, émanant de groupements professionnels ou de quelques naturalistes, d'agronomes parfois.

* Entretien du 19 mars 2008.

Ainsi, depuis plusieurs décennies, si l'on y prête l'oreille, c'est une petite musique inquiétante qui finit par s'immiscer entre les lignes d'un rapport sur les remembrements agricoles, d'une étude sur l'impact de l'explosion des monocultures, de notes sur la destruction des habitats naturels, ou d'un ouvrage sur l'usage inconsidéré des pesticides après la Seconde Guerre mondiale. Ce sont des mots encore épars, pour des morts de l'ombre, pourtant innombrables. Des morts sans nom et sans couronne, plus silencieux que ceux des ruchers d'élevage qui frappent aujourd'hui de stupeur leurs gardiens.

La partie immergée de l'iceberg

En Europe, deux études sont récemment venues confirmer le déclin des pollinisateurs sauvages. La première, passée totalement inaperçue, concerne les changements de distribution de 60 espèces et sous-espèces de bourdons dans onze pays de l'Europe occidentale et centrale* depuis le début du XXe siècle[1]. Cette revue bibliographique souligne que 80 % de ces taxons sont menacés dans au moins un pays de cette région d'Europe, 30 % sont vulnérables dans toute cette zone géographique et quatre taxons ont disparu dans les onze pays entre 1951 et 2000.

Et ce déclin se poursuit. C'est du moins ce que révèle la seconde étude à laquelle, aujourd'hui, tous les spécialistes de l'abeille se réfèrent, dans la mesure où elle se fonde sur des données collectées durant de longues années, mais qui sont toutefois limitées à deux pays européens : la Grande-Bretagne et les Pays-Bas. Dans cette étude, Jacobus Biesmeijer et ses collègues[2] attestent d'un appauvrissement de la richesse biologique des populations d'abeilles sauvages – de 30 à 60 % en nombre d'espèces – et ce, dans 52 % des zones étudiées en

* Belgique, Pays-Bas, Luxembourg, Danemark, Allemagne, Suisse, Autriche, Tchéquie, Slovaquie, Hongrie et Pologne.

Grande-Bretagne et dans environ 67 % des sites aux Pays-Bas. « *Plusieurs de ces espèces peu communes* [souvent spécialisées pour un habitat ou une ressource alimentaire donnés] *sont devenues aujourd'hui si rares qu'elles auront probablement disparu dans les prochaines décennies* », prédit cet écologue néerlandais travaillant à l'université anglaise de Leeds.

En croisant les relevés entomologiques historiques avec les inventaires botaniques réalisés dans ces deux pays, son équipe a pu constater deux évolutions parallèles chez les pollinisateurs et les plantes à fleurs qui dépendent d'eux pour se reproduire : au Royaume-Uni, 75 espèces de plantes sauvages pollinisées par les insectes ont régressé tandis que 30 espèces fertilisées grâce au vent ou à l'eau ont gagné du terrain. Une preuve supplémentaire, s'il en fallait une, que dans la nature, la régression des uns profite à d'autres. Et, comme dans l'histoire de la poule et de l'œuf, entre plante et pollinisateur, on ne peut dire lequel des deux a, le premier, entamé sa chute et entraîné celle de l'autre.

Cette publication est exemplaire par la solidité des données amassées et harmonisées : plus d'un million d'observations ont été effectuées avant et après 1980. Rien de tel n'existe pour la France ou le reste du Vieux continent[3]. Faute de relevés nationaux, réguliers, méthodiques. Faute aussi d'un soutien aux naturalistes, qu'ils soient amateurs ou professionnels. « *Vous savez, pour les apoïdes* [abeilles et bourdons, plus quelques familles de guêpes], *nous souffrons d'un manque de systématiciens, en France comme ailleurs. Alors que l'on estime leur nombre d'espèces dans notre pays à près d'un millier – cela varie un peu selon les auteurs – il faut savoir qu'il n'existe pas de monographie sur ce groupe d'insectes. Et tous mes correspondants sont à présent plus vieux que moi ou ils ne répondent que si on leur apporte la description d'un nouvel apoïde* », soupire Robert Fonfria, ancien ingénieur chimiste aujourd'hui âgé de 80 ans*. C'est l'un des tout derniers spécialistes « amateurs » d'apoïdes en France, qui veille encore sur plusieurs dizaines de boîtes de collection d'aculéates

* Entretien du 2 mai 2008.

(fourmis, guêpes et abeilles) au fond de son petit bureau, dans une villa d'Eygalière, au pied de la chaîne des Alpilles.

« *On a bien, en France, un spécialiste des hyménoptères au Muséum national d'histoire naturelle, à Paris, mais on n'a jamais eu de spécialistes des apoïdes, à la différence des Britanniques,* confirme Lionel Garnery qui est, lui, spécialiste de la biodiversité des abeilles au laboratoire Évolution, génomes et spéciation du CNRS de Gif-sur-Yvette et de l'université de Versailles Saint-Quentin*. *En outre, notre réseau national d'associations naturalistes n'est pas suffisant pour couvrir l'ensemble du territoire et leurs collections ne sont pas stimulées par les professionnels.* »

« *En France particulièrement, il y a très peu de chercheurs travaillant sur les pollinisateurs et la pollinisation par les insectes,* renchérit Bernard Vaissière à l'Inra d'Avignon[4]. *Dans mon équipe, nous sommes trois scientifiques dont deux enseignants-chercheurs. Nous n'avons pas embauché depuis 18 ans ! Et les spécialistes des insectes pollinisateurs ont pour la plupart plus de 60 ans.* » On a alors un peu l'impression que le déclin ou l'absence des uns masque celui des autres… « *En Belgique, j'ai le sentiment toutefois qu'il y a de la relève parmi les jeunes naturalistes amateurs. En Allemagne, en Suisse ou en Autriche aussi* », veut croire Robert Fonfria.

ALARMe écologique en Europe

Le manque de systématiciens et l'absence de suivi des espèces d'abeilles pourraient être en partie compensés par une mise en commun des maigres moyens de la recherche européenne en écologie. C'est en tout cas ce qui a conduit, entre 2004 et la fin 2008, les scientifiques de dix équipes du vieux continent à développer un suivi et des expériences sur ces hyménoptères au sein d'un ambitieux programme baptisé ALARM[5].

Rudement efficace ! Car il s'est agi de créer un réseau de 16 sites localisés à plusieurs latitudes et dominés par différents types de

* Entretien du 23 mai 2008.

cultures. Partout, les équipes ont développé les mêmes protocoles d'expérience et de récolte des données, suivant quatre objectifs : mesurer les variations de la distribution des principales espèces d'abeilles (parfois aussi de syrphes) à travers l'Europe ; évaluer les conséquences économiques de la perte des pollinisateurs pour l'agriculture et les milieux naturels ; déterminer l'impact de cette perte pour les gestionnaires des territoires nationaux ; développer des modèles capables de prédire l'évolution des populations d'abeilles et ses effets. Vaste dessein[6] ! D'autant que l'un des buts affichés par ce groupement de chercheurs est de dresser, à l'arrivée, des cartes d'évaluation du risque pour les pollinisateurs, par type d'agro-écosystèmes, par régions et par familles.

Globalement, leurs travaux montrent que, contrairement à une idée reçue, les perturbations de l'espace rural et semi-naturel sont plutôt bénéfiques à la diversité biologique des insectes, en particulier des apiformes (l'ensemble des abeilles et bourdons). Bon, cela est vrai pour les espèces peu spécialisées pour une ressource et un habitat particulier, et jusqu'à un certain point de morcellement du paysage, de création d'une mosaïque d'habitats ou d'ouverture des milieux forestiers. Car, passé un niveau de perturbation – déboisement trop radical, destruction de toutes les haies et bosquets, de l'ensemble des prairies naturelles ou des bordures de champs d'une zone donnée – les jours de ces insectes sont comptés !

Le bénéfice pour la biodiversité s'observe en fait lors de la création de discontinuités et l'installation d'habitats semi-naturels (friches, bosquets, haies, etc.) dans les zones agricoles. Ces milieux riches en espèces végétales, donc en ressources alimentaires, occupent en moyenne 20 % des surfaces agricoles en France – une valeur considérée comme critique par les écologues pour maintenir la biodiversité. Mais le chiffre varie fortement selon la zone agricole (en 2006, moins de 10 % pour les zones de grandes cultures, comme la Beauce, la Brie ou la Champagne, contre 50 % en zone de prairies calcaires) ou le département considéré (autour de 5 % en Eure-et-Loire ou dans la Somme, contre plus de 50 % en Lozère)[7].

Tout est donc une question de mesure. De mesure et d'échelles. Considérez, un instant, l'exemple d'une vaste prairie fleurie. Elle va indubitablement attirer un grand nombre de pollinisateurs qui, en retour, permettront le développement de davantage de graines qu'au sein de modestes tâches florales dispersées. Or ce mécanisme de concentration peut conduire, localement, à rayer de la carte à la fois certaines espèces de plantes et des pollinisateurs trop discrets ou trop rares[8] ! Et ce que montrent bien les études du programme ALARM, c'est qu'en réalité, chaque espèce d'apiforme semble « lire » le paysage de manière particulière. Ainsi, un vaste champ fleuri pourra être perçu comme très homogène par notre *Apis mellifera* et, dans une moindre mesure, par des bourdons, parce que leurs capacités de vol de butinage sont relativement étendues. Inversement, les abeilles solitaires et la famille des mini-mouches syrphidées pourront avoir l'impression que ce même paysage uniforme est en réalité une mosaïque infinie composée de mille petites taches florales, dont elles feront leur miel sans pour autant exploiter l'ensemble de l'aire naturelle.

Voilà pourquoi, malgré la destruction de vastes espaces naturels et leur transformation par l'agriculture et l'urbanisme moderne, le cortège des pollinisateurs peut tirer partie des milieux transformés par l'homme. Même les espaces ruraux ouverts semblent plus bénéfiques à la diversité des abeilles que les grandes forêts, observe Gabriel Carré, dont la thèse conduite à l'Inra d'Avignon s'inscrit dans ce programme ALARM. Pour peu, bien entendu, qu'une mosaïque de micro-habitats subsiste, avec les innombrables ressources florales qui vont avec.

Les abeilles n'ont plus le temps de survivre

C'est clair, la lecture plus subtile des relations entre les insectes pollinisateurs et les milieux semi-naturels ne facilite guère la tâche des enquêteurs chargés d'évaluer l'état des populations et des espèces d'abeilles à l'échelle d'une région ou d'un pays.

D'autant que d'autres travaux, comme ceux conduits au sein de la réserve naturelle de Daphni, à 10 kilomètres d'Athènes, soulignent le caractère versatile des relations entre les butineuses et les plantes à fleurs. Et cela à un rythme étourdissant ! Ainsi, au terme de quatre années d'étude, après 5 000 heures d'observation et la récolte de 665 espèces d'abeilles, papillons, mouches, coléoptères ou guêpes, ainsi que de 133 espèces végétales, l'équipe grecque de Theodora Petanidou, de l'université d'Aegean, a montré qu'il y a très peu de relations spécifiques entre insecte pollinisateur et plante pollinisée qui soient stables au fil du temps – de telles spécialisations sont observées chez moins de 5 % des espèces de plantes et de pollinisateurs étudiés[9] ! Du fait de la pollinisation, ce *turnover* peut faire varier rapidement les tailles de populations de plantes et, en retour, celles des insectes, voire l'existence de chaque espèce localement, d'une saison sur l'autre. Et cela en fonction des fluctuations météorologiques : une sécheresse printanière ou estivale, un hiver trop rigoureux ou trop long…

Surprenant ? Pas vraiment. Car, au cours de l'évolution, la prudence et le pragmatisme semblent l'avoir emporté sous les moyennes et hautes latitudes : faute d'assurance quant à la permanence de telle ou telle ressource végétale ou de tel vecteur pour se reproduire, il s'est développé chez chaque partenaire une sorte d'opportunisme de bon aloi, une « plasticité » écologique, où presque chacun fera l'affaire et pourra demain être remplacé par un autre. Vital ! Ce *turnover* annuel entre espèces de plantes et de pollinisateurs constitue une sorte d'assurance-vie pour la plupart des espèces face aux changements écologiques.

Voilà de quoi, *a priori*, être rassuré pour l'avenir des espèces de plantes et de pollinisateurs. Mais dans ce cas, comment peut-on expliquer qu'au Royaume-Uni et aux Pays-Bas, les populations d'abeilles sauvages ne cessent de décliner, comme on l'a vu[10] ? Certainement par le fait qu'aujourd'hui, les changements écologiques et climatiques sont à la fois trop rapides et de trop grande ampleur. Ainsi, entre les années

1950 et 2000, les zones agricoles ont littéralement dévoré le paysage : elles occupent à présent 75 % de la Grande-Bretagne, 60 % de la France et 50 % de l'Allemagne. Dans l'Hexagone, les habitats naturels ne couvrent plus qu'à peine 5 % du territoire. Et, en zone rurale, le linéaire de haies, favorables aux insectes, a été divisé par deux en seulement vingt-cinq ans, pour s'établir autour de 500 000 km en 2000. Comment voulez-vous, dans ces conditions, que la « plasticité » des pollinisateurs opère efficacement ? D'où les disparitions locales de tels ou tels partenaires…

Mortalités naturelles et existences artificielles

Parce qu'il est difficile de préciser l'étendue du déclin des pollinisateurs sauvages, l'abeille d'élevage *A. mellifera*[11] joue le rôle de baromètre pour l'ensemble des abeilles. Ce qui ne va pas sans ambiguïté. Car cette butineuse n'est, on l'aura maintenant compris, qu'une espèce au côté de milliers d'autres. À la suite d'une compilation des données mondiales sur les espèces d'apoïdes réunies depuis 1896, l'entomologiste John Ascher, du Muséum d'histoire naturelle américain, révélait en 2008 qu'à l'échelle planétaire, on avait déjà décrit 19 394 espèces d'apoïdes*. Soit quelque 2 000 espèces de plus que son collègue Charles Michener n'en avait compté huit ans auparavant. Davantage en tout cas que toutes les espèces d'oiseaux et de mammifères réunies[12] ! Et 85 % de ces apoïdes sont plutôt solitaires.

Ainsi donc, *A. mellifera* est bien une espèce parmi d'autres. Mais elle présente une caractéristique particulière : elle possèderait, dans nos pays industriels, des effectifs comparables à ceux de toutes les autres abeilles sauvages réunies que l'on

* Moins d'un millier en France, plus de 2 500 en Europe, contre plus de 8 000 espèces en Asie, plus de 5 000 en Amérique du Nord et plus de 3 000 en Amérique latine. Rappelons que cette super-famille regroupe les abeilles, les bourdons et quelques familles de guêpes.

peut compter dans les espaces habités par l'homme. Pas rien !

Il reste que cet indicateur est à manier avec précaution, car l'éleveur a tendance à casser le baromètre. Je m'explique : la plupart du temps, personne dans les médias ne fait la distinction entre les abeilles sauvages et les abeilles d'élevage. Or le problème de leur mortalité ne se pose pas à l'identique. En effet, avec *A. mellifera*, nous sommes dans un système totalement artificiel : ses effectifs sont d'abord... ceux que les apiculteurs décident qu'ils soient.

En France, pour le moment, le nombre de colonies de cette productrice de miel demeure à peu près stable depuis 1994 : il tourne autour d'1,3 million*. Et, « *à ce titre, l'apiculture s'avère être une branche significative de la production agricole de notre pays* », réaffirme le député Martial Saddier, dans un rapport sur la filière apicole remis récemment au Premier ministre[13].

Contrastant avec cette stabilité provisoire, le nombre d'apiculteurs, lui, a baissé, passant en dix ans de 84 215 à 69 237[14]. Ce sont surtout les petits apiculteurs qui ont bu la tasse. Ces « apiculteurs de loisir » ou « amateurs », comme les désignent avec un peu de condescendance les « professionnels », constituent 91 % des exploitants enregistrés en France et possèdent moins de 30 ruches en moyenne. Seuls les « grands » professionnels du miel, ceux qui exploitent plus de 300 ruches – mais ne représentent qu'un peu plus de 1 % des apiculteurs déclarés – ont agrandi leur cheptel. Certains parlent même d'un apport de 200 000 ruches aux comptes de la nation[15].

D'où, à l'arrivée, un effet de stabilité globale en trompe-l'œil : pour le moment, le déclin d'*Apis* est enrayé grâce aux « gros » éleveurs. Et si les jours d'*Apis mellifera* ne sont pas comptés en France (mais aussi en Europe ou aux États-Unis), cette stabilité n'indique pas l'absence de problèmes. Inversement, un déclin du troupeau français d'abeilles reflèterait avant

* En 1997, on estimait à 63,4 millions le nombre de colonies dans le monde, dont 15,1 en Europe, 8,2 en Russie, 13,2 en Asie et 5 en Amérique du Nord[16].

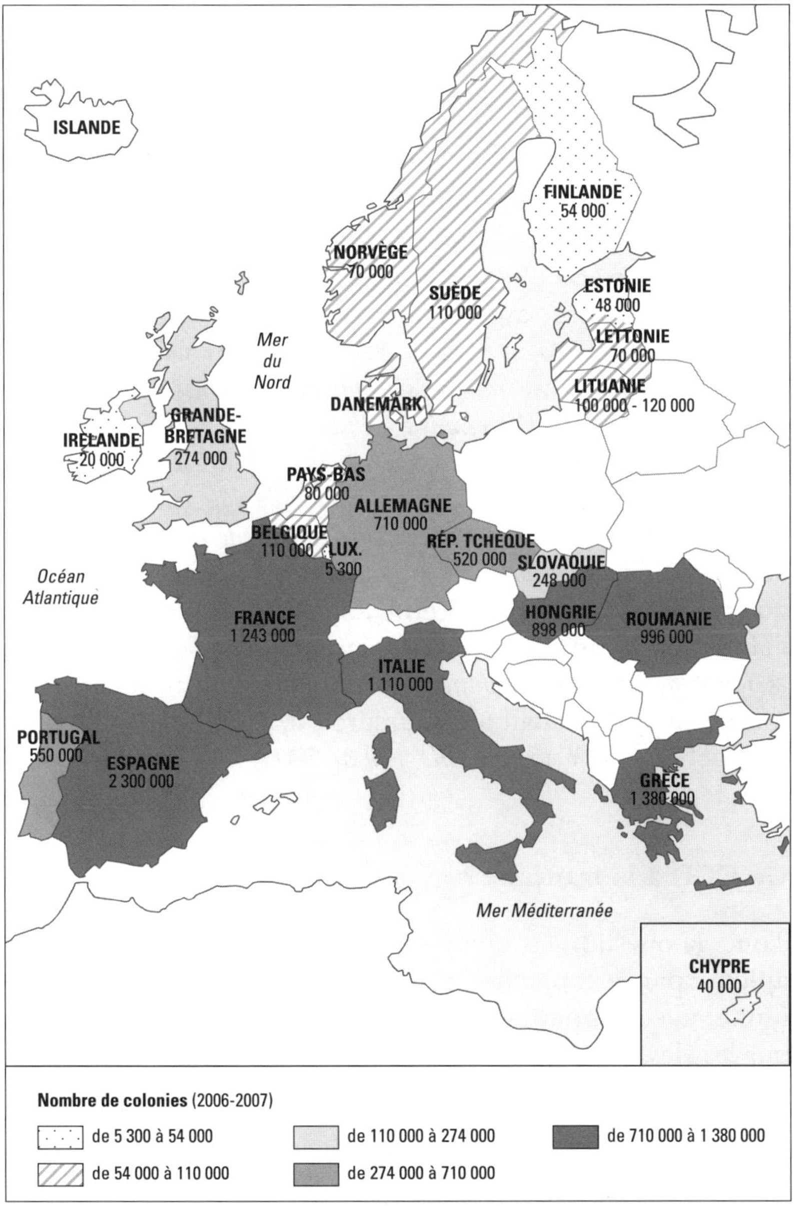

Distribution des colonies d'*Apis mellifera* en Europe en 2007. C'est d'abord en Espagne, puis en Grèce et en France, que l'on trouve le plus grand nombre de colonies mellifères en Europe (en blanc, données non disponibles). (Source : rapport de l'EFSA, « *Bee Mortality and Bee Surveillance in Europe* », 11 août 2008.)

tout celui des éleveurs eux-mêmes. « *Seule une économie apicole conjoncturellement très favorable – les prix du miel atteignent des records ! – réussit jusqu'à présent à maintenir notre cheptel en le renouvelant* », relève l'apiculteur Joël Schiro (600 colonies près de Boulin, dans les Hautes-Pyrénées), qui dirige le Syndicat des producteurs de miel français (SPMF)*.

Son concurrent, Henri Clément, président de l'Union nationale des apiculteurs français (UNAF), à la tête de 350 ruches en Lozère, avance une autre explication. Rien de contradictoire : « *C'est surtout pour maintenir notre niveau de production, qui n'a cessé de baisser, que nous sommes obligés d'avoir davantage d'abeilles. D'où ce mirage d'une stabilité des effectifs apicoles en France, alors qu'en dix ans, on a perdu 15 000 apiculteurs... Et ça continue ! Heureusement, je me réjouis de voir que beaucoup de jeunes veulent se mettre à l'apiculture, même de loisir, ce qui peut déboucher sur de l'apiculture professionnelle.*** » Une explication que confirme Christophe Verot, apiculteur à Saint-Michel-en-l'Herm, en Vendée[17] : « *Quand je me suis lancé, j'avais 200 ruches et j'employais trois personnes* [les niveaux de production sur tournesol avoisinaient alors, assure-t-il, les 100 kilos de miel par ruches !], *à l'heure actuelle, j'en ai 500 et je suis tout seul.* »

Un CCD à la française ?

Toute la question est de savoir si la stabilisation du troupeau apicole par les apiculteurs professionnels n'a pas atteint sa limite : avec des pertes abondantes et répétitives, rien n'assure que les éleveurs pourront longtemps refaire, chaque année, des essaims ou racheter des reproducteurs afin de remonter leurs

* Entretien du 21 avril 2008. Le SPMF (Syndicat des producteurs de miel français) est le troisième en nombre d'adhérents. Sur les deux premières marches du podium, on trouve le SNA (Syndicat national des apiculteurs) puis l'UNAF (Union nationale des apiculteurs français). Le SPMF syndique uniquement les apiculteurs possédant plus de 70 ruches. L'UNAF, elle, compte 22 000 adhérents et représente 48 % des ruchers français (surtout des élevages de taille modeste).

** Entretien du 29 septembre 2008.

colonies. Chacun redoute alors que la disparition d'exploitants apicoles précipite celle du cheptel français – et inversement ! Il faut dire que les abeilles de l'Hexagone ne sont guère épargnées depuis vingt ans. Les hivers des ruchers ont tendance à se suivre et à se ressembler : médiocres ! Et la multiplication des extinctions de colonies demeure pour l'essentiel inexpliquée.

Plusieurs sinistres rapportés par les professionnels attestent de l'hémorragie qui sévit depuis dix ans[18]. Et les mortalités de l'hiver 2007-2008 surpassent tout – l'essentiel des effondrements de colonies que déplorent les apiculteurs en France et dans le monde sont concentrés sur une période critique pour la colonie qui s'étale de novembre à mars. « *Il n'y a pas si longtemps, les pertes hivernales d'un rucher bien conduit se situaient aux alentours de 2 ou 3 % et le total des bourdonneuses* [colonies sans reines ou avec reines stériles] *de l'année ne dépassait jamais 5 %*, rappelle l'apiculteur Joël Schiro[19]. *Disons-le clairement, 15 à 30 % de pertes annuelles pour les ruchers les mieux conduits, c'est à présent devenu habituel, mais c'est totalement anormal ! Cela dit, on ne parle pas de cela cet hiver mais de ruchers effondrés à 60, 80, voire 100 %.* [...] *Il est clair que les mortalités 2007-2008 dépasseront en ampleur tout ce que nous avons connu dans le passé.* »

Un record que confirme Jean-Paul Faucon de l'Afssa. À partir des signalements reçus par 32 apiculteurs de 19 départements français, le laboratoire de Sophia-Antipolis a dressé un état des lieux effarant : les pertes, bien que très inégales selon les ruchers, voire au sein même d'une exploitation, dépassent régulièrement les 70 % pour les éleveurs qui se sont manifestés – avec des pics de pertes dépassant les 90 % de colonies chez les exploitants sondés des Alpes-de-Haute-Provence, de l'Aveyron, du Cantal, de Corrèze, de Dordogne, de l'Essonne, du Jura, des Landes, de la Haute-Savoie, des Pyrénées-Atlantiques, du Rhône et du Var.

« *Même s'il s'agit de signalements volontaires, cette hécatombe demeure très impressionnante,* souligne le responsable de l'Afssa. *Et je n'hésite plus à parler de CCD à la française ! Car les symptômes sont très comparables : il y a une forte dépopulation à l'intérieur des ruches, un petit groupe résiduel autour de la reine, le maintien du couvain, du miel et du pollen. Et les causes pourraient être les mêmes, car nous avons également trouvé un très grand nombre de pathogènes dans les ruches : du varroa absolument partout,* Nosema ceranae [micro-champignon], *de la loque américaine et européenne* [bactéries], *et plusieurs virus.* »

En novembre 2008, pour la première fois, une véritable enquête nationale sur ces pertes et sur leurs causes possibles a été publiée en France, grâce au Centre national du développement apicole (CNDA)*. Cent soixante-huit éleveurs professionnels exploitant 62 408 ruches dans 18 régions françaises – y compris La Réunion – ont répondu à un questionnaire détaillé. « *Notre enquête confirme clairement le niveau anormalement élevé des pertes de l'hiver 2007-2008 : 29,35 % en moyenne sur tout le territoire pour cette seule période !* confirme le coordinateur de l'étude Fabrice Allier. *Surtout si l'on se réfère aux estimations des mêmes apiculteurs questionnés sur les pertes des deux hivers précédents : 17,8 % durant l'hiver 2005-2006 et 17,5 % le suivant. Précisons que les pertes recouvrent ici plus que les seules mortalités : les apiculteurs ont, à juste raison, intégré ce qui va provoquer une baisse de leurs productions voire une mortalité à venir, avec des colonies affaiblies, malades, ou sans reine*[20]. » À l'évidence, à l'échelle nationale, toutes ces « pertes » ne s'apparentent donc pas aux symptômes décrits pour le CCD américain.

Autre indice de ce déclin : le nombre de demande d'aides « *pour reconstitution de cheptel* » n'a cessé de croître entre 2002-2003 (86 dépôts de dossier) et 2006-2007 (156), et les aides versées ont plus que doublé en cinq ans[21]. En outre, lorsque leurs colonies n'ont pas été décimées, de nombreux éleveurs se plaignent d'une baisse de la production de miel[22] et d'un développement très anormal des reines et du couvain. Deux chercheurs de SupAgro à Montpellier, Laurent Gauthier et Marc-Édouard

* Le Centre national du développement apicole est une organisation d'appui technique aux apiculteurs. Elle regroupe 20 associations départementales (Ada), deux commissions techniques nationales et emploie 24 ingénieurs et techniciens. Philippe Dauzet, responsable de l'Ada Rhône-Alpes, en est l'actuel président.

Colin, ont d'ailleurs mis en évidence de sérieux troubles chez les reines actuellement en circulation : pontes exclusivement de faux-bourdons (des mâles), pontes anarchiques sur les rayons ou formation de nouvelles colonies en dehors des périodes d'essaimage, pathologies spécifiques, anomalies de l'appareil génital ou de la qualité des spermatozoïdes qui les fécondent, etc. Toutes sortes de choses qui pourraient expliquer la réduction constatée de la durée de vie des reines, qui est souvent passé de 4 ou 5 ans à 2 ans au maximum.

Mêmes inquiétudes en Europe et ailleurs

L'hémorragie du cheptel apicole n'affecte pas seulement l'Hexagone : l'herbe n'est ni plus verte, ni plus bourdonnante chez nos voisins ! « *Les différentes données recueillies dans les pays européens sur les mortalités d'abeilles, bien que limitées et parcellaires, confirment deux tendances observées en France,* indique l'apidologue Yves Le Conte, à l'Inra d'Avignon*. *On assiste à plusieurs vagues de dépérissements locaux et le seuil des 10 % de pertes hivernales, considéré jusqu'ici comme normal au sein des ruchers, a été allègrement dépassé dans plusieurs pays : 12 à 18 % aux Pays-Bas entre 2001 et 2005 ; 80 % dans plusieurs ruchers grecs entre 2004 et 2005 ; 30 % dans certaines régions de Pologne entre 2004 et 2008.* » Ajoutons un tiers des colonies allemandes réduites au silence durant l'hiver 2002-2003 et plus de 70 % des ruches de Galice au cours de l'hiver 2004-2005. Sans oublier cette inquiétante déclaration de l'Association des apiculteurs britanniques (BBKA) pronostiquant que leurs « *abeilles pourraient disparaître de Grande-Bretagne dans moins d'une décennie*[23]. »

Au Canada aussi, les rumeurs d'effondrement se précisent. Alors qu'en 2003, 50 % des colonies québécoises avaient été perdues, les organisations apicoles déplorent quatre ans plus tard l'anéantissement de plus de 40 % de leur cheptel[24]. Quelques

* Entretien du 15 janvier 2008.

mois plus tard, le 20 septembre 2007, c'est au tour de Stephen F. Pernal, de l'Association canadienne des professionnels en apiculture, de révéler des mortalités moyennes de 29 % après l'hiver 2006, mais cette fois à l'échelle du pays tout entier (parmi les colonies de 9 provinces du Canada), avec des pointes à 60 % dans le Nouveau-Brunswick et 40 % dans l'Alberta[25].

On pourrait multiplier à l'infini ces statistiques de mortalité des élevages à travers la planète, tristes comme un chapelet d'enterrements ! Face à ce qui s'apparente à une banqueroute des pollinisateurs dans les pays pratiquant une agriculture industrielle, les organisations internationales ont commencé à réagir. Timidement. La Convention mondiale pour la diversité biologique a bien lancé en 2000 une « Initiative internationale pour la conservation et l'utilisation durable des pollinisateurs », coordonnée par l'Organisation des Nations unies pour l'alimentation et l'agriculture (FAO). La FAO a bien décrété une « Action mondiale sur les services de la pollinisation pour une agriculture durable ». Le tout afin de promouvoir études, soutien à l'utilisation agricole des pollinisateurs, bonnes pratiques agronomiques et de gestion des territoires, actions de conservation de ces insectes.

Mais pour l'heure, c'est surtout à l'échelle des nations – aux États-Unis sur le CCD, en Suisse, au Royaume-Uni[26] ou en Allemagne, avec le Programme de contrôle apicole – que se concentrent les plus gros investissements pour comprendre et contrer le processus de déclin des pollinisateurs.

Les faiblesses de la profession fragilisent l'abeille

La mollesse de la mobilisation des pouvoirs publics sur la cause du déclin des pollinisateurs s'explique par toute une série de facteurs. Il y a tout d'abord incontestablement la marginalité actuelle de l'apiculture au sein de la filière agricole. L'apiculture, combien de bataillons ? En France, guère plus de 0,2 % des personnes employées par le secteur agricole (9 %

si l'on tient compte de tous ceux qui ont déclaré posséder au moins une ruche) et 0,3 % du chiffre d'affaires de l'agriculture[27]. Pas lourd ! Au niveau planétaire, cette faiblesse est comparable puisque la FAO évalue à quelque 3 milliards d'euros les productions de miel, soit 0,2 % de la valeur des productions agricoles mondiales.

Il reste que ces estimations ne tiennent pas compte de la fameuse contribution des pollinisateurs aux cultures agricoles elles-mêmes, évaluée au niveau international à plus de 153 milliards d'euros (voir le chapitre 3) et, pour notre seul pays, à un minimum de 2 milliards d'euros. Le poids économique de l'apiculture en France passerait alors de 0,3 % à 3 %, voire 10 % affirment même certains économistes agricoles[28]. Voilà qui n'est déjà plus marginal. Et le rôle effectif de ce secteur justifierait un soutien plus énergique des pouvoirs publics.

À cette marginalité économique relative, s'ajoute, et cela en découle, une certaine défaillance de l'encadrement sanitaire public. En France, les moyens octroyés aux Directions départementales des services vétérinaires (DDSV) pour le suivi et le soutien des colonies sont dérisoires, ou presque. D'ailleurs, les DDSV doivent le plus souvent s'appuyer sur les vétérinaires locaux qui s'intéressent aux abeilles et sur un réseau d'apiculteurs assermentés – les « aides spécialistes apicoles » et les « assistants sanitaires apicoles » – sans disposer elles-mêmes de moyens, tant pour les contrôles sanitaires que pour la distribution des médicaments apicoles. Au passage, dans le genre inspection sanitaire indépendante, on fait mieux… « *Pas le choix !* rétorque Florence Smuej, à la DDSV de l'Hérault*. *Car pour faire travailler les gens à ce tarif-là, en gros 15 euros pour 10 ruches contrôlées si cela n'excède pas trois heures plus un remboursement des frais kilométriques, on ne trouve pas grand monde.* »

« *Les DDSV, qui ont en charge la surveillance des élevages, n'ont ni le personnel nécessaire, ni toujours les compétences suffisantes pour la*

* Entretien du 14 mai 2008.

réaliser, assure Jean-Paul Faucon de l'Afssa*. *Si bien que la plupart des chiffres et des descriptions concernant les pertes apicoles qui remontent au ministère sont à prendre avec des pincettes. Souvent, ils émanent des seules déclarations volontaires des apiculteurs, sans grande valeur statistique, et, surtout, ils ne sont pas vérifiés de façon indépendante par des personnels connaissant bien les maladies de l'abeille. Faute de contrôle et de conseil, la plupart des éleveurs conduisent leurs colonies comme ils le peuvent, sans tous les traitements nécessaires.*» Une vraie porte ouverte pour propager les maladies et parasites de l'abeille. Dans son rapport, le député Martial Saddier recommande d'ailleurs comme première mesure « *la déclaration annuelle des ruches obligatoires à compter du 1er janvier 2010*».

Certains apiculteurs rencontrés m'ont confié aussi ne plus vouloir contacter les services vétérinaires départementaux, «*parce que ça ne sert à rien : ils sont incompétents !*» ou «*parce qu'ils sont de mèche avec les firmes agrochimiques et nous disent toujours que nos mortalités sont dues à des maladies*». Cette défiance à leur égard, Florence Smuej, de la DDSV de l'Hérault, en est parfaitement consciente. Et elle avoue son impuissance : « *Nous avons au sein de la DDSV, comme dans la plupart des autres directions départementales, un agent plus spécialisé pour les abeilles. Il s'agit en l'occurrence de Brigitte Lamic-Martin, qui a suivi des formations et va de temps en temps sur le terrain. Mais elle a aussi en charge toute la filière des petits ruminants (les ovins et caprins), qui est assez importante dans notre département avec 600 élevages et mobilise les trois quarts de son temps contre un quart sur l'apiculture. Normalement, il faudrait que tous les 4 ans, l'ensemble des ruchers du département soit visité. En réalité, nous n'y parvenons pas toujours : il y a un problème de moyens.*»

« *Pour être tout à fait honnête, je ne suis pas sûr que ce problème de suivi et de contrôle soit seulement français*», tempère le responsable de l'Afssa. Lors de notre entretien à Sophia-Antipolis, il a tenu à me montrer comment il est obligé de « *recouper les données partielles qu'*[il a] *récoltées sur le terrain avec celles, tout aussi partielles, qui se trouvent dans la presse apicole qu'*[il] *épluche en*

* Entretien du 19 mars 2008.

détail», afin d'établir un état des lieux du cheptel apicole pour l'académie d'Agriculture.

Pourquoi tant de sous-déclarations ?

Faiblesse du suivi sanitaire public, manque de données sur les effectifs apicoles et absence de centralisation de ces informations, les bilans officiels sur l'état du cheptel français ou européen sont également entachés par les déclarations parfois imprécises. Cela tient avant tout au mode de calcul : souvent, les pertes retenues officiellement ne prennent en compte que les colonies mortes, pas celles qui sont affaiblies. Or, selon leur ampleur, ces affaiblissements pourront avoir une incidence évidente dès la saison suivante sur la colonie et sur sa production de miel, donc un impact financier pour l'exploitant.

Imprécises, ces déclarations sont également souvent minorées par les intéressés eux-mêmes. Curieux ! On s'attendrait, à l'inverse, à ce que la profession charge la barque pour grappiller quelques subsides supplémentaires. Il n'en est rien, à première vue. Cela pour plusieurs raisons. Ces sous-déclarations peuvent ainsi découler d'un certain automatisme. « *Il y a un phénomène aujourd'hui systématique qui complique les bilans sur l'état des élevages,* pointe Magali Ruello, chargée du suivi des programmes de l'Adapro-LR[29] : *celui de renouveler son cheptel pour remonter des colonies affaiblies à la suite d'un mauvais hiver ou de problèmes rencontrés lors de la saison précédente et qui se manifestent sur le long terme**. » Ce renouvellement peut se faire par simple division d'une colonie pour en créer deux qui grandiront, ou par un « greffage », c'est-à-dire par le prélèvement de larves au sein d'une colonie jugée vigoureuse. Mais il peut aussi se réaliser par des achats d'essaims ou de reines. Et l'on a le sentiment que le *turnover* des populations d'abeilles est plus rapide qu'auparavant.

---

* Entretien du 13 mai 2008.

Étourderie dans ce cas. Calculs dans d'autres. Par exemple, chez ceux qui ont passé des contrats MAE (mesures d'aides agri-environnementales) et perçoivent une aide de 17 euros par ruche et par an, au titre du service rendu à la nature et à la diversité floristique : ils n'auront pas intérêt à déclarer une baisse trop forte de leur troupeau car ils se sont engagés à maintenir au moins 200 ruches sur cinq ans. « *L'apiculture est probablement la seule production d'élevage où il est possible que tel apiculteur possédant 200 ruches n'en déclare que 10 ou que tel autre, qui en a 10, en déclare 200, si chacun y trouve son compte* [en fonction des aides ou des assurances] », résume Joël Schiro qui, au nom du SPMF, milite pour améliorer la structuration et la représentation de cette filière*.

Enfin, beaucoup cachent leurs morts parce qu'ils ont… honte ! « *Certains apiculteurs n'ont pas toujours la force d'afficher leurs pertes, par pudeur et par crainte du regard de leurs pairs,* comprend Magali Ruello. *C'est la peur d'être montré du doigt, d'être considéré comme celui qui ne sait pas élever ses abeilles, ni les soigner correctement, alors que ce ne sont pas forcément leurs pratiques qui sont à remettre en cause.* »

Sur ces sous-déclarations, l'apiculteur champenois Philippe Lecompte, qui gère 450 ruches en apiculture biologique près de Reims et préside l'Ada-Est, me livre une analyse psychosociologique qui ne manque pas de saveur** : « *Il y a une culture du secret chez les apiculteurs, à la limite du braconnage. C'est une logique du refus de l'autorité liée, je crois, à la nature même du cheptel, semi-domestique, qui n'est donc pas totalement contrôlable. C'est le refus du Père. Comme chez les ferrailleurs, les orpailleurs, les bûcherons, chez tous ces gens qui ont choisi des métiers de solitaire, en liaison directe avec la vie encore sauvage. Le corollaire de ça, c'est leur difficulté à s'organiser, à construire un groupe, à réfléchir ce métier ensemble. On reste des paysans réfractaires à la productivité, à la gestion et à la modernisation. La fierté des apiculteurs, disait un*

* Entretien du 21 avril 2008.

** Entretien du 20 mai 2008. L'Ada-Est est l'Association de développement de l'apiculture dans l'est de la France (Picardie-Lorraine-Alsace). Elle est en cours de restructuration.

jour Yves Goïc, président de l'association pour le développement de l'apiculture provençale (Adapi), c'est de rester dans la continuité des apiculteurs-cueilleurs du Néolithique, d'aller récolter des ressources librement grâce aux abeilles, dans la nature. Vous allez alors butiner les ressources dans le champ de votre voisin, par l'intermédiaire de votre cheptel, violer sa propriété en toute bonne foi et sans réglementation. Il y a une part de conquête sur le territoire de l'autre, par l'intermédiaire de ces colonies, un affranchissement de toutes les règles de propriété privée, auquel l'apiculteur est farouchement attaché. C'est, pour lui, la manifestation de sa liberté fondamentale. Vous imaginez un instant la jouissance que cela procure dans ce monde où triomphe partout le marché et l'appropriation privée des ressources naturelles ? Ce travail de récolte des colonies est l'un des derniers espaces de liberté et d'appropriation sans règle des ressources naturelles ou produites par d'autres. Cette part de liberté se conquiert inévitablement dans le secret et contre l'autorité.»

I'm a lonesome apiboy... Libres, sinon heureux, mais inévitablement fragiles. Encore que cette description pittoresque des éleveurs d'abeilles faite par Philippe Lecompte ne correspond pas à tous les apiculteurs. Notamment pas aux plus grands, qui s'apparentent davantage – et bien souvent, ils le revendiquent – aux chefs d'entreprise que sont devenus les agriculteurs, lesquels consacrent autant de temps à la gestion administrative et commerciale de leur exploitation qu'au travail de leurs terres, dont ils sont plus éloignés que leurs aînés.

Au terme de ce tour d'horizon franco-européen, je réalise deux choses. Si l'on manque cruellement de visibilité sur l'état des populations d'abeilles sauvages et d'élevage, de données fiables sur plusieurs années, une tendance émerge malgré tout : la même tendance qui domine aux États-Unis, caractérisée à la fois par une vulnérabilité accrue des pollinisateurs sauvages dans nos environnements dégradés et le signalement de pertes et de disparitions anormales, souvent inexpliquées, au sein des élevages.

Je découvre aussi une autre réalité : s'il est aussi difficile d'établir un diagnostic sur l'état de ces insectes aussi précieux, c'est que la question de leur déclin est devenue un sujet éminemment politique. Et polémique. En particulier en France, où la profession s'est battue âprement, durant près de dix ans, contre deux pesticides, le Gaucho et le Régent TS, accusés de décimer leurs colonies. Ces deux insecticides retirés du marché entre 1999 et 2004 (pour le maïs et le tournesol, deux cultures visitées par les abeilles), la situation sanitaire des ruchers ne peut que s'en trouver améliorer. Du moins, d'après ceux qui ont conduit la guerre contre eux. C'est le cas d'Henri Clément, de l'UNAF : « *Il y a une nette amélioration depuis les retraits de ces deux molécules. D'ailleurs, les productions de miel sur tournesol sont beaucoup remontées – quand il n'y a pas eu de traitements au Gaucho sur des cultures céréalières au même site, car sinon il peut y avoir des rémanences dans le sol et des remontées dans les cultures suivantes. Dans le Sud-Ouest, nous avons beaucoup d'exemples d'apiculteurs qui retrouvent les niveaux de récoltes de miel d'il y a dix ou quinze ans, avant le traitement des semences par le Gaucho.* »

La santé des ruchers, elle aussi, s'en ressent : « *L'hivernage 2006-2007 a été le meilleur depuis très longtemps. On a tenu au printemps une assemblée générale d'apiculteurs heureux ! Bon, l'hiver suivant a été effectivement moins bon, dans plusieurs zones : surtout dans le grand est de la France et certaines zones de montagnes du Massif central. Mais ça n'a pas été le cas partout : pour moi, en Lozère, l'hiver 2007-2008 s'est très bien déroulé. Et d'une façon générale, dans le Sud et le Sud-Ouest, on ne peut pas dire qu'il y a eu beaucoup de problèmes.* »

Bref, depuis la suspension du Gaucho et du Régent TS, tout irait mieux ou presque ! Un peu trop simple ? Un peu trop beau ?

Chapitre 5

Un odieux complot chimique

La guerre contre le Gaucho et le Régent TS a laissé des traces… Où l'on se perd en expertises et en procédures juridiques sur fond de lutte d'influence entre les différents acteurs de l'espace rural. Ces deux insecticides d'un type nouveau sont suspendus en France sur certaines cultures. Justifié ?

Terriblement controversés, au cœur de violentes colères et d'incompréhensions systématiques, les pesticides sont à l'évidence LE point sensible du dossier sur le dépérissement des abeilles. Et il est particulièrement difficile d'enquêter là-dessus, tant pour les journalistes que les chercheurs. Pour toutes sortes de raisons qui portent, en elles, le germe de nombreux problèmes de l'abeille : un manque de connaissances en matière d'écotoxicologie, de biochimie et d'écologie de l'hyménoptère ; une difficulté à expérimenter à l'échelle des colonies ; une quasi-impossibilité, en France, à faire dialoguer les différents acteurs du monde agricole ; une absence de transparence, enfin, à propos des productions agrochimiques et des procédures, qui n'ont de publiques que le nom, conduisant à leur mise sur le marché.

Il m'était impossible d'ignorer cette histoire du Gaucho et du Régent TS. Ne serait-ce parce qu'elle empoisonne depuis plus de vingt ans les débats et les recherches sur l'abeille en

France. Mais aussi parce qu'elle fournit certaines clés pour en comprendre l'avenir.

Retour donc sur la fin des années 90 : les années de plomb de l'apiculture française.

L'éclat pâlissant de la fleur-soleil

« *Les ruchers disparaissent par milliers, les abeilles par millions, par milliards. Par milliards, oui. Le constat sur le terrain est terrifiant,* rapportent le journaliste Fabrice Nicolino et l'écologiste François Veillerette à propos des fortes mortalités attribuées à l'insecticide Gaucho dans la seconde moitié des années 90[1]. *On glisse, on dérape sur des tapis d'abeilles mortes. Les survivantes paraissent sonnées, hagardes. Au lieu de repartir à la ruche le jabot plein de pollen*[*]*, beaucoup restent sur la fleur, comme engluées, incapables de s'extirper. À l'entrée des ruches, le spectacle est sidérant : les abeilles, tremblant de toutes leurs pattes, inaugurent de nouvelles danses macabres. Incapables d'entrer ou de sortir, elles restent sur le seuil, prostrées, s'entassant avant de mourir dans des convulsions.* » Une vision d'horreur. Un choc psychologique, presque affectif, pour l'ensemble de la profession.

Si la firme Bayer CropScience, d'origine allemande, a voulu nous faire rêver au légendaire cavalier qui galope dans les pampas sud-américaines, c'est raté ! Car son Gaucho ne veille sur aucun troupeau. Ou plutôt si, sur une armée de tournesols, de maïs et de nombreuses céréales qu'il défend avec un certain succès contre toutes sortes d'insectes. Dont l'abeille ?

Arrêtons-nous un instant sur les conditions d'homologation en France de la molécule active du Gaucho, l'imidaclopride, sur maïs en 1992, puis sur tournesol deux ans plus tard. N'importe qui penserait, aujourd'hui, que ces homologations ont été octroyées après un examen par des spécialistes des

---

* Il s'agit plutôt de nectar, que la butineuse va régurgiter aux nourrices de la ruche. Le pollen, lui, est stocké en pelotes dans les corbeilles de ses pattes postérieures.

pollinisateurs. Eh bien pas du tout ! Le groupe de travail sur l'abeille, habituellement saisi par la Commission des toxiques du ministère de l'Agriculture, n'a pas été consulté. Un vice de forme ? Point. Un effet pernicieux du lobby agrochimique sur notre administration ? Même pas !

La raison est plus simple et plus inquiétante que cela : ce produit n'étant pas appliqué au moment de la floraison, il n'était pas censé s'exprimer dans les parties florales de la plante. Et personne ne s'est posé la question de sa rémanence durant la floraison. Par manque de recul à l'égard de cette nouvelle génération d'insecticides systémiques*, sans doute. Et vu la philosophie du « tout chimique » qui règne depuis deux siècles sur l'administration du monde agricole et sur ses différents acteurs – une vraie culture ! – on n'allait pas anticiper ce genre de problème. Le « principe de précaution » a encore un long chemin à parcourir avant de gagner les bureaux de la Direction générale de l'alimentation, rue de Vaugirard, à Paris – même aujourd'hui, après le Grenelle de l'Environnement.

« *De toute façon, en 1992, nous n'aurions sans doute rien vu !* estime l'écotoxicologue Axel Decourtye, de l'Association technique de coordination agricole (ACTA) à Marcy l'Étoile, dans le Rhône**. *Car personne n'était en mesure de détecter ni de quantifier moins de 50 microgrammes par kilo d'imidaclopride dans un échantillon. On pouvait détecter 20 milligrammes dans le meilleur des cas*[2]*. Soit 50 fois environ la dose létale identifiée dix ans plus tard. Il n'y avait pas davantage de méthode adaptée à l'analyse des pollens.* »

Et pourtant, cet insecticide appartenant à la redoutable famille chimique des néonicotinoïdes ne mettra que deux petites années, après sa commercialisation sur tournesol, à devenir la bête noire des apiculteurs. Leur acrimonie pour ces

---

* Un insecticide systémique est déposé par pelliculage sur la semence elle-même (parfois par contact après pulvérisation). Il agit dans son environnement immédiat, en terre, mais aussi dans plusieurs parties de la plante au cours de sa croissance : la tige, les feuilles, voire les parties florales. C'est ce dernier point qui fait l'objet d'une polémique entre leurs fabricants et les apiculteurs.

** Entretiens des 6 et 7 mai 2008.

« *cultures empoisonnées* » n'aura d'égale que la déception qu'ils éprouveront à l'endroit de ces sublimes grands soleils qui ont donné des ailes à tous les producteurs de miel au milieu des années 80.

À cette période en effet, la plantation de cette astéracée américaine explose. Et le nectar coule à flot dans les campagnes françaises. Il coule d'ailleurs si bien qu'en plaçant des colonies d'abeilles au bord des champs, on peut presque changer sa ruche en or liquide. Les professionnels réussissent à doubler voire tripler leur production de miel. Des récoltes jusqu'à 100 kilos par ruche et par saison ne sont pas rares. C'est enfin l'opulence après plusieurs années de disette dans les prés et de souffrance au fond des ruches à cause du funeste acarien *Varroa destructor*. Et les apiculteurs deviennent en quelques années les rois du pétrole jaune ! « *Une abondance de nectar, des rendements moyens par ruche de 40 kilos (contre 25 kilos entre 1960 et 1985) ont encouragé beaucoup de personnes qui avaient quelques ruches à s'installer dans notre métier* », raconte l'apiculteur Didier Limet[3].

Après cinq années d'âge d'or, la chute est cruelle. Dès 1992, de nouvelles variétés de semences de tournesol arrivent sur le marché « *avec trois caractéristiques*, note Didier Limet *: une diminution du cycle végétatif, une résistance au mildiou et une floraison plus courte.* » Conséquence : la fleur soleil ne va plus offrir autant de nectar et de pollen aux butineuses, ou plutôt elle leur offrira ses trésors moins longtemps. Et, surtout, après la forte demande d'oléagineux pour les huiles alimentaires et l'alimentation des porcs et des bovins, la première réforme de la politique agricole commune, en 1992, sonne le glas des années fastes : les surfaces plantées en tournesol diminuent de 205 000 hectares entre 1991 et 1999* ! Et le robinet à nectar se tarit presque partout en France. On en revient aux 25 kilos de miel par ruche ; 15 000 apiculteurs mettent la clé sous la ruche entre 1994 et 2004, soit 22 % des professionnels[4] !

---

* Et même davantage : dans certaines régions fortement apicole, comme la Vendée, les surfaces de tournesol sont divisées par plus de deux entre 1990 et 2004 !

La traque d'un serial killer

C'est dans le contexte morose que nous venons de décrire que Philippe Vermandère, éleveur d'environ 600 colonies en Vendée depuis les années 80, essuie sa première perte sévère de production en 1995. De l'ordre de 60 %. Lorsqu'il découvre que les champs de tournesol butiné par son troupeau ailé ont été traités avec du Gaucho, son sang ne fait qu'un tour. Et il entre aussitôt en guerre contre ce nouvel insecticide[5].

Deux ingrédients font de ce diplômé de l'université polytechnique de Gand, marié à une femme docteur en biologie, le précurseur du combat contre l'imidaclopride : sa production (75 kilos de miel par ruche à l'époque) est son gagne-pain et il anime le Syndicat régional d'apiculteurs de Poitou-Charentes. Lié aux réseaux de la Confédération paysanne, il ne tarde pas à donner l'alarme. D'autres font de même, notamment Christiane Massicot, présidente du Syndicat des apiculteurs professionnels du Centre, qui déplore la forte diminution, depuis deux ans, de ses récoltes de miel sur tournesol*. Elle écrit d'ailleurs à deux reprises à la firme Bayer pour s'en plaindre. Plusieurs éleveurs font également part de mystérieuses disparitions de leurs butineuses : « *Cinquante pour-cent de mes populations en l'espace de dix-huit à vingt jours* », précise Philippe Vermandère[6]. Disparues ! Envolées ! Ce sont souvent les mêmes symptômes que décriront onze ans plus tard leurs collègues américains.

Plus récemment, le 2 mars 2007, sur la station américaine *Public Radio International*, le chef de la section « abeille » du département de l'Agriculture en Floride est revenu sur les effets de l'imidaclopride pour les insectes : « *Si vous regardez la littérature, vous pouvez constater que l'imidaclopride est utilisé contre bien d'autres insectes sociaux, comme les termites. Or ce produit cause la mort par deux voies différentes : les termites sortent pour s'alimenter et ils ne peuvent pas se rappeler comment revenir à leur nid. Cela les rend également sensibles aux parasites au sein même de*

* Des baisses de 40 à 70 % de récoltes de miel de tournesol sont rapportées par les professionnels entre 1996 et 2004[7].

leur nid. Si vous extrapolez cela à l'abeille, c'est assez terrifiant.» Mais justement, peut-on extrapoler ? Désorientation et immunodépression : cela va devenir le credo des opposants au Gaucho. Et c'est un attelage bien insolite* qui se lance à l'assaut de cet insecticide.

Au départ, la firme allemande ne prend la mesure ni du problème, ni de la fronde qui enfle dans l'Hexagone. Elle consent tout de même à entreprendre plusieurs vérifications sur le terrain. « *En comparant les analyses de résidus et l'activité des abeilles sur tournesol traité au Gaucho et sur tournesol non traité, nous ne mettons en évidence aucune différence significative* », me confie à l'époque le chercheur de Bayer en France Gilles Richard[8]. Mais les tests successifs réalisés par l'industriel sont contestés par les syndicats apicoles, pour vices de protocole expérimental. Parfois, à raison.

À la fin de l'année 1996, la bataille fait rage. Elle se déroule sur tous les fronts : scientifique, politique, juridique et, bien sûr, médiatique. Chaque formule est ciselée pour faire mouche : « *Il serait regrettable de substituer "l'huile folle" à la "vache folle" !* », dénonce ainsi l'apiculteur vendéen Frank Aletru, militant de l'association Terre d'abeilles, en faisant référence à une huile de tournesol qui serait contaminée au Gaucho. Enquêtes et contre-expertises se succèdent à un rythme soutenu. Les publications scientifiques semblent se contredire, les plaintes des uns répondre aux injonctions des autres. L'interpellation des pouvoirs publics est permanente. Les décisions administratives incohérentes. Et les recours devant les tribunaux inévitables.

L'opposition entre le monde apicole et celui de l'agro-industrie apparaît irréductible. Si bien que le 15 janvier 1999, contre l'avis de ses propres experts, le ministre de l'Agriculture d'alors, le socialiste Jean Glavany, cède aux demandes des

---

* Outre les syndicats apicoles, réunis en coordination, se distinguent dans ce combat le chantre du populisme réactionnaire français, le vicomte de Vendée Philippe de Villiers, mais aussi le businessman Jimmy Goldsmith et son frère Teddy, gourou de l'écologie radicale, le botaniste Jean-Marie Pelt, le toxicologue Jean-François Narbonne, le cancérologue Dominique Belpomme, etc.

gardiens de l'abeille : le Gaucho est suspendu pour deux ans, une première fois en 1999 sur tournesol – une culture allègrement butinée par l'abeille, à la différence du maïs, non producteur de nectar, dont seul le pollen peut être récolté[9]. Depuis, les suspensions administratives se succèdent et Bayer semble s'être résigné à son absence des cultures de tournesols.

Pour le maïs, c'est une autre affaire ! Et le tour qu'elle prend est des plus surprenants. Car en plein affrontement sur le tournesol, l'autorisation de mise sur le marché de l'imidaclopride sur le maïs est renouvelée en 2002 pour dix ans. Signé : le directeur général de l'alimentation (DGAL) de l'époque, Thierry Klinger. Une véritable provocation pour les apiculteurs et les écologistes qui l'accusent de collusion avec l'industriel.

La résistance du ministère à toute suspension se fait sentir jusqu'au Comité scientifique et technique (CST)* qu'il a pourtant chargé d'évaluer l'impact de l'imidaclopride puis du Régent TS sur l'abeille. L'un de ses membres me raconte, sous couvert d'anonymat, cette surprenante anecdote : « *Autant sur tournesol, les représentants du ministère de l'Agriculture voulaient bien suivre à peu près tout ce que l'on demandait, autant sur le maïs, c'était pour eux insupportable ! Probablement, à cause des enjeux agricoles. Ainsi, notre pré-rapport a été bloqué et, à sa place, la DGAL a diffusé une note de 15 pages qu'ils avaient bricolée et où ils tapaient surtout sur les résultats des travaux de Bonmatin, un chercheur du CNRS d'Orléans, mettant en lumière les effets négatifs de l'imidaclopride ! Mais, sous diverses pressions extérieures, nos conclusions ont pu finalement être diffusées dans le rapport définitif du CST. Le ministère a alors enlevé son logo de la page de une et l'a accompagné d'une lettre critique de trois pages. Incroyable… Nous avons réfuté leurs critiques, point par point, mais cette lettre a permis au ministère de prendre ses distances à l'égard du rapport du CST et d'en amoindrir l'impact.* » On pourra lire dans l'encadré page suivante les conclusions du Comité attestant de certains risques pour l'abeille.

---

* Le CST a été mis en place par la DGAL (ministère de l'Agriculture) en janvier 1999 afin de piloter une « *étude multifactorielle des troubles des abeilles* ».

Les conclusions du CST sur l'imidaclopride (Gaucho)[10]

Le rapport de synthèse du Comité scientifique et technique (CST) sur le Gaucho, en date du 18 septembre 2003, s'est appuyé sur pas moins de 338 études et publications scientifiques existantes, réalisées par une dizaine d'équipes. Complexe à décrypter... Je vais malgré tout tenter d'en extraire l'essentiel. Je me suis référé aux données validées à la fois par le CST et par le « Groupe abeille » de la Commission des toxiques (Comtox)*.

Évaluation des risques

Le CST a proposé cinq scénarios de risque différents. Ils correspondent à différents modes d'intoxication possibles (orale ou par contact), à une consommation immédiate ou différée, à différents stades de la vie de l'abeille (larves, nourrices, butineuses) et à différents types de nourriture (pollen pour les scénarios 1, 2 et 3, nectar ou miel pour les scénarios 3, 4 et 5). L'évaluation des risques consiste à comparer une concentration prédite d'exposition (PEC) à une concentration prévue sans effet (PNEC) pour les organismes présents dans l'environnement. Un risque est alors mis en évidence quand la valeur estimée de la PEC est supérieure à celle de la PNEC.
Admettons, et regardons la suite :
- la consommation de pollen par les butineuses (scénario 3) ne semble pas constituer un risque pour elles, tant sur tournesol que sur maïs ;
- la consommation des nectars de tournesol traité à l'imidaclopride (le maïs n'est pas nectarifère) - scénario 4 - est jugée, en revanche, « *préoccupante* » ;
- il en est de même pour la consommation du miel de réserve dans la ruche par la colonie (scénario 5) ;
- idem pour la consommation du pollen par les abeilles nourrices dans la ruche (scénario 2) ;
- les résultats du premier scénario de ce modèle théorique n'ont pu être validés, sur tournesol comme sur maïs.

Conclusion du CST :

Ces résultats « *sont en accord avec les observations de terrain rapportées par de nombreux apiculteurs en zones de grande culture*

* La Commission des toxiques (Comtox), chargée d'évaluer les demandes d'homologation des nouveaux produits chimiques, s'est dotée d'un « Groupe abeille » qui examine les risques qu'ils font courir aux hyménoptères. L'étude du Gaucho par ses soins a eu lieu après son homologation.

> *(maïs, tournesol), concernant la mortalité des butineuses (scénario 4), leur disparition, les troubles comportementaux observés et certaines mortalités d'hiver (scénario 5). En conséquence, l'enrobage de semences de tournesol Gaucho conduit à un risque significatif pour les abeilles de différents âges, à l'exception de l'ingestion de pollen par les butineuses lors de la confection de pelotes (scénario 3).* [...] *Enfin, étant donné que d'autres facteurs peuvent contribuer à l'affaiblissement des colonies d'abeilles, il convient que les recherches soient poursuivies sur la fréquence, les mécanismes et les causes de ces symptômes.* »

Le Conseil d'État finit par s'en mêler et demande au ministère de l'Agriculture un réexamen du dossier concernant le maïs. Là encore, en 2004, le ministre Hervé Gaymard recule et suspend finalement l'homologation de l'imidaclopride sur cette céréale. Au grand dam, cette fois, des semenciers et des agriculteurs français. Bayer, qui commercialise quelque 150 produits dans l'Hexagone, doit s'incliner une nouvelle fois. Le groupe peut se consoler du fait que l'imidaclopride enrobe toujours, en France, les semences de blé, d'avoine, de seigle ou d'orge, que ne butinent pas les abeilles – leur pollinisation est assurée par le vent ou par autofécondation. Ce qui ne va pourtant pas sans problème pour notre hyménoptère, comme on va le voir. Mais avant cela, penchons-nous sur BASF, concurrent de Bayer dans le marché mondial des produits phytosanitaires.

Les tribulations d'un Régent en France

BASF n'aura guère plus de chance que Bayer avec son pesticide systémique Régent TS. Rien à voir avec le fabuleux diamant blanc de 410 carats qui porte son nom, découvert en 1701 en Inde du sud. Ni même avec son propriétaire d'alors, Philippe d'Orléans, qui gouverna la France de 1715 à 1723, jusqu'à ce que Louis XV soit majeur. Non, le Régent TS ne prend soin, lui, que des maïs et des tournesols durant leur croissance, contre les taupins, ces coléoptères qui rongent leurs racines.

Sa substance active, le fipronil, a été découverte en 1985 par le groupe français Rhône-Poulenc. Un tueur de premier ordre ! Car la molécule, de la famille chimique des fiproles, détruit aussi bien les fourmis que les cafards, les criquets que les mouches, les tiques que les puces – elle compose d'ailleurs plusieurs produits vétérinaires pour nos chats et nos chiens. Mais le secteur de l'agrochimie se restructure à marche forcée au cours des années 90, à grands coups de capitalisations boursières, de rachats de produits et de rafles sur les brevets. Et la concentration du secteur s'accélère : seuls quelques géants planétaires émergent de ce puissant maelström du capitalisme industriel. Dont Bayer et BASF. Au cours de ces aventures boursières, le fipronil, commercialisé dans l'Hexagone à partir de 1996, passe de main en main : récupéré par Aventis CropScience, il est cédé à Bayer, qui le vend à son tour à BASF en 2003. La valeur financière du fipronil est alors de 168 millions d'euros… Cela situe les enjeux.

Las, dès le printemps 2003, sept ruchers de Haute-Garonne sont foudroyés par de fortes teneurs en fipronil provenant des poussières d'enrobage de semences de tournesol (voir la note * p. 83). Simple accident industriel ?

À la suite de plaintes apicoles contre ce nouveau « tueur d'abeilles », Jean Gary, juge à Saint-Gaudens, lance en tout cas une instruction à charge fulgurante. Il n'a pas froid aux yeux, le petit juge : il convoque Thierry Klinger, de la DGAL, puis perquisitionne à son ministère, commandite deux rapports d'expertise – émanant, pour l'un, de l'apidologue Gérard Arnold, du CNRS de Gif-sur-Yvette, pour l'autre, du toxicologue et expert Jean-François Narbonne. Il fait également saisir des documents au siège de BASF et finit par mettre en examen, le 17 février 2004, le jeune président de la firme, Emmanuel Butstraen, pour « *mise en vente de produits phytosanitaires agricoles toxiques nuisibles pour la santé de l'homme ou de l'animal* ». Trois jours plus tard, la rumeur annonce la mise en examen prochaine de Franck Garnier, P.D-G de Bayer CropScience, président de l'Union des industries de la protection des plantes (UIPP) et ancien propriétaire du fipronil. Rien que ça !

Pourquoi tant d'éclat et tant d'acharnement ? Certainement parce que le juge se forge la conviction, sur la base du témoignage des experts qu'il consulte et d'un rapport datant de 1993 retrouvé au siège de la DGAL[11], que le fipronil n'est pas seulement délétère pour l'abeille, mais qu'il met aussi en jeu la santé humaine. Ce que conteste farouchement BASF : l'industriel rappelle que la Commission d'étude de la toxicité (Comtox), autorité consultative compétente pour l'homologation des produits phytosanitaires, a confirmé sans aucune ambiguïté en séance du 17 décembre 2003 que l'usage du fipronil ne présentait « *pas de risque d'effets nocifs pour le consommateur* »* – pour l'abeille, c'est une autre affaire (lire l'encadré page suivante sur les conclusions du CST) ! Passant à la contre-offensive, l'industriel dénonce de surcroît le rapport de l'expert Jean-François Narbonne (suggérant une toxicité pour l'homme), qui « *va à l'encontre des avis exprimés par les experts internationaux spécialistes de l'homologation – OMS, FAO, EFSA* [Autorité européenne de sécurité des aliments]. » Enfonçant le clou, BASF rappelle que la molécule active du Régent TS est alors homologuée dans plus de 70 pays à travers le monde. Justement, les conditions mêmes de son autorisation, en France, font l'objet de critiques et de la suspicion du juge Gary[12, **].

* Le 5 avril 2005, l'Afssa rendra à son tour publique son analyse de 170 pages sur le fipronil, où toute la littérature en toxico- et pharmacovigilance concernant cette molécule a été passée au crible. Sa conclusion : malgré un manque de données épidémiologiques à long terme, « *il n'y a pas actuellement d'éléments indiquant que l'exposition au fipronil constitue un risque pour la santé de l'homme, dans les conditions d'emploi préconisées pour chaque type de produit.* »

** Tout d'abord, le Régent TS n'aurait reçu qu'une autorisation provisoire de vente (APV), renouvelée jusqu'en 2005, et non une autorisation de mise sur le marché (AMM) en bonne et due forme. Ce qui signifie que « *pendant 10 ans le produit a été commercialisé sans que toutes les garanties requises aient été fournies (le ministère justifie le renouvellement de l'APV par l'attente de l'homologation au niveau européen) et sans qu'un suivi spécial soit mis en place pour évaluer les effets sur l'homme et l'environnement, alors que des éléments de suspicion existaient* », retrace, le 11 avril 2004, Jean-Pierre Louvet, enseignant en IUT, sur le site de Futura-Sciences[12]. Autres anomalies : sur la base des données fournies en 1995 par Rhône-Poulenc Agrochimie, le Régent TS n'a pas été classé comme T+ R26 (très toxique par voie respiratoire pour les hommes qui le manipulent) dans l'arrêté de 1996, alors qu'il devrait l'être selon la réévaluation de la Comtox – il est classé T+ (mais sans préciser R26), uniquement en 2003. Erreur ou dissimulation du fabricant de l'époque ?

Les conclusions du CST sur fipronil (Régent TS)[13]

Le Comité scientifique et technique (CST) s'est appuyé sur 55 rapports et publications pour cette évaluation du fipronil qui a été validée et publiée en mai 2005.

Le CST a procédé de la même manière que pour l'imidaclopride. Il conclut que «*les études sont très diverses et hétérogènes*». Traduisez: contradictoires! Quatre scénarios d'exposition ont été validés: consommation de pollen par les nourrices (scénario 2) ou par les butineuses (3), consommation de nectar par les butineuses (4) et de miel de réserve par les abeilles d'intérieur (5). Les données «*ne permettent pas d'exclure des risques inacceptables*» pour le scénario 2 sur maïs, pour le scénario 3 sur maïs et tournesol, et pour les scénarios 4 et 5 sur tournesol. Toutefois, le CST s'empresse d'ajouter qu'il lui manque trop d'informations toxicologiques sur les effets à long terme et sur les produits de dégradation du fipronil (métabolites), ainsi que sur l'exposition de l'abeille à cet insecticide, pour vraiment être sûr de son coup!

Beaucoup de bruit pour un risque nul? C'est en tout cas l'intime conviction du physiologiste végétal Patrick Ravanel du CNRS et de l'université Joseph Fourrier, à Grenoble, après quatorze années passées à étudier le fipronil. En gros, ce chercheur qui s'est fait très discret durant toute cette bataille apicole, montre que la molécule est à la fois peu mobile et peu soluble dans l'eau. Résultat, les quantités remontant dans les parties florales sont, selon lui, infimes: quasiment nulles dans le nectar, faibles dans le pollen (nettement moins qu'un microgramme par kilo de pollen), car la membrane extérieure de ses grains contient des éléments hydrophobes susceptibles de retenir le fipronil (qui est, lui, liposoluble). Le risque de contamination apparaît donc nul pour des butineuses en train d'œuvrer sur des fleurs: elles n'ingurgitent pas le pollen, mais le rapportent en pelotes dans leurs poils et la corbeille de leurs pattes. En revanche, une fois dans la ruche, ce pollen est tout de même croqué par les ouvrières, les mêmes butineuses et les larves que biberonnent des nourrices. Donc s'il est contaminé, toute la colonie le sera aussi! Et c'est d'ailleurs bien ce que démontrent les analyses des pollens et des abeilles restés à l'intérieur de la ruche. Quant aux effets du nectar, il reste à vérifier si, comme l'affirme Patrick Ravanel[14], «*les quantités de fipronil circulant dans la sève brute de la plante* [avant d'atteindre les parties florales] *ont toutes les chances d'être très faibles et donc insuffisantes pour tuer les abeilles*». Pour les tuer directement, admettons. Mais pour perturber leur vol? Leur orientation? Leurs danses et donc leur message aux autres membres de la colonie? Mystère!

Trois petits tours et puis...

Experts, contre-experts : qui faut-il croire ? Implacable, le juge Gary retient la mise en danger de la vie d'autrui parmi les motifs de mise en examen. Et il bloque derechef la commercialisation du Régent TS. Cette fois, c'en est trop pour le cabinet d'Hervé Gaymard : où donc ce magistrat de province va-t-il s'arrêter ? Et si le ministre était le prochain inculpé sur sa liste ? Sans plus attendre, le courageux locataire de la rue de Varenne lâche pêle-mêle le Régent TS, son directeur général de l'alimentation et la firme allemande. S'appuyant sur l'avis plutôt négatif pour cette molécule (concernant l'abeille) rendu le 9 février 2004 par la Comtox, il annonce le 23 février « *la suspension de la commercialisation de tous les produits de traitement à base de fipronil* [sauf vétérinaires] *jusqu'à l'achèvement de la procédure communautaire d'évaluation de cette substance prévue au plus tard le 31 décembre 2005* ». Pour ménager sans doute les agriculteurs, il autorise toutefois l'écoulement des stocks de Régent TS destinés à l'enrobage ou au traitement des semences. Ne cherchez pas la cohérence !

2003-2004 : la carrière du Régent TS entre les mains de BASF a épousé la trajectoire d'une étoile filante ! Et le groupe d'origine allemande fulmine : « *Des études validées montrent qu'il n'existe pas de résidus de fipronil quantifiables dans le pollen ou le nectar des plantes,* assènent leurs responsables dans un dossier « abeilles » publié par la firme en 2005[15]. *Aucune modification du comportement des abeilles ou de la taille des colonies qui butinent des cultures issues de semences protégées par le Régent TS (tournesol) n'a été observée. Le phénomène de mortalité des abeilles a également été observé dans des pays où l'utilisation du fipronil n'est pas homologuée pour l'usage agricole, tels l'Allemagne ou l'Autriche.* [...] *Des apiculteurs rapportent des troubles du comportement pendant la floraison d'été. Ce phénomène est également observé sur les tournesols de cultures biologiques ou non protégées par le Régent TS.* »

Ironie du calendrier, l'année même où le ministère de l'Agriculture française confirme la suspension de cet insecticide, l'agence américaine de protection de l'environnement (EPA) lui ouvre toute grande la barrière des champs de maïs américains. Une consolation…

À la différence de Bayer, BASF s'essaie à une stratégie plus offensive, rendant coup pour coup au niveau judiciaire, répliquant publiquement à chaque camouflet, tentant ensuite, par le soutien à un programme de développement des jachères apicoles (présenté dans le chapitre 14), d'amadouer certains apiculteurs. Pour mieux diviser cette profession hétéroclite ? « *Mais non, c'est seulement pour les convaincre de l'innocuité de notre produit*, se défend le directeur de l'Environnement du groupe, à Lyon, Jean-Marc Petat. *Car cette crise nous a enseigné au moins une chose : l'industrie ne peut plus rester dans sa tour d'ivoire, il faut répondre à la demande sociale et être plus transparent et réactif**. »

Et réactif, le leader mondial de l'industrie chimique l'a été, à n'en pas douter ! Lors de la réévaluation automatique du fipronil par la Commission européenne (un processus qui concerne toutes les molécules homologuées en Europe avant 1996 ; le tour de l'imidaclopride viendra en 2009), le groupe n'attend pas les questions des experts de l'Autorité européenne de sécurité des aliments (EFSA). Il les devance, en fournissant spontanément de nouveaux résultats sur les butineuses, le couvain, les concentrations de fipronil dans le pollen, le nectar, etc. De quoi prouver, aux yeux de tous, que son produit est sans aucun danger pour l'abeille.

Cette « réactivité » paie : en août 2007, la Commission européenne renouvelle l'autorisation de commercialisation du fipronil dans tous les pays de l'Union. Une bonne nouvelle n'arrivant jamais seule, le Régent TS est également innocenté par les tribunaux français. Le nouveau juge de Saint-Gaudens, la très discrète Isabelle Combettes de Caumon, reprend tout le dossier à zéro, après le départ pour Mayotte de son bouillant prédécesseur, en septembre 2005. Au terme d'une instruction complémentaire effectuée loin des pressions médiatiques,

---

* Entretien du 3 avril 2008.

la juge rend fin 2007 une ordonnance de clôture du dossier d'instruction[16]. Et, en février 2009, le tribunal de Saint-Gaudens ordonne le non-lieu en faveur des deux groupes agro-chimiques concernant le fipronil.

Tout redevient donc possible pour le Régent TS dans l'Hexagone. Même le pire, dénonce le syndicat apicole UNAF, qui vient de déposer un recours de cette ordonnance de non-lieu.

Pour parer à toute éventualité, le ministère de l'Agriculture demande à l'Agence française de sécurité sanitaire des aliments (Afssa) quelles seraient les conditions acceptables d'un retour du fipronil dans les champs de maïs et de tournesol tricolores. L'agence indique que les techniques d'enrobage des semences doivent être améliorées afin d'éviter toute diffusion par les poussières – souvenez-vous de l'accident dans le sud-ouest qui a mis le feu aux poudres en 2003. Déjà en 2004, le ministère avait pris de salutaires dispositions pour éviter la reproduction de ce type d'accident, en adoptant une « norme poussière » pour les pesticides systémiques[17]. L'Afssa ajoute aujourd'hui l'interdiction de toute pulvérisation de fipronil et l'obligation d'enfouissement méthodique des graines enrobées au moment du semis afin d'éviter que les oiseaux puissent les picorer. Les semences enrobées ne devront pas non plus se retrouver dans les cours d'eau, la toxicité du pesticide pour certains organismes aquatiques ayant été démontrée.

« *La plus rapide des procédures possibles pour ré-homologuer notre produit en France,* me confie Jean-Marc Petat du groupe BASF, *consiste à déposer un rapport présenté dans un pays voisin en s'appuyant sur le "principe de reconnaissance mutuelle". On n'a plus alors qu'à lui adjoindre quelques pièces spécifiques sur les cultures et les conditions pédoclimatiques françaises, plus les données transmises à l'EFSA. Donc, au mieux, nous pourrons déposer ce dossier de ré-homologation début 2010, pour de nouvelles mises en culture sur maïs et tournesol en 2011. Cela signifie que nous avons trois ans pour renouer le dialogue avec les apiculteurs et leur prouver notre bonne foi.* » Chassez-le par la porte, il revient par la fenêtre : la bataille du Régent TS menace de reprendre. Pire, elle pourrait bien s'étendre à d'autres pesticides systémiques et déborder au-delà des seules frontières françaises.

Dans la famille des apicides, je demande...

Depuis 2008, deux nouveaux systémiques ont été mis en terre dans les champs français, italiens ou allemands, récoltant chaque fois l'ire des apiculteurs et de nouvelles morts suspectes au sein des ruchers. Ainsi, en avril 2008, un groupement d'organisations apicoles et écologiques italiennes accuse les poussières d'enrobage des semences de tournesol traitées au Cruiser (thiamethoxam), commercialisé par la firme suisse Syngenta Agro SAS, d'être responsables de nombreuses mortalités d'abeilles dans les plaines italiennes du nord-ouest : « [ces poussières] *contamineraient les gouttes de rosée et les fleurs butinées par les abeilles*[18]. » Un mois plus tard, nouvelle alerte dans le sud de l'Allemagne, où les apiculteurs se rebiffent contre le même Cruiser, mais également le Poncho (clothianidine), un insecticide néonicotinoïde vendu par Bayer, très proche du Gaucho. « *C'est une réelle situation de crise apicole ! En moyenne, 50 à 60 % des abeilles sont mortes dans la région du Baden-Württemberg et certains apiculteurs ont tout perdu* », soupire Manfred Hederer, qui préside l'Association des apiculteurs professionnels allemands.

La presse évoque la perte de 11 000 colonies – un an plus tard, le bilan fera état de 12 500 « *colonies affaiblies* »[19]. Et il s'écrit que les autorités fournissent même des bennes à certains apiculteurs pour évacuer leurs colonies mortes ! À titre conservatoire, l'Office allemand pour la protection des consommateurs et la sécurité alimentaire (BVL) ordonne le 15 mai 2008 de suspendre huit traitements de semences de colza et de maïs doux, dont le Cruiser et le Poncho. Et le 19, des tests officiels révèlent que 99 % des abeilles mortes analysées présentent de forts résidus de Poncho. À la suite d'une rapide enquête, Bayer annonce qu'il s'agit d'un « *accident industriel* » : c'est la mauvaise qualité de la pâte adhésive destinée à coller la poudre insecticide sur les semences traitées au Poncho qui aurait provoqué des émissions de poussières riches en clothianidine au moment des semis.

Après le « nuage toxique » de fipronil qui, en 2003, a fauché sept ruchers en Haute-Garonne, les poussières de semences enrobées de pesticides ont donc frappé une nouvelle fois. Il est vrai que la « norme poussière » adoptée entre-temps en France n'a pas fait école chez nos voisins européens[20]. Ce nouveau drame va-t-il réserver au Poncho le même destin que le Régent TS ? Cette fois, la firme Bayer montre qu'elle a retenu la leçon : tout en s'empressant d'offrir deux millions d'euros pour dédommager les apiculteurs, elle engage une concertation avec les fabricants de machines-outils agricoles ainsi qu'avec l'administration pour réviser les procédures d'enrobages des semences traitées. Rien n'y fait : le 9 février 2009, les autorités allemandes, considérant que l'exposition des abeilles à ces néonicotinoïdes n'est « *pas entièrement clarifiée* », maintiennent la suspension du Poncho et du Cruiser (et par extension du Gaucho)[21].

Le ministère français de l'Agriculture manifeste, lui, plus de bienveillance à l'égard du Cruiser : l'autorisation de traitement des semences de maïs par le thiamethoxam avait été accordée sous surveillance en 2008, elle est reconduite jusqu'au 15 mai 2009, à la suite d'un suivi de plusieurs ruchers sur quelque 154 000 hectares de cultures traitées en Aquitaine, Midi-Pyrénées et Rhône-Alpes. Cette décision ministérielle, prise dans la foulée du feu vert donné par l'Afssa[22], réactive le rejet radical des apiculteurs vis-à-vis des pesticides systémiques. Et cette fois-ci, des deux côtés du Rhin, on exige la suppression pure et simple de l'ensemble des insecticides de ce type, en particulier ceux de la famille des néonicotinoïdes, partout en Europe. Seize organisations écologiques et apicoles françaises ont ainsi lancé en mai 2009 une campagne pour « *l'interdiction de pesticides comme le Cruiser* ». Et une coalition écolo-apicole allemande « *contre le danger Bayer* » traîne même son P.-D.G., Werner Wenning, en justice pour « *empoisonnement en toute connaissance de cause* ».

Quand il n'y en a plus, on en trouve encore !

À défaut d'élucider pleinement le mystère des penchants apicides des systémiques, en particulier du Régent TS et du Gaucho, on allait au moins être débarrassé du problème suite au retrait de ces deux produits des champs tricolores de tournesol et de maïs*. Tous ceux qui, comme moi, tenaient ce raisonnement en ont été pour leur frais. D'abord, les industriels ont agrandi cette famille de pesticides et certains d'entre eux, comme le Cruiser, sont à présent à l'œuvre dans l'Hexagone. Ensuite, Gaucho et Régent TS n'ont pas totalement disparu du paysage rural français. Car ces produits peuvent persister dans le sol durant plusieurs années, assurent leurs détracteurs ! Mais ce point, comme bien d'autres, fait l'objet de controverses.

Prenons le cas du Régent TS, le dernier de ces deux insecticides à avoir été suspendu, en 2004 : la demi-vie de sa molécule active, le fipronil, est de quatre mois. Cela signifie que la moitié d'une quantité donnée de fipronil se sera dégradée dans le sol au bout de ce délai, les trois-quarts au bout de huit mois, etc. Un douzième des doses présentes dans le sol en 2004 pourrait-il expliquer tout ou partie des mortalités d'abeilles au printemps 2006 ? Et un vingt-quatrième de ces mêmes doses de 2004 entraîner les mortalités du printemps 2007 ? « *C'est une probabilité bien mince, à laquelle aucun expert sérieux ne souscrit !* », m'assure Jean-Paul Faucon, chef de l'unité de pathologie de l'abeille à l'Afssa**.

Pour ce qui est du Gaucho, absent des cultures butinées par l'abeille depuis 2001, la probabilité est plus infime encore.

* Le Gaucho a été suspendu une première fois sur tournesol en 1999, puis sur maïs en 2001 ; le Régent TS est suspendu depuis 2004 sur les deux cultures.

** Entretien du 19 mars 2008.

« *Sauf si vous prenez en considération le fait que le Gaucho est toujours appliqué sur les betteraves et les céréales*, me fait remarquer malicieusement le spécialiste de l'abeille Marc-Édouard Colin, de SupAgro Montpellier. *Au bout d'un an, sa molécule active (l'imidaclopride) ne sera dégradée qu'à moitié (sa demi-vie étant de 180 jours), ce qui signifie que si vous replantez sur un ancien champ de betterave ou de céréales des cultures mellifères, comme le tournesol ou le maïs, il est possible que la molécule remonte dans cette nouvelle plante et contamine ses parties florales. Et donc les pollinisateurs**. »

Une étude que cet apidologue a menée de concert avec l'équipe de Jean-Marc Bonmatin (chercheur au CNRS) montre que l'imidaclopride persiste effectivement dans les sols plus d'un an : dans des tournesols non traités au Gaucho, mais cultivés sur une parcelle où le produit a sévi l'année précédente, on retrouve en moyenne un à trois microgrammes d'imidaclopride par kilo de pollen[23]. D'accord, mais on reste bien loin tout de même des doses entraînant une mortalité aiguë (lire le chapitre suivant) ! « *C'est vrai*, admet le Montpelliérain, *mais ces faibles teneurs résiduelles ne sont pas sans effet chez l'abeille : n'oubliez pas que Luc Belzunces, à l'Inra d'Avignon, a montré qu'une exposition à seulement douze picogrammes* [un picogramme = un millionième de milliardième de gramme !] *d'imidaclopride entraîne certaines perturbations. Or dans les pollens des tournesols de l'année suivant une culture traitée à l'imidaclopride, on en retrouve environ cent mille fois plus.* »

Même les retombées de résidus par les eaux de pluie, à la suite de l'évaporation de pesticides pulvérisés, peuvent constituer une source de contamination pour l'abeille – comme le suggère une étude[24] réalisée par l'Institut Pasteur de Lille sur la région Nord-Pas-de-Calais entre 2000 et 2002[25].

Alors, véreux ou pas ces tournesols dont les merveilleuses paraboles dorées suivent au fil du jour la course du soleil ? Gangrenés, ces maïs à l'inflorescence barbue ? À chaque

* Entetien du 11 avril 2008.

rapport du Comité scientifique et technique, les compagnies agrochimiques ont vigoureusement protesté, contestant à la fois méthode et conclusions. « *Notre critique principale*, insiste Jean-Marc Petat de BASF Agro, *c'est qu'il ne s'agit que de risques théoriques. Ils ne tiennent pas compte des études et des données observées en situation réelle, c'est-à-dire en plein champ* [Ce qui est inexact, malgré les limites des études sur lesquelles le CST s'est appuyées, comme nous le verrons dans notre prochain chapitre]. *Et les coefficients de sécurité appliqués aux scénarios d'exposition amplifient ce risque.* »

De tels coefficients sont prévus par la réglementation européenne pour pallier l'absence d'étude de terrain concernant l'impact des produits chimiques sur des insectes ou d'autres invertébrés, en vue de leur homologation : ils permettent de prendre une marge de sécurité. Il est donc logique qu'ils puissent conduire à surestimer le risque. Ce qui est plus intriguant, à première vue, c'est que les coefficients adoptés pour le fipronil et l'imidaclopride sont critiqués au sein même du « groupe abeille » de la Comtox : plusieurs membres font remarquer qu'en appliquant le même modèle à d'autres produits phytosanitaires homologués, il conviendrait de les suspendre sans plus tarder[26] ! Faut-il pour autant invalider les conclusions du Comité scientifique et technique ? Ou retirer du marché tous les produits présentant un risque analogue pour les pollinisateurs ? Nous allons tenter d'y voir plus clair dans notre prochain chapitre.

Chapitre 6

Le poison ne fait pas le cadavre

Pourquoi a-t-on tant de mal à conclure sur les effets du Gaucho et du Régent TS pour les colonies entières en situation naturelle ? Où l'on réalise que leur évaluation suppose un véritable parcours du combattant. Par une incursion dans les cuisines de l'écotoxicologie, nous tenterons d'en comprendre les raisons. Et d'expliquer pourquoi l'adoption de certains principes et changements de pratiques sont nécessaires.

Des colonies qui fondent comme neige au soleil. Des résidus de pesticides retrouvés un peu partout, dans les champs comme au fond des ruches. Et des abeilles qui se traînent ou font la danse de saint Guy sur le pas d'envol de leur nid. Voilà à peu près toutes les pièces à conviction dont disposent jusqu'ici nos détectives. Mettez-les bout à bout, vous obtiendrez une histoire effrayante sur le drame des ruchers français. Mais peut-être n'est-ce là qu'une histoire parmi d'autres possibles. Car, au fil des enquêtes de terrain, les apiculteurs et les chercheurs découvrent des réalités contrastées. Et la relation de causalité entre pesticides et déclin des abeilles a du mal à s'imposer partout et tout le temps. Ici, les mortalités surgissent sans la présence des deux pesticides décriés – mais parfois avec d'autres. Là, des champs traités au Gaucho et au Régent TS cohabitent avec des colonies qui «*pètent le feu*». Ailleurs, les mêmes traitements côtoient des ruches qui ne sont plus que des casiers vides.

Pourtant, les analyses des matériels et des abeilles retrouvées dans des ruchers malades ou moribonds révèlent fréquemment la présence d'imidaclopride et de fipronil. Ce fut le cas lors de la grande « enquête prospective multifactorielle » dont l'Afssa est si fière : 5 colonies x 5 ruchers x 5 départements, le tout analysé et suivi environ quatre fois par an et cela entre 2002 et 2005[1]. Vous pensez si on allait percer le mystère du dépérissement des abeilles ! Las, 40 000 km et 309 visites de ruchers plus tard, alors que furent recherchées 41 molécules chimiques et leurs métabolites dans le pollen, les abeilles, le couvain, la cire et le miel, à l'arrivée, il n'y avait pas grand-chose à déclarer. « *Ni les apiculteurs concernés, ni nous-mêmes n'avons constaté de troubles aigus dans les colonies suivies, malgré la présence de résidus de pesticides*[2] », m'assure le pathologiste Jean-Paul Faucon, chef de l'unité de pathologie de l'abeille à l'Afssa.

Pour l'imidaclopride comme pour le fipronil, les teneurs détectées ont été, selon lui, 88 à 300 fois inférieures à celles qui entraînent la mort des abeilles par contact ou par ingestion d'un sirop contaminé (DL50[3]). En revanche, dans plusieurs études, il souligne la persistance de résidus d'acaricides utilisés par les apiculteurs eux-mêmes, notamment de grandes quantités de coumaphos, une molécule interdite depuis 2005. De quoi se faire pas mal d'amis parmi les éleveurs ! Surtout qu'au terme de l'ensemble des analyses, expérimentations ou observations effectuées entre 1999 et 2008[4], Jean-Paul Faucon conclut que « *les problèmes de surmortalités sont avant tout infectieux, liés à une forte présence dans les colonies de* Varroa destructor, *plus ou moins bien contrôlé, mais aussi de loque américaine*[5], *parfois du champignon* Nosema *sp., et de divers virus, en particulier celui de la paralysie chronique (CBPV)* ».

L'embarras dans ce dossier des pesticides ne provient pas seulement de ce que les observations relevées dans les ruchers, par l'Afssa en particulier, collent mal avec certains constats dressés par plusieurs équipes d'écotoxicologues et le Comité scientifique et technique (CST) chargé d'évaluer la toxicité du Gaucho (lire le chapitre 5). Il s'explique aussi par le fait que l'on ne parvient pas, avec des colonies entières *in situ,* proches de champs traités, à reproduire ces effets délétères. Les abeilles prendraient-elles un malin plaisir à déjouer les pronostics de leurs gardiens et de leurs observateurs ?

Tester l'abeille : quel casse-tête !

« *Attention ! Ne me faites pas dire ce que nous ne pensons pas, à savoir que les pesticides ne jouent aucun rôle,* tempère Jean-Paul Faucon. *C'est clair qu'il y a une exposition de l'abeille aux pesticides dans son environnement naturel, à faibles doses, et que vraisemblablement ceux-ci ont une action sur son organisme. Mais on ne peut pas la mettre en évidence sur le terrain avec les techniques et les méthodes disponibles. Avec le Gaucho et le Régent TS, nous nous trouvons dans une zone d'incertitude.* »

L'incertitude est d'autant plus troublante qu'il n'y a pas eu deux études concernant l'impact du Gaucho et du Régent TS sur l'abeille, mais plusieurs dizaines, rien qu'en France ! Or douze ans après les premières investigations, personne n'est en mesure d'apporter le fin mot à cette histoire. Car un grand nombre de méthodes, d'approches, de questions et de techniques ont été mises en œuvre, rendant les comparaisons délicates. Ainsi, la recherche des résidus d'imidaclopride et de fipronil s'est portée sur diverses « matrices » (les cibles biologiques) : parfois, seules les butineuses ont été analysées ; parfois, les abeilles de l'intérieur des ruches l'ont également été, de même que le couvain ; ailleurs, on a uniquement ciblé le pollen, le nectar ou les cires. Quant aux seuils de détection de ces produits et de leurs métabolites, ils se sont beaucoup affinés au cours des années, passant de quelques microgrammes (10^{-6} g) à des picogrammes (10^{-12} g). Sans compter que les instruments et matériels d'investigation ne sont pas toujours identiques d'une analyse à l'autre.

« *Pour évaluer les effets toxiques perturbateurs mais non mortels ("sublétaux") de ces deux molécules, nous n'avions aucune connaissance* *et aucune méthodologie adaptée : il a fallu entièrement les créer*, retrace Axel Decourtye, écotoxicologue à l'Association de coordination technique agricole (ACTA) de Marcy l'Étoile, dans le Rhône*. *Et pour connaître la réalité du risque, les niveaux d'exposition effectifs, là aussi, nous étions complètement paumés. Je m'explique : jusqu'ici, avec les pesticides habituels, l'évaluation du risque avant la mise sur le marché se faisait en couplant la DL50 (effets létaux aigus) et la dose pulvérisée à l'hectare. Mais, avec ces insecticides systémiques, qui s'appliquent sur les semences et agissent par diffusion dans certains organes via la sève, cette méthode ne valait plus grand-chose ! Il nous a paru plus pertinent de mesurer les concentrations effectives exprimées dans les parties florales de la plante, le pollen et le nectar.* »

Pour mesurer les effets létaux de ces pesticides sur l'abeille, on calcule le nombre d'individus morts au bout de 24 ou 48 heures en fonction des doses de produit administré. Ces tests permettent notamment de calculer les seuils réglementaires d'exposition aux polluants et la fameuse DL50. Mais certaines études utilisent du sirop contaminé, d'autres le contact d'une goutte de produit sur le thorax de l'abeille. Certains calculent la DL50 avec des expositions ponctuelles, d'autres avec des expositions chroniques. « *Il a fallu pouvoir mesurer les effets létaux de ces produits sur l'abeille à long terme, sur 10 jours et au-delà, ce qui ne se faisait pas en routine. Nous avons développé une méthode sur 10 jours qui est en cours de validation par la Commission des essais biologiques* », poursuit Axel Decourtye.

Mais ce n'est pas tout. Considérez à présent les protocoles d'expériences menées sur l'abeille en laboratoire afin de connaître les perturbations entraînées par nos deux insecticides. Un vrai casse-tête tant les cages de laboratoire n'ont rien à voir avec une ruche populeuse et structurée en castes, où chacun a sa place et son rôle à jouer. « *Ces changements d'échelle entre l'individu, le groupe test de 50 à 800 individus, toute la colonie (40 000 à 70 000 abeilles en été) ou un rucher (plusieurs colonies), peuvent être associés à d'énormes disparités dans les réponses à un polluant, dans les mortalités,*

* Entretiens des 6 et 7 mai 2008.

les comportements et la santé», souligne Axel Decourtye. Il précise : « *Nous ne maîtrisons pas, par exemple, cet effet social que l'on a observé : la mortalité s'accélère lorsqu'il y a moins de congénères. Pourquoi ? Certainement du fait de l'importance des échanges sociaux, comme des échanges alimentaires, de bouche en bouche. Si les effectifs baissent, les échanges aussi, qui sont indispensables au bon développement individuel et collectif.* »

Y a-t-il un psychologue pour abeilles dans la salle ? Pftt ! Décidément, cet insecte social ne fait rien comme une docile souris de laboratoire ! Dans ces conditions, à quoi doit-on attribuer telle ou telle perturbation manifestée par ces abeilles-cobayes ? Aux pesticides ou à la situation expérimentale ? Sans compter que les taux de mortalité ou les niveaux de perturbation peuvent différer selon l'âge des abeilles, la période de l'année – une butineuse sortant d'un printemps nourricier sera en bien meilleure forme que si elle se remet d'un automne calamiteux – voire la souche testée.

Et puis, vous savez, vous, comment il faut nourrir, en cage, ces délicats hyménoptères qui collectent des nectars sur des fleurs aux formes et aux couleurs si riches ? Non ? Eh bien dites-vous que les chercheurs ne le savaient pas davantage avant d'entreprendre leurs essais ! Ils ont dû copier les apiculteurs, qui supplémentent l'alimentation de leurs colonies avec du sirop de sucre plusieurs fois dans l'année. Simplement, les experts y ont ajouté des doses variables d'imidaclopride ou de fipronil. Le tout délivré par un distributeur de sirop épousant vaguement la forme d'une fleur en plastique jaune. On appelle ça des « conditions semi-naturelles ». Vous parlez d'un banquet pour une abeille qui se régale d'ordinaire d'une belle palette de nectar et de pollen floraux !

Pas question en tout cas, avec seulement du sucre et de l'eau, de tenir ces abeilles captives plus de deux ou trois semaines. Allez donc, après cela, interpréter une diminution de la fréquence des prises de sirop, voire une surmortalité intervenant au cours des essais, tant les raisons peuvent être multiples. Prudence, donc, dans l'interprétation des résultats !

Et le sens à donner aux essais d'apprentissage olfactif n'est guère plus aisé[6] : en fonction des niveaux de contamination, les abeilles tirent plus ou moins leur proboscis (leur langue) pour récupérer du sucre. Soit. Mais qu'est-ce que cela signifie ? Que ces doses diminuent leurs performances d'apprentissage ? Peut-être. Et, dans la nature, quelle incidence cela aura-t-il sur leur capacité à butiner des nectars ? À nouveau, mystère !

De même, enfermés dans une sorte de labyrinthe de 20 cubes à trous, accolés les uns aux autres, ces athlètes volants doivent mémoriser le parcours le plus direct pour atteindre, à l'autre bout, une « récompense » sucrée. À quoi peut-on attribuer, là encore, les variations des temps de parcours (de quelques dizaines de secondes) et des parcours suivis par ces cobayes que l'on a dopés avec des sirops « sains » ou contaminés au fipronil ? À de simples différences de performance entre individus ? Au dessin du labyrinthe, où l'on pourrait faire varier la disposition des cubes et des trous presqu'à l'infini ? Ou à la manifestation d'un possible effet des pesticides ? « *Je ne pense pas que les résultats obtenus sous tunnel s'expliquent par une simple variation entre individus, ou par le design des parcours imposés, voire par les heures de la journée auxquelles nous avons réalisé ces tests. Nos traitements statistiques permettent d'éliminer tous ces biais et de pouvoir imputer nos résultats à un effet du pesticide* », se défend Axel Decourtye. Admettons, mais ces différences de performance expriment-elles vraiment un trouble ? Et si oui, lequel ? Celui des fonctions motrices ou énergétiques de l'abeille traitée ? Des processus d'apprentissage et de mémorisation visuelle ? Du sens de l'orientation ? De tout cela à la fois ? Il est encore trop tôt pour le dire.

Le champ, talon d'Achille de l'expérimentateur !

Si vous commencez à trouver cette expérimentation sur l'abeille un brin décourageante, attendez de connaître les affres rencontrées par les scientifiques *in situ*. D'abord parce qu'il ne faut pas imaginer une seconde pouvoir limiter ou contrôler vos cobayes ailés afin qu'ils s'en tiennent aux champs désignés pour l'expérience ! Butinant de-ci de-là, ils n'en font qu'à leur tête : leur rayon d'action autour de la ruche dépasse les 2 kilomètres. Et la connaissance de leurs sources et de leurs parcours alimentaires reste insuffisante. En fait, la nature des prises alimentaires et de leur fréquence dépendent d'une quantité de facteurs qui conditionnent la vie des colonies : la météorologie, les floraisons, la production de nectar, etc. Sans compter ceux qui caractérisent la dynamique propre de leur développement : la vitalité de la reine (nombre d'œufs et qualité de la ponte), la tendance à l'essaimage, la qualité des différentes tâches accomplies par les ouvrières, leur santé, etc. Toutes choses que les expériences sur des colonies ne parviennent ni à paramétrer, ni à bien contrôler.

Pour corser l'affaire, sachez que les différentes lignées de maïs et de tournesol ne présentent pas toutes les mêmes teneurs de pesticides dans les organes floraux. Et les différents cultivars commercialisés ne produisent pas non plus les mêmes quantités ni les mêmes qualités de nectar et de pollen, ce qui influencera les choix de butinage de l'abeille parmi toutes les ressources disponibles alentour. Bien malin celui qui pourra alors interpréter ses préférences ! Et assurer, par exemple, que l'abeille se détourne d'un champ de tournesol parce qu'il a été traité et non parce qu'elle préfère les plantes d'à côté…

Une chose est sûre : l'abeille ingurgite bien des pesticides au cours de ses visites dans les champs traités – les résidus d'imidaclopride ou de fipronil retrouvés dans les tissus analysés l'attestent amplement. Ce qui est probable, c'est qu'en pleine nature – et donc au cours des essais champêtres – des phénomènes de dilution des contaminants se produisent, à la faveur des récoltes aléatoires de nectar et de pollen sur différentes plantes. À l'inverse, dans des régions inondées de cultures traitées, des accumulations du même insecticide ou des pollutions croisées et non maîtrisées peuvent être à l'œuvre. Ce qui, dans les deux cas, rend toute prévision sur les niveaux d'exposition des butineuses aux pesticides presque impossible à l'échelle nationale.

Quantifier les doses de molécules auxquelles les abeilles ont été exposées sur les plantes est d'autant plus délicat qu'entre le champ et la ruche, puis entre la ruche et le laboratoire d'analyse, une partie des produits ingérés a pu être dégradée. Car l'imidaclopride est non seulement photosensible, mais comme tout produit chimique, il subit les outrages du temps. Pour en limiter la dégradation, il faut donc conserver rapidement, dans le noir et à – 20 ° C, les prélèvements d'abeilles, de nectar ou de pollen contaminés. « *Vous imaginez bien que cela n'a pas toujours été fait, ni par les apiculteurs, ni par les chercheurs, qui connaissaient mal ces molécules*, met en cause Joël Schiro, le leader du syndicat SPMF*. *À l'arrivée, quel crédit peut-on apporter à ceux qui, sur le terrain, ne retrouvent plus ni les concentrations d'imidaclopride, ni les effets relevés en laboratoire ?*» « *Ce problème de méthode de prélèvement et de stockage est tout à fait exact et il y a eu des carences à ce niveau, mais il a été pris en compte par le CST dans la validation des études*», rétorque Axel Decourtye.

« *Il est tout aussi difficile de vouloir mesurer l'impact de plusieurs polluants à la fois, ce que nous appelons l'effet "cocktail"*, soupire le chercheur de l'ACTA. *Déjà qu'avec une seule molécule, on a du mal à s'en sortir, alors imaginez avec deux ou trois...* » Pourtant, dans la nature, deux ou trois contaminants, voire davantage, coexistent dans la zone que visite une abeille. Et, une fois exposée à un cocktail chimique (par ingestion ou par contact), notre hyménoptère peut être victime d'effets de synergie entre molécules, qui transforment une dose de produit parfaitement inoffensive en un redoutable poison ! De même faudrait-il pouvoir croiser l'exposition des abeilles aux pesticides avec les différents facteurs présents dans son environnement et susceptibles de perturber ou affaiblir la colonie : des pathogènes, une météorologie capricieuse, un manque de ressources alimentaires, l'invasion d'un prédateur...

---

* Entretien du 21 avril 2008.

On peut rêver ! Fort heureusement, les scientifiques ne font pas que rêver : plusieurs chantiers d'études ont été lancés sur ces synergies, dont nous livrerons certains résultats, très étonnants, dans le chapitre 13.

Les études d'impact ont-elles encore une valeur ?

Évidemment, si l'on s'arrête à ce catalogue – non exhaustif ! – des immenses difficultés auxquelles les enquêteurs français ont été confrontés pour évaluer l'impact du Gaucho et du Régent TS, on se dira deux choses.

D'abord qu'il faut rester d'une prudence de Sioux avant d'extrapoler tel ou tel résultat obtenu en laboratoire à la situation réelle des butineuses en colonie. En effet, du laboratoire au champ, on ne retrouvera jamais la même exposition des abeilles à un produit et donc jamais les mêmes effets. « *C'est la raison pour laquelle je n'approuve pas le "schéma décisionnel" de l'OEPP* qui fait des essais en plein champ le test décisif, déterminant pour l'homologation ou la non-homologation d'un pesticide*, insiste Axel Decourtye. *Car même si, en laboratoire ou sous un tunnel expérimental, nos résultats toxicologiques sortent "rouges", c'est-à-dire qu'ils montrent une haute toxicité pour l'abeille, ce système va tenir essentiellement compte des résultats obtenus en plein champ. Lesquels sont plus aléatoires, pour toutes les raisons que l'on vient d'évoquer (de dilution de l'exposition ou de dégradation des produits), et peuvent alors virer au "vert" dans certaines situations.* » Voilà pourquoi on ne peut pas conclure sur la réalité d'une intoxication des abeilles par le Gaucho ou le Régent TS en condition d'exposition naturelle, ni même sur la responsabilité de cette éventuelle intoxication dans les épisodes de mortalité anormale et répétés qu'ont subis les colonies d'*Apis mellifera* en France depuis les années 90. Nous sommes bien avancés !

* Il s'agit de l'Office européen pour la protection des plantes, qui édicte notamment les différentes étapes d'homologation d'un produit phytosanitaire.

L'autre chose que chacun pourrait se dire à la lecture de tant d'obstacles méthodologiques, c'est que les conclusions de ces douze années de recherches menées par les équipes françaises ne valent pas un clou ! Pas plus que le nombre consistant de publications qu'elles ont engendrées. Les effets du Gaucho et du Régent TS pris en compte par le fameux CST, le comité d'évaluation scientifique (voir le chapitre précédent), ne seraient-ils alors que des contes pour effrayer les citadins pétris de bons sentiments à l'égard de Maya l'abeille ? «*Je ne le crois vraiment pas et je me sens d'autant plus à l'aise pour vous le dire que je ne siégeais pas au CST,* poursuit Axel Decourtye. *Nous avons beaucoup tâtonné et dû inventer des procédures et des méthodes de tests, c'est vrai, en écarter d'autres aussi**, *et si nous manquons à l'évidence de recul pour valider ces méthodes d'évaluation du "risque insecticide" pour l'abeille, à l'arrivée, les tendances décrites sont assez convergentes. Beaucoup de lacunes méthodologiques ont été comblées, entraînant une très bonne connaissance des deux produits incriminés.*»

De même, ces longs et difficiles travaux ont produit certains résultats nouveaux et de qualité. Ainsi, grâce à eux, nous avons énormément appris sur l'abeille, sur son comportement, sa vulnérabilité et son système de défense par rapport aux pesticides. En écotoxicologie aussi. Un exemple parmi cent, concernant les cibles des pesticides sur l'hyménoptère.

« *On s'est intéressé à l'acétylcholine, un neurotransmetteur clé du cerveau, présent chez l'abeille, qui se fixe sur des récepteurs nicotiniques,* me raconte Monique Gauthier du Centre de recherches sur la cognition animale, à l'université Paul-Sabatier de Toulouse**. *On sait, depuis le séquençage du génome d'*Apis mellifera, *que ces récepteurs sont nombreux et diversifiés, et qu'ils répondent à des stimuli variés, produisant des réponses biologiques différentes. On a montré que certaines informations extérieures* [sur une ressource alimentaire ou sur sa localisation, par exemple] *peuvent stimuler de telle manière ces récepteurs que cette information sera stockée chez*

* Six études en plein champ sur l'imidaclopride ont ainsi été recalées par les évaluateurs du CST en 2003.

** Entretien du 22 avril 2008.

l'abeille. Cela s'apparente à un mécanisme de mémorisation. Or nous avons découvert que ces mêmes récepteurs de l'acétylcholine, qui sont importants pour la mémoire, sont également la cible biologique des pesticides néonicotinoïdes, comme le Gaucho ou le Cruiser. Et lorsqu'en laboratoire, on soumet des abeilles à ces molécules, on observe une modification, certes légère, mais perceptible, de leur comportement. Par exemple, l'exposition à ces molécules entraîne chez certaines abeilles une diminution de l'ordre de 20 % de leur perception du sucre.»

De quoi réduire leur capacité de butinage et avoir une incidence sur le stockage de nectar au sein de la colonie ? Il s'agit encore d'une observation expérimentale d'individus, non d'une réponse de l'ensemble de la colonie. Mais la question se pose : « *On peut craindre un effet d'amplification de cette perturbation par le changement même d'échelle entre l'individu et la colonie,* poursuit la neurobiologiste de Toulouse. *Et ce qui est vrai pour la modification de la perception des sucres, peut affecter d'autres sens. Par exemple, la précision des danses ou l'acuité des abeilles à les comprendre. Tout cela peut avoir une incidence quantitative sur les récoltes globales. Laquelle peut se traduire par un effet négatif sur la cohésion et le bon développement de la colonie.»*

Les apidologues ont découvert aussi une formidable variabilité de la sensibilité de l'abeille aux pesticides, que ce soit au sein d'une même colonie ou d'une colonie à l'autre. Ce sont là les révélations, tout à fait surprenantes, apportées par l'équipe de Luc Belzunces, à l'Inra d'Avignon, sur le profil de toxicité de l'imidaclopride. En premier lieu, les chercheurs se sont aperçus que la réponse au pesticide varie selon les races (ou sous-espèces) d'abeilles. Plus étonnant, la courbe de toxicité aiguë de la molécule augmente avec la dose, puis elle diminue, puis stagne avant de remonter à nouveau[7]. Enfin, à dose constante,« *la sensibilité de la colonie à l'imidaclopride varie au cours du temps de l'expérience et peut diminuer d'un facteur 100, 500, voire 1 000 dans certains cas. C'est un phénomène très curieux qui n'avait jamais encore été observé*», souligne l'écotoxicologue*. La raison ?

* Entretien du 23 janvier 2009.

« *Probablement l'existence de différences physiologiques, et notamment hormonales, entre les abeilles ayant des fonctions différentes au sein d'une même colonie, la présence d'individus aux âges différents aussi, dont les proportions varient au cours du temps, et l'existence de plusieurs fratries* dont les proportions sont également variables au fil du développement de la colonie. Tout cela a une incidence directe sur leur sensibilité.* »

Mais l'équipe a obtenu un résultat plus surprenant encore : soumettez l'abeille à une exposition chronique – c'est-à-dire répétée dans le temps** – d'imidaclopride et vous pourrez observer les mêmes mortalités qu'avec une exposition aiguë (en dose unique), mais à des doses cumulées pouvant être 100 000 fois moindres ! Autant dire que l'abeille n'est vraiment pas protégée, même lorsqu'elle est exposée à de faibles doses. « *Afin d'élucider ce phénomène très paradoxal, nous sommes en train d'examiner différents mécanismes d'action possibles, fondés sur des connaissances que l'on a acquises concernant l'action des hormones. Pour expliquer des effets différents selon la dose, il faut comprendre que les mécanismes moléculaires impliqués dans l'action des toxiques diffèrent, en fait, à fortes et faibles doses. À faibles doses, donc à basses concentrations, les molécules (ici, des pesticides, mais ça pourrait être d'autres types de molécules) interagissent avec des cibles biologiques chez l'hôte à très haute affinité. Mais si vous augmentez la dose, vous commencez à allumer des cibles de plus faible affinité*[8]. *Si je prends l'exemple d'un médicament, vous enregistrerez certains effets avec un dosage donné et des effets secondaires nouveaux si vous augmentez le dosage*[9]. » Ce qui revient à dire que les niveaux de mortalité d'abeilles exposées ponctuellement à une forte dose de pesticide ou chroniquement à de très faibles doses peuvent être comparables, mais le mécanisme en cause fort différent.

Eux-mêmes troublés par ces résultats, les chercheurs d'Avignon ont fait et refait leurs tests avec le Gaucho, puis

* Une fratrie est l'ensemble des abeilles qui ont en commun la mère (la reine) et le même père (la reine est fécondée par plusieurs mâles différents).

** Par des nourrissages durant une dizaine de jours avec des pollens contaminés par environ 15 microgrammes d'imidaclopride par kilo de pollen, ou avec des nectars contaminés par quelques microgramme de ce produit par litre.

avec ses petits frères (Cruiser et Poncho) et vingt-deux autres insecticides. À chaque fois, l'équipe a mis en évidence le même phénomène : lorsqu'elle expose les abeilles de façon chronique à un toxique, elle ne peut plus du tout prévoir son action : « *Dans de nombreux cas, en intoxication chronique, il n'existe pas de relation cohérente entre la dose et l'effet, contrairement à ce qui est observé en intoxication aiguë.* » Ainsi, quand leurs cobayes ailés sont soumis à une dose « sans effet » (c'est-à-dire bien inférieure à la DL50, mortelle), mais en cinq fois sur cinq jours, la mortalité atteint jusqu'à 90 % du groupe ! Là encore, ces résultats – dont plusieurs restent à être validés et publiés – rappellent un mécanisme observé depuis des décennies par les endocrinologues avec les hormones. « *Malheureusement, les toxicologues en sont restés au dogme*, regrette Luc Belzunces : *c'est la dose qui fait le poison, plus elle est élevée et plus la toxicité est élevée. La réalité est pourtant tellement plus compliquée !* »

Cette réalité aussi troublante qu'imprévisible rend alors très délicate toute évaluation du risque pour l'ensemble des pesticides, mais aussi pour les médicaments. En outre, les résultats novateurs et bien paradoxaux des chercheurs avignonnais demandent à être reproduits et les mécanismes en jeu précisés. Or le nombre relativement limité de publications de l'équipe d'Avignon sur cette question ne permet pas de tirer des conclusions claires. « *Cela fait vingt-cinq ans que je fais des évaluations officielles pour des dossiers d'homologation,* précise l'écotoxicologue de l'Inra, *et je peux vous assurer qu'il est très difficile de trouver des relations dose-effet cohérentes en exposition chronique, même lorsque l'étude est très bien conduite et avec des cohortes importantes d'animaux.* »

Pourquoi tant de haine ?

Les chercheurs qui enquêtent depuis douze ans, et parfois davantage, sur cette crise des ruchers ont accumulé plusieurs difficultés majeures : celle de devoir élaborer des outils et des méthodes d'évaluation en partant d'une feuille blanche, alors même qu'on leur demandait d'apporter des réponses rapides et précises sur un risque confus. Crise sanitaire oblige ! En plus de cette contradiction entre le temps de la science et celui de la demande sociale, les chercheurs ont souffert d'un manque de moyens humains et financiers, en France comme dans la plupart des pays européens.

Mais si l'obstacle est apparu tellement difficile à franchir, c'est que l'on assiste à une rupture du dialogue et de la confiance entre certains chercheurs et certains apiculteurs. Suspicions réciproques, incompréhensions, défiance : cette méfiance n'est ni généralisée, ni toujours ostentatoire, mais elle est bien réelle, palpable sur le terrain, sous-jacente dans de nombreux discours. Y compris entre équipes scientifiques, qui ont bien du mal à accepter la confrontation de leurs résultats et la critique. Ces antagonismes font écho à d'autres ruptures entre la communauté scientifique et la société civile, depuis le développement de l'énergie atomique, puis la crise de la « vache folle » et l'irruption des OGM. Et à l'hostilité sourde des uns, répondent trop souvent le silence et les certitudes des autres. Chacun dans sa tranchée ! Cristallisé dans ses convictions, ses regrets ou ses ressentiments. Allez mobiliser ensuite les décideurs pour qu'ils vous donnent les moyens d'agir, de protéger et de comprendre.

Excessif ? Écoutez plutôt les témoignages de certains apidologues sur leur impuissance à pouvoir travailler sereinement avec les organisations apicoles : « *Ça a bloqué en 2000, lorsqu'on a commencé à montrer très clairement que les problèmes de mortalité aiguë n'étaient sans doute pas dus aux pesticides* », estime Jean-Paul Faucon de l'Afssa. Malgré ses rondeurs, ses yeux clairs, sa mine et son comportement bonhomme, le chef de l'unité « abeille » de l'agence sanitaire* passe mal auprès des mouvements apicoles. « *Jusque-là, on n'avait jamais été beaucoup aimé, parce qu'ils* [les

* Cette unité de l'Agence française de sécurité sanitaire des aliments, basée à Sophia-Antipolis dans les Alpes-Maritimes, emploie une douzaine de personnes, dont 5 chercheurs.

apiculteurs] *admettent mal le fait sanitaire et qu'on vienne souligner leurs difficultés à contrôler les maladies. Mais avec nos rapports contredisant leurs discours, la rupture a été consommée! Vous savez, je suis moi-même d'une famille d'apiculteurs, mon père avait 2 000 ruches et je me souviens très bien qu'il était comme eux! J'avais 8-9 ans quand je l'entendais rouspéter contre ces agriculteurs et leurs pesticides. Toujours la même rengaine! C'était la faute des autres, alors qu'il traitait ses ruches* larga manu *avec des antibiotiques sans se poser la moindre question, comme ses collègues apiculteurs.* »

En réponse à ces reproches sur la conduite des élevages, l'Afssa essuie une critique symétrique sur son incompétence : « *Les protocoles d'expérimentation* [de l'Afssa] *sont médiocres et insuffisants, et ils attestent d'une profonde méconnaissance de la biologie de l'abeille et de l'organisation d'une colonie d'abeilles* », rétorque Béatrice Robrolle-Mary, présidente de l'association écologiste Terre d'Abeilles, lorsque l'agence de Sophia-Antipolis émet un avis favorable sur le Cruiser. Son indépendance à l'égard des pouvoirs politique et industriel est également très régulièrement mise en cause. « *J'ai reçu des lettres d'insultes d'apiculteurs, et des syndicalistes sont intervenus à deux reprises pour me faire virer.* » Parano, le responsable de l'Afssa ?

Minh-Hà Pham-Delègue, ancienne présidente du comité d'experts sur le Gaucho (CST), déplorait des pratiques analogues dans les colonnes du *Figaro*[10] : « *Les apiculteurs ont envoyé une lettre de deux pages à la direction de l'Inra où ils contestaient l'indépendance de mon travail. C'est très grave.* » Et son collègue Luc Belzunces de l'Inra me confiait, en 2000, en « *avoir assez de recevoir des insultes de la part des apiculteurs et même de certains de mes collègues qui m'accusent d'être vendu à Bayer! De part et d'autre, apiculteurs et industriels exigent que nous produisions des résultats conformes à leurs intérêts. Je m'y refuse! Si cette guerre continue je plaque tout, y compris la recherche.*[11] »

« *Bien des apiculteurs sont terriblement injustes par rapport à Faucon et à l'Afssa, je le dis clairement,* ose le leader apicole Joël Schiro. *On peut toujours les critiquer sur tel ou tel point, sur leur constance à sous-estimer le rôle des pesticides, mais le niveau des critiques et des insultes même contre eux, c'est indigne!»* Paradoxalement, c'est un chercheur qui, préférant rester anonyme, s'avère le plus sévère à l'endroit de l'Afssa: « *Quand certains chercheurs se plaignent d'avoir subi des pressions de la part des apiculteurs et d'être les "têtes de Turc" de la profession, franchement, à la lecture de leurs études et de leurs déclarations, on a l'impression qu'ils le cherchent...* » Désagréable. Mais les scientifiques sont après tout de grandes personnes, capables de se défendre. Et puis, la science n'est pas au-dessus de la mêlée, elle doit aussi accepter la contestation des acteurs sociaux.

Une guérilla apicrocholine!

La défiance et l'animosité ne sont pas réservées aux seuls scientifiques. Au sein même du mouvement apicole, l'ambiance n'est pas à la franche camaraderie. Picrocholines, les querelles personnelles se confondent souvent avec les divergences politiques, et les petites histoires entre leaders prennent le pas sur l'histoire apicole. C'est le cas des conflits entre le SPMF et l'UNAF*, ou plutôt entre leurs dirigeants. Une opposition qui remonte aux années 80 et se poursuit, tant sur l'implication de telle ou telle molécule dans les mortalités d'abeilles que sur le marché et les normes de qualité du miel, sur le rôle des syndicats et le statut professionnel de l'apiculture. Bref, le contentieux est lourd et les haines recuites. Lorsque l'on n'en vient pas aux mains, cela finit souvent devant les tribunaux. Ainsi, Joël Schiro qui préside aujourd'hui le SPMF s'est lancé dans une série d'actions politiques et judiciaires contre l'UNAF. Souvent pertinent, mais trop paradoxal, un rien procédurier, intransigeant et de nature volcanique, ce responsable a du mal à être compris par le plus grand nombre. Et alors que son syndicat est à l'origine de nombreuses structures et règlements utiles à la profession, il

* Le SPMF (Syndicat des producteurs de miel français) est le troisième syndicat apicole par le nombre d'adhérents (200); l'UNAF (Union nationale de l'apiculture française) est le deuxième (22000). Le SNA (Syndicat national d'apiculture) serait en tête (32000).

est en passe de disparaître : au terme de la guerre des Sept ans contre le Gaucho et le Régent TS, et d'une guérilla intersyndicale ravageuse, le SPMF sort éreinté, avec moins de 200 adhérents.

L'UNAF, elle, a su tirer son épingle du jeu syndical et faire prospérer sa popularité auprès de l'opinion, des apiculteurs et des élus, après ses campagnes très réussies, celle contre le Gaucho et celle de « l'abeille sentinelle »[12]. Son président actuel, Henri Clément, veille d'ailleurs à transformer ce succès public en développement pour son organisation : « *On a besoin d'un syndicalisme fort : c'est la grande leçon des années Gaucho-Régent. On a dû professionnaliser l'UNAF (22 000 adhérents parmi les apiculteurs français, y compris en Guadeloupe et à La Réunion) pour surmonter cette crise : on a créé un service juridique solide, ce qui nous a aidés à gagner plusieurs procès et quatre fois en Conseil d'État. On a embauché une attachée de presse à plein temps et l'on est en train de créer un poste salarié de secrétaire général, car les dossiers de l'apiculture sont de plus en plus techniques, internationaux et prennent beaucoup de temps. On avait deux salariés quand j'ai pris la tête du syndicat, on en a huit à présent, et ce n'est pas fini.* »

Quant au vétéran, le Syndicat national des apiculteurs (SNA), premier par le nombre d'adhérents affichés (environ 32 000), il continue… à ronronner. Bien implanté dans le nord-est de la France, on ne l'entend guère. Discret, il s'apparente davantage à un comité éditorial autour de sa revue à succès*, qui le fait vivre, qu'à un syndicat revendicatif. Notons également l'existence d'une section apicole, modeste mais active, au sein de la Confédération paysanne et la création début 2009 d'un nouveau syndicat national : la Fédération française des apiculteurs professionnels**.

Et l'État dans tout ça ? On peut penser qu'il trouve quelque avantage à ces divisions syndicales et cette multiplication des

* Créee en 1920, *Abeilles de France* revendique plus de 60 000 lecteurs.

** Ouverte aux adhérents d'autres syndicats locaux, cette fédération regroupe le Syndicat des apiculteurs professionnels de Rhône-Alpes (SAPRA), le Syndicat des apiculteurs professionnels du Centre-Ouest (SAPCO) et le Syndicat des apiculteurs professionnels de Bretagne (SAPB).

structures ! « *En jouant sciemment les apiculteurs les uns contre les autres, en dissimulant à la justice et aux apiculteurs les résultats d'analyses, non seulement l'État ne s'est pas grandi, mais il a contribué à pourrir davantage et durablement l'ambiance au sein de la profession* », résume sans détours Joël Schiro[13]. Faute d'avoir pu imposer ses vues au comité d'experts chargé d'évaluer l'impact de ces deux insecticides (CST), la direction générale de l'alimentation (DGAL) a préféré le dissoudre et recréer un ersatz qui ne trompe personne.

Que de conflits ! Que de frustrations ! Que d'amertume ! Fréquent dans le monde agricole, ce « climat pourri » devient d'autant plus problématique pour l'abeille qu'il a conduit à limiter ou à contraindre la recherche et l'investigation. Ainsi, plusieurs équipes ont eu du mal à trouver des financements et la collaboration d'apiculteurs sur le terrain pour conduire des travaux sur d'autres sujets que l'impact du Gaucho et du Régent TS ! Sur les maladies de l'abeille, par exemple. Cela tient largement au fait qu'une partie du financement de ces études est *de facto* soumise à l'accord des organisations syndicales apicoles qui contrôlent, à parité, un fonds européen agricole d'environ 3 millions d'euros annuels, issu du Fonds européen d'orientation et de garantie agricole (FEOGA)*. Pas d'accord sur les objectifs entre les deux parties ? Pas de recherche financée ! Malsain…

Enquête ou plaidoyer ?

Pris en tenaille entre les syndicats apicoles et l'industrie agrochimique, les journalistes sont censés arbitrer, défendre, prouver, convaincre. Comme les scientifiques, en somme, à l'image d'ultimes experts qu'ils ne sont pas ! Directement

* La France n'a dépensé que 65 % en moyenne des 4,4 à 5,4 millions d'euros annuels prévus pour l'apiculture française par ce fonds depuis 1997, faute d'une bonne organisation. Si, en 1997, 70 % des dépenses concernaient la thématique des pesticides, en 2007 cette part ne concernait « plus » que 40 %, ce qui est déjà pas mal (voir note 21 du chapitre 4) !

interpellés sur le terrain ou dans les réunions, journalistes et chercheurs sont mis sous pression et sommés de « choisir leur camp ». Ils se retrouvent vite ballottés d'un bord à l'autre au fur et à mesure que la tempête gronde, que les « preuves » volent au-dessus de leurs têtes comme des boulets lancés à la face du clan opposé. Sans grand moyen d'ailleurs pour vérifier ces arguments définitifs.

Plus d'une fois, durant les quelques années où j'ai couvert cette chronique de guerre contre le Gaucho et le Régent TS, pour *Le Monde* puis pour *Science & Vie*, je me suis senti pris en otage, manipulé. Avec le détestable sentiment de servir de porte-voix à chacune des parties. De renvoyer les balles sur le cours et permettre aux joueurs de poursuivre leur affrontement par médias interposés. Une partie stérile, sans vainqueur, seulement des perdants.

Un temps, j'ai cru pouvoir, dans la tourmente, finasser en refusant de verser dans le plaidoyer, en m'entêtant à souligner les contradictions des discours et les paradoxes du terrain, en pointant qu'il n'y avait peut-être pas un seul coupable mais plusieurs, que la crise était bien multifactorielle et loin d'être élucidée, etc.[14] Quelle naïveté ! Et quelle vanité. Ce discours est totalement inaudible en temps de crise. L'approche est trop subtile pour les rédactions-en-chef. Elle devient insupportable pour les milliers d'apiculteurs au bord de la ruine. Car eux ont besoin, on peut les comprendre, d'un coupable, de solutions concrètes et rapides, d'un soutien public fort pour retrouver l'espoir. Aussi, de naïf, je suis devenu suspect : si vous refusez de vous « positionner », vous êtes *de facto* un complice de l'ombre, à la solde discrète de l'autre camp. Misère !

C'est, en d'autres termes, ce que confiait en 2005 Yves Miserey, apiculteur amateur et chroniqueur de cette affaire à la rubrique scientifique du *Figaro*, lors d'un entretien qu'il a donné à Grégory Fléchet, étudiant en journalisme[15] : « *Ce groupe d'apiculteurs avait mis en place une stratégie dans laquelle ils ne voulaient pas faire ressortir d'autres causes* [que les pesticides] *dans la surmortalité des abeilles. C'est évident que ces gens-là ont monté une opération de lobbying, mais ils ont eu aussi un succès assez incroyable auprès du public. Ils se sont surtout appuyés sur l'extraordinaire crédulité des journalistes.* » Et, après avoir indiqué que la direction de son journal avait reçu, à deux reprises, des appels téléphoniques d'apiculteurs pour se plaindre de son travail, il ajoute : « *De toute façon, dans cette affaire-là, j'ai surtout été perçu comme quelqu'un qui défendait les industriels. À partir du moment où je mettais en cause la version des apiculteurs, je me les suis mis à dos.* »

Pareille mésaventure est également arrivée à Gil Rivière-Wekstein, journaliste agricole, qui couvre le sujet depuis de longues années et a consacré un ouvrage très détaillé à ce conflit[16]. Passionnant à bien des égards, méthodique et très dense, il dévoile une partie de ce dossier confus. Mais il prête aussi le flanc à la critique. Car il procède trop à certains raccourcis abrupts, à des amalgames inopportuns entre personnages, et dissimule mal une solide aversion pour les « écolos ». Surtout, livre à thèse, il finit par disculper totalement ces deux insecticides des meurtres d'abeilles en France, là où les experts eux-mêmes demeurent prudents et partagés.

Un an plus tard, un autre ouvrage est sorti en librairie sur le thème des pesticides[17]. Une caricature inverse ! Riche, fourmillant d'anecdotes et d'analyses judicieuses, démontant avec brio plusieurs mécanismes de cette crise apicole, il épouse sans aucun recul la cause de certains leaders apicoles.

Je reste perplexe face à ces travaux journalistiques. Non qu'ils soient sans intérêt ou sans substance : il faut les lire, sans hésiter. Mais, dans leur opposition caricaturale, stupéfiante même, ces deux ouvrages semblent rejouer à l'envi huit ans de bagarre entre apiculteurs et industriels de l'agrochimie. Lassant ! Leurs auteurs se font volontiers pamphlétaires et procureurs, s'empressent de régler des comptes, pour l'un avec les écologistes, pour les autres avec l'industrie ou la Direction générale de l'alimentation, au lieu d'éclairer le lecteur par l'examen et l'analyse des faits afin de l'aider à se forger lui-même une opinion.

Les leçons d'une enquête

Au terme d'une aussi longue et controversée étude d'impact sur le Gaucho et le Régent TS, que peut-on retenir ? Deux points clés, à mon avis. D'abord le fait qu'en laboratoire ces deux poisons dérèglent effectivement plusieurs fonctions de l'abeille, voire la tuent – selon les doses d'exposition. Ensuite, qu'en condition naturelle, on a toujours du mal à prouver qu'une intoxication par le butinage peut entraîner d'importantes mortalités à l'échelle de la colonie entière. Ce qui a fait conclure, fin 2008, au groupe de travail réuni par l'Afssa qu'« *aucun cas d'intoxication impliquant des résidus de produits dans le pollen ou le nectar d'espèces végétales issues de semences traitées n'a été recensé dans la littérature ou par les réseaux*[18]. » Un peu court, tout de même ! Car la capacité de nuisance de ces molécules demeure suffisamment préoccupante pour ne pas les exonérer de toute responsabilité dans les dépopulations anormales observées durant leurs quelques années de règne sur tournesol et sur maïs en France.

Comme le résume l'apidologue Marc-Édouard Colin, de SupAgro à Montpellier : « *J'affirme que l'on a mis en évidence que les pesticides, au moins l'imidaclopride et le fipronil, peuvent tuer des abeilles et des colonies. Mais je me garderais bien de conclure que tous les épisodes de mortalité observés ces dernières années sont causés par ces insecticides, que ces molécules sont responsables de 10, 50 ou 100 % des mortalités constatées. Je ne suis pas épidémiologiste et je ne prétends pas qu'on l'ait démontré*[*]. »

À ce stade de mon enquête, j'ai alors le désagréable sentiment que le tueur n° 1 des abeilles se dérobe. En effet, apparemment, ces deux contaminants ne sont pas les grands méchants loups dévoreurs d'abeilles par milliards que certains ont dénoncé. Pas davantage d'innocents protecteurs des cultures. Non, plutôt deux larrons bien peu recommandables qui, comme d'autres pesticides, font leurs coups en douce, tapis dans l'ombre de la

* Entretien du 11 avril 2008.

terre, donnant le coup de grâce à quelques colonies affaiblies ou bien empoisonnant leur vie et les rendant plus vulnérables aux nombreux autres dangers de leur brève existence.

Au final, deux options sont possibles. Soit jouer les saint Thomas en priant le Ciel pour qu'un miracle écotoxicologique survienne, c'est-à-dire considérer que, tant que les pesticides n'auront pas été pris en flagrant délit d'apicide massif, la main dans la ruche en quelque sorte, le bénéfice du doute leur sera accordé. Un brin jésuite, on tentera tout de même d'aménager leur diffusion (périodes et modes de traitement, types de cultures traités) pour en réduire les impacts sur l'abeille. Autre option : dans l'incertitude, on s'abstient ! Cette politique découle du fameux « principe de précaution », discuté et discutable. Pour toute nouvelle molécule, cela revient à dire qu'après des tests systématiques sur l'abeille en laboratoire, l'homologation doit rester temporaire et faire l'objet d'une surveillance rigoureuse et indépendante sur le terrain au-delà d'une saison de culture – car les tests effectués *in situ* présentent, on l'a vu, bien trop de biais. Quant aux systémiques, en particulier aux pesticides de la famille des néonicotinoïdes dont l'impact sur les pollinisateurs demeure préoccupant, l'adoption de ce principe ne paraît guère compatible avec leur maintien dans le paysage rural. Du moins, tant que leurs effets négatifs, indirects et synergiques, n'auront pas été réfutés. Quitte ensuite à les réintroduire, après étude, sous d'autres formulations et construction chimique.

Après être passé par trente-six points de vue contradictoires, j'opte pour cette seconde option. Mais je souhaite formuler deux souhaits dans la foulée. Le premier est que cette crise serve d'alerte sur ce que l'excellent apidologue canadien Mark Winston, de l'université Simon Fraser en Colombie-Britannique, nomme le « syndrome agricole »[19] : « *Le Gaucho lui-même peut avoir ou ne pas avoir d'impact sur les abeilles, mais il y a toutefois un problème apicole très important ici, que j'ai nommé le "syndrome agricole". Ce syndrome est le résultat de la transhumance par trop d'apiculteurs de trop de colonies sur des monocultures inondées par une panoplie de produits chimiques de l'agriculture moderne.* »

Comme en écho, ses collègues français de l'Afssa écriront cinq ans plus tard[20] : « *Ne faut-il pas s'inquiéter que l'imidaclopride ou ses dérivés soient suffisamment stables et largement répandus pour qu'il nous ait été possible d'en retrouver dans des zones où nous ne les attendions pas ? Lorsque la vente de graines de tournesol enrobées de Gaucho était autorisée en France, il était devenu difficile de se procurer des semences non traitées auprès des coopératives agricoles. Nous doutons qu'un tel système de vente ait pu correspondre à un besoin de prévention face aux pestes agricoles scientifiquement réévalué avant chaque campagne. L'affaire Gaucho devrait au moins permettre que soit posée avec plus de raison la question des usages des pesticides dans notre pays.* »

Et cela d'autant plus que, comme le souligne avec pertinence Bernard Vaissière de l'Inra d'Avignon*, « *il n'y a aucune raison de penser que la présence des pesticides se limite aux seules plantes cultivées. Malgré un manque de données sur leur dissémination réelle, lorsqu'on connaît la diffusion des produits phytosanitaires dans l'environnement, sous forme d'aérosols, emportés par le vent, précipités par les pluies, diffusées par le ruissellement et les cours d'eau, accumulés dans les sols, etc., on peut craindre que ces produits soient présents, à des niveaux divers, dans l'ensemble de la flore des milieux ruraux. Flore qui nourrit les abeilles d'élevage, mais aussi sauvages. Ainsi, il y a fort à parier que la plupart des pollinisateurs sont exposés, à des degrés divers et de façon chronique, à des pesticides variés, cela depuis plus de quarante ans.* »

Et si l'on changeait de culture ?

Très attachées aux systémiques, qui limitent le nombre de traitements et procurent un gain de temps substantiel, plusieurs organisations agricoles ont assuré que l'interdiction du Gaucho et du Régent TS se traduirait par une aggravation des risques sanitaires et écologiques en France. « *Supprimer le Gaucho*

---

* Entretien du 25 mars 2009.

conduirait pour le seul maïs à utiliser 10 000 tonnes d'insecticides granulés, soit 300 semi-remorques, et les risques [écologiques] *seraient multipliés par 100*», menaçaient sans ambages, dans une lettre ouverte au ministre de l'Agriculture, le 21 mai 2004, les représentants des maïsiculteurs (AGPM), des betteraviers (CGB) et des céréaliers (AGPB).

Voudraient-ils les remplacer par d'anciennes molécules, comme le Carbofuran ou les carbamates, utilisées en microgranulés ? Dans la mesure où ils sont persistants dans les sols, il n'est pas sûr que les abeilles y gagnent au change ! À l'appui de ces plaignants, la Direction générale de l'alimentation notait, le 24 novembre 2005, que les plantations de maïs ont subi cette année-là de sévères attaques de ravageurs ayant entraîné des pertes considérables (5 millions de tonnes de grains, soit 50 millions d'euros). La faute aux écolos et aux apiculteurs ? La DGAL se garde bien de l'affirmer, mais elle le suggère. Le refrain est connu ! Il est entonné chaque fois que l'on entend rogner l'immense arsenal des produits phytosanitaires en France[21]. Mais est-il seulement venu à l'esprit de tous ceux qui tiennent de tels discours que l'on peut agir autrement, réfléchir la lutte contre les maladies des cultures différemment, grâce à des méthodes de lutte biologique ou écologiquement intégrée aux espaces naturels et aux dynamiques de populations de ravageurs ?

J'en viens donc à mon second souhait : que les apiculteurs soient à la hauteur de leurs bestioles, ces fragiles sentinelles de l'environnement ! En d'autres termes, qu'ils assument et revendiquent, en tant qu'éleveurs d'abeilles, les fonctions de gardien de la biodiversité végétale et des insectes de l'espace rural. Cela passe par un soutien mieux affirmé à leur égard. Cela passe aussi par l'engagement d'un dialogue approfondi et sans concession entre eux et les cultivateurs, pour déboucher sur une coopération effective. Car sans cette intelligence entre les principaux acteurs des agrosystèmes, il n'y a pas d'avenir durable pour les pollinisateurs. Et pas davantage, comme on l'a vu au chapitre 3, pour un grand nombre de productions et de producteurs agricoles.

Or durant toute la guérilla contre le Gaucho et le Régent TS, les semenciers et les cultivateurs se sont réfugiés dans un silence assourdissant, voire une indifférence pour le sort de ces élevages apicoles quelque peu marginaux. Faute d'un rapport de force favorable sans doute, les éleveurs d'abeilles ont alors contourné l'obstacle et évité bien souvent de se confronter à leurs voisins de champs, préférant cibler les industriels de l'agrochimie et les pouvoirs publics.

Au mieux, localement, quelques contrats entre cultivateurs de légumes ou arboriculteurs parviennent à être signés avec des apiculteurs : ils garantissent un service de pollinisation en échange de ressources sans traitement pour le cheptel ailé (lire le chapitre 14). Au mieux, des coopérations plus larges sont initiées, comme en Bourgogne, depuis 2004, par l'association de développement apicole de la région (Adab). Celle-ci rencontre, chaque année, les céréaliers, et développe des actions dans les lycées agricoles, ainsi qu'auprès de l'ONF et des chasseurs de Côte-d'Or. « *Notre objectif ? En faire des partenaires effectifs de l'apiculture, par l'introduction de plantes apicoles dans leurs jachères, dans les forêts plantées, ou en recréant des haies* », explique Franck Bonjour qui préside l'Adab*.

Mais ce dialogue tourne parfois court, tant les mauvaises habitudes sont ancrées profondément dans la culture agricole. Ainsi, alors que « l'Action plan bocage » du Conseil régional de Bourgogne existe depuis quatre ans pour promouvoir la restauration des haies et des bosquets dans l'espace cultivé[22], bien peu de céréaliers y ont recours.

À l'évidence, un nouveau « contrat naturel », plus ambitieux, peut voir le jour entre eux, au bénéfice de tous. Il pourrait se fonder sur une évaluation de l'importance des services agricoles apportés par l'abeille et sur la façon de les améliorer, mais aussi sur une réflexion quant à la nature des traitements chimiques, leur durée et leur période, les saisons de fauchage, l'usage des désherbants, l'impact des friches apicoles, des

---

* Présentation à la journée technique du CNDA, le 27 novembre 2008, à Dijon.

transhumances, etc. Toutefois, pour qu'un tel dialogue puisse se nouer et déboucher sur des progrès, l'administration doit en garantir l'existence et la qualité. Alors seulement pourra-t-on se dire que cette crise apicole n'aura pas été vaine. Alors seulement pourra-t-on espérer encore changer de culture après soixante ans d'abus chimiques dans les champs, les sols et les rivières, après soixante ans de remembrements, de destruction des haies, des milieux humides, des prairies semi-naturelles et des friches.

Chapitre 7

La machine de guerre américaine

L'adoption du Plan d'action sur le CCD marque un tournant dans la traque du serial killer *des colonies. Où l'on comprend très vite que les importations d'abeilles constituent un piège pour l'apiculture. Entre la diffusion des maladies et l'appauvrissement génétique des cheptels apicoles, ces introductions ont-elles provoqué l'effondrement des colonies dans les pays industriels ?*

Cruelle ! De prime abord, la comparaison entre la mobilisation française et la réaction américaine pour comprendre et contrer le déclin des abeilles est bien peu reluisante pour l'Hexagone. Car à l'étalage des divisions et des controverses tricolores à propos des pesticides – incessantes depuis plus de dix ans – répond un engagement rapide et pragmatique de l'autre côté de l'Atlantique.

Que l'on en juge sur le calendrier. On se souvient qu'entre l'hiver 2006 et le printemps 2007, l'alerte lancée par David Hackenberg (voir les chapitres 1 et 2) rencontre un formidable écho médiatique. Si bien qu'aux premières équipes mobilisées sur le CCD, dans le Maryland (département d'État de l'Agriculture, USDA) et la Pennsylvanie (USDA et l'université Penn State), se joignent d'autres groupes travaillant sur l'abeille ou sur les insectes, dans le Montana, la Caroline du Nord, puis à l'université Columbia de New York. « *On a commencé à échanger* *nos informations par téléphone et par e-mail, mais devant l'ampleur des questions et des données à réunir, nous avons décidé de formaliser un groupe de travail national sur le CCD*», raconte Jeff Pettis du Maryland, qui coordonne ce groupe avec Diana Cox-Foster (Penn State)*. Celui-ci se met sur pied dès janvier 2007, dans la foulée des deux assemblées générales des fédérations apicoles. Et les 23 et 24 avril, il se réunit : une cinquantaine de spécialistes de l'abeille planche, au siège même de l'USDA (à Beltsville, près de Washington), sur une stratégie d'enquête à soumettre au Congrès américain. En juin, ce plan d'action est présenté aux élus, qui l'adoptent, ainsi qu'une enveloppe financière de 100 millions de dollars pour l'appliquer.

Au service de l'*Apis* patrie !

Tout est passé au crible. Sans tabou ou presque, aucune piste n'est laissée de côté. Le plan d'action du groupe de travail sur le CCD est organisé en quatre niveaux de priorité (urgent, très important, important, moyennement important) et selon trois échéances (moins d'un an, entre un et trois ans, plus de trois ans). Il s'articule autour de quatre composantes[1] :

(1) Une surveillance nationale des ruchers et la collecte de matériel biologique à travers tout le pays (abeilles, pollen, cire, miel, couvain, etc.) afin de connaître l'importance et les formes de mortalité, ainsi que l'état des productions de miel. Au moment où le plan est adopté, la collecte a déjà été en partie effectuée, à la fois dans des ruchers frappés par le CCD et dans des colonies saines (voir le chapitre 2).

(2) Une analyse des échantillons par les techniques biomoléculaires les plus modernes, afin de connaître les pathogènes et les contaminants présents.

* Entretien des 14 et 15 octobre 2008. Ce groupe de travail réunit des scientifiques de l'USDA et des universités de Pennsylvanie, de Beltsville, de Floride, du Montana, de l'Illinois, de Caroline du Nord, d'Arizona et de Columbia (New York), ainsi que les représentants de plusieurs département des ministères de l'Agriculture, de l'Environnement et de la Défense.

(3) La réalisation d'essais en cages, en serres ou en cubes de verre sur des colonies saines afin de tester l'implication de quatre suspects dans le CCD, un à un puis en combinaisons : les pathogènes nouveaux ou réémergeants, les pestes « classiques » de l'abeille, les stress environnementaux et nutritionnels, les pesticides.

(4) Une évaluation de mesures d'atténuation et de prévention du CCD (amélioration de la conduite des élevages, développement des résistances aux parasites et pathogènes chez l'abeille, diffusion d'informations scientifiques par Internet).

Sur le papier, le plan d'action a de quoi faire pâlir d'envie les scientifiques européens. Efficaces dans leur campagne de lobbying, relayés très adroitement par plusieurs leaders syndicaux de l'apiculture et par les médias, les apidologues américains ont su se faire entendre de leurs administrations et du pouvoir politique. Il est certain que l'existence de quatre laboratoires spécialisés sur l'abeille au sein même du département d'État de l'Agriculture explique en partie la réactivité ministérielle.

Mais ce succès a des limites. Car lorsque vous demandez à Jeff Pettis s'il est facile de faire jouer ensemble un orchestre aussi composite, il répond sans détour : « *Non ! Nous sommes clairement en compétition. Tout le monde veut être le premier à trouver la cause du CCD et la publier. Mais, bon, il faut accepter cette situation car l'avantage de ce système tient à la variété des savoirs et des expertises. Le groupe de travail permet aussi d'éviter les doublons en répartissant les efforts et les questions à traiter. Et, théoriquement, il autorise un vrai dialogue sur nos résultats, ce qui en pratique n'est pas toujours évident. Si, d'une façon générale, on travaille bien ensemble, soyons honnêtes, ce n'est pas le cas avec tout le monde. Par exemple, le groupe du Montana trouvait qu'on ne communiquait pas correctement et ils ont souhaité prendre du large. C'est ça la vie en société, non ?* »

Des tensions, des compétitions, oui, mais l'essentiel semble préservé : à savoir, un plan de bataille cohérent et ambitieux, et des moyens pour le mettre en œuvre. Du moins, si la crise financière qui dévaste la planète depuis la fin de l'année 2008 et s'enracine aux États-Unis ne réduit pas comme peau de chagrin les engagements du Congrès pour l'abeille. *« On peut légitimement s'interroger sur le fait que la totalité de cette somme soit effectivement versée,* reconnaît Jeff Pettis lors d'un nouvel entretien que j'ai avec lui le 17 février 2009. *Mais sur les 100 millions de dollars promis, la moitié qui est destinée aux laboratoires fédéraux (à l'USDA) paraît mieux assurée que l'autre partie, allouée sous forme de subvention aux structures non fédérales (universités, organisations techniques apicoles, professionnels).»*

Il reste que la vigueur de cette mobilisation américaine au service de l'*Apis* patrie apparaît exemplaire. « *Nous aussi sommes mobilisés sur le déclin de l'abeille, et depuis vingt ans!* s'agace Jean-Paul Faucon de l'Afssa*. *Simplement, on n'a pas mis suffisamment en avant tout ce qui se fait et a été déjà obtenu.* » Tout tiendrait donc simplement à une communication redoutablement efficace ? Certes, l'annonce du plan d'action américain s'est faite avec un art consommé de la mise en scène médiatique – de l'esbroufe, assurent même certains esprits chagrins en France. Tout comme l'apparition du CCD lui-même. Mais on sent bien que cette explication – la puissance du marketing – demeure un peu courte. Non, aux États-Unis, le principal talent des chercheurs et du monde apicole est sans doute d'avoir su taire leurs différends afin de coordonner leurs meilleures compétences. Apiculteurs, entomologistes, agents sanitaires, épidémiologistes, immunologistes, écotoxicologues, virologistes, agronomes et même un spécialiste des maladies émergentes chez l'homme : il fallait bien réunir une telle palette de spécialistes de l'abeille pour percer le secret d'un mal aussi mystérieux ! Et si la qualité de cette mobilisation ne garantit pas son succès, elle en est déjà la condition.

Un plan national d'action rondement bouclé et des subsides pour le lancer : Diana Cox-Foster et ses collègues piaffent d'impatience pour traquer le mal qui ronge les ruchers américains jusque dans ses retranchements biomoléculaires

---

* Entretien du 19 mars 2008.

grâce à l'arme métagénomique de Ian Lipkin (voir le chapitre 2). La coordinatrice de cette étude se félicite : sans attendre le déblocage des aides publiques, « *l'Office national de la production de miel est prêt à payer 10 analyses en utilisant la méthode de Lipkin*[2] ». Et le battage médiatique va faire le reste. Lipkin, fort bien introduit auprès du Centre 454, le laboratoire privé de Branford (Connecticut) chargé du séquençage des échantillons prélevés dans les ruchers, n'a pas trop de mal à le convaincre qu'une pareille étude constitue pour lui une excellente publicité. De quoi obtenir une ristourne substantielle sur la facture : près de cinq fois moins que le prix du marché.

Si cette nouvelle technologie excite tant nos apidologues, c'est qu'en analysant en seulement quatre heures 250 millions de paires de bases d'ADN avec au moins 99 % d'exactitude, elle offre un débit cent fois supérieur aux techniques de séquençage conventionnelles. Et, heureux hasard du calendrier, le consortium international en charge de séquencer le génome d'*Apis mellifera* a justement publié ses résultats en octobre 2006[3].

Ainsi, de la « soupe » d'ADN un peu glauque résultant du broyage des abeilles et de leur flore intestinale, des grains de pollen et de la cire (autant d'échantillons issus de colonies américaines saines et malades), l'équipe de Lipkin va pouvoir, du moins l'espère-t-elle, faire émerger un message clair. En effet, elle sera capable de comparer, en un temps record, ces séquences de nucléotides au génome de l'abeille et aux portions déjà séquencées du génome de certains de ses pathogènes (l'acarien *Varroa destructor*, le champignon *Nosema* et certains virus)*. De quoi déterminer quelles séquences appartiennent à qui, c'est-à-dire identifier ce qui ne relève pas de l'abeille à miel, mais de ses ennemis connus… ou inconnus. Puissant !

---

* Le séquençage complet du génome de *Nosema ceranae* a été entrepris par plusieurs équipes dans le monde en 2008 et s'est achevé en avril 2009. Celui de *Varroa destructor* sera fait et achevé dans le courant de l'année 2009. Des fragments avaient déjà été décryptés auparavant par plusieurs équipes.

Au vu de leurs premières études, les scientifiques du groupe de travail s'attendent à voir sortir de ces analyses une sacrée parade de microbes et de parasites de l'hyménoptère. Dès lors, en comparant ces listes d'organismes détectés dans les colonies d'abeilles saines et frappées par le CCD, ils espèrent confondre le responsable de cet apicide national. La solution dans quelques semaines ?

En attendant de coincer – peut-être – ce tueur d'abeilles, la multiplication du nombre de pathogènes envahissant les ruchers américains et européennes depuis quelques décennies pose un problème plus vaste que le CCD pour la santé des colonies. Et chacun comprend, parmi les apidologues comme chez les professionnels, qu'il est grand temps de s'interroger sur les raisons de leur multitude.

Et si les achats d'abeilles concourraient à leur perte ?

Rappelons que la plupart des apiculteurs, en particulier les professionnels des deux côtés de l'Atlantique, sont amenés à racheter régulièrement des lots d'abeilles et des reines pour dynamiser ou remonter leur cheptel. Car en raison des fortes mortalités de ces dernières décennies, la seule division artificielle des colonies au printemps[4] suffit rarement, voire plus du tout, à maintenir les effectifs et les niveaux de production de miel. Or de la même façon que les transhumances et les voyages de pollinisation sont des occasions privilégiées pour les pathogènes de passer d'un rucher à un autre, les échanges commerciaux d'abeilles contribuent à diffuser des maladies. Cela, malgré les contrôles sanitaires obligatoires auxquels sont tenus les revendeurs.

Outre-atlantique, ces achats participent d'autant plus au déclin de l'empire apicole américain qu'ils s'effectuent en partie à l'étranger. La raison en est simple : les reproducteurs locaux ne parviennent pas à répondre à la demande croissante d'abeilles. Surtout depuis l'épidémie de CCD ! « *Il y a bien des* *reproducteurs et des sélectionneurs de reines aux États-Unis* [entre 40 et 70, selon les recensements officiels], *mais leur nombre demeure insuffisant,* constate le généticien de l'abeille Jay Evans, du département d'État de l'Agriculture*. *Et ils sont relativement concentrés en Géorgie, où l'on trouve deux très gros producteurs de centaines de milliers de reines (Wilbanks à Claxton et Hardeman à Mont Vernon) qui approvisionnent presque tous les apiculteurs du pays, notamment ceux de la côte Est.* »

Cette carence explique pourquoi l'*Honey Bee Act* de 1922, qui interdisait d'importer des abeilles de pays situés hors de l'Amérique du Nord, a été abrogé en 2004. « *Il ne faut tout de même pas exagérer le nombre des importations d'abeilles aux États-Unis,* tempère Evans. *Cela doit représenter moins de 5 % aujourd'hui. Et elles sont en provenance d'Australie ou de Nouvelle-Zélande, mais pas de Chine ni d'Amérique latine. Il s'agit surtout d'ouvrières venues soutenir la pollinisation des amandiers en Californie. Le problème toutefois, c'est qu'avec le CCD et les affaiblissements des ruchers, ces importations progressent rapidement : en 2005, après qu'ils soient devenus légaux, les achats en Australie s'élevaient à 4 000 reines environ ; en janvier 2008, on en a fait venir 80 000*[5] *!* »

Même s'ils sont devenus légaux, ces apports d'abeilles australiennes ne sont pas sans risque : dans ce pays, les colonies tolèrent – et donc incorporent – certains virus et parasites. Pour Jay Evans, « *le principal problème posé par ces importations de reines australiennes, c'est plutôt que, dans ce pays,* Varroa destructor *y est absent* [et donc que, faute d'avoir rencontré ce parasite, les abeilles y sont particulièrement sensibles]. *On est alors en train de créer chez nous des cheptels hybrides à partir de ces reines, avec des abeilles de plus en plus vulnérables à cet acarien* ».

En outre, à défaut de pouvoir vendre en Amérique ses abeilles, la Chine commercialise une grande quantité de gelée royale qui sert à alimenter les larves et à élever les jeunes reines du troupeau américain. Ce pays exporte d'ailleurs 90 % de sa production de gelée royale, soit 13 000 tonnes par an, pour la

* Entretien des 14 et 15 octobre 2008.

consommation humaine et l'apiculture occidentale, cela, sans grand contrôle sanitaire. Or plusieurs analyses ont révélé des traces de virus et de parasites au sein de cet élixir vital !

Des sélectionneurs argentins aimeraient bien pénétrer à leur tour le marché de l'abeille *yankee*, en vendant des *Apis mellifera* d'une race* qui résiste à l'acarien *Varroa* (des *carnica*, originaire des Balkans, ainsi que des *ligustica* italiennes)[6]. Mais, jusqu'à présent, cela n'a pas été autorisé, par crainte d'importer en même temps des abeilles africanisées qui prospèrent en Amérique latine et centrale. Paranos, nos cow-boys ?

Disons que la race *Apis mellifera scutellata*, originaire de Namibie, n'est pas surnommée « abeille tueuse » sans raison. Elle a été importée au Brésil en 1957 par des expérimentateurs pensant qu'elle s'adapterait mieux au climat tropical que les abeilles européennes, ce qui améliorerait leurs productions de miel. Malheureusement, lors de manipulations hasardeuses, 26 reines se sont échappées d'un centre expérimental de la région de São Paulo. Un grand classique, qui marque le début d'une invasion spectaculaire. Plus tolérante au mauvais temps et aux parasites comme *Varroa* et *Nosema*, l'abeille africanisée est aussi plus agressive que ses cousines venues d'Europe – la résistance allant souvent de pair avec l'attaque. Plus compétitive aussi : la *scutellata* est taillée pour les grandes conquêtes territoriales. Et à raison de 300 à 500 km par an, elle ne s'en prive pas : elle a déjà colonisé naturellement une large partie de l'Amérique du Sud, de l'Amérique centrale et du sud des États-Unis.

Tout en étant plus prolifique et meilleure productrice de miel, de cire et de propolis, elle sème une sacrée panique. Elle a plus d'un millier de victimes à son actif depuis les années 60, des personnes ayant succombé à un grand nombre de piqûres. En effet si, comme notre abeille noire (la sous-espèce *A. mellifera mellifera*), l'abeille africanisée perd son dard et sa poche à venin lors de la piqûre, l'organe planté dans

---

* Une race, ou sous-espèce, est une variété d'une espèce donnée qui se distingue par un certain nombre de caractéristiques particulières (d'ordre morphologique notamment).

l'épiderme continue à émettre des phéromones d'alarme qui attirent toutes les butineuses africanisées de la ruche, désignant ainsi la proie à abattre. Au moins dix fois plus d'abeilles que chez *A. mellifera mellifera* quittent la colonie et poursuivent leur agresseur, durant un kilomètre s'il le faut. On a même vu des bœufs s'étant imprudemment aventurés près d'une de leurs ruches se faire réduire en œdème géant sur pattes. Brrr !

Et ne croyez pas que l'Europe soit à l'abri de ces problèmes liés aux importations. Épargné – pour l'instant ? – par la *scutellata* pour des raisons climatiques, le Vieux continent importe de nombreuses maladies à la faveur des achats d'abeilles et de gelée royale à l'étranger : nos apiculteurs et nos reproducteurs font leur marché dans les anciens pays de l'Est, en Australie, en Nouvelle-Zélande et, secondairement, en Amérique du Sud, un peu au Proche-Orient et, plus rarement, en Chine. Faute d'être des producteurs auto-suffisants. Ceux qui pensaient que l'apiculteur allait encore collecter chez un voisin ou dans la nature quelques essaims sauvages bien populeux, vont déchanter. « *Les grands mouvements d'importation sont assez récents*, observe le généticien de l'abeille Lionel Garnery, du laboratoire évolution, génomes et spéciation (CNRS) à Gif-sur-Yvette*. *Ils démarrent véritablement dans les années 30-40, avec l'introduction de la ruche moderne, la Dadant et la Langstrot, à cadres amovibles. Avant, on s'échangeait des colonies dans des paniers, des ruches en paille ou en terre, simples et fragiles, et ça se faisait localement, entre souches du coin. L'inquiétant, c'est que depuis dix à quinze ans, on assiste à un certain emballement des voyages d'abeilles sur de grandes distances.* » Comme aux États-Unis ?

Le paradoxe, c'est que ces « matériels biologiques » provenant d'un pays ou d'une région étrangère, aujourd'hui nécessaires à la survie des ruchers et des productions, s'avèrent être une menace sérieuse pour leur avenir. Un revers de médaille qui ressemble furieusement à un cercle vicieux ! « *Honnêtement, les contrôles sanitaires des lots importés sont un vrai*

* Entretien du 23 mai 2008.

casse-tête, reconnaît Jean-Paul Faucon, de l'Afssa. *Car si les pays délivrent bien un certificat de bonne santé des lots exportés, nous n'en maîtrisons pas l'exactitude. Et à l'arrivée, ils sont juste dédouanés, c'est-à-dire qu'un agent va juger* de visu *que ces lots sont "en bon état". Tout ça ne présente évidemment pas une garantie suffisante. Mais il est absolument impossible de tenir les abeilles importées en quarantaine pour vérifier qu'elles ne sont pas porteuses de maladies : elles seront mortes avant !* »

Deux poids, deux mesures ? Si l'apiculture avait un autre poids économique et si l'enjeu sanitaire concernait directement les consommateurs de miel, on peut parier que les contrôles seraient plus stricts et certains lots bloqués aux frontières. Comme ce fut le cas pour des volailles en pleine alerte de grippe aviaire, ou pour les bovins au moment de la crise de la « vache folle ».

La solution : produire plus de races d'abeilles

Tous les professionnels n'achètent pas toutefois à l'extérieur des lots d'abeilles. Prenez Joël Schiro, apiculteur à Boulin, dans les Hautes-Pyrénées, il s'attache encore à diviser ses colonies, pour conserver ses écotypes pyrénéens et landais très bien adaptés à l'environnement local*. Et il refuse catégoriquement d'importer des reines d'Australie, de Nouvelle-Zélande ou du Brésil. Car, dit-il, « *ce sont de simples usines à viande ! Elles sont peut-être plus dociles et prolifiques, mais quelles que soient les conditions météorologiques ou de ressources alimentaires à l'extérieur, elles continueront à produire 2 000 œufs quotidiennement durant les 30 jours de ponte. Et, forcément, la colonie crèvera de faim. Ces reines importées ne s'adaptent pas. Voilà pourquoi je préfère même tuer une reine qui fonctionne bien dans une de mes colonies si je sens qu'elle est étrangère à mon écotype et qu'elle provient d'une "pollution génétique".*

---

* Entretien du 21 avril 2008. Un écotype est une population d'une espèce présentant des caractéristiques adaptées à un milieu naturel. Les caractéristiques propres à l'écotype sont héréditaires.

Car, à l'arrivée, je refuse de passer vingt tonnes de sirop de sucre par an pour nourrir des abeilles en trop grand nombre par rapport aux ressources naturelles! » Radical, mais cohérent.

Faut-il pour autant interdire les importations ? La réponse de tous les spécialistes consultés est unanime : impossible ! Du moins, tant que la profession n'aura pas mis sur pied un marché de reproductrices diversifié et durable. Or en France plus qu'ailleurs, nous disposons davantage de revendeurs de reines importées que de producteurs – les dix à vingt producteurs existant dans l'Hexagone vont se fournir sur le marché mondial lorsqu'ils ne parviennent pas à produire suffisamment de reines ou à vivre de cette activité.

Ce déficit est assurément le talon d'Achille de l'apiculture tricolore car, d'une façon générale, lorsque vous êtes tributaire des importations, vous n'obtenez jamais les meilleures lignées de sélection : les bonnes reines, les reproducteurs ont tendance à les garder pour eux ou à les réserver à des apiculteurs locaux qu'ils connaissent ! Si bien que, comme l'indique le député Martial Saddier dans son rapport sur la filière apicole[7], « *il y a lieu de codifier une véritable filière de production animale qu'est la production de reines. En effet, ceci semble fondamental afin d'assurer une traçabilité du patrimoine génétique, une protection contre l'arrivée de nouvelles maladies, et afin d'assurer un large accès au cheptel de remplacement* [pour renouveler ou soutenir un rucher affaibli]. *L'exemple le plus flagrant qui, à lui seul illustre cette impérieuse nécessité, est bien l'importation du monde entier de reines dans des colis qui arrivent tout simplement par Chronopost!* »

« *Il faut trouver un équilibre en déterminant, avec la profession, des zones géographiques en France où l'on n'autorise aucune importation,* plaide Lionel Garnery du CNRS. *Ce seront de véritables sanctuaires, où l'on pourra conserver la biodiversité génétique de l'abeille noire* (Apis mellifera mellifera) *et multiplier les races d'intérêt et les écotypes possédant divers caractères, ce qui est indispensable pour l'avenir de la profession.* »

Pour que des tels conservatoires voient le jour et puissent durer, il sera nécessaire de valoriser et d'aider financièrement les apiculteurs, car ce travail de conservation risque de se faire, en partie, aux dépends d'une certaine productivité. À terme, au lieu de ne vendre que du miel, ces apiculteurs conservateurs et reproducteurs de races devraient aussi pouvoir faire le commerce de reines disposant de caractères particuliers.

À défaut de conduire une politique nationale de conservation et de gestion de races d'*A. mellifera* – une mission qui devrait incomber à l'Institut technique apicole s'il parvient à renaître de ses cendres* – le réseau des Associations de développement de l'apiculture (Ada) s'est lancé depuis quelques années dans un salutaire travail de sélection pour améliorer l'offre génétique. C'est vrai dans la région Rhône-Alpes où, depuis cinq ans, l'Adara propose une sélection des meilleures lignées fournies par les apiculteurs adhérents. C'est à présent le cas en Languedoc-Roussillon, sur la base d'un réel partenariat : « *Depuis deux ans, grâce à une aide européenne, nous mettons en place une offre génétique diversifiée et fiable destinée aux apiculteurs qui pourront s'approvisionner en fonction de leurs besoins et de leurs stratégies* », décrit le technicien apicole Vincent Girod, de l'Association de développement de l'apiculture professionnelle en Languedoc-Roussillon (Adapro-LR)**. Ainsi, cette association teste une trentaine de colonies issues d'écotypes et de races divers, y compris étrangers. Ces élevages-tests, que les apiculteurs peuvent visiter à différents moments de l'année, leur permettent d'observer le comportement de chacun des différents écotypes « à l'essai », cela sans avoir à se rendre chez de nombreux éleveurs différents, ce qui leur serait impossible. Et s'ils les intéressent, ils peuvent prélever des reproducteurs.

---

* L'Institut technique d'apiculture (Itapi), créé en 1973, a mis la clé sous la porte en 1993 du fait de rivalités intersyndicales à la suite de la paralysie, en 1990, du groupement interprofessionnel Intermiel qui pourvoyait à son financement. Aujourd'hui, les pouvoirs publics ont accepté d'en soutenir la renaissance sur d'autres bases. Bases et fonctionnement âprement négociés entre syndicats, CNDA (Centre national du développement de l'apiculture) et ministère de l'Agriculture jusqu'au printemps 2009 (lire l'annexe 4).

** Entretien du 13 mai 2008.

S'inspirer de l'œuvre magistrale de frère Adam

Le rêve de tout apiculteur ? Créer l'« abeille à cinq pattes » : celle qui sera à la fois plus productive en miel, douce pour l'éleveur, robuste vis-à-vis des aléas climatiques, résistante contre les parasites et les maladies, et d'une bonne longévité. Irréaliste, en vérité. Ne serait-ce que d'un point de vue énergétique : un si modeste organisme serait bien dans l'incapacité de relever trop de performances à la fois. Un objectif plus réaliste serait plutôt de créer des lignées bien adaptées aux différents environnements (donc plus ou moins précoces au printemps pour le butinage et la ponte) et aux stratégies apicoles que l'on souhaite développer.

« *Le travail de sélection de l'abeille est très compliqué, car vous avez dix à vingt mâles par ruche qui fécondent la même reine. Aussi, le groupe est formé d'un certain nombre d'ouvrières qui sont toutes des sœurs ou des demi-sœurs, c'est-à-dire qu'elles n'ont pas forcément le même père. Dans ces conditions, sélectionner des performances à l'échelle d'une colonie, sans vraiment savoir à quels chromosomes* [à quel père] *les attribuer, est vraiment délicat !* », détaille Lionel Garnery du CNRS.

Délicat et surtout très long. Car il faut procéder par étapes, conserver en isolement des souches porteuses de certains caractères, puis réussir à créer des lignées hybrides qui incorporent les caractères souhaités. « *J'ai moi-même mis en œuvre des protocoles de traçabilité des génotypes de reines**, *avant de réaliser que je reprenais d'une certaine façon le travail qu'a fait le frère Adam, à l'abbaye de Buckfast tout au long du XXe siècle. Sauf qu'au lieu d'avoir des souches consanguines bien séparées et de devoir les entretenir, ce qui a un coût évident, lui a introduit un caractère après l'autre à chaque génération à partir de sa souche de base, tout en vérifiant que les caractères introduits s'exprimaient correctement. C'est vraiment un travail de fou… ou de moine !* »

L'œuvre remarquable, en tout cas, de toute une vie. Et dieu sait qu'elle fut longue la vie du frère Karl Kehrle, d'origine allemande, lui qui est mort à 98 ans et est entré à l'âge de 10 ans, en 1908, au monastère anglais de Buckfast (à Buckfastleigh, dans le Devon). Préposé à la miellerie, il s'attaque aussitôt à améliorer la race locale, presque totalement décimée par la maladie de l'île de Wight (causée par l'acarien de la trachée *Acarapis woodi*). Il parvient *in extremis* à

* Lionel Garnery a presque achevé une cartographie des souches françaises assez complète, avec les différents types mitochondriaux récoltés dans quelques 10000 colonies d'une quarantaine de départements métropolitains et vingt-deux régions.

sauver deux colonies et remonte un rucher en sélectionnant en leur sein les abeilles les plus résistantes à l'acariose. Travaillant dur et dormant peu - quelques heures par nuit - il décide d'aller plus loin en leur ajoutant d'autres caractères intéressants. Il élargit pour cela sa base de sélection et effectue des croisements avec plusieurs races importées de diverses régions du monde. « *C'est ce qu'il a fait durant des décennies en voyageant dans toute l'Europe et bien au-delà, dans toute l'aire de répartition de l'espèce, jusqu'en Afrique et au Proche-Orient, pour trouver des races qui l'intéressait*, raconte, admiratif, Lionel Garnery. *Son travail de sélection, très délicat chez l'abeille, est d'autant plus remarquable qu'il l'a véritablement fondé sur les fameuses lois de l'hérédité de Gregor Mendel que l'on venait juste de redécouvrir, en 1910.* »
Récompense : au bout de plusieurs décennies, frère Adam obtient une excellente butineuse, résistante à l'acariose, propre, peu agressive et peu essaimeuse - autant de qualités recherchées par les apiculteurs. Presque mon « abeille à cinq pattes » ? Prenant le nom d'abeille *buckfast*, elle connaît un très vif succès à travers toute l'Europe apicole. Son seul défaut est sa tendance à tartiner l'intérieur de la ruche de propolis (une résine végétale, anti-infectieuse, que collecte l'abeille) et à fixer les rayons ensemble, ce qui peut gêner l'exploitation. Véritable « formule 1 » de l'apiculture, la *buckfast* démarre également précocement dans l'année. Ce qui pose parfois un problème si, en début de printemps, elle ne dispose pas des ressources suffisantes autour de la ruche, car son développement sera contrarié.

La très longue marche des abeilles vers l'apiculture

Si la dimension génétique est de plus en plus prise en considération par les apiculteurs et les enquêteurs sur la piste du CCD, c'est que ce facteur pourrait expliquer, au moins en partie, le déclin actuel de l'abeille mellifère. En effet, l'histoire puis les hommes n'ont guère favorisé la diversité génétique de notre abeille noire *Apis mellifera mellifera*. Pour le comprendre, il faut revenir sur ses origines. Avec plus de 50 millions d'années d'évolution des apoïdes, c'est une sacrée gageure, que Rémy Vandame, auteur d'une remarquable thèse de doctorat sur la tolérance des abeilles au parasite *Varroa*[18], va m'aider à relever.

Retour donc au Crétacé, il y a entre 146 et 74 millions d'années de cela. Les spécialistes de l'évolution pensent que les abeilles ont initialement évolué depuis la famille des guêpes carnassières. Une rencontre sucrée avec le nectar des fleurs par les premiers apoïdes herbivores aura séduit certains d'entre eux, qui vont préserver les fleurs et adopter un régime à base de nectar et pollen. C'est ainsi qu'au matin du monde fleuri, l'ancêtre des abeilles fait son premier vol. Le plus vieux fossile connu de cette famille est celui de *Trigona prisca*. On l'a trouvé dans un sédiment du Crétacé supérieur du New Jersey américain, datant de 96 à 74 millions d'années[9]. Et le plus incroyable, c'est que l'ancêtre préhistorique n'est guère distinguable du genre des *Trigona* modernes ! Quant à l'aïeul de notre abeille à miel *Apis mellifera*, formant avec les petites mélipones et les bourdons une sous-famille d'insectes sociaux parmi les plus évolués, son fossile a été exhumé en Allemagne, dans des sédiments du Miocène inférieur – vieux de 22 à 24 millions d'années.

Proche parente d'une certaine *Electrapis* qui peuplait l'Europe du Nord lorsque le climat y était tropical, cette ancêtre du Miocène que les spécialistes baptisent *Synapis* peuple ces hautes latitudes tant que le climat le lui permet. Mais, construisant son nid en plein air, elle est bien incapable de résister à un refroidissement qui s'amorce il y a environ 10 millions d'années : elle se carapate alors vers les douceurs du sud de l'Asie. L'actuelle *Apis dorsata*, surnommée encore la « géante indienne », est d'ailleurs le portrait craché de cette doyenne venue du Nord, par sa morphologie et son mode de vie : « *Les colonies d'*A. dorsata *construisent un unique rayon d'un à deux mètres de diamètre, à l'air libre, seulement disposé à l'abri de falaises escarpées et inaccessibles* », décrit Rémy Vandame.

Deux autres lignées asiatiques vont sortir de ce périple évolutif : d'abord, vers 9 millions d'années, la charmante lilliputienne des bois et des buissons *Apis florea*, qui construit également un nid sur un seul rayon, toujours en Asie du Sud ; puis *Apis cerana*, dont on reparlera plus longuement dans les chapitres suivants. Cette dernière et notre abeille occidentale *Apis mellifera* marquent une véritable rupture évolutive. Et cela, grâce à l'acquisition de ce qui s'apparente à une stratégie de « thermorégulation sociale », il y a quelque 7 millions d'années. « *En construisant leurs nids dans des emplacements clos, sur la base de plusieurs petits rayons parallèles plutôt que d'un seul rayon gigantesque, et en formant une grappe d'abeilles étroitement serrées en hiver, elles ont pu survivre à des périodes hivernales de plusieurs mois, jusqu'à des températures avoisinant les – 30 °C, et ainsi conquérir des territoires qui étaient a priori impropres à leur survie* », retrace Rémy Vandame. Décisif pour faire le tour de la Terre (voir ci-contre la carte de distribution du genre *Apis*) ! Car c'est bien cette stratégie de thermorégulation qui permet à *A. mellifera* et *A. cerana* de prendre leur envol. Puis à l'apiculture de voir le jour. Une autoroute planétaire se présente sous leurs ailes…

Passons la querelle des évolutionnistes concernant la date et les raisons de la séparation des deux sœurs jumelles *A. mellifera* et *A. cerana* que tout rattache : la taille, l'anatomie et le mode de vie social. Sans doute la simple dynamique d'expansion d'*A. cerana* vers l'Ouest et l'isolement d'une de ses populations ont donné naissance à une nouvelle espèce. Sachez en tout cas que le « nid » fondateur d'*Apis mellifera* apparaît au Moyen-Orient, quelque part entre la Syrie, l'Irak et l'Iran actuels[10].

De là, notre abeille intrépide va se lancer dans deux directions, formant sur son passage de nombreuses races ou sous-espèces. L'une de ces voies de migration la conduit à envahir l'Afrique (*Apis mellifera scutellata*). L'autre route la mène en Europe, où elle donne plusieurs races : *A. m. caucasica* du nord de la Turquie à l'Ukraine, *A. m. carnica* en Europe centrale, *A. m. ligustica* en Italie, *A. m. mellifera* en France et en Angleterre, *A.m. iberiensis* ou *iberica*, selon les spécialistes, dans la péninsule ibérique. Il faut se rendre compte que cette vaillante productrice de miel ne mettra qu'un petit million d'années à occuper cette immense aire géographique ! C'est peu dire que la conquête de cette abeille,

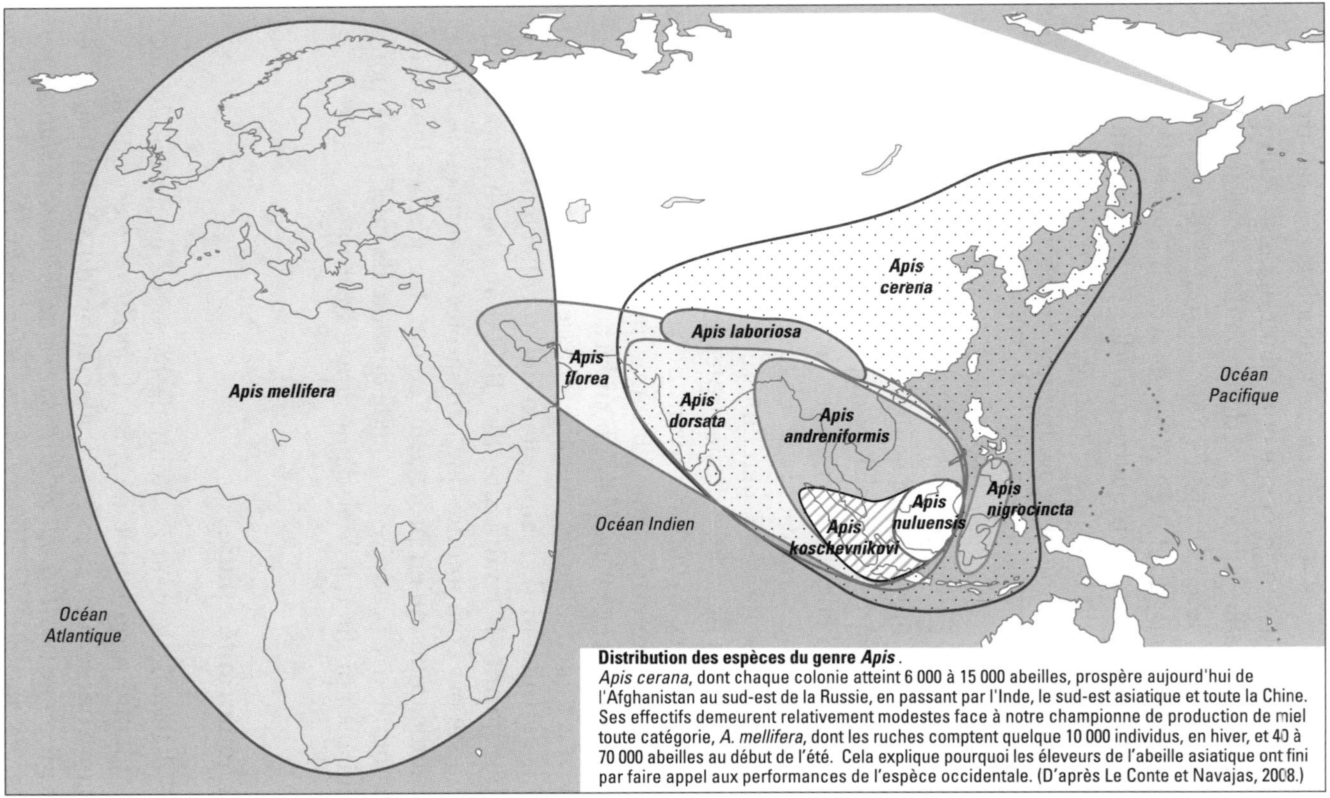

Distribution des espèces du genre *Apis*.
Apis cerana, dont chaque colonie atteint 6 000 à 15 000 abeilles, prospère aujourd'hui de l'Afghanistan au sud-est de la Russie, en passant par l'Inde, le sud-est asiatique et toute la Chine. Ses effectifs demeurent relativement modestes face à notre championne de production de miel toute catégorie, *A. mellifera*, dont les ruches comptent quelque 10 000 individus, en hiver, et 40 à 70 000 abeilles au début de l'été. Cela explique pourquoi les éleveurs de l'abeille asiatique ont fini par faire appel aux performances de l'espèce occidentale. (D'après Le Conte et Navajas, 2008.)

efficace dans ses stratégies et sa physiologie, paraît irrésistible. Et les hommes, appréciant son talent depuis l'Antiquité, vont devenir un allié efficace à sa diffusion dans le reste du monde.

Au total, les spécialistes dénombrent 9 espèces d'abeilles du genre *Apis* (dont 8 en Asie) et 24 à 26 sous-espèces d'*Apis mellifera*, réparties en quatre grandes lignées évolutives dont l'émergence en Europe s'explique, au moins en partie, par des périodes d'isolement géographique consécutives aux grandes glaciations du Quaternaire[11].

Deux mots, pour achever cette fresque évolutive, sur les conséquences de cet « impérialisme » d'*A. mellifera*. Cette conquête a été possible seulement parce que l'espèce a été capable de faire des provisions importantes en miel durant l'été, afin d'avoir l'énergie pour assurer la fameuse thermorégulation de sa grappe durant l'hiver. Cette caractéristique, propre à l'espèce, suscite peu à peu l'intérêt d'une autre espèce, *Homo sapiens*, et la naissance d'une profession : l'apiculture.

C'est vers 15 000 ans avant notre ère, révèlent certaines peintures rupestres, que l'homme prend goût au miel : une source d'énergie et de plaisir pour lui aussi. Mais, à cette époque, il n'est encore qu'un vulgaire chasseur de miel, c'est-à-dire un destructeur d'essaim autant qu'un collecteur de ce nectar transformé. Il faudra attendre 10 000 ans environ pour qu'il finisse par comprendre que détruire les essaims est totalement inutile, alors qu'en protégeant ce nid, les abeilles laborieuses continuent à produire de grande quantité de miel dont il pourra lui aussi profiter, à l'œil, d'une année sur l'autre.

L'uniformité épuise !

S'il est un élément à retenir de l'épopée évolutive de notre vaillante productrice de miel *A. mellifera*, c'est qu'elle a été confrontée aux vagues de glaciation du Quaternaire. Un vrai piège ! « *Alors que la distribution de la lignée évolutive ouest-méditerranéenne de l'espèce s'effectue selon un axe Nord/Sud, chaque épisode de glaciation élimine les populations du Nord*, précise Lionel Garnery du CNRS. *Si bien qu'il ne reste à l'issue de ces épisodes que les populations du Sud à partir desquelles se reforment des populations plus septentrionales par recolonisation des hautes latitudes lors des périodes interglaciaires.»* Un contexte qui contrarie nettement la diversification génétique !

À présent, ce ne sont plus les glaces mais bien les hommes qui entravent sa diversification génétique. Pire, ils appauvrissent cette diversité en sélectionnant des souches sur des critères de production qui ne vont pas toujours dans le sens de l'adaptation au milieu naturel. C'est la conséquence d'échanges mal contrôlés entre races et, en France, d'importations d'autres lignées évolutives sur le territoire national. « *Avant, on avait une apiculture sédentaire où les écotypes se préservaient presque tout seuls. Avec les transhumances, relativement récentes, l'apiculture commerciale a tout bouleversé*, constate Vincent Girod de l'Adapro-LR. *Cela a eu pour conséquence, entre autres, d'homogénéiser en partie le cheptel à l'échelle nationale et des grands bassins de production, et de conduire à la perte d'une certaine pureté de plusieurs écotypes locaux d'*A. mellifera. *Heureusement, il existe encore des zones où ceux-ci sont volontairement préservés comme dans les Cévennes, en région Paca, en Auvergne, sur l'île d'Ouessant, en Corse ou dans les Landes.»*

Voilà bien un problème, confirme le généticien de Gif-sur-Yvette : « *Le fait de mélanger des races ou des écotypes appartenant à des milieux très différents est susceptible d'entraîner la mise en place d'un nombre important de combinaisons disharmonieuses de gènes qui peuvent affaiblir les populations d'abeilles, en les rendant par exemple moins bien adaptées à leur milieu naturel. Si les importations sont trop importantes, elles peuvent même contribuer à faire disparaître des populations locales. Ceci a été le cas, par exemple, en Allemagne où une grande partie des apiculteurs a éradiqué* A. m. mellifera *(appartenant à la lignée ouest-méditerranéenne) en la remplaçant par* A. m. carnica *(appartenant à la lignée nord-méditerranéenne).»*

À l'échelle des États-Unis d'Amérique, où l'apiculture est plus intensive encore, cet appauvrissement génétique peut constituer une sérieuse menace : « *L'essentiel des colonies d'abeilles américaines a été importé d'Europe,* indique Lionel Garnery : *beaucoup d'abeilles italiennes, un peu d'abeille noire française, un peu de russe, un peu d'irlandaise, de l'abeille africaine depuis les années 70. Bref, ils ont constitué leurs cheptels à partir d'un* melting-pot *qui, à la base, est moins diversifié que le cheptel européen. Et la sélection de reines qu'ils opèrent au profit de quelques lignées apicoles plus productives ou robustes n'a fait qu'empirer les choses. D'où des effets de consanguinité prononcés. Il ne faut pas s'étonner qu'au bout d'un moment le cheptel s'effondre, même si d'autres facteurs interfèrent !*» Car cet appauvrissement et cette consanguinité croissante parmi les élevages peuvent renforcer la sensibilité aux maladies, au stress ou aux pesticides, ce d'autant plus que les abeilles *yankee* disposent de moins en moins, dans leur patrimoine, de sources de variabilité génétique leur permettant d'exprimer une résistance quelconque à ces agressions.

« *C'est tout à fait exact que le faible nombre de producteurs de reines, qui en fabriquent par millions à partir de quelques souches, entraîne des phénomènes de consanguinité et une détérioration de la diversité génétique. Mais fort heureusement, dans la mesure où nous avons un très vaste pays, cette réduction de la biodiversité demeure lente,* objecte le généticien Jay Evans du département d'État de l'Agriculture américain. *Et jusqu'en 1922, nous nous sommes approvisionné en abeilles issus de nombreuses régions du monde. Si bien que notre* melting-pot *initial est autrement plus diversifié que celui qui existe en France ou dans d'autres pays d'Europe à n'importe quel moment ! Plusieurs études génétiques le confirment. Et c'est encore cela qui nous sauve aujourd'hui. Mais jusqu'à quand, c'est tout le débat. Nous arrivons peut-être bien, là j'en conviens, à un moment où cette richesse génétique s'épuise.* »

Il y a matière, on le voit bien, à de solides études sur la génétique des populations d'abeilles d'élevage au sein de nos grandes nations d'élevage. Ne serait-ce que pour pouvoir répondre avec certitude à cette question clé : est-ce qu'un tel appauvrissement génétique est en mesure de provoquer les effondrements rapides décrits pour le CCD ? « *Directement, c'est peu probable, mais on peut imaginer des phénomènes de seuil qui, au-delà d'un certain appauvrissement, feraient basculer une population génétiquement démunie pour répondre à la présence massive de tel parasite ou de tel contaminant chimique*», avance Lionel Garnery.

Une clarification qui complique les choses...

S'il doit donc être encore confirmé parmi la liste des suspects responsables des effondrements américains, l'appauvrissement génétique représente un risque suffisamment sérieux pour que le fameux plan d'action contre le CCD prévoit « *d'utiliser les technologies de la génomique et de préservation des germoplasmes* [collections de matériel génétique] *pour maintenir les quantités nécessaires de génotypes d'abeilles*». Espérons que ces outils apporteront des réponses un peu plus opérationnelles aux enquêteurs américains que la fameuse «surveillance métagénomique» que vient de boucler Ian Lipkin.

Retour en effet à Columbia, à l'école universitaire Mailman de santé publique. Cette analyse du séquençage à très haut débit des échantillons de ruchers confirme les soupçons des enquêteurs sur la piste du CCD. Bien au-delà de leurs espérances ! Car le responsable du laboratoire des maladies infectieuses a identifié non pas un pathogène, mais dix-huit[12] ! Pas moins de cinq types de bactéries, quatre de champignons (dont deux espèces de *Nosema*, *N. apis* et *N. ceranae*, y compris dans le lot d'abeilles australiennes), deux parasites (dont le funeste *Varroa destructor*) et sept virus différents, dont certains n'ont encore jamais été trouvés chez l'abeille. Glups ! En l'espace de quelques semaines, la traque des tueurs d'abeilles vient de se compliquer très sérieusement.

Chapitre 8

C'est un virus israëlo-australien qui a fait le coup !

La piste d'un virus de l'abeille fait la une des médias américains. Où l'on s'interroge, au fur et à mesure de l'examen de ce nouveau microbe, sur ses origines et sur sa responsabilité dans le déclin de l'Empire apicole américain.

Ian Lipkin est très excité par les résultats de sa grande traque moléculaire au sein des colonies d'abeilles américaines. Car il vient de trouver quelque chose... Quelque chose de nouveau ! Parmi la « soupe à microbes » issue des ruches prélevées à travers les États-Unis, il a en effet débusqué un nombre impressionnant de virus (KBV, CBPV, SBV, DWV, BQCV et ABPV ; lire leur présentation dans l'annexe 1)[1]. Mais presque autant dans des colonies malades que saines. Ce qui les élimine pour tenir le premier rôle dans ce drame du CCD.

Il en est un, toutefois, qui focalise son attention : c'est l'IAPV (*Israeli Acute Paralysis Virus*), le virus de la paralysie aiguë identifié en 2002 par une équipe israélienne. C'est apparemment un nouveau venu sur le sol américain. A-t-il pu provoquer l'hécatombe qui frappe le monde apicole ? Il apparaît, en tout cas, dans les seuls échantillons d'abeilles provenant de colonies frappées par le CCD, à une exception près*: de quoi rendre Lipkin fébrile! Fébrile et soupçonneux. D'autant plus que le découvreur de l'IAPV, le virologiste Ilan Sella, de l'université de Jérusalem, a montré que ce virus provient d'Australie. Or tous les lots des colonies frappées par le CCD et échantillonnées par l'équipe américaine comportent des abeilles émanant du continent austral ou ayant été mélangés avec des lots importés d'Australie – on l'a vu, au chapitre précédent: depuis le début 2005, les apiculteurs américains importent des abeilles de ce pays. Toutefois, des traces du même virus ont également été détectées dans les lots de gelée royale importés de Chine par les apiculteurs américains que l'équipe de Ian Lipkin a analysés.

Un assassin exotique: la traque se précise...

Pas de doute: le dossier à charge de l'IAPV commence à prendre de l'épaisseur. Et les partenaires de Lipkin, d'abord refroidis par le nombre pléthorique de suspects trouvés dans cette étude, admettent que ce faisceau de preuves place le «nouveau» virus au centre de leur tableau de chasse. La fin du cauchemar apicole?

Pour en avoir le cœur net, ils se lancent dans l'examen approfondi de l'IAPV. Collecté sur des abeilles israéliennes mortes, ce virus a été décrit en 2007 à l'université de Jérusalem[2]. Et lorsque les experts du groupe de travail sur le CCD analysent la publication princeps, ils remarquent deux aspects intrigants sur sa personnalité et ses origines. Ses découvreurs rattachent en effet l'IAPV à la famille des dicistrovirus, des virus à ARN (Acide RiboNucléique) simple brin qui infectent de nombreux insectes: pucerons, cicadelles, diptères, abeilles et fourmis. Pour autant, l'IAPV semble encore chercher sa place dans le

* Rapporté au très faible nombre de colonies d'abeilles testées (30 frappées de CCD et 21 saines faisant office de «témoins»), cela signifie que l'IAPV est détecté dans 83,3 % des colonies malades (25 colonies) et dans 4,8 % des colonies témoin (1 colonie). Un tel résultat demande, à tout le moins, une confirmation sur un plus grand nombre d'échantillons d'abeilles!

grand arbre phylogénétique des virus de l'abeille. Car plusieurs spécialistes pointent sa proximité avec le KBV (*Kashmir Bee Virus*) déjà connu – de vraies initiales de guerre froide, celui-là ! Le virus austra-israélien constitue-t-il une souche nouvelle du KBV ? Rien d'impossible, car un fragment du génome de l'IAPV, homologue (identique) à 75,4 % avec un fragment du KBV, a été isolé par les virologistes israéliens. Et, coïncidence, Ian Lipkin s'aperçoit que tous les échantillons d'abeilles positifs pour l'IAPV contiennent également du KBV…

Celui-ci est, en effet, présent dans 30 échantillons issus des ruches malades (diagnostiquées « CCD »), mais aussi dans 16 abeilles de colonies non atteintes par ce mal étrange. Une imbrication troublante. Après recoupements et étude bibliographique attentive, les enquêteurs du CCD en viennent finalement à penser que le KBV, réputé peu virulent lorsqu'il est seul, « *active* » l'IAPV pour en faire un *killer* de premier ordre. Diabolique ! Ce n'est plus une traque sanitaire, cela devient un véritable roman d'espionnage, avec des tueurs aux provenances obscures et une taupe que l'on « réveille » !

Et, comme pour brouiller davantage les cartes, l'équipe de Jérusalem note que la structure de deux régions du génome de l'IAPV* diffère nettement de celle que l'on observe chez les autres virus de la famille des dicistrovirus[3]. Ils constatent aussi qu'il existe des recombinaisons entre le génome du virus et celui de l'abeille – d'où la présence chez le virus de séquences appartenant... à l'abeille ! Exceptionnel ? Pas vraiment en fait entre un virus et son hôte. En règle générale, de telles recombinaisons résultent d'une longue coévolution et probablement d'une tolérance de l'hôte pour ce virus.

Ainsi donc l'IAPV a probablement plusieurs milliers – millions ? – d'années de vie commune avec l'abeille au compteur ! Pourtant, ce virus aurait été absent jusqu'ici du territoire américain et les lignées *d'Apis mellifera* locales

* Il s'agit de la région UTR (une zone non traduite en polypeptide) et de celle qui code les protéines de sa capside.

seraient encore vulnérables à son action délétère. Curieux ! Les mystères sur son origine, ses jeux troubles avec un frère aîné et son histoire symbiotique avec l'abeille commencent à fasciner bien au-delà du cercle étroit des spécialistes : dès l'été 2007, ce virus devient un monstre célèbre, qui s'impose à la une des principaux journaux américains comme la bête à abattre.

Et le tueur serait redoutablement efficace, à en croire ses découvreurs israéliens. Après avoir nourri des abeilles saines avec des aliments contaminés par l'IAPV, l'équipe d'Ilan Sella a été stupéfaite par sa virulence : entre le 3e et le 6e jours, les abeilles ont commencé à tourner en rond, peinant à voler et à s'alimenter ; entre le 7e et le 10e jours, leur abdomen et leur thorax sont devenus noirs et ont perdu leurs poils. Finalement, les abeilles ont complètement arrêté de voler, pouvant à peine se mouvoir. Subissant des spasmes périodiques, elles sont mortes en moyenne au bout de dix jours. Plus foudroyant encore : des larves d'abeilles saines auxquelles les chercheurs ont inoculé un extrait d'abeille infectée par l'IAPV sont mortes en quatre jours ! Et ce tueur inquiète d'autant plus les apiculteurs américains qu'il n'existe aucun traitement ni médicament pour en prémunir leur bétail.

Des doutes se font jour sur la culpabilité de l'IAPV

Malgré les tâches d'ombre qui émaillent la carte d'identité et l'histoire de l'IAPV, il semble bien que ce virus « nouveau venu » sur le sol américain a tout du *serial killer* d'abeilles. Une piste solide en tout cas, pouvant expliquer le CCD. Mais avant de siffler la fin de leur traque, les enquêteurs doivent vérifier que ce vieux compagnon de route de l'abeille australienne – du moins en apparence – est bien un immigré de fraîche date aux États-Unis. Ils doivent encore s'assurer qu'il n'est pas un simple « marqueur » du CCD parmi d'autres facteurs. Une goutte d'eau qui, en quelque sorte, finirait par noyer des colonies affaiblies par d'autres causes.

Dans le Maryland, Jeff Pettis, du département d'État de l'Agriculture (USDA), voudrait y croire autant que sa collègue de l'université de Pennsylvanie, Diana Cox-Foster. Mais voilà : il doute. Pour un tas de raisons, encore embryonnaires. «*Je crois que Diana Cox-Foster préfèrerait que l'IAPV soit le coupable principal du CCD, et il se peut qu'en définitive elle ait raison, mais ce n'est pas certain*, me confie-t-il*. *Quand, en 2007, j'ai vu les données issues de l'étude métagénomique et les informations concernant les importations d'abeilles en provenance d'Australie, j'ai vite compris qu'un virus nouveau pour des abeilles américaines "naïves" et sans défense ferait effectivement une très belle histoire. Un peu trop belle, peut-être !*» Avec les différentes pièces du puzzle sanitaire dont il dispose, il a beau tenter de recomposer l'histoire du CCD, il n'y parvient pas. Comme si quelqu'un avait sournoisement mélangé les pièces de plusieurs jeux.

Avec son équipe, il reprend alors cette énigme virale par son commencement, c'est-à-dire par les origines de l'IAPV. Début septembre 2007, la virologiste Judy Chen et l'immunologiste Jay Evans se lancent dans une analyse méticuleuse de lots d'abeilles datant de 2002 à 2004 qu'ils possèdent dans leur congélateur et de lots prélevés, en 2007, en Californie, en Pennsylvanie et dans le Maryland. « *L'enjeu,* précise Judy Chen**, *était que le ministère de l'Agriculture américain, sous la pression des apiculteurs et de sénateurs, étudiait depuis le printemps l'opportunité de décréter un embargo sur les importations d'abeilles australiennes, en raison du risque d'infection du cheptel américain avec l'IAPV. Et ils nous ont demandé une expertise pour valider ou pas cette décision.* »

Parallèlement, Pettis fait et défait les scénarios possibles. Si ce virus provient bien des lots d'abeilles importées d'Australie depuis 2005, pourquoi donc, au pays des kangourous, l'IAPV ne fait guère parler de lui dans les ruchers ? Les abeilles australes ont-elles développé une tolérance ou une résistance

---

* Entretiens des 14 et 15 octobre 2008.

** Entretien du 14 octobre 2008.

à son endroit ? Ou bien la souche australe du virus est-elle tout simplement inoffensive pour l'abeille ? Mais dans ce cas, pourquoi l'IAPV s'avère-t-il aussi virulent pour les abeilles *yankee*? A-t-il muté et si oui, sous quelles pressions ?

Autre mystère : le patron de Beltsville sait, comme nous l'avons révélé au chapitre 2, que le syndrome qui anéantit les ruches américaines ne datent pas de 2005 – le début des importations légales d'abeilles australiennes – mais plutôt de 2004, voire d'avant. Certains apidologues avancent toutefois que des achats illégaux d'abeilles du continent austral ont pu intervenir avant 2005. Possible, mais compliqué à vérifier.

De plus, les symptômes décrits par les apiculteurs américains collent mal avec ceux rapportés par les découvreurs israéliens du virus : Ilan Sella ne fait pas état d'une disparition des abeilles hors des ruches, mais de nombreux cadavres accumulés à l'intérieur. La différence avec le CCD est frappante.

Toutes ces contradictions vont être reprises par deux visiteurs de l'USDA à Beltsville, au cours de l'été 2007 : en août, Denis Anderson, l'entomologiste australien du CSIRO de Canberra, ainsi que l'attaché agricole de l'ambassade australienne à Washington viennent au laboratoire de recherche sur l'abeille pour mieux connaître les travaux américains sur le CCD. *« Ils nous ont posé de nombreuses questions,* raconte Pettis, *notamment sur nos données concernant l'absence de l'IAPV sur le sol américain avant les importations d'abeilles en provenance de leur pays. On a alors reconstitué avec eux l'historique du CCD en leur montrant la corrélation entre l'identification de l'IAPV dans les lots d'abeilles importées d'Australie et ce syndrome d'effondrement. Ils ont aussitôt attiré notre attention sur la taille très réduite de nos échantillons et sur la nécessité d'analyser des colonies issues de régions américaines plus larges, en s'assurant que sa présence était chaque fois bien corrélée avec le CCD. À partir de là, nous avons admis qu'il fallait élargir la taille et l'origine de nos échantillons. »*

Il n'y a pas un, mais deux, trois, voire quatre sortes d'IAPV aux États-Unis !

Très vite, les résultats des analyses entamées par Chen et Evans à Beltsville confirment les doutes de l'équipe de l'USDA[4]: « *Nous avons retrouvé l'IAPV dans les échantillons d'abeilles de 2002 : ce virus existait donc bel et bien avant les effondrements spectaculaires de l'hiver 2006, mais aussi avant les importations légales d'abeilles d'Australie et de Nouvelle-Zélande* », souligne Judy Chen. Aujourd'hui, son collègue Jay Evans détaille la situation* : « *L'IAPV est présent dans tous les échantillons d'abeilles testées. Et l'analyse moléculaire indique qu'il existe au moins trois lignées du virus IAPV, peut-être quatre, sur le sol américain depuis 2002, voire avant. Cela veut dire que ce virus a survécu depuis plusieurs années et qu'il s'est diversifié au fil des ans. Si nous avions trouvé une seule lignée ou des lignées très similaires aux États-Unis, ou une seule souche liée aux colonies malades du CCD, je considérerais aujourd'hui que ce virus est bien la cause principale de ces effondrements. Mais ce n'est pas le cas.* »

Et l'immunologiste se lance dans une sorte de cartographie encore provisoire des différentes souches du virus : le groupe 1 de l'IAPV (qu'il appellera « lignée de l'Ouest américain ») est retrouvé dans les abeilles prélevées au Texas, au Montana et sur une abeille de Californie, ainsi que dans les lots d'abeilles australiennes. Il affirme : « *Pour quantités de raisons phylogénétiques, je ne pense pas qu'il s'agisse d'une souche d'implantation récente aux États-Unis.* » Le groupe 2, lui, correspond à la souche israélienne, absente des États-Unis. Quant au goupe 3 – qui devrait, peut-être, lui-même être subdivisé car il présente en fait de nombreux variants – on le retrouve dans des abeilles provenant d'un peu partout, de l'État de Washington à la Californie, en passant par la Pennsylvanie et la Géorgie. C'est d'ailleurs la souche que l'on a retrouvée dans les ruches de l'apiculteur David Hackenberg (lire chapitres 1 et 2). « *Nous détectons les groupes 1 et 3 dans les lots d'abeilles datant de 2002*, précise Evans. *Et nous n'avons pas repéré la*

* Entretiens des 14 et 15 octobre 2008.

souche 3 dans les abeilles australiennes ni d'ailleurs dans celles des régions d'Asie ou d'Europe (en France, en Espagne et en Allemagne) que d'autres équipes ont analysées. Donc, pour le moment, on peut considérer cette souche 3 de l'IAPV comme étant strictement américaine. Restons tout de même prudents car nous avons testé un nombre réduit d'échantillons.»

Sourire énigmatique aux lèvres et regard malicieux, Jay Evans se lève de sa chaise et va chercher une publication. Il l'ouvre et me présente le diagramme des souches d'un virus de l'abeille, séquencées il y a une dizaine d'années par Akey Hung, un autre scientifique américain de l'USDA. « *Regardez attentivement les données sur cette section du génome : elles sont issues d'échantillons d'abeilles datant cette fois de… 1998, en provenance d'Europe, de la France et de la Russie exactement. À l'époque, tout le monde pensait qu'il s'agissait du virus KBV, mais si l'on réanalyse aujourd'hui ces données, on s'aperçoit qu'il est vraiment très proche du virus découvert par les Israéliens !*»

Pour lui, il n'y a guère de doute : ce virus a dû pas mal rouler sa bosse dans les ruchers de l'Ancien et du Nouveau Monde avant d'exploser sur le devant de la scène médiatique au cours de l'année 2007. « *On n'aura malheureusement, sans doute, jamais le fin mot de l'histoire sur ses origines*, soupire Evans. *Car on ne peut pas conserver correctement les échantillons d'abeilles indéfiniment. Il faudrait pour cela pouvoir les stocker dans un congélateur à – 80 °C si on voulait encore effectuer ce type d'analyse. Et cela coûte cher.*»

« *Si tout porte à croire*, résume Judy Chen, *qu'il existe bien un virus IAPV originaire d'Amérique, nos données actuelles sur les divergences entre ses différentes lignées ne nous permettent pas de reconstituer l'histoire évolutive de ce virus sur le territoire américain, ni de certifier qu'il s'agit ou non d'un virus d'origine étrangère, pas plus que d'indiquer ses voies et ses rythmes de propagation à travers le pays.*»

Polémique australo-américaine et nouvelles questions

De retour à Canberra, Denis Anderson s'engouffre dans la brèche ouverte à Beltsville pour contester, cette fois publiquement, dans la prestigieuse revue *Science*, la relation faite – un peu hâtivement ? – entre l'importation d'abeilles de son pays et le CCD[5]. Et il suggère que ce syndrome d'effondrement relève davantage de mortalités hivernales classiques ou résulte d'attaques par des micro-champignons du genre *Nosema*, en insistant d'ailleurs sur la présence de ce dernier dans les ruches frappées par le CCD. Dernier argument : *« D'autres pays ayant signalé des épisodes de CCD (comme la Grèce, la Pologne ou l'Espagne) n'ont pas importé d'abeilles d'Australie. »*

Piqué au vif, le groupe de travail américain réplique, dans le même magazine, que si ses chercheurs n'ont toujours pas établi la cause évidente du CCD, on ne peut en déduire qu'il s'agit de simples mortalités hivernales. En outre, plaident les Américains, il y a fort à parier que les différentes lignées du même virus IAPV puissent présenter des virulences et des modes d'action différents. « *La présence de souches d'IAPV dans des échantillons d'abeilles américaines plus anciens* [que la période d'importation d'abeilles australiennes] *n'élimine pas le rôle de ce virus dans le CCD pour autant* », poursuit l'ensemble des leaders du groupe de travail. Et, coup de patte aux Australiens, ils laissent entendre que la crainte de voir se tarir le commerce d'exportation des abeilles australiennes au quatre coins du monde explique en partie les réserves d'Anderson et de son camarade. Ambiance !

Une polémique vaine et inutile ? Peut-être, si le virus provient finalement de… Chine ! Car, souvenez-vous, grâce à l'étude métagénomique, on en a trouvé la trace dans la gelée royale provenant de l'Empire du Milieu. « *C'est une piste intéressante,* admet Ian Lipkin[6], *mais très peu de données sont disponibles sur le sujet : nous n'avions pas de bonnes informations sur le SRAS* [le syndrome respiratoire aigu sévère, qui a sévi en Asie entre fin 2002 et l'été 2003] *ou la grippe aviaire en Chine, alors pour l'IAPV des abeilles, vous imaginez… C'est une question commerciale "sensible" que personne ne veut explorer.* » Cette piste, quasiment invérifiable, ne semble d'ailleurs pas être retenue par le groupe de travail américain.

Loin de clarifier l'enquête sur la cause du « syndrome des ruches américaines », ces révélations sur l'existence de différentes souches d'IAPV viennent encore la compliquer, en suscitant de nouvelles questions. Parmi elles : y a-t-il des différences de pathogénicité entre les souches américaines, israéliennes et celles des abeilles importées d'Australie ?

Pour bien saisir la portée de cette interrogation, rappelons d'abord l'une des différences majeures entre un virus comme l'IAPV et les cellules qui constituent notre organisme. Notre génome est fait d'ADN (Acide DésoxyriboNucléique), une molécule à double brin relativement robuste. Nos cellules possèdent, en outre, des enzymes permettant de corriger les erreurs qui sont introduites lors de la copie de cet ADN (ou réplication) préludant à chaque division cellulaire. Rien de tel pour l'IAPV, dont le matériel génétique est constitué d'ARN simple brin. L'ARN est une molécule plus fragile et l'enzyme permettant sa réplication est bien moins précise que « nos » enzymes : elle fait des erreurs de copie qui, de surcroît, ne sont pas rectifiées par des systèmes de réparation spécialisés. Bref, elle introduit des mutations à une fréquence relativement élevée. Conséquence : tous les virus ne vont pas pouvoir survivre et continuer à infecter les cellules de l'hôte qui, par ailleurs, cherchent à les détruire. Mais certains, grâce à ces mutations, parviennent à déjouer les défenses de l'hôte et deviennent dès lors plus virulents. Ce qui aurait pu apparaître comme une faiblesse s'avère, pour ces virus, un sérieux atout !

« *Si l'on pense que l'IAPV a muté, il faut pouvoir le démontrer et préciser sur quoi portent ces mutations* », demande Marc-Édouard Colin, un apidologue qui travaille sur les virus de l'abeille depuis 2003, à l'université des sciences de Montpellier puis à SupAgro*. « *Reprenons la démonstration du professeur Constantin Vago, notre maître à tous, membre de l'Académie des Sciences, qui a travaillé sur les élevages de vers à soie et a examiné l'apparition*

* Entretien du 11 avril 2008.

de virus très pathogènes et les causes du développement de leur virulence[7] *: il dit que pour cette virulence apparaisse, il faut un facteur déclenchant. Ce peuvent être des variations brusques de température ou d'hygrométrie, un accident alimentaire, une intoxication par des fluorures, etc. Sa conception, que nous partageons, est qu'à la faveur d'un affaiblissement de toutes les grandes fonctions de l'organisme ou du seul système immunitaire de l'hôte, le ou les virus se réveillent et passent en quelque sorte à l'attaque ! Le virus est alors le facteur qui va achever l'hôte.* »

Est-ce à dire qu'une même souche virale dont la pathogénicité ne varie pas avec une mutation génétique peut avoir un impact complètement différent selon les conditions immunitaires de l'hôte ? « *Absolument ! Dans la conception de Vago, c'est exactement cela. Et une mutation génétique du virus qui modifie sa pathogénicité et parvient ainsi à détruire un hôte est peu probable. Ce n'est pas impossible, mais c'est exceptionnel. Le plus fréquent est qu'une épidémie virale se développe parce que l'hôte est affaibli.* » Un avis que partage Jeff Pettis, de l'USDA à Beltsville : « *Mon impression, c'est que, quel que soit le virus en cause, IAPV ou KBV, il est présent un peu tout le temps et ne fait des dégâts que lorsqu'une opportunité immunitaire se présente.* »

Sans contredire cette approche, Judy Chen, à Beltsville, indique toutefois qu'elle a bien relevé « *des mutations qui distinguent les différentes lignées du virus. Et ces mutations sont localisées dans deux régions du génome susceptibles d'être impliquées dans la pathogénicité du virus. Mais il s'agit encore là d'une hypothèse* ».

Bref, mutation du virus ou affaiblissement des colonies, ou bien encore conjugaison des deux mécanismes : le scénario de l'attaque des ruchers par l'IAPV n'est pas encore arrêté ! Et cela d'autant moins que, jusqu'ici, les chercheurs américains n'ont pas apporté la preuve de la pathogénicité des lignées américaines de l'IAPV. « *Selon l'Allemand Robert Koch, découvreur, au début du* XX*e siècle, du bacille de la tuberculose* Mycobacterium tuberculosi, *pour démontrer le caractère pathogène d'un virus, il faut mettre en évidence des symptômes chez l'hôte associés à la présence* *du virus et des lésions organiques ou de ses tissus mesurables,* insiste Marc-Édouard Colin. *Or jusqu'ici, je n'ai rien lu qui me permette de conclure que l'IAPV retrouvé aux États-Unis est bien pathogène pour les abeilles.* »

Pour le démontrer plusieurs équipes américaines se sont lancées dans des infections expérimentales d'abeilles par ces lignées de l'IAPV au cours de l'année 2008. Ainsi, Diana Cox-Foster a décidé de tester si les différents variants du virus pouvaient conduire à un effondrement de colonies d'abeilles. Mais au sein de serres étanches, histoire d'éviter toute fuite intempestive d'abeilles infectées ! « *Nous allons utiliser des abeilles saines provenant d'Hawaii et produites spécialement pour cette expérience-là. Et nous vérifierons que ces abeilles sont en pleine santé, sans* Varroa, *et n'ont pas été traitées avec des acaricides* », assure l'entomologue de Pennsylvanie[8], qui se refuse, aujourd'hui encore, à accorder à l'IAPV le bénéfice du doute.

En admettant que l'IAPV américain est bien pathogène, il faudra ensuite vérifier si l'abeille mellifère américaine est capable de développer une résistance à son encontre, comme cela semble être le cas en Australie pour la souche locale, mais aussi parmi les abeilles israéliennes testées par l'équipe d'Ilan Sella. Et dans ce cas, déterminer à quel rythme…

En tout cas, qu'il s'agisse d'une attaque virale ou de l'impact d'un pesticide, les enquêteurs du CCD sont de plus en plus convaincus qu'il faut regarder de plus près l'état immunitaire des colonies d'abeilles et son évolution. Au sein du groupe de travail, l'immunologiste Jay Evans s'est lancé sans attendre dans cette étude avec une équipe de l'université de l'Illinois. D'autant qu'il dispose à présent de nouveaux outils. En effet, jusqu'au séquençage du génome d'*Apis mellifera*, publié en octobre 2006[9], les connaissances concernant le système immunitaire de l'abeille était quasiment nulles. Or ce séquençage, qui fait suite à celui du génome de la drosophile (la mouche à vinaigre, véritable insecte cobaye des généticiens) et de l'anophèle (le moustique vecteur du paludisme), permet d'effectuer des analyses comparées des gènes impliqués dans le développement de l'immunité chez chaque espèce. Les chercheurs vont ainsi pouvoir précisément analyser les gènes de réponse aux différents pathogènes et aux pesticides trouvés dans les lots de colonies soit frappées par le CCD, soit saines, et également dans des lots congelés depuis 2002. Prometteur.

Mais des virus, il y en a plein les ruches !

Alors, cause principale ou simple symptôme, ce virus IAPV ? Même Diana Cox-Foster doit l'admettre[10] : le problème du CCD *« apparaît complexe, avec beaucoup de variables possibles »*. Et la culpabilité de l'IAPV semble de plus en plus remise en cause. « *Bien que l'analyse du rôle de l'IAPV dans la perte des colonies reste une priorité des recherches en cours, nous ignorons le rôle que les autres virus de l'abeille (le KBV, le DWV et l'ABPV) ont pu jouer dans les fortes mortalités des colonies ou le déclin des ouvrières,* peut-on lire dans un rapport des principaux animateurs du groupe de travail sur le CCD, adressé le 29 avril 2008 au Service des inspecteurs apicoles américains (AIA). *Nous savons également que presque toutes les colonies d'abeilles sont atteintes par au moins un type de virus et que tous ces virus sont potentiellement pathogènes.* »

Jerry Bromenshenk, professeur à l'université du Montana et directeur de la filiale commerciale Bee Alert Technology, apporte sur le sujet une précision intéressante : ses premières analyses, effectuées sur des lots d'abeilles prélevées en Floride en décembre 2006, montrent la présence de différents virus, mais des charges virales comparables entre les ruches en bonne santé et celles qui sont malades[11]. Son équipe, ainsi que le Centre biochimique d'Edgewood, qui travaille pour la Défense américaine, ont d'ailleurs découvert un nouveau virus de l'abeille lié au varroa dans deux colonies : le virus de *Varroa destructor* (VDV-1), identifié pour la première fois en Europe en 2006*.

---

* Ce virus porté à la fois par *A. mellifera* et par l'acarien qui les infecte est lié à la famille des virus paralytiques, mais il ne serait pas responsable du CCD d'après ces chercheurs.

Et en France ? À écouter les mouvements apicoles, on a parfois le sentiment que la menace virale s'est arrêtée à nos frontières. Comme un certain nuage radioactif le 29 avril 1986 en provenance de Tchernobyl et stoppant juste au Luxembourg… Ainsi, l'IAPV serait un virus australien, israélien, américain, mais certainement pas gaulois ! J'exagère, bien entendu. En fait, peu d'études épidémiologiques ont porté sur les virus en France. Mais ce peu-là est très éclairant et convergeant avec la situation américaine. Sur l'IAPV, tout d'abord : oui, ce virus exotique est également tricolore. « *On l'a détecté en France, mais on ne l'a pas encore étudié,* me révèle Magali Ribière de l'Afssa*. *Sur une cinquantaine d'échantillons, provenant de 35 ruchers de 16 départements, on a identifié l'IAPV dans seulement 14 % des échantillons***. *Et je ne peux pas vous dire si ce virus est vraiment nouveau sur le territoire. Le problème, c'est qu'on travaille sur un autre virus, le CBPV, et on ne peut pas tout faire !* »

Autre surprise, de taille celle-là : lorsqu'on se penche sur les virus présents dans les ruches françaises, on a l'impression d'en ramasser à la pelle. C'est ce que démontre brillamment le laboratoire de pathologie comparée des invertébrés de Montpellier[12]. Laurent Gauthier et Marc-Édouard Colin ont convaincu 36 apiculteurs, amateurs et professionnels, répartis sur tout le territoire, d'effectuer des prélèvements d'abeilles adultes, de couvain et de *Varroa*, au printemps, en été et à l'automne 2002. L'analyse de leurs échantillons, provenant de colonies fortes et jugées aptes à produire, est sidérante : « *90 % des ruchers ont au moins une colonie positive pour trois virus distincts ou plus (25 % pour cinq virus à la fois !)* » notent les auteurs de cette étude[13]. Les plus fréquents : le virus des ailes déformées (DWV), présent sur 97 % des abeilles analysées (et sur les varroas des mêmes colonies, surtout à l'automne) ; celui des cellules noires de reine (BQCV) et le virus du couvain sacciforme (SBV) infectant, quant à eux, 86 % des abeilles adultes collectées, surtout l'été. Impressionnant !

---

* Entretien du 19 mars 2008.

** Ces échantillons positifs à l'IAPV correspondent à 5 ruchers sur 35, répartis dans 2 départements.

En plus de cette forte présence des virus dans le cheptel français, cette enquête souligne l'incroyable variabilité des charges virales. Parfois au sein même d'une ruche, ou entre les colonies d'un même rucher. Selon les saisons, aussi.

« *Cette étude offre un large panorama de la présence virale dans les ruchers français, mais il est regrettable que Colin et Gauthier n'aient pas prélevé d'abeilles extérieures (butineuses) ou plus âgées, pour regarder la répartition des virus dans l'ensemble d'une colonie ; ni échantillonné à la fois des colonies saines et malades, afin de mieux comprendre les effets de ces virus en fonction du développement des colonies* », objecte la virologiste Magali Ribière à l'Afssa.

Leur choix, néanmoins, met en évidence une réalité troublante : « *Les charges virales détectées peuvent être très élevées malgré une absence de symptômes apparents* » et n'avoir également aucun effet sur la production de miel, souligne Marc-Édouard Colin de Montpellier. Ainsi, l'équipe a relevé par exemple de fortes charges du virus DWV au sein de colonies parfaitement vigoureuses. C'est aussi le cas, dans une moindre mesure, pour les virus SBV et CBPV. Signe que les maladies associées à ces virus ne se déclarent probablement qu'en association avec d'autres facteurs ? C'est évidemment l'intime conviction du chercheur, qui assure à tous ceux qui poursuivent la piste virale pour expliquer les effondrements de ruchers de part et d'autre de l'Atlantique qu'ils se trompent... « *La présence d'un virus ne peut en aucun cas présumer de l'état de santé d'une colonie ni d'une diminution à venir des récoltes. Néanmoins, en présence de facteurs déclenchant les maladies, le déclin des colonies peut être grandement accéléré par les infections virales* », insiste Colin.

Les facteurs pouvant être favorables au déclenchement d'une épidémie virale ? Ils sont très nombreux : par exemple, des carences en protéines, par manque de pollens, favorisent le développement des pathologies liées au SBV. De même que la promiscuité : « *Au cours de nos propres études, à l'Afssa,* ajoute de son côté Magali Ribière, *nous avons observé qu'une période de confinement en pleine saison où les ruches sont populeuses, du fait d'un été pluvieux par exemple, crée une forte promiscuité, ce qui favorise la propagation du virus CBPV et, surtout, de la pathologie qu'il entraîne. Notre hypothèse est que cette promiscuité entraîne la cassure de certains poils et des lésions cutanées, facilitant la transmission virale. Nous avons pu le vérifier : en simulant cette situation par des lésions cutanées sur des abeilles exposées au CBPV, la maladie se transmet très vite.* » Autre voie de transmission possible des virus : les fèces. « *En 2007, on a placé des abeilles malades dans une cagette et on a retrouvé le CBPV dans leurs excréments. Et ces derniers sont infectieux. Est-ce qu'en période de confinement, lorsque les abeilles ne peuvent pas faire leur vol de propreté et que les déjections s'accumulent dans la ruche, le virus ne se diffuse pas ainsi ? Des abeilles saines, introduites dans une cagette qui a contenu des abeilles contaminées et où il y avait encore leurs fèces, ont en tout cas été contaminées.* »

Comment un virus se diffuse et devient dangereux

Les situations de confinement, lorsque la ruche est populeuse, semblent donc propices à diffuser les virus au sein des colonies. Tout comme la multiplication des déplacements de ruches, lors des transhumances ou des contrats de pollinisation, ou encore les achats d'abeilles. D'autres voies de transmissions sont notées pour certains virus : on a ainsi pu trouver du CBPV dans le miellat (excréments riches en sucres laissés sur les végétaux par des insectes piqueurs-suceurs) récolté par les abeilles. L'équipe de Pennsylvanie vient aussi de montrer que plusieurs autres virus (DWV, SBV, BQCV) peuvent provenir des pollens collectés dans les champs. Et cette même équipe a trouvé l'IAPV chez des abeilles sauvages, à proximité des ruchers[14].

De quoi provoquer la maladie des colonies et leur effondrement ? Cela n'a rien d'automatique, on l'a vu : si les colonies sont en pleine forme, elles pourront se défendre contre l'agent pathogène. Il faut donc *a priori* distinguer la question de la transmission d'un virus de celle des maladies virales. Pour autant, les deux questions ne sont pas toujours séparées. C'est le cas lorsque ces virus de l'abeille sont diffusés par un parasite qui affaiblit la colonie. Ainsi, l'infestation massive d'une ruche par l'acarien *Varroa* est fréquemment associée à la propagation de virus de l'abeille, voire de viroses (c'est-à-dire des maladies associées). « *Le varroa est un excellent vecteur du DWV, du SBV et de l'ABPV* », note Marc-Édouard Colin de SupAgro à Montpellier, qui pointe que « *parmi les ruchers* [étudiés], *il y en a un situé sur la petite île bretonne d'Ouessant, composé de colonies implantées depuis les années 80. Or, le varroa y est absent. Et les charges virales y sont indétectables ou très faibles – même pour le DWV que l'on retrouve partout ailleurs !* »

Et si aux États-Unis, on observe en même temps, dans les ruches malades, cet acarien funeste et l'IAPV qui défraie la chronique, *a contrario*, en Australie, l'inexistence du varroa est considérée comme une possible explication de l'absence d'épidémie liée à l'infection par l'IAPV. Le lien entre ces deux tueurs d'abeilles est plus étroit qu'on ne le croit, semble d'ailleurs penser le chercheur israélien Ilan Sella : il a retrouvé, en 2007, des séquences virales de l'IAPV intégrées non seulement au génome de l'abeille mais aussi à celui de *Varroa*. Un vrai sac de nœuds !

Une origine bien antérieure à l'irruption du CCD, un lien mal établi entre la présence de l'IAPV outre-Atlantique et cet épisode d'effondrement, la nécessité que d'autres facteurs interviennent pour diffuser ce virus et le rendre dangereux. Autant dire que la focalisation exclusive sur l'IAPV de la part de certains enquêteurs sur le CCD n'a pas fait long feu. Et, à la fin de l'année 2007, on a le sentiment que l'IAPV rétrograde de la place de premier tueur de la classe à celle d'un simple « *marqueur du CCD* ». Au même titre que les microchampignons du genre *Nosema* et, surtout, l'infâme *Varroa destructor* qui semble, lui, prendre du galon. Il faut dire qu'à la faveur de leur enquête, les chercheurs sont en train de réaliser à quel point cet acarien, présent dans de nombreux ruchers et contre lequel les traitements commencent à s'essoufler, joue un rôle terriblement pernicieux pour la santé des colonies.

Chapitre 9

Un vampire venu d'Extrême-Orient

L'acarien Varroa *fait des ravages dans les ruchers occidentaux. Où l'on déplore que ce parasite a déjà fait le tour du monde. Et qu'il apprécie particulièrement notre abeille mellifère! Les armes chimiques contre lui sont-elles devenues obsolètes ? Toxiques pour l'abeille ? Et les recherches sur ce mini-monstre sont-elles inefficaces ?*

« *Que ce soit nos analyses des hivers 1998-1999, 1999-2000, ou l'étude prospective multifactorielle de 2002 à 2005, puis celle de 2006-2007, à chaque fois, ce qui a décimé les colonies, c'est une maladie bien connue : la varroase! Aujourd'hui, tout un faisceau de preuves conduit à dire que l'imidaclopride* [la molécule active du Gaucho] *a été une fausse piste*», martèle Michel Aubert le 9 avril 2008, à la tribune d'une réunion d'information sur le déclin des pollinisateurs qui se tient à l'Assemblée nationale. Le varroa! Le varroa[1], vous dis-je! L'ancien directeur de l'unité de pathologie de l'abeille de L'Afssa me rappelle cette scène plaisante dans *Le Malade imaginaire* de Molière (Acte III, scène 1) :

TOINETTE : *Ce sont tous des ignorants, c'est du poumon que vous êtes malade.*
ARGAN : *Du poumon ?*
TOINETTE : *Oui. Que sentez-vous ?*

ARGAN : *Je sens de temps en temps des douleurs de tête.*
TOINETTE : *Justement, le poumon.*
ARGAN : *Il me semble parfois que j'ai un voile devant les yeux.*
TOINETTE : *Le poumon.*
ARGAN : *J'ai quelquefois des maux de cœur.*
TOINETTE : *Le poumon.*
ARGAN : *Je sens parfois des lassitudes par tous les membres.*
TOINETTE : *Le poumon.*
ARGAN : *Et quelquefois, il me prend des douleurs dans le ventre, comme si c'était des coliques.*
TOINETTE : *Le poumon. Vous avez appétit à ce que vous mangez ?*
ARGAN : *Oui, Monsieur.*
TOINETTE : *Le poumon. Vous aimez à boire un peu de vin ?*
ARGAN : *Oui, Monsieur.*
TOINETTE : *Le poumon. Il vous prend un petit sommeil après le repas, et vous êtes bien aise de dormir ?*
ARGAN : *Oui, Monsieur.*
TOINETTE : *Le poumon, le poumon, vous dis-je.*

En fait, la difficulté, dans cette enquête, n'est pas seulement d'être confronté à plusieurs causes pouvant expliquer le déclin des abeilles. C'est aussi de se heurter à la focalisation obsessionnelle et exclusive sur l'une d'entre elles par les spécialistes de l'abeille : Diana Cox-Foster, en Pennsylvanie, sur le virus de l'IAPV (voir le chapitre précédent), Marc-Édouard Colin de Montpellier, Luc Belzunces d'Avignon et Jacques Bonmatin d'Orléans, sur les pesticides (voir le chapitre 6), l'Espagnol Mariano Higes sur le micro-champignon *Nosema ceranae* (voir le chapitre 11), Philippe Lecompte, en Champagne, sur les carences alimentaires (voir le chapitre 14), et Jean-Paul Faucon et Michel Aubert de l'Afssa, sur *Varroa*. Humain, mais épuisant ! Car chacun a tendance à minimiser les autres causes possibles et rechigne à conjuguer son approche avec celles de ses collègues.

Un monstre sanguinaire et discret

Reconnaissons que la bête noire de l'Afssa est aussi celle de la plupart des colonies d'abeilles. Car le bien nommé *Varroa destructor* est tout simplement un monstre sanguinaire ! Écoutez donc son forfait[2]. De la taille d'une tête d'épingle (à peine plus d'un millimètre de long) et de la forme d'un crabe, la femelle varroa « fondatrice » commence par se glisser à l'intérieur d'une ruche. Elle se planque aussitôt au fond d'une loge du couvain que les abeilles ouvrières fermeront d'un opercule après la ponte d'un œuf par leur reine. Bien au chaud, la femelle acarien y pond également ses œufs, tous les deux ou trois jours. Et la joyeuse tribu de parasites s'alimente sur la larve d'abeille, en perçant sa cuticule protectrice et en lui pompant 15 à 40 % du volume de son « sang » (l'hémolymphe). Elle se goberge également de son milieu nourricier. Tant qu'à faire !

Une semaine à dix jours plus tard, les acariens se reproduisent. Puis la petite troupe attend son heure. Peu de temps : au douzième jour, ils émergent à la faveur de la sortie de la jeune et frêle abeille. Amaigrie – de près de 20 % par rapport à la normale – présentant des glandes nourricières atrophiées, affaiblie, l'inconsciente ouvre grand la porte du reste de la colonie à ces vampires miniatures. Les varroas se disséminent auprès des adultes de la ruche, en s'accrochant à l'arrière de l'abdomen de leurs hôtes grâce aux deux griffes et à la ventouse qui terminent leurs huit pattes. Difficile alors de les en extirper ! Leur cible préférée ? Les nourrices, directement en contact avec le couvain au sein duquel ils pourront, à nouveau, pondre et se reproduire.

Certains apidologues estiment que chaque varroa femelle est capable d'effectuer jusqu'à sept cycles dans une même ruche, engendrant potentiellement chacune 35 descendants[3]. Et dans la mesure où une partie des butineuses a naturellement tendance à migrer, par erreur, dans une autre ruche que la leur, elles favorisent le transport et la diffusion de l'acarien dans une nouvelle colonie. Efficace convoi : en Allemagne, on a observé que cette invasion des ruches varie de 2 varroas introduits par semaine au printemps, jusqu'à plus de 30 en été[4]. Mieux, en Italie, cette invasion passe de 5 varroas par jour, au printemps, jusqu'à 70 en été. Ainsi, sous nos latitudes tempérées, lorsque les ruches sont populeuses, ces mini-monstres pullulent de concert – jusqu'à 5 000 par colonie ! Mais tous les records semblent avoir été battus en Angleterre, où l'on a relevé, il y a quelques années, jusqu'à 42 000 varroas par colonie. Soit une moyenne d'un acarien par abeille. Inouï !

Inouï et fatal. Car, comme on l'a constaté en France, une colonie d'abeilles est souvent morte avant que la population de varroas n'ait atteint les 6 000 à 10 000 individus – sous nos latitudes, ce seuil est dépassé quatre ans après le début de l'invasion de la ruche ; sous les tropiques, 18 mois suffisent. Des morts dues aux virus qu'ils diffusent (IAPV, CWV, BQCV, etc.) ? Oui, mais pas seulement : les apidologues ont constaté que les acariens qui parasitent les larves provoquent plusieurs malformations visibles à l'œil nu, notamment des ailes, chez la jeune abeille. Ils induisent aussi une réduction de ses réserves de graisse et de la concentration en protéines de son hémolymphe, affaiblissant ainsi son système immunitaire et sa capacité à résister aux maladies, aux contaminants et aux stress. L'infestation se traduit également par une réduction de la qualité de la gelée royale produite, une diminution du poids de l'abeille à l'émergence du couvain (de 8 à 25 %) et de sa durée de vie (de 9 à 14 jours sur une existence moyenne de 21 à 180 jours selon la saison de naissance des abeilles et la latitude, en fonction du nombre de parasites au stade larvaire). Les varroas atteignent leur apogée à la belle saison, alors même que la population d'abeilles adultes et le couvain décroissent naturellement : la fin de l'été devient ainsi critique pour la colonie, car la « pression parasitaire » est alors maximale.

Et si l'Afssa manifeste une telle obsession à l'encontre de ces acariens, c'est qu'elle en voit partout : dans des ruchers malades, l'agence a relevé 18 % de cas de varroase en France durant l'hiver 1987-1988, 37 % en 1999-2000, 35 à 46 % en 2002- 2005, 61 % en 2005-2006 et 54 % en 2007-2008[5].

Les données américaines récentes incitent toutefois à la prudence. Car s'ils ont bien retrouvé, en moyenne, plus de 4 000 varroas par colonie, les scientifiques du groupe de travail sur le CCD n'ont pas observé de différences notables entre les ruches malades de ce syndrome et celles qui étaient réputées saines. « *Lors de notre première enquête, conduite en 2007 auprès des apiculteurs américains*, me précise Jeff Pettis du département d'État de l'agriculture (USDA), dans le Maryland, *non seulement nous n'avons pas trouvé de* Varroa *ni de champignons* Nosema *dans la moitié des colonies suivies, mais les charges parasitaires relevées étaient comparables entre les ruches faibles affectées par le CCD et les colonies en bonne santé. Donc, pour nous, la présence de ces deux parasites n'est pas corrélée à ces épisodes d'effondrement.* » Ou du moins, ils n'en sont pas seuls responsables ! Aussi, les infestations par le varroa qu'a relevées l'Afssa pourraient fort bien affecter également les ruches actives (l'agence a surtout examiné des ruchers malades).

Un grand tour de planète !

C'est par le Transsibérien que le « vampire des abeilles » a envahi l'Europe[6]. Dès 1905, parmi les premiers voyageurs de ce train de légende qui relie Moscou à Vladivostok par la Mandchourie chinoise, se trouvent *Apis mellifera* et ses gardiens. Les monts Oural, l'immense manteau émeraude des conifères, le lac Baïkal, les steppes rases de l'Asie centrale à perte d'horizon... 9 200 km et sept fuseaux horaires plus tard, notre abeille découvre les parfums discrets de la Taïga, le brouillard glacial de l'Extrême-Orient et sa lointaine parente orientale, *Apis cerana*. Cette dernière est robuste, mais bien moins productrice que notre Rolls occidentale, qui a précisément été amenée jusque-là pour renforcer les productions locales de miel. Et sur le dos de l'abeille asiatique, campe celui qui va devenir son pire cauchemar : l'acarien *Varroa destructor*. Il ne faudra pas un siècle au détestable parasite pour sauter sur cette nouvelle chair fraîche venue d'Europe[7] ! Dès 1952 ou au tout début des années 60, selon les auteurs, le varroa est solidement implanté dans les populations d'*Apis mellifera* asiatiques.

La suite de l'histoire est plus difficile à retracer, mais on la devine aisément tant les mouvements d'importation et d'exportation d'abeilles à miel s'accélèrent à la surface du globe après la Seconde Guerre mondiale. Les Chinois, mais aussi les Japonais, les Indonésiens et les Philippins, veulent en effet intensifier leur production de miel et importent régulièrement, à partir des années 70, *Apis mellifera*, plus docile et productive que leur *Apis cerana*. L'Asie finit aussi par devenir une source d'approvisionnement en abeilles occidentales pour toute l'Europe ! On assiste alors à un curieux retour à l'envoyeur de souches d'*Apis mellifera* orientales, porteuses, entre-temps, du funeste acarien.

Ainsi, avant la fin des années 60, l'acarien est détecté dans l'ensemble des républiques soviétiques, puis dans les pays de l'Est européen au début des années 70. Or, si l'on observe que l'abeille russe a fini par tolérer ce parasite, après un tribut payé à l'acarien qui se chiffre en milliers de ruches défaites, les colonies européennes, elles, sont encore ingénues et sans défense ! *Varroa destructor* va dès lors se transformer en invincible Attila sur le Vieux continent.

C'est par l'Allemagne, à la suite de l'imprudence d'un groupe de chercheurs, que le varroa fait irruption sur la scène médiatique d'Europe de l'Ouest : « *Cet acarien est apparu en banlieue de Frankfort, à Oberursel, où un laboratoire de l'Institut Bienenkunde avait importé des* Apis cerena *d'Asie et des* Apis mellifera *du Pakistan*, retrace Marc-Édouard Colin*. *Et ils ont laissé s'échapper des abeilles contaminées* [sans doute vers 1977]… *Mais il y a certainement eu d'autres sources d'introduction du* Varroa, *à la faveur des importations de matériels et d'abeilles.* »

Faisant, entre 1981 et 1982, ses premières victimes dans les ruchers italiens puis en France, l'acarien conquiert rapidement

* Entretien du 11 avril 2008.

de vastes territoires en Europe[8] : en 1983, il est signalé en Belgique et aux Pays-Bas, en 1985 il franchit les Pyrénées et il entre en Espagne, avant de gagner le Portugal un an plus tard puis, en 1992, le Royaume-Uni. À raison de 5 à 40 km par an, il s'« envole » à travers toute l'Europe, solidement arrimé à l'abdomen de son souffre-douleur. Et *Varroa destructor* voit grand : après l'Europe, il s'attaque à l'Amérique du Nord. Sans que l'on puisse en retracer le parcours exact, on retrouve la souche russe de l'acarien au beau milieu de l'État du Wisconsin américain en 1987.

À la conquête des Amériques

L'odyssée du varroa vers le Nouveau Monde semble s'être effectuée en deux temps. Avant son introduction dans le Wisconsin, on sait que l'acarien a d'abord débarqué en Amérique latine. Au Paraguay pense-t-on, qui a importé en 1971 des reines et du couvain d'*Apis mellifera* contaminés en provenance du Japon[9]. Cette espèce serait elle-même arrivée au pays du Soleil Levant un siècle auparavant et l'abeille s'y serait faite « vampirisée » par *Varroa* vers 1957, à partir de lots d'abeilles occidentales provenant d'Indonésie. La mondialisation des échanges apicoles, déjà ! Au passage, ce n'est pas le moindre des paradoxes alors que l'abeille orientale a refilé à sa cousine occidentale son plus funeste parasite, que d'apprendre de la bouche de Shi Wei, de l'Académie chinoise des sciences agricoles de Pékin, qu'« Apis cerana, *l'abeille native de Chine, est à présent menacée essentiellement du fait de la compétition avec* Apis mellifera *introduite*[10]. » Ces échanges mal régulés n'en finissent pas de faire des victimes ! Toujours est-il que, du Paraguay, l'abeille occidentale porteuse du varroa serait passée chez son grand voisin brésilien un an plus tard, en 1972. Mais là, elle n'y cause aucun dégât apparent. Surprenant !

On suppose que cela s'explique par une bonne résistance de la lignée locale d'*Apis mellifera* : une abeille hybridée avec une parente africaine, comme on l'a vu chapitre 7. « *Au Brésil, à la différence des États-Unis, les apiculteurs et les apidologues ont laissé la nature agir et n'ont pas traité chimiquement les colonies contre le varroa*, observe l'entomologiste Jay Evans, de l'USDA du Maryland*. *Résultat : la sélection a pu agir efficacement. Si bien qu'à présent, il existe des génotypes résistants.* »

Mais on remarque aussi que la population japonaise de l'acarien présente au Brésil est moins virulente que la population de Corée et de Russie qui, elle, s'est quasiment généralisée à la surface du globe[11]. En fait, s'il y a bien des provenances géographiques distinctes, génétiquement parlant, on a affaire à la même bestiole sanguinaire ! « *On a fait des profils génétiques du varroa. Or les deux types communs que l'on trouve, le coréen et le japonais, sont en réalité des clones*, révèle le généticien des insectes Michel Solignac, à Gif-sur-Yvette (LEGS-CNRS)**. *Donc on se retrouve partout, d'Asie aux États-Unis en passant par l'Europe, avec les mêmes clones du parasite. Comme s'ils descendaient tous de la même femelle à l'origine ! Cela peut surprendre, mais c'est en fait un phénomène assez courant lorsque vous avez une peste qui explose et envahit la planète entière. Le revers de la médaille, c'est que, théoriquement, ce phénomène est un facteur de vulnérabilité : si l'on trouve l'arme fatale contre le varroa, on devrait pouvoir l'éradiquer facilement de toute la surface du globe. Enfin, ça, c'est la théorie…* » Cela n'empêche pas l'apparition de résistances chez l'acarien, ne serait-ce que sous la pression des traitements insecticides. D'où les différences de virulence observées entre populations d'acarien d'un pays à l'autre.

L'ironie du sort, c'est qu'après les premiers ravages effectués sur leur sol par *Varroa destructor* depuis le Wisconsin, les apiculteurs américains vont voir le salut venir du fin fond de la maudite Russie ! Il y a une quinzaine d'années en effet, une équipe de l'USDA à Baton Rouge, en Louisiane, conduite par Tom Rinderer, est partie pour la Sibérie à la recherche

---

* Entretiens des 14 et 15 octobre 2008.

** Entretien du 23 mai 2008.

de lignées d'abeilles locales tolérantes à l'acarien. « *Ils sont allé dénicher ce génotype dans les régions forestières de l'Extrême-Orient russe, près de la ville de Primorski**. *C'est l'une des toutes premières régions où le varroa est passé de l'abeille orientale à l'abeille occidentale, et où il a été en contact avec cette dernière durant 80 à 100 ans* », raconte Jay Evans.

Les envoyés de Louisiane recherchent des apiculteurs russes n'utilisant aucun acaricide. Ils en trouvent et rapportent dans leurs bagages une quarantaine de colonies naturellement résistantes au varroa. La robuste lignée est aussitôt placée en quarantaine d'observation sur une île du Golfe du Mexique. De quoi vérifier qu'elle n'apporte aucune maladie nouvelle aux États-Unis. « *C'était aussi une opportunité pour tester la résistance de ces abeilles aux souches américaines du varroa*, précise Evans. *Ces tests ayant été concluants, ils ont commencé à conduire un programme d'hybridation en distribuant chaque année de jeunes reines résistantes à cinq sociétés américaines de production d'abeilles d'origine italienne, situées dans différentes régions du pays. Cela a permis de sélectionner de nouveaux génotypes américains résistant au varroa.* » Depuis, onze sociétés les diffusent auprès de tous les apiculteurs du pays qui en font la demande, comme notre ami du New Jersey, Jean-Claude Tissot (voir le premier chapitre).

Et la *success story* de cette « Russe » en Amérique (en fait des hybrides) ne s'arrête pas là. Une association des reproducteurs d'abeilles russes a été créée aux États-Unis. Et, selon elle[12], les performances de cette souche sont très encourageantes. Car les apiculteurs qui l'ont adoptée emploieraient moins, voire plus du tout d'acaricides. Dépensant moins d'argent et passant moins de temps à traiter qu'avec les autres génotypes d'abeilles, ces exploitants auraient en outre essuyé moins de pertes de colonie durant l'hiver 2008-2009. Et quelle meilleure publicité que celle de faire entrer cette souche au rucher de la Maison Blanche, où deux colonies « russes » polliniseront en juillet 2009

* Jusqu'en 1970, la ville s'appelle Soviet, puis Primorski, avant d'être rebaptisée Vilioutchinsk, le 4 janvier 1994, du nom d'un volcan voisin.

le jardin « bio » de Michèle Obama, la *First gardener* des lieux… La guerre froide est décidément un lointain souvenir !

Quoi qu'il en soit, moins d'un siècle après sa découverte, l'Infâme a fait le tour du monde. Même l'Afrique ne lui a pas échappé ! Il y est entré par la Tunisie au cours des années 70, à la faveur, là encore, d'exportations d'abeilles contaminées par des Roumains et des Bulgares. Seule l'Australie lui résiste. Un vrai mystère géographique ! Des populations d'*Apis cerana* infestées de varroas ont été repérées sur les îles du détroit de Torres, au nord du pays. Et, en 1998, une colonie isolée de cette abeille orientale (mais sans varroa) a même été localisée à Darwin, la grande ville qui prend pied à l'extrême nord-est du continent austral[13]. Venait-elle de Nouvelle-Guinée, où l'espèce infestée existe ? Sans doute. Mais, fort heureusement, il semble que l'abeille orientale est absente dans le reste du pays et cette population de *Varroa* néo-guinéenne est inoffensive pour *Apis mellifera*, la seule espèce d'abeille d'élevage présente en Australie. Pour combien de temps ? Des populations virulentes de l'acarien peuvent gagner la Nouvelle-Guinée depuis l'Indonésie, puis passer sur ce continent. Et bien que l'Australie soit une île, bien que ses autorités soient fort précautionneuses en matière d'importation de parasites, de virus et autres pathogènes agricoles, le pays n'est pas une forteresse complètement isolée du reste du monde.

Pourquoi « notre » abeille est-elle aussi vulnérable ?

La menace qui pèse sur *Apis mellifera* en Australie est sérieuse : les spécialistes ont en effet remarqué que le varroa avait une affinité toute particulière pour « notre » abeille mellifère occidentale, alors que sa parente orientale *Apis cerana* parvient à contenir le développement des populations de l'acarien. C'est que la physiologie et la biologie d'*Apis mellifera* et celles du varroa s'accordent étonnamment. Pour le pire ! Ainsi, le parasite semble irrésistiblement attiré par le couvain de l'abeille occidentale : la température intérieure des loges où grandissent ses larves et la durée d'« operculation » de ces cellules se calent parfaitement avec le cycle de développement du varroa.

Sans compter que la jeunesse des relations entre la peste et son hôte – moins de soixante ans – explique certainement les moins bonnes performances d'*Apis mellifera* dans les pratiques d'épouillage, tant individuel que social, en comparaison d'*Apis cerana*. Cette différence d'efficacité demeure toutefois diversement appréciée : tandis qu'une étude comparative entre les deux espèces menée en Thaïlande assure que 99,6 % des acariens déposés sur l'abeille orientale sont éliminés par cet épouillage, contre seulement 0,3 % chez *A. mellifera*[14], une équipe suédoise a montré, plus récemment, que les performances d'épouillage était presque comparables chez les deux « parentes », provoquant la chute de seulement 27 % des acariens chez l'espèce asiatique contre 20 % chez l'européenne[15].

En fait, il se pourrait bien que ce soit l'autre pratique de nettoyage observée chez les abeilles sociales qui fasse la différence entre les deux espèces : l'élimination des cellules du couvain et des larves infestées par le varroa. Grâce à leurs capacités olfactives, les ouvrières d'*Apis cerana* nettoieraient plus de 90 % du couvain d'ouvrières infesté par *Varroa*, contre 20 % chez *Apis mellifera*. Et en réalité, précise l'apidologue Rémy Vandame, qui cite ce résultat dans sa thèse[16], « *l'hôte d'origine est tolérant au varroa, mais non résistant, ce qui signifie que l'on trouve toujours quelques dizaines ou centaines de varroas dans les colonies d'*Apis cerana. *La population d'acariens demeure toutefois à un niveau très modeste, car plusieurs mécanismes interagissent pour mener à la tolérance, fruit probable d'une longue coévolution* ». Le seul cas de véritable résistance connu jusqu'à présent est celui d'une population d'*Apis mellifera* de la Papouasie-Nouvelle Guinée, originaire d'Europe : chez elle, l'acarien ne parvient ni à se développer ni même à s'y maintenir. Et cela, pour des raisons encore mystérieuses.

Vu les très hauts niveaux d'infestation et la virulence de l'acarien, tout porte à croire que, sans l'intervention des apiculteurs et de leurs acaricides, notre abeille domestique aurait disparu de plusieurs régions. Le paradoxe pourtant, c'est que cette protection chimique ne laisse pas le temps à des populations d'*A. mellifera* naturellement tolérantes aux varroas d'émerger – comme on l'a vu au Brésil. Nos élevages, comme n'importe quel système de production, entretiennent en fait la sensibilité de nos abeilles à ses pires parasites ! Cette contradiction est aussi un vrai casse-tête pour les exploitants confrontés aux ravages causés par le parasite.

En outre, certains chercheurs, en particulier ceux de l'Afssa, déplorent les traitements chimiques inadéquats, qui favorisent la résistance de larges populations de varroas aux acaricides agréés*. Ou du moins qui en accélèrent l'avènement. Si bien d'ailleurs qu'aujourd'hui, les éleveurs manquent cruellement de molécules efficaces pour contenir l'invasion de ce vampire venu d'Orient.

Bidouillage, vous avez dit bidouillage ?

« *Des traitements aléatoires ? Mais j'en ai mille exemples en tête !* », s'exclame le responsable de l'unité « abeille » de l'Afssa, Jean-Paul Faucon**. Petite revue de ces pratiques incongrues dans les ruchers de France et de Navarre. « *Prenez seulement l'hiver 2007-2008. Un apiculteur visité a traité ses colonies avec du fluvalinate (Apistan), qui n'est plus actif contre l'acarien. Un autre, dans les Hautes-Alpes, qui a perdu 15 de ses 20 ruches, nous appelle et nous affirme qu'il a traité* Varroa *à l'amitraze (Apivar) quand et comme il le fallait. Or ce gars avait une excellente réputation. J'étais vraiment intrigué. Nous sommes allés le voir. Et, à force de discussion, nous avons fini par comprendre qu'il avait effectivement traité à*

* Les traitements homologués sont l'Apivar (amitraze), en lanières, et l'Apiguard (thymol) pour l'apiculture biologique, de même que l'Apistan (tau-fluvalinate). Avec ce dernier, on a enregistré des cas de résistance de l'acarien dès 1995. À l'heure actuelle, la résistance est telle que cet acaricide est considéré comme très peu efficace.

** Entretien du 19 mars 2008.

l'amitraze, mais en… 2006! Et il n'avait pas refait le traitement en 2007, pour des raisons de coût.»

La bonne recette pour le responsable de l'Afssa? Traiter à l'amitraze fin août-début septembre puis, de préférence, une seconde fois au printemps, afin d'obtenir une bonne protection des colonies.

Intarissable sur le sujet, Jean-Paul Faucon cite encore cet apiculteur de Lozère qui plaçait des tuyaux de cuivre aplatis dans ses ruches parce qu'on lui avait dit que ça marchait contre le varroa… Cet autre aussi, adepte de l'apiculture en biodynamie, « *qui faisait des dessins sur des langes enduits de graisse et d'amitraze qu'il plaçait ensuite dans ses ruches, pour y améliorer l'ambiance et casser certaines ondes de forme néfastes à l'abeille*». Si ces figures ne sont guère efficaces, sont-elles néfastes pour autant? Et ces deux autres encore, qui ont mis des boules de coton à démaquiller avec quatre gouttes d'amitraze dessus. « *Voilà, c'est quand même du grand n'importe quoi! Et quand je le dis, on me reproche de ne considérer que des cas particuliers. Mais franchement, moi, j'en vois à longueur d'année des cas particuliers comme ça** !»

Notons qu'au passage, bien d'autres «trucs» sont testés en France comme à l'étranger contre *Varroa*, avec plus ou moins de bonheur et parfois par des chercheurs très sérieux qui publient leurs résultats dans d'austères revues scientifiques: des cordons de coton enduits de cire et de paraffine, placés dans les ruches afin que l'abeille s'en enduise le corps et que l'acarien ne parvienne plus à se maintenir sur son abdomen; un saupoudrage de talc de craie empêchant l'adhérence des ventouses du varroa; des vibreurs d'abeilles pour faire tomber les parasites; de l'eau-de-vie pour ensuquer le monstre; l'épandage sur les cadres d'un mélange d'ail et de sucre en poudre censé, sans doute, faire fuir ces mini-vampires; etc.

Malaise dans la profession, lorsque l'on aborde ce sujet des

* Dans son dernier rapport (novembre 2008), l'Afssa cite également l'usage de deux molécules non autorisées en apiculture: le chlorfenvinphos et l'acrinathrine, contre lesquels l'acarien présenterait en outre des résistances… Et également le coumaphos, autorisé pour les chiens et chats, mais non homologué pour l'abeille.

« traitements aléatoires ». Malaise et profond agacement. « *Qu'on ne prétende pas que le* varroa *est la cause de tous nos problèmes, ou que ceux-ci soient dus à l'incompétence des apiculteurs, incapables de bien soigner leurs colonies : arrêtons ce mauvais procès et ces mensonges !* », fulmine Henri Clément, le président du syndicat apicole UNAF*.

En termes plus bucoliques, son voisin Dominique Vannobel, apiculteur au village Le Pompidou (Lozère), confirme** : « *Dans une ruche, vous savez, le varroa c'est un peu comme le pollen de châtaigner : que vous fassiez une miellée d'acacia ou de bruyère, vous en trouverez toujours, car du pollen de châtaigner, il y en a partout chez nous ! Eh bien le varroa, c'est pareil ! Y en a un peu partout... C'est un poids supplémentaire, qui peut avoir des effets en cascade, mais ce n'est pas une cause nouvelle pouvant expliquer les disparitions soudaines des abeilles de nos ruches.* »

Une fois de plus, l'appréciation de Joël Schiro, qui préside le SPMF, tranche radicalement avec celle de son homologue à l'UNAF : « *Le varroa est devenu un problème majeur qui cause de graves mortalités* », assure cet apiculteur des Hautes-Pyrénées***. Et de noter[17] : « *En ce printemps 2008, il ne faut pas chercher ailleurs que dans l'infestation par le* varroa *les causes des fortes mortalités enregistrées.* » Il ajoute : « *Aux premiers temps de l'invasion de cet acarien en France, même les directions des services vétérinaires ne pouvaient rien proposer d'autre que des "bricolages". Le milieu apicole en a gardé une culture du "système D", des thérapies à base de poudre de perlimpinpin et des solutions individuelles qui n'arrangent rien.* »

Chez ce responsable des « professionnels »****, c'est d'abord l'armée des amateurs composant l'essentiel de l'apiculture française qui est visée : « *On ne peut qu'être d'accord avec l'Afssa lorsqu'elle tire la sonnette d'alarme.* » Et Joël Schiro de souligner « *le manque d'information des apiculteurs qui n'évaluent pas à sa juste*

---

* Entretien du 29 septembre 2008.

** Entretien du 13 mai 2008.

*** Entretien du 21 avril 2008.

**** Voir la note p. 70.

valeur l'action insidieuse et délétère de Varroa, *qui appliquent des traitements insuffisamment efficaces, soit trop tardifs en saison, soit trop ponctuels, soit en ne respectant pas la posologie, etc. Les revues de vulgarisation apicoles qui ignorent ou dénigrent ces judicieux conseils ont à l'évidence une responsabilité énorme dans le fiasco qui en découle en termes de santé du cheptel apicole.»*

Excessive ? La critique est jugée en partie injuste par le technicien apicole de l'Adapro-LR, Vincent Girod* : « *Oui, sur le terrain, on peut voir n'importe quoi sur les façons de traiter. Ou de ne pas traiter d'ailleurs. Mais enfin, il y a quand même pas mal d'apiculteurs qui travaillent tout à fait correctement leurs ruches, avec des produits homologués, et qui subissent pourtant des pertes importantes. Inversement, certains qui utilisent des mixtures diverses, ou des insecticides sans AMM (autorisation de mise sur le marché), n'ont pas subi de pertes. Alors, soyons prudents avant d'accuser le varroa de tous les maux ou les apiculteurs d'amateurisme.»*

Une chose apparaît certaine : la lutte contre le varroa n'est pas une sinécure ! Plutôt une entreprise de toutes les saisons, qui exige attention et compétence. Certainement pas, en tout cas, une science exacte avec une garantie de succès : « *Il n'y a pas de recette qui fonctionne tout le temps et partout,* constate Vincent Girod. *Il y a des efficacités que l'on appelle en "peau de léopard", c'est-à-dire que l'on observe, sur le territoire ou au sein même d'un rucher, des zones pour lesquelles une molécule n'agira pas. Et l'on en ignore la raison. D'ailleurs, même avec les produits homologués, la durée du traitement que nous recommandons est passée de six semaines à dix semaines et plus. Ça veut quand même bien dire qu'on ne retrouve plus la même efficacité qu'au départ.»* Une difficulté que reconnaît d'ailleurs le responsable de l'Afssa : « *Si l'on peut réussir à contrôler la maladie une saison et faire que son cheptel vive avec, l'éradication du varroa apparaît difficile aujourd'hui, tant l'acarien est partout présent et certaines souches sont très coriaces ou résistantes aux traitements.»*

---

* Entretien du 13 mai 2008. L'Adapro-LR est l'Association pour le développement de l'apiculture professionnelle en Languedoc-Roussillon.

L'État a-t-il baissé la garde ?

Il y a un point, peut-être, sur lequel tout le monde se mettra d'accord : la conjugaison pernicieuse du climat et du varroa. « *La multiplication des hivers doux conduit la reine à pondre plus tôt,* explique Henri Clément, *ce qui favorise l'installation plus précoce du varroa dans le couvain. Et on finit par en avoir toute l'année, de ce parasite !* » Des hivers doux qui font flamber l'invasion du varroa, mais aussi la sécheresse à la fin de l'été ou en automne, qui entraîne un manque de fleurs. Et donc de nectar et de pollen. « *Les abeilles entrent alors dans l'hiver avec des carences en protéines,* complète Jean-Paul Faucon. *Si la charge en varroa est plus forte durant cet hiver-là, l'impact de la parasitose peut leur être fatal.* »

Paradoxe : c'est au moment où le parasite devient omniprésent dans les ruchers et résistant contre certains acaricides que le ministère de l'Agriculture a choisi de retirer la varroase de la liste des maladies contagieuses[18]. Ce qui lève, du même coup, les restrictions de déplacement. Irresponsable ? C'est l'opinion de l'éleveur Philippe Lecompte, président de l'Ada-Est* : « *C'est une façon d'acheter la paix sociale avec la profession, mais le prix à payer en terme de diffusion du varroa est lourd. Il aurait mieux valu trouver un compromis en permettant des transhumances – vu que le varroa est partout ! – tout en imposant une obligation de traitement et des contrôles.* »

Les responsables sanitaires tentent, eux, de justifier cette stratégie : « *Le principe retenu par les autorités est de placer en déclaration obligatoire – avec mesures sanitaires à l'appui – les pathologies qui ne sont pas présentes partout et pour lesquelles on peut donc éviter une épidémie nationale : malheureusement, ce n'est plus le cas du varroa* », explique la responsable de la Direction départementale des services vétérinaires (DDSV) de l'Hérault, Florence Smuej**. Cela

* Entretien du 20 mai 2008. L'Ada-Est est l'Association de développement de l'apiculture pour tout le nord-est de la France. Elle pourrait être remplacée par deux associations plus locales.

** Entretien du 14 mai 2008.

signifie-t-il que les pouvoirs publics ont baissé les bras devant l'avancée de cet acarien parasite ? « *Non, cela signifie plutôt que l'État répartit ses priorités budgétaires : il mettra moins d'argent pour engager l'élimination du varroa, puisqu'il existe des traitements apicoles disponibles et efficaces* », plaide Brigitte Lamic-Martin, chargée à la DDSV de suivre la filière apicole dans l'Hérault. Des traitements apicoles efficaces, vraiment ? « *Le contrôle de la varroase relève clairement à présent de la responsabilité de l'apiculteur,* ajoute-t-elle, *mais ça ne signifie pas que la maladie est moins grave qu'avant, bien entendu.* » Cela s'appelle refiler la patate chaude, non ?

Des traitements répétitifs, peu efficaces, toxiques ?

Confronté au même problème – la présence quasi permanente du varroa durant l'année dans ses colonies de Floride – l'apiculteur David Mendes, vice-président de la Fédération apicole américaine (ABF), a fait le choix, lui, d'abandonner les acaricides de synthèse* : « *Je n'utilise plus que des produits biologiques, comme l'acide oxalique, durant trois à cinq jours et à plusieurs jours d'intervalle. Jusqu'ici, je n'ai pas observé de résistance de l'acarien. Et je conjugue ce traitement avec une réduction de la taille du couvain, à certaines saisons, pour limiter l'implantation du parasite. Cette approche me permet de diminuer le risque toxique lié aux traitements acaricides intensifs et répétés, tant pour les abeilles que pour le miel.* » Un brin anxieux, l'Américain, sur ces insecticides ? Il y a de quoi. Les analyses effectuées fin 2007 par les entomologistes de l'université de Pennsylvanie (Penn State) ont de quoi effrayer les apiculteurs américains : sur 88 échantillons de cire analysés, provenant de ruches saines et frappées par le CCD, 18 molécules pesticides et deux métabolites de ces dernières ont été identifiés. Et, parmi eux, du fluvalinate et du coumaphos, dans… 100 % des échantillons[19] !

* Entretien du 24 octobre 2008.

Est-ce un problème pour autant ? Le fluvalinate n'est-il pas réputé être parfaitement inoffensif pour l'abeille mellifère ? Oui, jusqu'ici : « *Sa formulation originale (racémique ou aux formes multiples) présentait une dose létale (DL50) de 65,85 µg par abeille, ce qui est considéré comme relativement peu toxique,* admet Maryann Frazier de Penn State. *Mais au début des années 90, le fluvalinate racémique a été remplacé par du tau-fluvalinate (ayant une forme simple) ce qui a notablement augmenté sa toxicité.* » La DL50 a alors été ramenée à 8,78 µg par abeille, un niveau considéré cette fois comme étant modérément toxique pour l'hyménoptère.

En fait, les coûts élevés de mise sur le marché d'un nouveau pesticide peuvent pousser les compagnies agrochimiques à préférer rendre les molécules existantes plus performantes ou à surmonter les résistances qui apparaissent chez les insectes cibles en changeant leur formulation. Or, s'inquiètent les entomologistes de Penn State, le fluvalinate a changé de propriétaire plusieurs fois aux États-Unis durant les vingt dernières années... soit autant d'occasions de modifier discrètement sa formulation. Et, fort curieusement, en 1995, l'Agence de protection de l'environnement (EPA), chargée de contrôler l'homologation des produits phytosanitaire, a enregistré une dose létale pour le fluvalinate égale, cette fois, à 0,2 µg par abeille : hautement toxique pour notre hymenoptère ! Le tout, sans exiger de nouveaux essais de toxicité. D'où les fortes suspicions de l'équipe de Maryann Frazier sur de possibles effets adverses de cet acaricide, voire une responsabilité partielle dans le CCD. L'Europe n'est pas en reste : une équipe allemande indiquait en 2000 avoir détecté les traces d'acaricides, notamment de fluvalinate et de coumaphos, dans plusieurs échantillons de cire d'abeille provenant de ruchers de 10 pays européens entre 1997 et 1999[20]. En France, l'Afssa a obtenu des résultats analogues[21]. Fort heureusement, la résistance galopante du varroa pour le fluvalinate rend cet acaricide obsolète. Et donc moins utilisé. De même que le coumaphos désormais interdit pour les usages apicoles en France.

Dommages collatéraux de ces contaminations résiduelles : la pollution de quelques miels consommés par l'homme. En théorie – et le plus souvent en pratique – on interdit tout traitement à base d'acaricide dans les ruches durant les périodes de miellées et de pose des hausses (où l'abeille va stocker le surplus de miel que l'apiculteur va récolter). Cela, pour éviter précisément toute contamination du miel. Mais, hors des périodes de miellée, l'abeille peut être contaminée par simple contact avec des acaricides rémanents ou stockés dans des cires. D'où un risque de contamination de la miellée suivante.

« *Sans vouloir se voiler la face, certaines formulations de produits homologués, notamment à base d'amitraze, laissent parfois des résidus dans le miel, comme nous l'avons montré lors du prélèvement d'une trentaine d'échantillons que l'Adapro-LR a fait analyser ces deux dernières années par un laboratoire reconnu,* révèle Vincent Girod, technicien de l'association. *Nous avons retrouvé la présence de métabolites de dégradation de cette molécule homologuée, dont certains sont considérés comme cancérigènes. Il faut toutefois noter que le nombre d'échantillons positifs demeure très limité et que les teneurs de résidus retrouvés sur ces lots restent inférieures à la LMR (limite maximale de résidus admise). Donc, légalement, ces miels sont aptes à la consommation. Nous avons vu une fois une valeur supérieure à la LMR, à la suite d'une pratique inadaptée durant une miellée d'arbousier.* » Et le technicien apicole regrette qu'il ne parvienne pas à obtenir de détails auprès du fabricant sur les tests de recherche de résidus pour l'amitraze et ses métabolites. « *Ont-ils été faits dans le cadre du dossier d'homologation de cette molécule ? Comment et après combien de temps d'application ? Il y a sur le sujet, un manque de données évident !* », constate-t-il.

Faiblesse de la recherche sur *Varroa*

Depuis vingt-cinq ans que le parasite sévit dans les ruchers français, les apiculteurs perdent patience. Car au manque d'efficacité des acaricides s'ajoutent des recherches pour éradiquer ce vampire venu d'Extrême-Orient qui sont peu concluantes. Et ce n'est pas par manque d'études académiques : cet acarien « *a donné lieu à un véritable tumulte scientifique, concrétisé par 4000 publications en l'espace de quinze ans, dont un quart sans doute apporte des informations scientifiques originales* », note Rémy Vandame[22]. Alors ?

On peut tout d'abord noter qu'il existe un grand nombre d'études sur l'évolution, la génétique et la physiologie du parasite, mais beaucoup moins de travaux concernant son élimination. Et, en 2006-2007, alors que 40 % des fonds dépensés pour soutenir l'apiculture (près de 4 millions d'euros) étaient alloués à l'étude d'impact des pesticides, « *la part des projets menés sur* Varroa destructor *ne représentait plus que 6 % des dépenses* », regrette Sophie Cluzeau-Moulay du Centre national de développement de l'apiculture (CNDA)[23]. Un manque de financement auquel, au passage, une partie de la profession, qui influe sur la répartition de ces aides publiques, n'est pas totalement étrangère. Mais l'apidologue du CNDA pointe aussi l'absence cruelle de résultats : la plupart des travaux financés, parfois depuis 1998, sur la caractérisation du phénomène de tolérance à l'acarien (à l'Inra de Montpellier), sur la sélection d'abeilles tolérantes (à l'Inra d'Avignon) ou encore le lourd programme de recherche d'un virus pathogène de l'acarien (au CNRS d'Orléans), n'ont débouché sur rien et ont été abandonnés.

Incompétence ? Manque de rigueur dans les objectifs de recherche ? Absence de relais industriels ? Les raisons sont légions pour expliquer ces échecs. Et la difficulté objective à trouver de nouvelles armes puissantes contre un tel parasite n'est pas la moindre d'entre elles. « *C'est tout de même étonnant que les syndicats et les organisations apicoles se battent pour obtenir des crédits de recherche et soient aussi peu regardants sur les résultats de ces programmes financés* », grommelle Philippe Lecompte, à Reims. Même impatience et même agacement chez son collègue de Servian, dans l'Hérault, Jean-Claude Canac : « *En 1986, au*

*Congrès de la FNOSAD** *à Lisieux, je me souviens qu'il y avait 22 programmes de travail sur le varroa... Ça a coûté un sacré pognon! Et qu'est-ce qu'il en est sorti ? On attend toujours*** *!*»

Une façon de parler. Car l'association technique Adapro-LR, dont il assure le secrétariat, a pris justement l'acarien par les griffes : depuis 2007, elle conduit plusieurs programmes de recherche pour éliminer l'Infâme (lire l'annexe 3). Et au cœur des Cévennes, un « apiculteur chercheur » aussi créatif qu'original développe également une méthode pour le chasser des ruches, comme nous allons le voir. Une méthode bien originale !

---

* Il s'agit de la Fédération nationale des organisations sanitaires apicoles départementales. Créée en 1966, elle assure, notamment, différentes formations au métier d'apiculteur et édite la revue *La Santé de l'abeille.*

** Entretien du 16 mai 2008.

Chapitre 10

Réconcilier la forme et le fond

Contre le varroa, les recettes se cachent-elles dans la nature ? Où l'on devine que, de l'enfance algéroise à un voyage en Inde, Maurice Chaudière a consacré la plus belle partie de sa vie aux abeilles. C'est en les soignant qu'il a mis au point une ruche artisanale dont la manipulation permet d'éliminer sans produits chimiques ce terrible parasite des colonies.

Qui dirait que Maurice Chaudière a 81 printemps révolus ? Ce petit bonhomme, maigrelet mais énergique, aux cheveux gris et à lunettes, ne tient guère en place. Comme ses abeilles. Passant de son modeste rucher – à peine une dizaine de colonies – à son potager et verger du hameau La Sarazine, flanqué au pied d'une butte boisée de l'Ardèche. Il n'est jamais très loin non plus du Maghreb, où sont ses racines, qu'il vient parfois retrouver en compagnie de son voisin et ami Pierre Rabhi, l'agro-écologiste et praticien de la décroissance qui lui a trouvé ce havre de paix ardéchois dans les années 70. Quand il ne part pas visiter le monde : par exemple, le sud de l'Inde, où la fondation Kokopelli pour la préservation des semences anciennes l'a invité à présenter à des paysans modestes ses techniques de lutte intégrée contre l'acarien *Varroa destructor* et ses greffes végétales iconoclastes – des tomates ou des aubergines sur des plants de tabac, mieux adaptés aux milieux secs, ou des tomates sur des plants de pomme de terre. Un voyage dont il a su tirer plusieurs observations sur l'abeille locale fort utiles pour notre espèce mellifère.

Maurice Chaudière est un « personnage » dans le milieu apicole. Un de plus ? Oui, mais l'un des plus singuliers, et des plus attachants aussi. Un personnage considéré par les apiculteurs et les spécialistes de l'abeille avec curiosité. Avec aussi parfois une pointe d'envie ou d'ironie. Plus amoureux des abeilles que producteur de miel, il n'est pas à proprement parler un apiculteur. Davantage un expérimentateur de ruches. Sans tabou. Chez lui, tous les aspects de l'élevage sont étudiés et remis à plat : la biologie et l'écologie des colonies, comme la forme des ruches et les traitements à leur apporter. Maurice Chaudière est d'ailleurs devenu, au fil de ses soixante années de passion pour l'abeille, le plus fameux créateur de ruches artisanales de l'Hexagone[1]. Une passion intacte, qu'il puise de son enfance algéroise, de ces abris en terre cuite pour abeilles qu'il découvre autour d'Alger et qui l'inspirent tant.

C'est en effet à Staouéli, à 20 kilomètres de la capitale de ce qui est alors une colonie française, que le petit Maurice voit le jour, au sein d'une modeste famille d'agriculteurs français, qui possède en tout et pour tout trois hectares à cultiver. Curieusement, il se passionne très tôt pour tout ce qui pique autour de lui, des hyménoptères aux scorpions ! Il se lance d'ailleurs dans une monographie sur les guêpes maçonnes. Trop timide, il rate son baccalauréat à l'oral. Sans métier ni perspective d'avenir, il décide alors de se lancer dans l'élevage des abeilles. Il n'a pas 20 ans et aucun savoir faire. Qu'importe, sa volonté et sa curiosité pallieront !

Autodidacte, il élève d'abord une seule colonie, puis en crée une cinquantaine. « *Ma première ruche fut une simple caisse en bois sans fond, avec un toit cloué qu'il fallait fendre pour récolter le miel. Autant dire que malgré le masque rudimentaire que je m'étais confectionné dans une laine épaisse de l'armée, je me suis fait piquer tant et plus*[*] ! » Il passe ensuite à la voilette, fabriquée avec le

---

* Entretiens des 26 et 27 avril 2008.

grillage métallique d'un garde-manger. Toujours rudimentaire, mais plus efficace. Et c'est à bicyclette, la nuit, sans phare, qu'il « transhume » son cheptel ailé : ruche après ruche, « *dans une propriété plantée de pins et d'orangers, appartenant à une femme belle comme Greta Garbo...* »

La maîtresse du lieu est désirable, mais, passé juin, près d'Alger, il n'y a plus rien à manger pour ses protégées. Alors, il repart, toujours dans la nuit, toujours avec ses ruches sur le porte-bagages ! Cette fois, il fait la transhumance pour une forêt d'eucalyptus située à 7 kilomètres de la séduisante propriété. Ses abeilles y font bombance. « *Elles travaillaient même en pleine nuit, s'orientant grâce à la lune. C'était merveilleux à voir !* » Sa première récolte est abondante et le miel d'une blondeur lumineuse subtilement parfumée.

L'art de la ruche

Maurice Chaudière passe aux ruches à cadres et se met, à son tour, à faire des essaims artificiels. Sa vocation d'éleveur s'affirme. Et celle de céramiste éclot, un peu par hasard, dans la foulée de l'apprentissage qu'il effectue chez quelques artistes parisiens, à la faveur d'un séjour dans la capitale française entre 1946 et 1948. En 1952, de retour au pays, il fabrique son premier pot à miel, en terre, épousant la forme du ventre d'une reine. Ou d'une déesse émergeant d'un palais bordé de pins et d'orangers. Allez savoir ! D'autres pots suivront, aux formes d'alvéole. Ainsi que des fours solaires, profonds comme des bénitiers et surmontés d'une vitre, pour fondre la cire. Et, surtout, il finit par créer une belle variété de ruches en terre cuite, arrondies et sobrement décorées. Elles font, aujourd'hui encore, le bonheur de quelques apiculteurs amateurs. J'allais presque dire, quelques collectionneurs. « *L'arrondi s'imposait car, à l'état naturel, les essaims forment une grappe pour résister l'hiver au froid et protéger le cœur de la colonie. Les ruches carrées ne sont pas idéales pour elle.* »

Observer puis imiter la nature : voilà ce qui le guide tout au long de ses recherches. C'est en particulier le cas lorsqu'il fourbit ses armes contre *Varroa destructor*, le Terminator des ruchers. « *Ma première expérience de cet acarien, je l'ai faite peu après 1980, lorsque j'ai amené des ruches transhumer en montagne, au Pont de Mauvert, en Lozère. Au lieu d'une belle récolte de miel de bruyère, j'ai récupéré ce parasite infâme qui a affaibli mes colonies et réduit leur production. Pour les sauver, j'ai alors utilisé des lanières d'Apistan, mais ça ne me plaisait guère, cet insecticide. J'ai alors essayé pas mal d'alternatives. J'ai commencé à beaucoup bidouiller !* » Il teste ainsi une méthode de lutte thermique contre le parasite.

Sachant que l'abeille meurt vers 51 °C, il vérifie si, à une température inférieure, *Varroa destructor* peut être éliminé. Pour cela, il fabrique un caisson thermique, l'équipe d'un thermomètre et l'alimente avec l'air chaud produit par un capteur solaire. Il y place ensuite une ruche infectée. Au fur et à mesure de l'élévation de la température, il récolte plusieurs centaines de varroas morts sur un lange graissé disposé au fond de la ruche. Mais pas la totalité des acariens présents. En tout cas pas avant d'atteindre le seuil de température risquant de tuer les abeilles. Pas assez radical donc, ou bien trop dangereux : enterrée, l'arme thermique !

Lui revient alors en mémoire le comportement observé chez plusieurs espèces d'abeilles (*Apis cerana*, *Apis florea*, et lui a-t-on rapporté, *Apis dorsata*) : si elles sont dérangées, elles désertent le nid ou leur unique rayon ! C'est ce qu'il constate à nouveau chez *Apis cerana* lors de son voyage en Inde : elle contrôle plus le varroa qu'elle ne « cohabite » avec lui, lui abandonnant sa ruche et son couvain lorsqu'il devient trop envahissant. Mais avant d'essaimer, ces abeilles éliminent les varroas présents sur leur corps par un toilettage mutuel et méticuleux. « *Je me suis également rappelé un épisode marquant : un jour, j'ai passé deux heures plié en deux dans un grenier et une obscurité presque totale, à découper des rayons pour installer des* Apis cerana *dans une ruchette. Par moment, la colonie toute entière, manifestant son désagrément, émettait à l'unisson un brusque bruissement intense et dissuasif avant d'attaquer. J'ai ainsi* *reçu, par vagues successives plusieurs assauts, alors que j'opérais sans aucune protection. Fort heureusement, leur piqûre est moins cruelle que celle de nos abeilles occidentales. Il est possible que cette disposition à se mettre à bruire, si elle s'accompagne d'une émission de phéromones issues de leur glande de Nasanov**, *soit aussi une manière de repousser les varroas. Enfin, ce n'est encore qu'une hypothèse.»*

Une hypothèse qui rejoint celle avancée, dès 1988, par les experts Hoppe et Ritter dans la revue *Abeille et Fleurs* du syndicat apicole UNAF : les abeilles, en battant le rappel de la colonie fortement infestée, sécrètent par les glandes de Nasanov un message chimique composé de dérivés terpéniques, acides, alcools, aldéhydes, esters, etc. Or selon ces spécialistes, une telle réaction possèderait un effet répulsif sur les varroas, conduisant ces derniers à parasiter seulement les jeunes abeilles, encore incapables d'émettre cette phéromone. D'où leur concentration sur le couvain et les larves qui y logent. Abandonnées, leurs jeunes proies meurent de faim, et les acariens avec elles.

Une échappée salutaire, mais contrôlée

La solution vient bien de l'essaimage naturel des abeilles ! Maurice Chaudière en est à présent convaincu. Il s'attèle à mettre au point « *une ruche qui permet à la fois l'essaimage et la récupération de l'essaim débarrassé du varroa*». C'est ainsi que naît sa fameuse «ruche Extensible». Esquissée dès 1952 en Algérie à partir d'une ruche Lanstroth standard, « *cette Extensible a un développement latéral et non vertical, comme les ruches commerciales ordinaires Elle s'inspire en fait de celles que l'on construit au Maghreb en férule, une ombellifère toxique dont la tige est assez épaisse pour qu'on la coupe en rondins et qu'elle forme, avec ses sections carrées colmatée par de la bouse de vache, une ruche.*»

* Située à l'extrémité de l'abdomen, cette glande sert habituellement à certaines ouvrières à diffuser des «phéromones de rappel», qu'elles vaporisent dans l'air en battant des ailes sur le pas d'envol de la ruche. Et ce afin de guider les butineuses sur le chemin du retour ou, lors de l'essaimage, pour regrouper l'essaim en vol.

Son « Extensible » à lui n'a pas besoin de bouse de vache, mais d'une solide armature métallique et de quelques vis. Horizontale, elle peut comporter 22 cadres perpendiculaires à l'axe de vol de la colonie. Au début du printemps, dès l'apparition des mâles, il prélève les cadres de part et d'autre du nid, pourvus habituellement de miel. Confinée dans un espace trop exigu, la colonie se dispose alors à essaimer. Par un système de trappe, il force la reine, ce « *cœur-esclave de la cité* » comme l'écrit Maurice Maeterlinck, à migrer vers l'autre section de la ruche, d'où elle ne peut revenir. Maurice Chaudière détruit aussitôt le couvain operculé contenant des varroas, permute le sens des cadres portant la colonie et joue avec des cloisons afin de maîtriser son essaimage. Il récolte également le miel présent, ne serait-ce que pour éviter tout pillage. Car on sait que l'acarien se transmet d'une ruche à l'autre à la faveur, entre autres, des pillages ou des errements des abeilles extérieures. La colonie, momentanément orpheline, retrouvera sa reine par la suite.

En réalité, les manipulations effectuées par Maurice Chaudière ne s'arrêtent pas là et demeurent assez complexes. Elles aboutissent à provoquer et à contrôler l'essaimage, à détruire les varroas en deux temps et à obtenir une ruche à deux reines qui fondent deux colonies saines. Un brin paternel, l'ami Maurice accompagne parfois, à l'automne, cette manipulation d'un nourrissage de ses protégées avec du lait écrémé miellé, notamment lorsque leurs réserves de pollen sont faibles : « *C'est une excellente source de protéines, qui aide l'abeille à résister au varroa, à la loque ou à un virus.* » Simple, mais apparemment efficace !

Son « Extensible » a éveillé l'intérêt de quelques professionnels et d'agents sanitaires, séduits par ce procédé de contrôle « naturel » du parasite, sans usage d'acaricides potentiellement toxiques pour la colonie. Elle se trouve d'ailleurs en vente chez quelques constructeurs et Maurice réalise régulièrement des démonstrations dans son rucher.

Mais la plupart des apiculteurs et des scientifiques ignorent le fonctionnement de sa ruche. « *Je ne connais les travaux de*

Maurice Chaudière que par la littérature, je veux donc rester prudent. Son "Extensible" paraît astucieuse, mais plus destinée à quelqu'un qui veut faire quelques dizaines ou centaines de kilos de miel par an, dans des endroits riches au niveau floral comme l'Ardèche, où il vit, qu'à un apiculteur professionnel transhumant, commente Vincent Girod de l'Adapro-LR*. *Combien en a-t-il créé ? Peut-on les obtenir à un coût raisonnable ? Peut-on les manipuler facilement ? Les transporter pour faire des transhumances ? Est-ce que son système exige de passer beaucoup de temps par ruche ? C'est tout cela qu'il faut considérer et pas seulement le succès qu'il obtient dans le contrôle du varroa. Mais bon, il y a certainement des leçons à prendre dans ce travail.* »

En fait, lorsque l'on interroge les experts et les professionnels sur l'« Extensible », on récolte presque toujours les mêmes remarques : cette ruche est trop compliquée à utiliser et, surtout, elle ne permet pas de produire du miel en quantité. Ce que d'autres résument par un lapidaire rejet, tel Joël Schiro, apiculteur professionnel dans les Hautes-Pyrénées, qui la considère comme un vulgaire *bounia* – une ruche artisanale – sans connaître le plus souvent son principe ni l'avoir vu fonctionner… Et cela, ça agace prodigieusement notre inventeur, qui accepte la critique à condition qu'elle s'appuie sur un minimum d'expertise. « *Les résistances sont, en partie, culturelles : elles s'expliquent par le fait que, traditionnellement, les apiculteurs font tout pour freiner ou interdire l'essaimage spontané des colonies, par crainte de les perdre. Alors que moi, je le provoque, mais je canalise l'essaim à l'intérieur de ma ruche "Extensible" et je ne perds pas ma colonie.* » Il parvient même, sans grande difficulté assure-t-il, à diviser son cheptel à partir de ces abeilles saines pour créer de nouvelles colonies. Quant au miel fabriqué dans cette ruche, il assure en faire sur plus de dix cadres et en sortir au moins autant que dans une Langstroth ou une Dadant traditionnelle – à savoir 25 ou 50 kilos par ruche. Les adeptes de sa ruche obtiennent-ils les mêmes rendements ?

---

* Entretien du 13 mai 2008. L'Adapro-LR est l'Association de développement de l'apiculture professionnelle en Languedoc-Roussillon.

Reste le problème de la manipulation liée à cet essaimage artificiel ainsi que celui du poids et des dimensions de cette ruche, qui la rendent peu maniable et pas vraiment compatible avec les déplacements réguliers que les professionnels sont amenés à faire à partir du printemps. Pour autant, si, en l'état, sa ruche n'est guère adaptée à une apiculture commerciale, caractérisée par un grand nombre de colonies et des transhumances régulières, elle peut convenir à bien des apiculteurs modestes, sédentaires, aujourd'hui en détresse face à ce minuscule parasite qui détruit leur cheptel.

Plantant son interlocuteur au milieu de ses interrogations, Maurice est déjà reparti ailleurs : semer du sainfoin ou récolter du chénopode blanc, du lampsane et de la laitue scariole, pour concocter l'une de ses soupes aux herbes savoureuses dont il a le secret ! D'ailleurs, il trouve encore le temps de rédiger un livre de recettes où il marie les animaux et les végétaux qu'ils aiment consommer : les pigeons ramiers de son poulailler et les petits pois, ses canettes et des navets, des escargots et ses fraises…

Expérimenter pour mieux comprendre la vie : voilà la quête de Maurice Chaudière. Le sens et le sel de son existence. « *Expérimenter me rend utile et… un peu moins vieux !* »

Chapitre 11

Un Espagnol met la main sur l'assassin

Un micro-champignon sème la panique dans les ruchers ibériques. Où l'on détecte sa présence également aux États-Unis : est-il nouveau ? Est-il réellement dangereux ? En France, où il commence à faire parler de lui, est-il à l'origine du déclin des abeilles ? Une nouvelle controverse surgit.

Au bout de l'hiver 2007-2008, le CCD a creusé un nouveau sillon, profond, à travers les ruchers d'Amérique. Le 7 mars 2008, je visionne sur *CBS News* le témoignage de Louise Rossberg de l'exploitation « Double R ». Simplement poignant. Il y a deux ans, elle possédait encore près d'un millier de ruches dans le Comté de Modesto, en Californie. Désormais, il ne lui en reste plus que deux cents et elle lutte désespérément pour continuer : « *Qu'est-ce que je peux faire d'autre ?* glisse-t-elle, entre deux sanglots. *J'aime les abeilles. Et je suis ici depuis si longtemps !* » Mais voilà, elle est criblée de dettes, sa maison a été saisie, son véhicule aussi. Son espoir est ténu. Ah si, ajoute-t-elle en relevant la tête : il lui reste encore son ami ! Lui, ne l'a pas abandonné.

Dans tout le pays, les médias se font l'écho des mêmes drames qui accablent les apiculteurs d'une année sur l'autre. Et les premières évaluations nationales pour cet hiver confirment la tendance calamiteuse[1] : sur les 331 apiculteurs suivis de septembre 2007 à mars 2008[2], les mortalités globales atteignent près de 36 % des colonies, dont presqu'un tiers s'apparente à des pertes dues au CCD (sans abeilles retrouvées à l'intérieur des ruches).

Rapportées à l'échelle du pays tout entier, ces statistiques signifient que 750 000 à 1 million de colonies auraient été rayées de la carte américaine en un seul hiver. Davantage qu'il y a un an !

Fin 2008, le groupe de travail sur le CCD apporte un nouvel éclairage sur cette deuxième vague d'effondrement. On découvre d'une part que les apiculteurs frappés par le CCD ont essuyé deux fois et demie plus de pertes que les autres. Et que, globalement, les plus grands éleveurs sont les premiers touchés : un signe supplémentaire, pour les enquêteurs du CCD, que ce fléau est bien épidémique. Leur raisonnement ? Dans la mesure où ces exploitants possèdent un très grand nombre de colonies exposées à la plus détestable promiscuité qu'il soit lors des convois saisonniers puis dans les vergers,

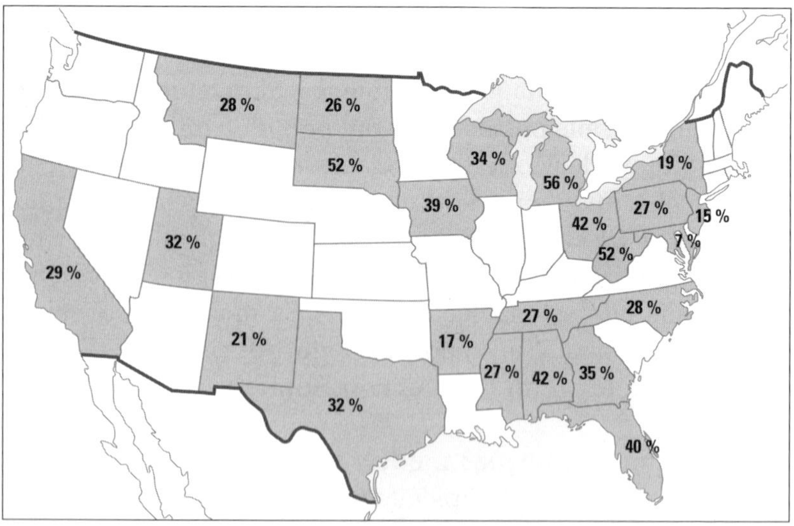

Pertes totales des colonies d'abeilles mellifères aux États-Unis entre l'automne 2007 et le printemps 2008. (Source : D. vanEngelsdorp *et al.*, 2008.)

le CCD doit être un mal qui se transmet. Logique. Mais non démontré.

Une chose se confirme en revanche : « *Malgré les approximations* [du recensement fédéral], *le déclin des colonies d'abeilles aux États-Unis est indiscutable* », soulignent les scientifiques du groupe de travail. En soixante ans, le troupeau ailé américain a ainsi été divisé par deux et demi. « *Imaginez un instant si un tiers du bétail de bovins mourrait dans votre pays : la garde nationale serait totalement dépassée !* », s'exclame Dennis vanEngelsdorp du département d'État de l'agriculture de Pennsylvanie[3].

Depuis 2007, le CCD a été identifié dans vingt-sept États américains, au Canada, en France, en Belgique, aux Pays-Bas… « *Nous ne savons tout simplement pas ce qui se passe*, se désole May Berenbaum, responsable du département d'entomologie de l'université de l'Illinois, à Urbana-Champaign. *Les abeilles sont aussi compliquées que des êtres humains. Sauf qu'elles, elles ne parlent pas !* » Le mal empire et les chercheurs ne sont toujours pas en mesure de fournir un coupable. Chacun se contentant de suivre à la trace un suspect en particulier. Du coup, on le sent bien, l'inquiétude cède le pas à la colère chez un nombre croissant d'apiculteurs plongés dans la perplexité et le marasme économique.

Un Espagnol l'assure : il a trouvé le coupable !

Et si, malgré leur impressionnant plan d'enquête, nos fins limiers avaient raté quelque chose ? Ou plutôt quelqu'un. Oui, un facteur. Un simple microbe. Misérable et discret, fourbe à l'évidence, mais prodigieusement dangereux. Prodigieusement, car capable d'échapper à la traque lancée contre lui depuis deux ans à travers tout le pays. Faut-il qu'il soit bien minuscule et malin, le scélérat ! Minuscule, dites-vous ? Et doté d'une stratégie remarquable ? Mais Mariano Higes Pascual en tient un depuis plus de quatre ans !

Mariano Higes ? Qui est donc cet Espagnol, inconnu de la scène apidologique mondiale ? Le coordonnateur du Centre apicole régional des communautés de la Castille et de La Manche, à Marchamalo, 65 kilomètres au nord-est de Madrid. Une province réputée pour être le berceau de l'industrie du miel ibérique. Et depuis la fin des années 90, on l'appelle régulièrement au chevet de centaines de colonies d'abeilles qui battent de l'aile. Ces pertes se sont aggravées au cours de l'automne et de l'hiver 2004, puis au printemps suivant.

Méthodique, son équipe a passé en revue tous les suspects possibles : les pesticides, les virus, les bactéries, etc.[4] Assez rapidement, elle les a tous écartés, notamment les deux insecticides qui défraient la chronique apicole de l'autre côté des Pyrénées : « *En Espagne, l'imidaclopride* [la molécule active du Gaucho] *n'est pas autorisé pour le traitement des semences de tournesol et nous ne l'avons retrouvé nulle part au-delà des limites de détection (de l'ordre du ppb*) dans nos analyses de pollen, d'abeilles ou de miel entre 1999 et 2001. Quant au fipronil* [la molécule active du Regent], *utilisé depuis 2004 dans 5 % des surfaces du pays semées en tournesol, nous n'avons pas observé de mortalités significatives dans les zones traitées* », retrace Higes**.

C'est un micro-champignon qui finit par retenir son attention : « *Dès 2003, nous avons concentré notre étude sur* Nosema. *Mais ce n'est qu'en juillet 2005 que nous avons identifié les premières séquences génétiques de l'espèce en cause,* Nosema ceranae. *En septembre de la même année, son ample diffusion s'est confirmée : nous avons trouvé cette espèce dans près de 97 % des échantillons provenant de colonies malades, sur l'ensemble du territoire espagnol. Mais nous pensons qu'elle est probablement arrivée en Espagne en 2000. À partir de ce moment-là, elle a pu être responsable des épisodes de mortalité aiguë qu'ont connus de nombreux ruchers.* »

Apparemment nouvelle en Europe, l'espèce n'est pas une inconnue en Asie : elle y a déjà été identifiée en 1996. Une fois de plus, comme pour *Varroa destructor*, ce nouveau tourmenteur de l'abeille mellifère a joué à saute-abeille, passant d'*Apis cerana*

---

* 1 ppb (une partie par milliard) = 1 microgramme par kilogramme.

** Entretiens des 12, 16 et 28 avril 2008.

à notre espèce occidentale. Son nom en conserve d'ailleurs la trace. *Nosema ceranae* a été rattaché en 2005 à la famille des microsporidies, qui comprend plus de 1 200 espèces dans le monde. Les membres de cette famille de champignons microscopiques infectent aussi bien les invertébrés que les vertébrés, êtres humains compris. On a même incorporé certaines espèces du genre *Nosema* à des pesticides chimiques, afin de combattre les criquets (*Nosema locustae*), des teignes (*Nosema bombycis*) ou la pyrale du maïs (*Nosema pyrausta*).

Deux sosies bien différents !

Pour les professionnels et les apidologues occidentaux, la découverte espagnole est difficile à croire. Car jusqu'alors, *Nosema* était réputé être un parasite intestinal provoquant régulièrement de méchantes dysenteries parmi les colonies, mais rarement leur effondrement. Et puis, les nosémoses surviennent d'ordinaire par temps pluvieux. Or en Espagne, les fortes pluies de l'an 2000 n'ont pas entraîné l'explosion attendue de ce micro-champignon au sein des ruches. *A contrario*, après 2004, la plus sèche de ces soixante dernières années dans la péninsule ibérique, le pays a connu une très forte prévalence de *Nosema*[5]. De quoi y perdre son castillan. La clé du mystère : il y a deux espèces du genre *Nosema* qui infectent l'abeille, *Nosema ceranae* et *Nosema apis.*

« *C'est vrai*, admet Mariano Higes. *L'une des caractéristiques de* N. ceranae *est sa totale absence de saisonnalité. Cette espèce peut se reproduire toute l'année, avec de la pluie, sans pluie, avec de la chaleur et même par temps froid. Ce n'est pas le cas de* N. apis *qui a besoin de pluie.* » Et ce n'est pas la seule différence avec cette dernière espèce, connue en Occident depuis 1909 et largement répandue au sein des ruchers. La plus forte pathogénicité de *N. ceranae* pourrait s'expliquer par « *sa production de spores infectieuses en plus grand nombre que chez* N. apis » – les microsporidies produisent en effet des spores non infectieuses en première génération, puis des spores infectieuses en seconde génération, qui permettent de contaminer de nouvelles colonies.

À l'œil nu en tout cas, rien ne distingue les deux espèces. Ni sous le microscope optique d'ailleurs. C'est par une méthode fondée sur la PCR (réaction de polymérisation en chaîne) dite multiplexe, dans laquelle plusieurs séquences génétiques du micro-champignon sont analysées, que l'équipe de Mariano Higes a réussi à séparer les deux espèces.

Les chercheurs espagnols ont montré que *N. ceranae* forme des spores qui envahissent l'intestin de notre abeille d'élevage et entraînent des lésions irréversibles aux cellules épithéliales du ventricule, dans l'intestin moyen, ainsi qu'une série de bouleversements métaboliques, comme l'altération des acides gras de son hémolymphe (sang) et, au niveau du cerveau, la réduction des glandes hypopharyngiennes[6].

Surpris par la virulence de cette espèce de *Nosema*, ils ont décidé de provoquer une infestation expérimentale de trois lots d'une vingtaine d'abeilles, parfaitement saines, pour en avoir le cœur net. Ils les ont exposées à 125 000 spores de ce nouveau tueur microscopique. Et, en huit jours seulement, ils ont obtenu un taux de mortalité égal à… 100 % ! En outre, le comportement qu'induit ce micro-champignon chez les abeilles en phase d'infestation aiguë – les ouvrières se regroupent à l'extérieur de la ruche pour mourir – concordent parfaitement avec les disparitions mystérieuses associées au CCD.

Ce résultat marque un tournant. En tout cas pour Higes : il est convaincu qu'il vient de trouver la cause de l'effondrement des colonies américaines et de nombreux épisodes de pertes apicoles rapportés sur le Vieux continent ! « *Très infectieux lorsque nous l'avons inoculé à* A. mellifera, N. ceranae *a été associé à une dépopulation graduelle de la colonie, de fortes mortalités à l'automne et à l'hiver, et à une faible production de miel. En fait, le risque de dépopulation des colonies est 5,4 fois plus élevé pour celles qui sont infectées par* N. ceranae *que pour les autres*[7]. »

D’emblée, les Américains n’y croient pas

À la faveur de ses recherches désormais permanentes sur ce nouveau tueur d’abeilles et de ses nombreuses publications, le centre d’apiculture de Castille-La Manche devient un laboratoire de référence à l’échelle mondiale pour les nosémoses de l’abeille. Et les échantillons d’abeilles lui parviennent du monde entier pour analyse. « *Les États-Unis ont beaucoup tardé avant de nous transmettre des abeilles mortes* » note, vexé, Mariano Higes en septembre 2007[8]. C’est qu’à l’époque, les spécialistes américains sont en pleine réorganisation autour du nouveau plan de bataille sur le CCD qu’ils viennent d’adopter (voir le chapitre 7). Et, surtout, ils ne croient guère à la piste avancée par cette petite équipe castillane.

« *Après avoir lu ses publications et vérifié nos données, nous savons que cette nouvelle espèce de* Nosema *ne peut être tenue pour responsable des effondrements dus au CCD* » résume, catégorique, l’un des coordinateurs du groupe de travail sur ce syndrome, Jeffrey Pettis du département d’État de l’agriculture (USDA) du Maryland[*]. Pour me convaincre, il avance deux éléments : « *Il y a d’abord le fait que dans notre première enquête, conduite durant l’hiver 2006 auprès de nombreux apiculteurs du pays, les professionnels interrogés n’ont pas identifié de varroase ni de nosémose dans la moitié des colonies suivies.* » Et, en laboratoire, les données obtenues par l’USDA permettent de préciser ces observations : « *Près de 50 % des très nombreux échantillons d’abeilles prélevées entre janvier et février 2007 ne présentaient aucune trace de spores de* N. ceranae *sous une forme germinative, c’est-à-dire infectante. Et dans le reste des échantillons, on en a trouvé à des niveaux très variables.* » Un an et demi plus tard, au printemps 2008, les nosémoses n’inquiètent guère davantage la profession : elles apparaissent comme la cause principale des effondrements des colonies durant l’hiver 2007 pour seulement… 4,4 % des apiculteurs sondés par les inspecteurs apicoles américains[9]. Bien marginal donc, même si ces sondages n’ont pas valeur de preuve.

---

* Entretiens des 14 et 15 octobre 2008.

Reste le second argument de Pettis, plus consistant : « *Dans notre étude métagénomique* [voir le chapitre 7][10] *comme dans nos analyses complémentaires, il y a à peu près la même charge de* Varroa *et de* Nosema *parmi les colonies faibles* [dont on considère qu'elles sont touchées par le CCD] *et les colonies fortes**. *Dans ces conditions, nous nous sommes dit que ces deux parasites n'étaient clairement pas responsables du CCD.* » Je lui fais toutefois observer que l'étude métagénomique concerne un bien petit nombre d'échantillons, ce dont il convient.

Pour renforcer sa démonstration, le responsable du groupe de travail américain m'apporte alors un dernier élément. Historique, celui-là. C'est un peu devenu la spécialité de son laboratoire depuis qu'il a démontré l'ancienneté de l'IAPV sur le sol américain, le fameux virus de l'abeille décrit par des chercheurs israéliens et soupçonné d'être à l'origine du CCD (voir le chapitre 8). Rebelote cette fois avec *N. ceranae* : « *Nous avons des résultats, non encore publiés, attestant que cette espèce de* Nosema *était présente chez des abeilles de la côte Est congelées et datant de 1995, et même de 1985 ! Certes, en 1985,* N. ceranae *était bien plus circonscrit qu'à présent. Aujourd'hui, aux États-Unis, dans 90 % des cas de nosémoses détectées chez les apiculteurs pollinisateurs, il s'agit bien* de N. ceranae, *comme nous l'avons montré dans une étude portant sur douze apiculteurs de ce type.* »

La contre-attaque du Don Quichotte de Nosema

Il est temps que je me retourne vers Mariano Higes, pour connaître ses réponses aux objections américaines. Je lui cours après. Par courriel et par téléphone. Mais il n'a pas le temps. J'insiste. Il finit par le trouver. Discussions hachées. Entre deux réunions d'équipe et quatre rendez-vous dans son bureau. Face au scepticisme américain, l'Espagnol affiche une

* L'espèce *Nosema ceranae* était présente dans, respectivement, 85,7 % et 100 % des lots d'abeilles saines et des lots d'abeilles malades analysés dans le cadre de l'étude métagénomique.

grande sérénité : « *Le fait que l'on identifie* N. ceranae *dans des lots d'abeilles datant de 1995 ou d'avant n'a rien de très surprenant pour moi. Car nous montrons*[11] *que ce parasite a besoin de plusieurs années pour coloniser un pays*[12] *: pour l'Espagne, plus de huit ans ont été nécessaires et c'est plus ou moins le même délai pour les États-Unis. Donc, pour moi, ce problème de décalage dans le temps est logique et attendu.* » Tout de même, aux États-Unis, Pettis ne parle pas de huit ans mais de vingt ans en présence de *N. ceranae* avant le début du syndrome de CCD ! Il faut alors expliquer pourquoi et comment ce parasite s'est tout à coup réveillé et transformé en un *killer* foudroyant. Cela me rappelle, à nouveau, le cas du virus IAPV…

Higes m'apporte alors ce qu'il considère être une preuve irréfutable de la culpabilité de « son » candidat, qu'il rend publique au cours de l'été 2008[13]. Cette publication fait le bilan du suivi, dix-neuf mois durant, de 12 colonies entières au sein du centre apicole de Marchamalo. Douze colonies que les chercheurs espagnols ont expérimentalement infectées par *N. ceranae* et comparées avec un lot témoin de ruches réputées saines. Tous les symptômes que son équipe décrit semblent correspondre au tableau clinique observé chez les colonies frappées par le CCD. Troublant. Sur les rythmes tout d'abord : « *Beaucoup de colonies se sont complètement effondrées sans aucun signe préalable de perturbation. On pourrait alors penser que cet effondrement est seulement la phase finale d'un long processus ou de l'infection chronique par un pathogène silencieux.* »

En outre, les Castillans constatent la disparition des butineuses. Comme le définissent eux-mêmes les Américains pour caractériser les colonies malades du CCD. Jusqu'ici, on avait attribué ces disparitions de butineuses de la ruche aux attaques de *Varroa*: l'acarien aurait pu entraîner le départ ou l'expulsion d'abeilles contaminées pour préserver la colonie. Un processus décrit par le Slovène Jasna Kralj et l'Allemand Stefan Fuchs comme un « *déplacement de microbe pathogène par suicide* »[14]. Mariano Higes et ses collègues proposent, eux, une nouvelle hypothèse : chez les butineuses, « *la mort due à*

N. ceranae *pourrait être un événement soudain ou bien un processus perturbateur empêchant le retour des butineuses à la ruche*». Un argument qui rappelle celui avancé par certains chercheurs et apiculteurs à propos de l'impact des pesticides.

Quelle que soit leur origine, de telles disparitions provoqueraient des carences alimentaires pour la colonie. Laquelle devrait alors remplacer, dans l'urgence, cette population d'abeilles vitale par des ouvrières, plus jeunes, de l'intérieur de la ruche. Ces nouvelles recrues, également infectées par *N. ceranae*, et peut-être immatures pour une telle tâche, finiraient par disparaître à leur tour. Dès lors que la colonie et sa reine ne parviendraient plus à compenser la perte des butineuses, l'effondrement ne serait plus qu'une question de semaines.

L'équipe du centre apicole de Castille-La Manche souligne également qu'aucun autre paramètre que ces maudites microsporidies n'a pu expliquer un résultat aussi implacable : ni le varroa (traité durant l'expérience), ni d'autres parasites (absents ou peu présents), ni les trois virus repérés (en faibles quantités, donc asymptomatiques), ni des résidus toxiques, introuvables malgré la recherche d'une quarantaine de composés chimiques dans des échantillons de pollen, d'abeilles ou de miel, ni, enfin, une quelconque carence alimentaire. Rien de tout cela ne peut signer un tel forfait.

Le temps serait-il la clé du mystère ?

Brillante, la démonstration de Mariano Higes n'explique toutefois pas pourquoi les équipes américaines n'ont pas retrouvé ces maudites spores dans plus de la moitié des ruches qu'ils ont analysées, ni pourquoi les niveaux d'infection sont demeurés comparables entre leurs lots d'abeilles saines et malades, ni enfin ce qui aurait pu modifier la virulence du micro-champignon après une vingtaine d'années planqué, discrètement, au fond des ruches. « *Simplement parce que toutes les abeilles d'une même colonie – et toutes les colonies – n'en sont pas au même stade d'infestation,* insiste Mariano Higes. *Ces autres colonies infectées étaient encore asymptomatiques et auraient pu déclencher des mortalités ultérieures.»* Admettons, mais est-il impossible pour autant de déceler la trace de ces spores dans une colonie encore asymptomatique, donc des spores sous une forme non infectante ? Le chercheur espagnol ne m'éclairera pas sur ce point. Pour lui, l'essentiel du problème nous ramène à une question : celle des délais d'incubation. Son équipe distingue en effet quatre phases dans l'infection d'une colonie par *N. ceranae,* correspondant à plusieurs niveaux de concentration de spores par abeille, qui ont chacun un impact différent sur la santé et l'activité des mêmes individus.

En résumé, 60 % des butineuses de la colonie sont d'abord infectées chacune par un million de spores, mais sans conséquences visibles sur leur activité durant trois mois. La phase deux démarre lorsque certains comportements anormaux se manifestent au sein de la colonie, comme le fait que la reine continue à pondre des œufs malgré les mois d'hiver. La troisième phase débute, au printemps suivant, par un rebond de la ruche. Du fait des pontes incessantes de la reine, qui poursuit son sacerdoce jusqu'à l'automne, presque tous les cadres de la ruche sont pleins de couvain. La population s'accroît alors nettement. Tant et plus d'ailleurs qu'un essaimage semble imminent. Pourtant, il ne se produit pas : à sa place, l'équipe espagnole assiste, en quelques semaines, à un effondrement ! « *Avec les données dont nous disposons aujourd'hui,* me résume Mariano Higes, *nous pouvons dire que le délai d'incubation de* N. ceranae *est très lent : de l'ordre de huit mois minimum pour devenir mortel au sein d'une colonie qu'il a infestée. Ce qui signifie en particulier que 100 % des abeilles d'une colonie ne sont pas infestées en même temps ; elles sont au contraire infestées progressivement si l'on n'agit pas rapidement pour les traiter.»*

En somme, Higes conclue que si les Américains n'ont pas identifié *N. ceranae* dans toutes les ruches malades durant l'hiver 2006, ou bien l'ont identifié en proportion comparable dans les colonies malades et les colonies saines, ce serait simplement parce qu'ils ont exercé une surveillance trop brève. Pour l'éditorialiste Christiaan van Ooij, de *Nature Reviews Microbiology*, cette étude « *apporte des preuves expérimentales que* N. ceranae *peut infecter et tuer les abeilles de façon chronique, ce qui suggère que ce pathogène peut être un facteur important du CCD*[15]. »

Outre-Atlantique, cette nouvelle étude n'impressionne pourtant pas plus que les précédentes le groupe de travail sur le CCD. « *Higes est venu présenter ses travaux au cours d'une conférence scientifique, il y a environ un an* [en janvier 2008 à l'occasion de deux conférences d'organisations apicoles], raconte Jeff Pettis, *et nous lui avons posé toute une série de questions sur ces fameuses phases que beaucoup de chercheurs américains présents mettaient en doute. Pour étayer ses résultats, le docteur Mariano Higes a présenté sa méthodologie : il a prélevé des abeilles toutes les deux ou trois semaines à l'intérieur de la ruche et à l'extérieur, sur les abeilles butineuses en vol.* »

Cette méthode pourrait-elle expliquer les résultats différents obtenus par les Espagnols et les Américains, dans la mesure où ces derniers n'ont collecté, et donc analysé, que les abeilles d'intérieur, celles restées au sein des ruches frappées par le CCD ? « *Bien sûr, je m'en suis inquiété et je me suis demandé si nous n'avions pas raté ainsi une partie des spores de* N. ceranae *concentrées sur les butineuses,* reconnaît Pettis. *Mais c'est Higes lui-même qui a levé mes scrupules, car il nous a affirmé que dans les deux derniers mois qui précèdent l'effondrement des colonies, la quantité de spores augmente chez les abeilles d'intérieur comme chez les butineuses*[16]. *Donc l'absence d'analyse de nos butineuses n'y a rien changé ! Pas plus que cette histoire de phases. Non, nos données ne collent pas avec ce qu'ils ont observé en Espagne. Nous lui en avons fait la remarque, mais il n'y a pas vraiment répondu.* »

Et que l'on ne vienne pas lui dire que s'ils n'ont pas retenu les conclusions de l'équipe castillane, c'est parce qu'elle est d'un trop petit calibre académique. Ou simplement, pas assez *yankee* pour expliquer le destin de leurs propres abeilles. « *Cette critique, franchement, ne tient pas la route !* s'offusque Jeff Pettis.

Beaucoup de chercheurs américains étaient, au contraire, très excités et curieux à propos de ce pathogène que l'on présentait comme nouveau. Et c'est pour cela qu'Higes a été invité par deux organisations apicoles américaines lors de grandes conférences sur l'abeille. Il n'a simplement pas convaincu.»

Dernier argument: même si cette «nouvelle» espèce de microsporidie gagne du terrain aux États-Unis, elle ne serait pas aussi virulente que le soutiennent les Espagnols. C'est du moins ce qu'affirme Jay Evans, le bras droit de Pettis au laboratoire de Beltsville. «*Lorsque nous avons nous-mêmes exposé expérimentalement des lots d'abeilles saines à ce micro-champignon, nous n'avons pas reproduit les symptômes d'effondrement décrits par Higes, ni ceux qui sont observés lors du CCD.*» Ce champignon serait ainsi davantage « *une menace opportuniste qui survient dans des colonies affaiblies*» que le tueur tant recherché. Un symptôme, en somme, pas une cause. « *Mais je veux bien admettre que la situation en Espagne est différente de celle que nous connaissons dans les ruchers américains et que* N. ceranae *joue peut-être un rôle clé dans l'effondrement de colonies d'abeilles espagnoles*» accorde, bon prince, Jeff Pettis. Ce micro-champignon serait alors un simple problème ibérique. Ou, à la rigueur, européen.

Nosema ceranae est-il en train d'envahir l'Europe?

Un problème européen? Mais *N. ceranae* a-t-il seulement franchi les Pyrénées? Cela ne fait plus aucun doute. «*Ce sont surtout les pays de l'Europe méditerranéenne qui sont affectés par* N. ceranae, *pour des raisons climatiques sans doute et, surtout, parce qu'entre la France, l'Espagne et l'Italie, nous concentrons plus de la moitié des colonies de l'ensemble des pays de l'Union!*», précise Mariano Higes.

En 2006-2007, la prévalence de ce micro-champignon atteignait près de 50% au sein des colonies espagnoles et plus de 80% dans certaines régions autonomes du pays[17]. Au terme de l'examen de plusieurs centaines d'échantillons d'abeilles collectés en Espagne, en Suisse, en France et en Allemagne, les scientifiques européens se sont aperçus que *N. ceranae* est davantage présent que *N. apis* – les deux espèces étant toutefois largement distribuées sur notre continent[18]. Et, selon les estimations espagnoles, la présence de ces deux espèces de *Nosema* au sein d'une colonie rendrait celle-ci six fois plus susceptible de s'effondrer qu'une colonie non infestée – ce risque serait accru d'un facteur supérieur à cinq lorsque *N. ceranae* est seul en lice.

En France, entre 2002 et 2005, l'Afssa a identifié *N. ceranae* dans cinq colonies de vingt-cinq ruchers répartis sur l'ensemble du territoire (Eure, Indre, Gard, Gers et Yonne)[19] : le microparasite a été trouvé dans 65,6 % des échantillons d'abeilles analysés et à chaque visite depuis la fin 2002[20]. Mais, depuis 2008, c'est surtout dans l'est de la France que cette espèce de micro-champignon inquiète le monde apicole : « *50 % des échantillons provenant de Champagne, Lorraine, Alsace et Franche-Comté ont plus de 4 millions de spores de* Nosema ceranae *par abeille* [ce qui correspond à une charge parasitaire plutôt élevée] » assurait, en juin 2008, l'apiculteur Philippe Lecompte, président du Réseau biodiversité pour les abeilles, après examen par le laboratoire départemental d'analyses du Jura, à Poligny[21]. Dès le mois de mai, les organisations apicoles de la région se plaignaient déjà que « *certaines colonies* [avaient] *totalement disparu, même dans les montagnes exemptes d'agriculture, et donc de pesticides* », rapportait alors Raymond Borneck, président du Syndicat apicole du Jura et du groupement de défense sanitaire apicole de ce même département[22].

« *Les ouvrières partent butiner, mais ne reviennent pas et le rucher finit par dépérir* », précise Daniel Limon, président du Syndicat des apiculteurs professionnels d'Alsace, Lorraine et Champagne. « *Des ruches pleines de miel et de pollen et seulement quelques abeilles mortes à l'intérieur, avec des difficultés pour recueillir des échantillons suffisants pour analyses : ce constat rejoint ce que nos collègues américains ont appelé le* Colony Collapse Disorder *(CDD)* », ajoute Raymond Borneck, dans une lettre adressée à la Direction départementale des services vétérinaires[23]. Pour lui, comme pour Philippe

Lecompte en Champagne, le lien entre *« cette véritable invasion de* Nosema ceranae *et la mort des abeilles, parfois des ruchers entiers, dans l'est de la France ne fait aucun doute.»*

Après de nombreuses analyses d'abeilles européennes, les Espagnols sont aujourd'hui convaincus que ce parasite est moins récent qu'on le pensait sur le Vieux continent – un groupe de spécialistes européens des nosémoses a d'ailleurs démontré que *Nosema ceranae* est présent en Europe depuis « *au minimum 1998*»[24]. « *Dix ou quinze ans, probablement même depuis vingt ans, cette espèce n'est pas nouvelle en Europe,* m'assure Mariano Higes. *Mais je ne sais pas par quel pays elle y est arrivée, car avec la mondialisation des échanges de reproducteurs et de matériels, retracer cet historique est presque impossible. Cela dit, je suis sûr qu'elle a pris pied en France avant d'atteindre l'Espagne, plus ou moins vers 1995.»*

De là à penser que ces microsporidies signent les « apicides » dont les colonies françaises ont été victimes au cours des années 90 et pour lesquels les mouvements apicoles tricolores ont si bruyamment accusé le Gaucho et le Régent TS, il n'y a qu'un pas. Un pas, que Mariano Higes hésite à peine à franchir ! « *C'est probable. Si je me fie aux travaux de l'Afssa, il y aurait eu une forte prévalence de cas de nosémose durant ces années ou vers 2000**, *alors même que l'agence ne trouvait pas la symptomatologie classique associée à* N. apis, *notamment les diarrhées. Ils les ont qualifiées de ce fait de "nosémoses sèches". Attention, je ne dis pas que tous les cas de mortalité de cette époque s'expliquent par* N. ceranae, *mais je suis sûr que l'espèce en est en partie responsable.»* Voilà qui fera grincer des dents de ce côté-ci des Pyrénées. Et curieusement, l'écotoxicologue Luc Belzunces à l'Inra d'Avignon, qui a très tôt dénoncé le rôle pernicieux du Gaucho, n'exclut pas aujourd'hui cette responsabilité passée de *N. ceranae* : « *Au regard de nos données expérimentales actuelles* (lire le chapitre 15), *cette piste fait partie selon moi des hypothèses sérieuses...* »**.

---

* *N. ceranae* aurait-il pu être introduit dans l'ouest de la France au cours des années 90 à la faveur des importations de reines et de gelée royale chinoises ? Cela n'est pas exclu, mais n'est pas établi non plus.

** Entretien du 18 mai 2009.

Une conquête européenne à tire d'aile

Si le micro-champignon *Nosema ceranae* a su s'imposer comme un sérieux conquérant des ruchers en Europe, c'est qu'il possède un allié inattendu. Outre certains pollens, le guêpier d'Europe (*Merops apiaster*), oiseau aux couleurs si vives, pourrait être un réservoir de *Nosema ceranae*. Du moins, ses pelotes de régurgitation[25] après un bon festin d'abeilles infectées. C'est en tout cas ce que révèle l'équipe du centre apicole de Castille-La Manche. L'analyse au microscope puis par PCR de ces pelotes alimentaires en 2006 et 2007 a permis en effet d'identifier les microsporidies. Or dix-huit jours après leur collecte, les spores de *N. ceranae* issues des pelotes de régurgitation du guêpier étaient encore viables (à 80 %). Pire, leur infectiosité demeurait forte pour l'abeille, comme l'atteste une contagion artificielle d'ouvrières à partir des spores prélevées dans les pelotes[26] !

Cet oiseau qui mange toutes sortes d'insectes a une prédilection pour les hyménoptères comme l'abeille. Largement distribué en Europe - jusqu'en Europe centrale et en Grande-Bretagne - il est surtout abondant dans les régions arides et semi-arides du sud de l'Europe, du nord de l'Afrique et de l'ouest de l'Asie. En régurgitant ces pelotes entre 1,5 et 4 heures après l'ingestion des abeilles, l'oiseau peut ainsi disperser les spores de *N. ceranae* sur d'assez grandes distances au cours de ses recherches alimentaires, de ses visites à de nouveaux ruchers aussi, véritables escales le long de ses voies migratoires.

Conjonction malheureuse, le réchauffement climatique, perceptible depuis une bonne décennie, conduit à étendre son territoire plus au nord de l'Europe, comme l'attestent des observations ornithologiques réalisées en 2005.

Alors qu'aucune colonie du Vieux continent ne paraît être à l'abri de ce nouveau fléau, les apiculteurs de l'est de la France s'exaspèrent du fait que le seul produit actif contre ce monstre ait été interdit en Europe en 2002, pour éviter une contamination du miel. En effet, l'antibiotique Fumidil B (ou fumagilline), produit à partir d'un autre champignon, *Aspergillus fumigatus*, a fait ses preuves sur des ruches infectées par les deux espèces de *Nosema*. Sauf si cette infection est trop avancée, lorsque la reine est touchée par exemple, note

Mariano Higes*. En outre, au-delà d'une exposition supérieure à six heures, l'efficacité de cet antibiotique paraît diminuer. Et de nouvelles applications sont à prévoir[27]. Enfin, ce produit étant photosensible, il devient rapidement inefficace en pleine lumière. Malgré ces limites, l'arme demeure efficace. Et puis, il n'en existe aucune autre actuellement ! Aussi, de nombreuses organisations apicoles réclament son autorisation[28], alors qu'aux États-Unis, en Espagne et au Royaume-Uni, les apiculteurs ont obtenu une dérogation pour utiliser le Fumidil B. Une étude d'impact du produit, conduite par l'Afssa, pourrait annoncer son retour prochain dans les ruchers de l'Hexagone. Et cette ré-homologation devrait accompagner l'entrée de *N. ceranae* sur la liste des pathogènes responsables de maladies animales réputées contagieuses (MARC), au même titre que sa parente *N. apis*.

Les réserves de plusieurs chercheurs et apiculteurs

Plusieurs apiculteurs, surtout dans l'est de la France, sont désormais convaincus qu'ils tiennent enfin le responsable de leurs malheurs. Les chercheurs, eux, en sont nettement moins sûrs, aux États-Unis comme dans l'Hexagone. Ainsi, début juin 2008, Marie-Pierre Chauzat de l'Afssa confirme bien la présence de « *quantités de spores de* Nosema ceranae *très élevées, de nature à entraîner la mort des abeilles*[29] », mais elle ajoute, prudente : « *Il est difficile d'attribuer la disparition des ouvrières à la seule nosémose. Le symptôme peut être également dû au varroa, un acarien présent dans toutes les colonies d'abeilles.* » Et son collègue de Sophia-Antipolis, Olivier Celle, renchérit** : « *Le problème que l'on a sur le terrain, c'est qu'on peut trouver* N. ceranae *dans les abeilles en association avec plusieurs autres pathologies. Et l'on aura*

* L'équipe de Mariano Higes a démontré l'efficacité de la fumagilline sur 20 ruches issues de 3 ruchers infectées par *N. ceranae*, à raison de quatre traitements par semaine avec une dilution de 120 mg de fumagilline dans 500 ml de sirop pendant 4 semaines.

** Entretien du 19 mars 2008.

du mal à conclure que les abeilles sont bien mortes de nosémose.» Ce jeune pathologiste se fait plus précis: «*La présence de* N. ceranae *en 2008 dans les colonies du rucher expérimental de l'Afssa – avec des taux de l'ordre de 6 à 10 millions de spores par abeille – n'est pas toujours associée à un effondrement des colonies.*»

Une fois n'est pas coutume, l'équipe de SupAgro de Montpellier partage la réserve des spécialistes de l'Afssa. Elle aussi a repéré *N. ceranae* dans plusieurs régions françaises, notamment dans des zones aussi isolées que l'île d'Ouessant, où elle suit des colonies depuis l'an 2000. « *On trouve bien* N. ceranae, *mais en moindre concentration que ne l'indique Higes pour l'Espagne et, surtout, sans que ce micro-champignon n'entraîne de déclin des colonies ou une baisse de leurs productions de miel,* m'assure Marc-Édouard Colin à Montpellier*. *Franchement, j'ai étudié avec soin l'essai de contamination des colonies réalisé par Higes, mais je n'y vois pas la preuve d'une responsabilité claire de* N. ceranae *dans l'effondrement des colonies, au moins pour la France.*» Une fois encore, le problème serait donc ibérique… En fait, cet argument géographique n'est sans doute pas à écarter. Car les niveaux de développement et de transmission des microsporidies pourraient effectivement être plus élevés sous des latitudes plus chaudes qu'en France et dans le reste de l'Europe – et un réchauffement global pourrait, demain, favoriser une diffusion du parasite à des latitudes plus élevées[30]. Ce facteur climato-géographique rendrait alors cohérents à la fois les résultats d'Higes montrant que, seule, *N. ceranae* peut tuer des colonies entières en Espagne, et ceux qui, ailleurs en Europe, ne voient au mieux dans ce micro-champignon qu'un simple cofacteur des effondrements de colonies.

Bien des observateurs français trouvent par ailleurs, comme aux États-Unis, que six ans d'incubation – *N. ceranae* a été identifié en 2002 sur notre territoire – avant que les colonies de l'est de la France ne s'effondrent, cela fait un peu long. Ce qui conduit l'apiculteur de Lozère Henri Clément, président

---

* Entretien du 11 avril 2008.

de l'UNAF, à réclamer que « *tous les chercheurs fassent preuve de la plus grande prudence sur ces annonces, parce qu'il y a deux ans, on nous a dit que le problème était viral (avec l'IAPV aux États-Unis ou le DWV en France selon l'Afssa). Or les équipes reconnaissent aujourd'hui que c'est un peu plus compliqué que ça. Et maintenant, on avance que c'est* N. ceranae *le responsable depuis 2002, voire avant, alors que les colonies sont encore debout! Moi, je dis qu'il ne faut pas se limiter aux pathogènes, qu'il faut tout prendre en compte**. » Par exemple, les pesticides…

On y revient. Et Clément n'est pas le seul ! Son alter ego du Syndicat national des apiculteurs (SNA), Yves Vedrenne, lui emboîte le pas[31] : « *Il y a certainement plusieurs phénomènes conjugués dans l'est de la France, mais les soupçons pèsent fortement sur les semis de maïs enrobés de Cruiser, un insecticide.* » Même son de cloche chez Jean-Baptiste Malraux, le technicien de l'Association du développement apicole de Franche-Comté (Ada-FC)** : « *On retrouve bien* N. ceranae *dans toutes les colonies étudiées, mais à des concentrations très variables et, surtout, autant au sein des ruches fortes que des ruches faibles*[32]. *Pour nous, ces microsporidies ne peuvent alors expliquer les mortalités observées cette année 2008 dans l'est de la France.* » Jeff Pettis, aux États-Unis, n'avance pas un autre argument…

Une nouvelle source de division

C'est reparti ! Après les pesticides, les virus, et même l'acarien *Varroa destructor*, c'est un micro-champignon qui divise à nouveau la communauté de l'abeille. Mais cette fois, les coalitions changent et s'établissent avec des arrière-pensées fort différentes.

Face à tant de doutes, j'ai à nouveau besoin de connaître les réponses d'Higes. Alors qu'il a relu l'essentiel de ce chapitre,

---

* Entretien du 29 septembre 2008.

** Entretien du 27 novembre 2008.

certains points demeurent obscurs pour moi. Pour plusieurs scientifiques aussi, avec lesquels j'en parle, de part et d'autre de l'Atlantique. Cela me perturbe car *Nosema ceranae* est un micro-organisme récent pour la science, dont le mode d'action reste mal connu. Et Higes ne réussit pas à dissiper toutes les zones d'ombre qui entourent ses résultats, ou du moins le mode d'action de « son » tueur d'abeilles, malgré un nombre de publications impressionnant. Or les moyens humains de la recherche apidologique étant ce qu'ils sont – limités – peu de scientifiques à part son groupe étudient son cas de près. Je sens bien d'ailleurs qu'une partie de ses collègues en Europe et aux États-Unis sont dubitatifs. Parfois indifférents. Cette attitude m'agace. Je la trouve, par moments, condescendante. Car ne risquent-ils pas de passer à côté du vrai coupable ?

J'insiste, là encore, mais cette fois auprès d'autres scientifiques, d'apiculteurs et de techniciens français et européens que je rencontre, afin qu'ils analysent les données publiées par le centre apicole de Castille-La Manche. Je fais de même lors de mon déplacement aux États-Unis. Certains acceptent, peu nombreux. La plupart n'ont pas le temps. Pour étudier cet organisme, ils attendent plutôt des preuves irréfutables. Définitives. C'est que trop d'affirmations sont restées sans explications, depuis l'irruption du CCD sur la scène médiatique. Trop de pistes ont conduit à des impasses. Et trop d'espoirs ont été déçus.

Paradoxalement, c'est des États-Unis, là même où *N. ceranae* a été promptement écarté du top cinq des suspects, qu'un groupe de chercheurs du Middle West vient de relancer cette piste : « *La surveillance que j'ai conduite durant l'été 2008*[33] *a permis de montrer que les 332 colonies examinées dans quatre États de la région centre-nord des États-Unis (Nebraska, Dakota du Sud, Dakota du Nord et Wisconsin) présentaient une infestation moyenne de 1,26 million de spores de* Nosema *par abeille,* indique Marion Ellis, professeur à l'université du Nebraska (Lincoln)*. *Au sein*

---

* Entretien du 11 février 2009. Cette étude a été conduite sur place avec un étudiant français en master, Louis Chapon, et Allen Szalanski de l'université de l'Arkansas.

des colonies infestées par ce micro-champignon, cette moyenne grimpait à 2,11 millions de spores par abeille. C'est important. Et l'analyse moléculaire de sept échantillons indique qu'il s'agissait de Nosema ceranae *et de cette seule espèce. Bien que la pathogénicité de ce micro-champignon ne soit pas clairement démontrée, ces résultats et ceux d'Higes suggèrent qu'à de telles concentrations,* N. ceranae *peut être très menaçant. À tout le moins, cela mérite une investigation sérieuse. Cela devrait même constituer une priorité!»*

Depuis, Mariano Higes m'assure qu'on en trouve partout: après l'est de la France et le Middle West, *Nosema ceranae* menace trois des six espèces de bourdons étudiés en Argentine[34]. L'espèce a également été identifiée en 2007 et 2008 dans la plupart des pays d'Europe[35], sans que sa présence soit toujours reliée à des pertes de colonies[36]. Décidément, cette «nouvelle» espèce de microsporidie rappelle l'acarien *Varroa* et les virus de l'abeille: il suffit d'ouvrir une ruche pour trouver ses spores par milliers sinon par millions! Mais voilà, cela n'en fait pas pour autant le *serial killer* que traquent tous les enquêteurs du déclin des abeilles à la surface du globe…

Chapitre 12

Le « péril jaune » ! Il est passé par ici...

L'invasion en France du frelon asiatique est une saga pleine de suspens. Où l'on constate que l'intrus conquiert l'Hexagone au pas de charge et l'on redoute ses attaques sur les colonies d'abeilles. Rumeurs et inquiétude vont bon train dans les campagnes ! Les polémiques aussi, entre ceux qui veulent qu'on l'éradique et ceux qui appellent à ne pas céder à la panique.

Rarement la maison de l'Environnement de l'Hérault, à 15 kilomètres de Montpellier, aura connu une telle affluence. Ce 15 février 2008, la salle de conférence du château de Restinclière bourdonne de dizaines d'apiculteurs et agents sanitaires venus écouter Jacques Blot, un géographe de formation que l'Adaaq (l'association de développement de l'apiculture en Aquitaine) emploie pour aider la profession à faire face à un nouvel envahisseur. Un prédateur de l'abeille venu d'Asie – de Chine probablement. La région qui lui a déjà envoyé l'acarien *Varroa destructor* (voir le chapitre 9). Ainsi que sa nouvelle hantise : le micro-champignon *Nosema ceranae* (voir le chapitre précédent). Mais cette fois, l'importun est bien plus épais : c'est un frelon. Un frelon asiatique, répondant au doux nom latin de *Vespa velutina*[1]. Un fauve aérien sous un nom de velours ? « *Voilà bien un nouvel effet de la mondialisation !* », glisse dans son introduction

Xavier Roux, le président de l'Adapro-LR*, l'association qui a organisé cette réunion d'information.

Avant même que Jacques Blot ne commence son exposé, chacun veut savoir s'il est déjà « *chez nous* » et qui l'a vu.

– *Un ami est sûr de l'avoir aperçu dans son rucher de Saint-Drézerie, aux portes de Montpellier : ils attaquaient à 4-5 en même temps et ils ont fait un carton !* tonne l'un des apiculteurs présents. *Il faut quand même voir la bête de plus près pour être bien sûr que c'est bien elle…*

– *Vous avez raison, mais je peux vous certifier que* Vespa velutina *est bien arrivé chez vous*, confirme le technicien d'Aquitaine. *On l'a d'ailleurs piégée à Lasalle, dans le Gard, à Castelnau-le-Lez et à Lunel, dans l'Hérault. J'ai vu les bestioles, il n'y a aucun doute : c'est bien le frelon asiatique !*

Rumeur dans les travées. Jacques Blot fait alors circuler des photos et un flacon contenant six « monstres » entremêlés et occis par ses soins, tout en dressant leur portrait : environ 3 cm de long chez l'adulte, un thorax brun foncé, et un abdomen agrémenté de deux étroites bandes jaunes et d'une troisième, plus large et orangée. Avec sa face de couleur rouge orangé, encadrée par deux gros yeux de verre noir et deux longues antennes effilées comme des épées, il me fait penser à un masque du théâtre chinois ! Je n'ose pas dire à ma voisine que je le trouve beau… Quant à son nid, brun-gris, il le construit à partir du printemps à l'aide de fibres de bois mastiquées avec de la salive, qui forment alors une sorte de carton. Ce nid rappelle un ballon ou un gros jambon selon sa taille et son emplacement. Il peut atteindre 20 centimètres de diamètre en juin, lorsque la colonie est encore jeune, et grossir jusqu'à 80 centimètres ensuite[2]. Toute la colonie meurt durant l'hiver sauf les futures reines qui se cachent pour entrer en hibernation. « *Quelle sale bestiole !* », lâche ma voisine en tendant le pot en verre et les photos au suivant. J'ai eu raison de me taire…

---

* Association de développement de l'apiculture professionnelle en Languedoc-Roussillon.

– *C'est lui! C'est lui! Je le reconnais : c'est bien celui qui a attaqué ma ruche l'an dernier,* s'écrie un éleveur de Saint-Clément. *Ils sont arrivés en bande et ont attaqué les abeilles qui rentraient au nid, par derrière.*

Curieux ! Car, en vérité, le frelon n'attaque jamais les ruches « *en bande* », m'apprendra plus tard Claire Villemant du Muséum national d'histoire naturelle (MNHN)*, qui travaille sur l'impact de ce frelon en France depuis 2006. Chaque frelon semble plutôt capturer ses proies au cours de va-et-vient incessants entre les ruches et son nid. « *Comme les guêpes communes et les frelons d'Europe,* Vespa velutina *n'attaque en groupe que lorsqu'il considère que son nid est menacé,* précise l'entomologiste du Muséum. *Et la population du nid atteignant son maximum à la fin de l'été, c'est d'août à octobre que le danger est le plus grand si l'on s'approche trop près d'un nid ou qu'on le malmène.* »

Mais revenons à notre assemblée apicole de février 2008. Jacques Blot tente d'y calmer les esprits et retrace l'arrivée de ce « monstre ».

Comme une traînée de poudre !

C'est avant 2003 ou 2004 que le frelon asiatique aurait débarqué sur le sol français. Peut-être à partir du port de Bordeaux, au sein de poteries chinoises importées du Yunnan, avant de gagner Nérac dans le Lot-et-Garonne où il a été signalé pour la première fois. Mais rien ne certifie que notre monstre a vraiment pénétré l'Hexagone de la sorte, tant les échanges avec la Chine sont fréquents et les sources possibles d'introduction d'insectes nombreuses[3]. Aussi, ne connaissant pas avec certitude sa date et son lieu d'introduction[4], il reste extrêmement difficile d'indiquer sa vitesse de progression, même si, depuis que l'espèce fait l'objet d'un suivi, les spécialistes considèrent que son expansion est très rapide. Lors de la réunion à Restinclière,

* Entretien du 30 avril 2009.

il était signalé dans onze départements du sud-ouest. Le 15 juin 2009, il était présent dans quatorze de plus[5] ! Est-il déjà passé en Espagne ? Gagne-t-il les Alpes ? « *Vu qu'il a besoin d'eau pour construire son nid, le frelon se disperse à partir des rivières, des mares et des étangs* », affirme le technicien de l'Adaaq.

« *En Languedoc-Roussillon, l'invasion se fera par le canal du Midi !* prédit alors un apiculteur, sur ma gauche. *Et lorsque les touristes se feront piquer le cul, les autorités lui déclareront enfin la guerre !* »

En fait, d'après les observations des entomologistes du Muséum[6], il semble que des petites sources d'eau suffisent à l'insecte pour bâtir son nid. Et s'il progresse par les cours d'eau, c'est peut-être simplement parce que ces derniers constituent un milieu ouvert plus aisé à parcourir. Il en est probablement de même des zones urbaines et rurales, où il trouve en plus des abeilles d'élevage – son gibier favori ! – en abondance (essaims sauvages et ruches). La seule certitude que l'on ait, c'est qu'étant plutôt un insecte des montagnes dans son aire d'origine (Népal, Cachemire et Chine), cet « ogre d'Asie » ne doit pas craindre l'altitude. Mais jusqu'à combien de mètres ? Mystère ! En revanche, les différents spécialistes de l'insecte s'accordent à penser que les zones sèches peuvent limiter ou freiner son expansion, de même que les forêts denses.

Sur son passage, poursuit Jacques Blot, *Vespa velutina* a déjà semé dans le sud-ouest de la France la désolation au sein de plusieurs ruchers : en Gironde, par exemple, 150 à 200 ruches ont été détruites par l'action du frelon en 2007, indique-t-il. Et surtout, ce frelon répand panique et rumeurs. Forcément diabolique ! Ainsi, il ne se contenterait pas d'attaquer les abeilles : il tuerait aussi, en bande, hommes et bétail. « *Faux !* corrige Jacques Blot, *le frelon asiatique attaque seulement les mouches qui virevoltent sur les vaches. Quant aux hommes, c'est exceptionnel, souvent accidentel ou alors pour se défendre* » et toujours quand on s'est trop approché de son nid. On rapporte bien quelques accidents isolés, en Aquitaine – un coureur ayant eu la mauvaise idée de croiser un nid tombé sur son parcours de santé, des agents sanitaires qui le chassaient et ont été attaqués – mais le frelon garde en général ses distances avec notre espèce : il construit d'ailleurs le plus souvent son nid en hauteur, à la cime d'arbres plutôt isolés. « *Beaucoup de gens passent un été entier avec un nid dans un des arbres de leur jardin sans même s'en apercevoir ; ce n'est qu'à la chute des feuilles qu'ils commencent à paniquer quand ils remarquent enfin sa présence !* », complète Claire Villemant.

« *En cas de piqûre, le dard de l'insecte traverse aisément une combinaison de protection ordinaire*, prévient tout de même Jacques Blot. *Et après dix piqûres, un homme peut tomber dans le coma, ce qui peut nécessiter une hospitalisation au service des soins intensifs. Or chaque frelon peut piquer plusieurs fois d'affilée*[7]. »

Frisson dans l'assistance. Sa campagne de sensibilisation est jugée un brin trop alarmiste par Agnès Rortais, rattachée jusqu'en 2009 à l'équipe du LEGS (laboratoire « évolution, génomes et spéciation » du CNRS, à Gif-sur-Yvette) qui a également étudié le phénomène[8] : « *Franchement, Jacques Blot a eu parfois tendance à grossir la menace… Or la situation est suffisamment préoccupante pour ne pas en rajouter et favoriser un climat paranoïaque parmi les apiculteurs*[*]. »

– *Ne faudrait-il pas, grâce à la presse et la télévision, inciter les gens à la vigilance ?* lance d'ailleurs, dans l'assemblée, l'apiculteur de Saint-Clément-de-Rivière qui a croisé la bête.

– *Pas la peine ! Dès que l'information se diffuse, la réaction est unanime : on a reçu 120 appels téléphoniques par jour après un seul article paru dans la presse locale suite au récit d'habitants qui assuraient avoir vu le frelon dans leur jardin ou les bois alentour*, lui répond Jacques Blot. *Le problème, c'est que dans certains coins, la panique est telle que les pompiers ont été appelés partout en même temps pour détruire toutes sortes de nids. Et, sauf menace dans un lieu public, les nids de frelons doivent être détruits par les agents sanitaires et les apiculteurs eux-mêmes. Les préfets refusent de mobiliser les pompiers pour cela tout le temps !*

– *Oui, faites tout de même attention de ne pas alarmer les gens à tort et à travers, car sinon vous allez faire tuer tous les nids du frelon*

---

* Entretien du 23 mai 2008.

européen, Vespa crabro, *la seule espèce existante en France et qui est menacée dans certaines régions**, s'inquiète Audrey Benhamou, de l'Association des écologistes de Leuzière, présente à cette assemblée.

– *Oh, mais vous, votre philosophie, c'est de protéger la bestiole, nous c'est de nous en protéger!* grommelle un apiculteur.

– *Non, notre objectif, c'est d'éviter la panique et de cartographier précisément le risque,* rétorque la jeune naturaliste.

L'ambiance à Restinclière est, par moments, électrique. Comme dans la plupart des assemblées d'apiculteurs français sur le sujet, dont les élevages sont confrontés à une accumulation de problèmes. Et le dialogue avec les scientifiques peut très vite se tendre : « *C'est assez démoralisant de se faire agresser par certains apiculteurs qui nous reprochent d'être des fumistes parce que nous ne produisons pas des résultats conformes à leurs demandes, à savoir parfois justifier une éradication de cette espèce introduite, même par des moyens non respectueux de l'environnement, alors que nous manquons de données essentielles sur sa biologie et son comportement en France* », confie Claire Villemant du Muséum. Après avoir passé depuis deux ans l'essentiel de son temps de travail – et parfois les week-ends – à répondre aux sollicitations des éleveurs, des élus, des organisations sanitaires et des journalistes pour trouver une solution radicale à ce prédateur qui fait peur, elle perd patience.

« *C'est démoralisant aussi de lire à longueur de colonnes dans la presse toutes sortes de rumeurs et d'erreurs sur ce frelon! Ainsi, les chiffres annoncés dans les journaux par Jacques Blot ne sont fondés sur aucun travail sérieux ; et pour cause, cela demande un temps énorme pour donner des chiffres fiables* », soupire l'entomologiste. Ainsi, par exemple, chez *Vespa velutina,* on serait bien en peine d'indiquer combien de frelons peuplent telle ou telle localité sans des mesures précises puis des calculs statistiques : « *On peut seulement estimer très grossièrement qu'un nid de grande taille*

* L'espèce *Vespa crabro,* relativement abondante dans notre pays, est toutefois considérée comme globalement menacée par l'Union mondiale pour la nature (UICN) et elle est protégée dans certains États comme l'Allemagne.

arrivé à maturité peut produire jusqu'à 15 000 individus en environ 8 mois. Mais, attention, tous ne survivent pas et la durée de vie des adultes est d'environ un mois ! Sans compter qu'il y a des jeunes nids qui n'atteindront jamais le stade mature (mort de la reine, reine mal fécondée qui finit par ne produire que des mâles, nid qui se vide car la colonie a déménagé, etc.). Donc beaucoup de nids renferment bien moins d'individus. Et si ce sont des mâles, ils ne piquent pas ! »

Faut-il vraiment éradiquer ce prédateur de l'abeille ?

La « *sale bestiole* » peut partir à la chasse dès le mois de février. Il n'y a alors que la reine fondatrice. Elle se régale d'un peu toute sorte d'abeilles, pour 50 à 80 %, de chenilles, de papillons, de mouches, d'araignées, de libellules, de guêpes ainsi que de cadavres de petits vertébrés comme des oiseaux. Ce qui l'intéresse avant tout chez les abeilles et les autres insectes, c'est le thorax, riche en protéines, qu'elle découpe avant de l'emporter. « *Une attaque de ruche par trois à cinq frelons provoque un début de panique, mais aussi la riposte de quinze à vingt abeilles par frelon,* indique Jacques Blot. *Au-delà de cinq, la situation devient critique et certains apiculteurs préfèrent déménager leurs ruches. On a calculé qu'une attaque de ruche par environ huit frelons, qui se répéterait deux à trois semaines d'affilée, peut complètement décimer une colonie.* » Intox ? Si l'on peut craindre que des colonies affaiblies ne soient effectivement décimées lors d'attaques soutenues de frelons asiatiques, on manque pour l'instant de données pour généraliser à tous les ruchers cette observation faite par le technicien de l'Adaaq. Aussi, ces alarmes propagées dans le monde apicole et le grand public sont à relativiser, même si ce prédateur redouté est bien malvenu dans un contexte apicole déjà difficile. Son impact global sur les ruchers français n'a pas encore été chiffré de façon précise, ce qui n'exclut pas que localement les dégâts qu'il occasionne aux ruches puissent être importants – comme, par exemple, dans la région de Bordeaux. En outre, l'éradication de cet insecte n'est guère réaliste car le frelon asiatique est désormais trop bien implanté sur notre territoire pour être éliminé. Il n'empêche, la campagne lancée en mai 2009 par plusieurs organisations apicoles et d'écologistes – dont l'UNAF, la Ligue de protection des oiseaux et les Amis de la Terre – réclamant « *le classement du frelon asiatique dans la liste nationale des espèces nuisibles* » ouvre la voie à cette éradication – et à celle de son comparse européen ! Fort heureusement, ce classement est, pour des raisons légales, peu probable dans l'immédiat[9].

À intervenir contre certains nids de *Vespa velutina*, mieux vaut agir la nuit, prévient en tout cas Jacques Blot, lorsque l'ensemble des frelons est rentré : « *La meilleure solution est d'agir par surprise, en bouchant l'entrée du nid avec de la mousse polyuréthane puis en injectant à travers ce bouchon un puissant insecticide (perméthrine ou deltaméthrine). On peut aussi agir à distance avec un mât télescopique équipé d'un tuyau relié à un dispositif sous pression pour injecter l'insecticide. En tout cas, évitez de flanquer un coup de fusil dans le nid, car non seulement vous vous exposeriez à l'attaque des frelons survivants, mais aussi à leur dispersion.* » Ce qui amènera tout simplement les ouvrières à reconstruire un nouveau nid un peu plus tard, un peu plus loin !

À défaut d'éliminer tous les nids, on peut toujours tenter d'en capturer les fondatrices (premières reines) au printemps, suggère encore Jacques Blot. À cette fin, il a bidouillé des pièges à partir de bouteilles de 2 litres en plastique, d'un bouchon fendu, d'une grille et d'appâts à base de sucre, de bière ou de miel, de mini crevettes ou de croquettes pour chats ! Si cette approche est peu coûteuse (3,5 euros environ), elle ne permet pas toutefois d'éliminer l'ensemble des fondatrices déjà produites par une colonie. Et elle devient totalement inutile après le mois de mai, lorsque la nouvelle colonie devient trop importante. Sans compter que cette méthode demeure peu sélective : ces bouteilles peuvent attraper toutes sortes d'insectes, dont plusieurs espèces d'abeilles, divers papillons et le frelon européen. Là encore, plutôt qu'une campagne de piégeage massive et injustifiée, le long des cours d'eau ou en pleine nature, les spécialistes du Muséum et du CNRS préconisent des piégeages ciblés, en cas d'infestations importantes autour des ruchers. En 2008, une distribution de 5 000 pièges a été effectuée auprès d'apiculteurs. Ils ont un an pour faire la preuve de leur « spécificité », sous le contrôle des services de la préfecture du Lot-et-Garonne.

La contre-offensive des abeilles

Un prédateur qui envahit rapidement le territoire et devient incontrôlable ? Mais ce « monstre » doit bien avoir quelques défauts dans la carapace, tout de même ! Il faut, pour le découvrir, l'examiner de près et s'inspirer, sans doute, des études déjà conduites dans son aire d'origine. Ainsi l'Indien Sharam Pal Abrol, qui a étudié l'impact de *Vespa velutina* en 2004 au Cachemire, montre que l'abeille orientale *Apis cerana* n'est pas un agneau qui se laisse dévorer sans riposter : si une colonie de cette espèce essuie une attaque de 27 frelons toutes les deux heures, 3 à 5 abeilles vont rester sur le carreau, a calculé le chercheur indien. Mais, en défense, le reste des *A. cerana* du nid parvient à tuer presque autant de frelons (2 à 5) ! Les ouvrières font à cette fin une mêlée autour de l'assaillant, une boule, jusqu'à le cuire ! Paradoxalement, c'est lorsqu'il y a moins de prédateurs (seulement 5 frelons à l'heure) que les mortalités d'abeilles sont les plus élevées : 27 % des ouvrières[10]. Sans doute parce qu'une attaque plus massive provoque un effet d'alerte et mobilise l'ensemble de la colonie, qui se défend alors mieux, suggère le chercheur.

Reste que l'abeille orientale, qui coexiste avec ce frelon depuis bien plus longtemps que notre espèce européenne, semble mieux armée que cette dernière pour la riposte, poursuit Sharam Pal Abrol : les boules qu'il forme sont plus denses (175 à 300 abeilles contre 150 à 180 pour *A. mellifera*), mais aussi, selon le Japonais Masako Ono, plus chaudes : 46 °C contre 43 °C pour l'abeille européenne, ce qui est insuffisant pour occire le frelon. Résultat : l'abeille orientale peut trucider dix frelons là où l'abeille européenne n'en abattra aucun ! La variété chypriote de l'abeille domestique européenne combat de la même façon le frelon oriental, *Vespa orientalis*, mais au lieu de le cuire, elle l'étouffe[11] !

Toutefois, avant d'en arriver à ces extrémités très coûteuses en énergie pour l'abeille, la colonie dispose de deux autres armes de défense. Presque des tours de magie. Une sorte de bluff ! *« Les abeilles se regroupent et bougent leurs ailes toutes ensemble,* raconte Agnès Rortais, passée du CNRS à l'agence sanitaire européenne EFSA, *ce qui va créer avec les rayons du soleil un effet de miroitement. Avec plusieurs nids dans les arbres, elles forment même une vague miroitante, qui provoque comme un flash lumineux et doit dissuader le frelon. C'est une chose très impressionnante que j'ai pu observer chez* Apis mellifera cypria, *à Chypre, et on le signale aussi chez* Apis dorsata[12]. » L'émission collective, par la même abeille chypriote, d'une sorte de sifflement à haute fréquence contre *Vespa orientalis* complète étonnamment sa panoplie de défense anti-frelon[13] !

Bon, tous ces mécanismes de défense demandent à être précisés, notamment pour nos lignées d'abeilles hexagonales. Et au lieu de se lancer dans une croisade aussi vaine que l'éradication de *Vespa velutina* ou aussi longue que la sélection de colonies d'abeilles mellifères plus combatives que d'autres, on peut tenter une alternative : modifier nos habitudes culinaires et nous mettre à l'heure chinoise et japonaise ! Ces peuples, comme d'autres dans le monde, raffolent en effet des larves de frelons bien grasses et pleines de protéines. Un kilo de frelon rapporte d'ailleurs, en Asie, bien davantage qu'un kilo de miel. Et l'on élève, par endroits, des abeilles comme garde-manger pour ces frelons si lucratifs ! Voilà de nouveaux élevages pleins d'avenir…

Chapitre 13

Les neonics : des boucs émissaires bien suspects !

Au fur et à mesure que s'effondrent les colonies américaines, la contestation publique contre les pesticides s'accroît. Où l'on révèle comment ces coupables, à l'origine so Frenchies, *commencent à ébranler la communauté scientifique américaine...*

Cour fédérale de Washington DC, le 18 août 2008. Le Conseil national de défense des ressources naturelles (NRDC), un groupe de pression américain en faveur de l'environnement, composé de 350 juristes, scientifiques et autres professionnels, vient de déposer plainte contre l'Agence fédérale de protection de l'environnement (EPA). Motif : dissimulation d'informations sur les risques toxiques encourus par les abeilles mellifères. Peu banal.

Fortement médiatisée, l'affaire met en difficulté l'administration chargée d'évaluer les risques que représentent pour l'environnement les pesticides. Et en particulier *B'er* et les *neonics.* Traduisez : Bayer et les néonicotinoïdes, des insecticides systémiques dont un des représentants les plus célèbres est l'imidaclopride, plus connu sous son nom commercial de Gaucho (voir le chapitre 5). Introduit sur le sol américain en 1992, ce dernier se répand depuis à travers tout le pays comme une traînée de poudre... toxique. « *L'imidaclopride est* *omniprésent aux États-Unis*, m'indique le leader apicole David Hackenberg* : *120 produits agricoles et de jardinage en contiennent.»* Des champs de céréales aux terrains de golf ! D'ailleurs, malgré sa suspension sur le tournesol et le maïs en France, ses ventes sont au zénith à l'échelle du globe puisqu'elles atteignent l'équivalent de 520 millions d'euros.

Cette fois, ce n'est pas le Gaucho qui est mis en cause aux États-Unis, mais son petit frère jumeau : le Poncho (clothianidine), que les écologistes et le mouvement apicole ont dans leur ligne de mire. Car « *vous pouvez déposer une ruche dans un coin, mais vous ne pouvez pas mettre une barrière de sécurité autour d'elle !* », insiste Hackenberg[1]. Son collègue David Mendes, vice-président de la Fédération des apiculteurs américains (ABF), précise** : « *Avant, les pesticides pouvaient tuer directement les butineuses. À présent, avec ces systémiques, ce n'est plus automatique : les butineuses ne meurent pas sur le coup et les rapportent à la ruche, dans les pollens et le nectar que les ouvrières stockent, et c'est toute la colonie qui s'empoisonne lentement en les consommant. Les problèmes pourront apparaître des mois plus tard, lorsque les abeilles seront dans une nouvelle région et donc sans qu'il soit possible ou facile de faire un lien avec leur exposition à ces produits. De même, nous nous inquiétons de la qualité de certains sirops ou des compléments protéinés. Car ils peuvent avoir été eux-mêmes contaminés, avec des sucres de soja, de maïs ou de betterave sucrière, qui sont traités à 85 % par des pesticides…* »

Et ne leur soutenez pas que le premier responsable de leurs malheurs serait plutôt l'un de ces nouveaux pathogènes, comme le virus IAPV ou le micro-champignon *Nosema ceranae*. Ou bien encore l'acarien parasite *Varroa destructor*. Ils hausseront les épaules et tourneront les talons !

À l'appui de cette défiance de plus en plus marquée contre les néonicotinoïdes, tout au long de l'année 2007, une rumeur s'est propagée à travers les ruchers : les fermes « bio » auraient

---

* Entretien du 24 octobre 2008.

** Entretien du 24 octobre 2008.

échappé au martyr des abeilles. «*Je suis sur une liste d'internautes de l'apiculture biologique regroupant environ un millier de personnes, la plupart du temps des Américains. Or personne dans le monde de l'apiculture "bio", y compris chez des apiculteurs commerciaux, n'enregistre d'effondrement de colonies*», affirme Sharon Labchuk, apicultrice amateur et militante écologiste de longue date habitant l'île canadienne du Prince Edward[2].

Curieusement, les experts du département d'État de l'Agriculture (USDA) et les inspecteurs apicoles ne racontent pas la même histoire. Parmi les victimes du CCD, ils ne pointent aucune différence significative entre ruchers conventionnels et ruchers «bio» – très minoritaires. Est-ce parce qu'il n'y en a pas ou seulement que la comparaison n'a en fait pas été sérieusement effectuée? Jeff Pettis, de l'USDA, reconnaît l'absence de données sur ce point. Il ne peut m'aider.

Pas clair, tout de même, cette «immunité» des ruchers «bio»! Car si leurs responsables n'utilisent pas eux-mêmes de traitements de synthèse et respectent davantage les rythmes naturels de leurs colonies, leurs abeilles ne sont-elles pas exposées aux contaminants présents dans l'espace rural? Au moins en partie, dans la mesure où leur rayon de butinage demeure étendu. Et certains acaricides utilisés en apiculture biologique (l'acide oxalique, par exemple) sont-ils vraiment inoffensifs sur l'abeille? Mes questions demeurent sans réponse. Ou celles que j'obtiens auprès des experts et des apiculteurs sont désespérément contradictoires.

Procès du système d'évaluation des pesticides aux États-Unis

Si l'été 2008 semble bien marquer un tournant dans la lutte contre le déclin des abeilles mellifères aux États-Unis, c'est que depuis un an et demi, jamais les pesticides n'avaient été accusés d'empoisonner les abeilles avec une telle vigueur, par tant d'apiculteurs et de journalistes américains. C'est aussi parce que la contestation gagne de nouveaux secteurs de l'opinion publique et se déplace sur le terrain judiciaire, avec cette plainte déposée à Washington. C'est enfin parce qu'aucune charge décisive n'a été retenue, du moins jusqu'ici, par le groupe de travail sur le CCD contre l'un ou l'autre des principaux pathogènes suspects dans les effondrements de colonies : virus IAPV, *Varroa destructor* et *Nosema ceranae.*

Un mois auparavant, à l'autre bout du pays, en Californie – la Mecque de la pollinisation des vergers – Al Meyerhoff, un procureur de Los Angeles spécialisé dans l'environnement, avait déjà lancé par voie de presse l'offensive contre ces pesticides[3] : « *Une partie du problème provient de la manière dont nous cultivons. Au lieu de faire des rotations de cultures, les agriculteurs plantent la même chose d'une année sur l'autre. Cette monoculture crée un terreau idéal pour les ravageurs. Les fermiers doivent alors utiliser des pesticides en quantité, qui tuent non seulement leurs cibles, mais aussi d'autres formes de vie, comme les abeilles. Que cette approche puisse à présent revenir comme un boomerang contre les grandes cultures* [menacées de n'être plus pollinisées] *n'est pas la moindre des ironies…* » Et cet ancien directeur du NRDC dénonce « *l'Agence fédérale de l'environnement qui, en 2002, a accordé une exemption d'urgence pour un usage accru du Gaucho, au nom d'une infestation majeure, alors que seuls quelques coléoptères avaient été retrouvés sur des myrtilles.* […] *Pourquoi cette agence a-t-elle accordé une homologation "conditionnelle" au Poncho, un produit de la même famille chimique, permettant à ce dernier d'être diffusé sur le marché après avoir subi seulement un nombre réduit de tests ? Et pourquoi cette agence, s'abritant derrière de soi-disant "secrets commerciaux", refuse toujours de révéler si les essais complémentaires exigés pour toutes les compagnies ont été effectués et, si tel est le cas, d'en révéler les résultats ?* »

Le réquisitoire d'Al Meyerhoff, qui sert de trame à l'action en justice engagée par le NRDC un mois plus tard, est implacable : « *Il y a dans toute cette histoire une drôle de fable,* poursuit-il. *La plupart des pesticides, nous assure-t-on, sont sans danger. Alors nous ajoutons chaque année quelque deux millions de tonnes de ces produits chimiques mortels dans notre environnement, assez pour encercler toute la planète s'ils étaient en sacs de 45 kilos ! Bien sûr, ils sont contrôlés – mais fort mal – par une loi fédérale totalement désuète sur les insecticides, les fongicides et les produits anti-rongeurs. Celle-ci permet à une molécule chimique d'être commercialisée à moins de prouver qu'elle pose "un risque déraisonnable", ce qui constitue une norme bien trop faible au regard des dangers que les contaminants font courir.* »

Jusqu'à ces derniers mois, aux États-Unis, il se trouvait peu de monde pour monter au créneau contre les pesticides. « *C'est qu'il y a pas mal de crainte, chez nous, à s'opposer à des firmes aussi puissantes que Bayer,* m'explique David Hackenberg. *Et quand on parle aux administrations – l'EPA par exemple – d'un problème avec ces pesticides systémiques, ils nous disent qu'ils ont fait pourtant toutes les analyses réglementaires et que l'Office de contrôle des budgets publics (OMB) ne leur permet pas d'aller plus loin. Alors, oui, ils veulent bien nous aider si nous leur apportons des preuves de leur toxicité : "Rassemblez des données solides pour prouver qu'il y a un problème de pesticides, nous disent-ils, et revenez nous voir." Mais nous, on n'a pas les moyens de faire ça. On est un peu les dindons de la farce !* »

C'est ainsi que depuis le printemps et l'été 2008, on assiste au réveil des consciences dans le monde apicole américain. Les langues se délient. Des questions se posent. Et des enquêtes de voisinage sont régulièrement menées. « *La politique du secret, ici, c'est une vraie culture ! Chez les industriels, dans l'administration, les laboratoires, mais aussi chez les agriculteurs,* déplore Jean-Claude Tissot, le producteur de miel français installé dans le New Jersey*. *D'ailleurs, on n'arrive pas vraiment à savoir ce que les fermiers mettent dans leurs champs, car ils n'en parlent jamais. Un sacré tabou ! Un jour que j'avais posé la question à un cultivateur de maïs près duquel j'avais mis des ruches, il m'avait assuré ne pas traiter ses champs. Sceptique, je suis allé voir ça de près, une fois qu'il a eu le dos tourné. Et j'ai vu une pellicule rouge fluo sur les terminaisons florales. Ça n'est guère rassurant quant on sait que nos abeilles visitent*

---

* Entretien du 3 octobre 2008.

les maïs. Et parfois, elles ramènent même beaucoup de pollen de maïs pour nourrir la colonie durant l'hiver!» À leur décharge, souligne cet éleveur, qui déplore ce printemps 2008 moins de pertes que l'an dernier, « *ils n'ont guère le choix des semences et des traitements dans le système de distribution agricole américain : ce sont les firmes chimiques comme B'er et Monsanto qui font la loi.»*

Insensibilité chimique dans les labos américains?

Le nouvel épisode du combat contre les *neonics* a un air de rengaine vu d'Europe. Et Bayer doit se dire que son cauchemar avec le monde apicole ne connaîtra jamais de fin. Là encore, la firme a beau répéter que son produit est *«sûr lorsqu'il est correctement utilisé»*, que le problème rencontré en mai de cette même année 2008 en Allemagne (voir le chapitre 5) n'était qu'un simple accident industriel et que les abeilles sont mortes à l'intérieur des ruches (à la différence du CCD), rien n'y fait: Bayer n'est plus audible, ni par les apiculteurs, ni par les médias. Trop tard! On a le sentiment que l'industrie agrochimique récolte ici, comme l'administration, le fruit de cinquante ans de politique opaque et hasardeuse pour l'environnement. Et dans ces changements de perception, la multinationale d'origine allemande risque gros. Car ses néonicotinoïdes représentaient déjà en 2007 près de 12% de son chiffre d'affaires et, depuis, ils n'ont cessé de progresser.

Mais la firme n'est pas la seule à demeurer perplexe face à cette mise au pilori des *neonics*. Dans les laboratoires scientifiques, ceux des universités comme du département d'État de l'Agriculture, on exprime, du moins jusqu'à l'été 2008, de sérieux doutes sur leur responsabilité dans les effondrements de colonies d'abeilles. À peine admet-on que ces substances «*peuvent jouer un rôle*». Plus par convention scientifique et par prudence politique que par conviction? Le facteur chimique, en tout cas, figure souvent parmi les dernières cibles de leurs investigations. Et ces experts ont tendance à penser que les pesticides servent d'exutoire ou de boucs émissaires aux apiculteurs, faute d'avoir un coupable plus consistant à se mettre sous la dent.

Certains, plus pathologistes qu'écotoxicologues, sont aussi moins sensibles au sujet. Question de culture et de formation. C'est seulement que « *les chercheurs de l'université de Pennsylvanie n'ont aucune preuve pour affirmer que ces néonicotinoïdes sont à la base du CCD* », se défend, en novembre 2008, la virologiste Diana Cox-Foster, dans le magazine de son université[4]. Ce qu'approuve sa collègue Maryann Frazier, qui a toutefois décidé d'entamer… une étude d'impact ambitieuse sur les contaminants présents dans l'environnement de l'abeille : « *Beaucoup de types de pesticides font probablement partie de cette tornade de facteurs qui conduit au déclin des abeilles mellifères et d'autres pollinisateurs.* » Et d'ajouter, avec cette image assez vague dont certains scientifiques usent et abusent – pour éviter de parler clair ? – que « *cette situation est juste comme une tasse. Vous pouvez largement la remplir, mais jusqu'à un certain point à partir duquel tout débordera.* »

Cette réserve à l'égard des pesticides confirme mes premières impressions sur l'attention presque exclusive accordée aux pathogènes par ce groupe de chercheurs. Mes premiers doutes aussi quant à l'indépendance de certaines équipes américaines vis-à-vis du pouvoir industriel qui pourvoie en partie à leur financement. Lors de notre entretien en mars 2008 à Paris, et au cours de l'exposé qu'il a donné lors d'un séminaire de l'Assemblée nationale consacré au déclin des abeilles, Dennis vanEngelsdorp, du département d'État de l'Agriculture et de l'université de Pennsylvanie (Penn State), assurait ainsi que les pesticides retrouvés dans les ruches ne justifiaient pas l'alarmisme des Européens concernant leurs effets sur l'abeille. Une position qu'il réaffirme le 19 septembre de la même année dans le quotidien *Le Monde*[5] : « *Quand nous relevons des échantillons dans les ruches, atteintes ou non par le CCD, nous ne trouvons pas de traces conséquentes de résidus chimiques. Cependant, il n'est pas exclu que les pesticides aient des effets sublétaux* [perturbateurs mais non directement mortels] *plusieurs semaines après l'exposition, provoquant par exemple un affaiblissement du système immunitaire des insectes.»* Curieuses déclarations, tout de même, alors que ses propres collègues de Penn State, comme on va le voir, reconnaissent dès le mois de juin 2008 qu'à la lumière de leurs analyses, il y a bien un problème de pesticides pour les colonies apicoles américaines. Et même, un problème sérieux !

Le signe qu'il existe une diversité de sensibilités, sinon de points de vue sur le sujet, parmi les chercheurs enquêtant sur le CCD. Tout comme en France, finalement (voir les chapitres 5 et 6).

La réserve de certains chercheurs masque également une critique à l'endroit des apiculteurs, voire des médias : « *Les éleveurs, qui utilisent une grande quantité d'insecticides chimiques contre le varroa, dont on trouve les traces dans les échantillons que nous avons prélevés au fond des ruches, ont tendance à refuser de prendre en compte ce problème et à ne pointer du doigt que les pesticides agricoles* », glisse Jeff Pettis*. La dénonciation virulente et bruyante de la profession contre les *neonics*, relayée par les médias, masquerait en somme leur silence coupable sur les acaricides apicoles. La critique n'est pas nouvelle, on me l'a souvent servie en France. Elle est d'ailleurs, en partie, justifiée. *A contrario*, on peut faire le reproche symétrique à ces chercheurs qui ont une fâcheuse tendance à se focaliser sur les produits apicoles. Pour mieux dédouaner les insecticides agricoles ?

Suivez l'odeur de l'argent !

En expliquant, un peu hâtivement, que les pesticides n'y étaient pour rien ou pour si peu, certains scientifiques sont devenus suspects de collusion avec le pouvoir industriel agrochimique. Ici, comme chez nous. Une complicité que dénonce, par

---

* Entretiens des 14 et 15 octobre 2008.

exemple, Jean-Claude Tissot* : « *Au printemps* 2007, *lors de notre assemblée générale des apiculteurs du New Jersey, on a fait venir Maryann Frazier. Elle a été très péremptoire dans sa réponse sur les risques associés aux pesticides et à l'imidaclopride en particulier : elle m'a assuré que les Français n'avaient aucun résultat sérieux sur le sujet et que les pesticides n'étaient pas en cause dans le CCD, même s'ils en avaient trouvé à l'intérieur des ruches. Le comique de la chose, c'est qu'un an après, à notre assemblée de 2008, elle a changé de discours : elle est devenue bien moins confiante dans les pesticides.* »

N'allez pas chercher très loin l'origine de cette liaison coupable entre science et industrie : pour de nombreux observateurs, c'est l'argent. Le financement, en partie privé, des équipes universitaires aux États-Unis. Ce qui s'apparente parfois à un conflit d'intérêts. Moins sévère que Tissot à l'égard de chercheurs qu'il côtoie régulièrement (et sollicite pour différents services), David Hackenberg admet qu'« *il y a des scientifiques qui regardent vraiment ce qu'il se passe du côté des pesticides, puis d'autres qui regardent ailleurs. En privé, par téléphone, ils me disent : "Oui, Dave, tu as raison, il y a sans doute un problème avec les pesticides, on aimerait bien pouvoir t'aider…" Mais ils sont coincés, car il y a trop de financements des équipes de recherche du département d'État de l'Agriculture ou des universités provenant des compagnies agrochimiques.* »

Cette pression financière du privé aux États-Unis est également pointée du doigt par les chercheurs de l'Hexagone avec lesquels j'en discute : « *Il faut visiter les laboratoires américains,* indique Lionel Garnery du LEGS** : *vous y verrez affichés aux murs de beaux macarons correspondant aux financements reçus, qui les relient aux firmes agrochimiques. Ceci peut expliquer cela. J'ai un très bon collègue à l'université de l'État de Washington, avec lequel toute discussion sur le rôle des pesticides dans les pertes de colonies d'abeilles conduit à une impasse, car il a un financement de Bayer qui le contraint en partie.* »

---

* Entretien du 3 octobre 2008.

** Entretien du 2 mai 2008. Le LEGS est le laboratoire « évolution, génomes et spéciation » du CNRS à Gif-sur-Yvette.

Une contrainte que reconnaît d'ailleurs Jeff Pettis, du département d'État de l'Agriculture à Beltsville (Maryland)… même s'il assure qu'elle ne joue pas chez lui. « *Notre laboratoire fonctionne presque à 100 % sur des financements publics. Et j'ai une certaine marge de manœuvre, ici, pour en fixer l'emploi. Ce n'est pas le cas des laboratoires universitaires, comme Penn State, dont les budgets dépendent en grande partie de sources privées. Bien sûr, ce mode de financement pose un problème quant à la programmation des recherches, car lorsqu'un partenaire privé alloue un financement à un laboratoire universitaire, il le donne en général pour un travail précis, sur la pollinisation, le varroa ou la propolis, par exemple. Et ces laboratoires ne seront donc pas entièrement maîtres de leurs programmes de recherche.* » Ni toujours dans la divulgation de certains résultats.

Des scientifiques ébranlés dans leurs certitudes

De façon assez subtile dans les déclarations publiques, et plus nettement en privé, la perception du risque toxique pour l'abeille va évoluer au fil des mois durant le premier semestre de l'année 2008 chez les enquêteurs du CCD. Ou tout au moins chez une partie d'entre eux.

Première alerte lors du suivi, par Dennis vanEngelsdorp et l'équipe du Maryland, de trois gros éleveurs (David Hackenberg, David Mendes et Bob Harvey) sur une saison entière, entre février et novembre 2007. Ces trois exploitants assurent la pollinisation des pommiers, des myrtilles, des canneberges et d'autres cultures en Pennsylvanie, au New Jersey et en Floride, ainsi que des amandiers en Californie. Or en fin de saison, ils ont dû remplacer entre 10 et 50 % de leur troupeau ailé. Et les analyses des nombreux échantillons prélevés régulièrement dans leurs ruches ont révélé des taux très élevés du fongicide Bravo fabriqué par Syngenta (jusqu'à 7 000 ppb[6] !) : « *Aujourd'hui, nous avons tout lieu de penser que les myrtilles et les canneberges traités avec ce fongicide par pulvérisation expliquent ces pertes anormales*», me confirme Jeff Pettis, qui précise avoir trouvé les résidus d'un grand nombre d'autres contaminants, en différentes concentrations.

L'entomologiste Eric Mussen, de l'université Davis en Californie, ne va certainement pas améliorer les relations déjà médiocres entre Bayer et la profession apicole. Car dans la foulée d'une étude d'impact effectuée par la firme elle-même, cette fois sur le groupe des dicarboximides (à base de flubendiamide)*, ses propres travaux sur ces fongicides attestent que ces produits peuvent provoquer des dommages aux larves d'abeilles. Alors que leur dossier d'homologation les considère comme non toxiques pour les butineuses**, l'étude de Bayer en conditions semi-naturelles sur de la phacélie *(Phacelia tanacetifolia)* traitée avec ces fongicides relève un possible effet pour le couvain et le reste de la colonie. Mais ces résultats demeurent très ambigus : « *Si n'importe quel chercheur tentait de publier un tel résultat, où les cas témoins sont si erratiques qu'on ne peut rien en conclure, le manuscrit serait rejeté immédiatement. Pourquoi donc les organismes d'homologation ont-ils accepté des données aussi peu concluantes ?*», s'indigne l'entomologiste californien[7]. Et d'inviter les inspecteurs apicoles à ne pas hésiter à « *dresser un rapport de perte* [s'ils] *observent des problèmes de réduction du couvain à n'importe quel moment dans les 21 jours suivant l'exposition à ces pesticides réputés sains pour l'abeille*». Car, selon ses propres observations, Mussen affirme que « *s'ils ne détruisent pas tout à fait les larves, les dicarboximides gênent souvent la mue des nymphes en adulte, à partir du 17e jour après l'exposition de la colonie. Les ouvrières éliminent alors un grand nombre de nymphes.* »

La surprise est plus forte encore pour l'équipe de Maryann Frazier. Rappelons qu'elle s'est lancée, avec le toxicologue Chris Mullin et le physiologiste des insectes Jim Frazier de

* Les dicarboximides sont employés, par pulvérisation, contre *Botrytis cinerea* pers., l'agent de la pourriture grise capable d'infecter un grand nombre de cultures (tomates, raisins, haricots, fraises, etc.).

** La DL50 pour l'abeille adulte est supérieure à 200 µg par abeille (par contact) et supérieure à 300 µg par ingestion. Aux doses toxiques, on observe une paralysie des insectes.

Penn State, ainsi que le laboratoire du département d'État de l'Agriculture de Gastonia en Caroline du Nord, dans une série d'analyses chimiques d'échantillons provenant de colonies actives et affaiblies, au cours de l'année 2007[8]. Lorsque les résultats tombent, le ton de leurs déclarations scientifiques change : « *Ce que nous avons trouvé en matière de pesticides est vraiment sans précédent !* », s'exclame Frazier[9]. « *Nous avons mesuré des niveaux dans les cires, le pollen et les abeilles elles-mêmes qui sont bien au-delà de ceux prévus et autorisés pour ces produits chimiques. Sur les 108 échantillons de pollens analysés, 46 pesticides différents ont été identifiés. Nous avons même trouvé 17 molécules dans un seul échantillon de pollen provenant d'une colonie et 24 pesticides dans un seul échantillon d'abeilles !* »

« *Cela soulève plusieurs questions complexes,* ajoute-t-elle[10] : *certains de ces composés ont pu réagir les uns avec les autres – une chose que les fabricants ne sont pas tenus de vérifier – pour causer des effets toxiques ou ont pu se combiner avec des virus ou des carences alimentaires pour affaiblir l'immunité et causer l'effondrement des colonies. Nous devons également faire davantage de recherches pour comprendre les effets sublétaux de ces produits chimiques sur les abeilles.* » Signalons, au passage, que les plus fortes teneurs de résidus trouvés par l'équipe de Pennsylvanie concernent moins les néonicotinoïdes, comme le Gaucho ou le Poncho, que les acaricides utilisés par les apiculteurs comme le fluvalinate et le coumaphos, toujours homologués pour l'apiculture aux États-Unis (voir le chapitre 9).

Atteinte immunitaire chez l'abeille, trouble de l'orientation et de la faculté d'apprentissage[11] ? Mort directe ? Bien que la contribution exacte aux effondrements à répétition de ces acaricides et des contaminants en général demeure inconnue, Maryann Frazier doit bien l'admettre[12] : « *Avec le nombre de composés trouvés dans les ruches, il est dur de croire que les pesticides ne contribuent pas au déclin général de la santé de l'abeille.* » L'affirmation procède encore par la négative, mais le propos est net. « *Oui, c'est vrai,* reconnaît son collègue du Maryland, Jeff Pettis, *c'est récemment que nous avons mis l'accent sur cette question* *des pesticides, étant donné la variété et les quantités de molécules trouvées au sein des ruches. Moi-même, j'ai toujours eu tendance à tout ramener au problème* Varroa. *Mais j'ai évolué : aujourd'hui, je privilégie encore* Varroa, *mais en combinaison avec les pesticides.** »

Des synergies insoupçonnées entre produits

Les enquêteurs sur le CCD sont d'autant plus ébranlés qu'en poursuivant leurs évaluations sur l'impact des résidus de pesticides, qu'ils soient agricoles ou apicoles, ils multiplient les observations troublantes. En particulier sur les synergies entre produits : « *Quand on teste l'impact du fluvalinate et du coumaphos* [des acaricides retrouvés par Maryann Frazier, respectivement dans 70 % et 58 % des pollens et dans 100 % des échantillons de cire pour les deux molécules[13]], *il s'avère qu'ils sont plus toxiques ensemble que pris séparément*, me révèle Pettis. *Nous en ignorons la raison. Et nous examinons à présent des combinaisons entre ces deux acaricides et le fameux fongicide* Bravo *retrouvé dans les plantations de myrtilles et de canneberge en 2007. Le problème avec ce type d'études, c'est que les combinaisons deviennent très vite exponentielles !* »

Ses craintes à l'égard du coumaphos et du tau-fluvalinate se trouvent aujourd'hui renforcées par une toute nouvelle étude conduite par May Berenbaum à l'université de l'Illinois (Urbana)[14] : après s'être assurés que leurs cobayes n'étaient pas sous la menace de parasites et autres pathogènes, les chercheurs leur ont administrés ces deux acaricides à quatre concentrations différentes – telles que les appliquent les apiculteurs – et de façon séquentielle (à une heure d'intervalle). À l'arrivée, l'équipe de l'Illinois a constaté avec stupeur l'augmentation de la toxicité aigüe de ces deux produits – réputés chacun bénins pour l'abeille – de 2,1 à 32 fois selon celui qui a été administré en premier. Effroyable ! Il semble que le coumaphos, qui s'accumule dans les cires des ruches,

* Entretiens des 14 et 15 octobre 2008.

peut finir par inhiber les enzymes de détoxification de l'abeille baptisés P450. À confirmer. Toutefois, ces résultats signent-ils la culpabilité de ces deux produits dans les épisodes de CCD ? Sans doute pas, puisque l'équipe de Maryann Frazier les a retrouvés dans toutes les ruches des États-Unis, aussi bien dans les colonies saines que malades (CCD). Mais ils peuvent avoir un sérieux impact sur le développement de plusieurs castes d'abeilles au sein des ruches.

Complexes à mettre en lumière et très longues à tester, ces combinaisons délétères entre produits ont en fait été pointées du doigt dès 2003 par l'équipe de Takoa Iwasa, de l'université de Caroline du Nord, à Raleigh[15]. L'étude a fait grand bruit, à l'époque, dans le cercle feutré des spécialistes. Car l'équipe montrait qu'en laboratoire, plusieurs néonicotinoïdes, bien inoffensifs pris individuellement, devenaient des poisons foudroyants pour l'abeille lorsque celle-ci avait été préalablement exposée à certains fongicides d'usage courant[16]. Tout comme l'équipe de l'Illinois avec le coumaphos et le tau-fluvalinate ! Précisons néanmoins que lorsque les abeilles furent placées, en cage, près d'un champ de luzerne (*Medicago sativa L.*) traité aux doses maximales autorisées avec l'un des pesticides (l'acétamipride) et le fongicide triflumizole, l'équipe de Caroline du Nord ne retrouva plus cette impressionnante synergie observée en laboratoire. La raison d'une telle différence ? Inconnue. On pourra toujours se rassurer en pensant qu'aux doses correspondant aux limites réglementaires, aucun effet synergique adverse n'apparaît. Il n'empêche, leur second test a été conduit en conditions semi-naturelles (en cage), durant 24 heures seulement, et il ne concernait que deux molécules et une seule culture. Bref, il y a, à l'évidence, matière à approfondir cette voie des effets toxiques combinés.

C'est ce à quoi s'attèlent Luc Belzunces et son équipe de l'Inra d'Avignon – depuis, en fait, plus de quinze ans ! Un vrai spécialiste des approches contre-intuitives et des effets paradoxaux pour le béotien que je suis. « *Les interactions entre les toxiques les plus spectaculaires que nous avons démontrées sont des phénomènes dits de potentialisation*[17]*. Je m'explique : lorsqu'il y a une synergie entre deux pesticides, cela revient à dire que 2 + 3 = 10. Or nous avons montré que, dans certains cas, 0 + 0 = 10… C'est-à-dire que, prises séparément, deux ou trois molécules n'auront aucun effet à une dose donnée, mais administrées ensemble, à la même dose, voire à des doses encore inférieures, elles auront des effets toxiques explosifs !*»

Explosifs et parfaitement imprévisibles. D'autant plus que ces effets varient en fonction des conditions météorologiques (température, exposition au rayonnement solaire et pluviométrie), qui modifient la dégradation des molécules et l'ordre d'apparition de leurs métabolites. Et donc les effets observés sur l'abeille. L'étude au long cours de ces phénomènes synergiques a permis à l'équipe de Belzunces de mettre en lumière que les effets toxiques varient aussi en fonction de l'état de développement hormonal de tel ou tel groupe d'abeilles au sein des ruches. Et aussi des saisons, qui créent des différences entre les abeilles d'été et celles d'hiver, comme nous l'avons évoqué au chapitre 6.

Plusieurs travaux de l'équipe d'Avignon ont porté sur la combinaison des fongicides prochloraze et difénoconazole avec l'insecticide deltaméthrine (de la famille des pyréthroïdes) : « *Nous avons obtenu des mortalités allant jusqu'à 75 % des lots d'abeilles testés 24 heures après le traitement, ou même 10 minutes après dans le cas du difénoconazole et de la deltaméthrine ! Et lorsque les traitements avec chaque molécule sont espacés de 24 heures, ou que les doses sont abaissées, des synergies peuvent encore se produire.* » Diabolique ? Pas vraiment. Luc Belzunces a un début d'explication : ces synergies puissantes semblent agir autant au niveau du métabolisme de l'insecte qu'au niveau de son système nerveux. Ainsi, ces deux fongicides appliqués avec la deltaméthrine provoquent une inhibition de la thermorégulation chez l'abeille, ce qui s'avère mortel quand elle prospecte, à l'extérieur de la ruche. Les butineuses ne pourraient alors plus regagner leur nid. C.Q.F.D.[18] ?

Ces révélations apportées par l'équipe de Luc Belzunces fascinent et inquiètent à la fois. Et l'étude de ces phénomènes doit impérativement se poursuivre, donner lieu à des publications et des vérifications scientifiques, car ils pourraient bien expliquer plusieurs effondrements jugés jusqu'ici mystérieux. On se dit en effet que, dans leur course effrénée à collecter du pollen et du nectar, parfois sur de vastes distances, les butineuses sont en contact avec une incroyable panoplie de produits phytosanitaires. Leur paysage se transformerait-il en un champ de mines chimiques ?

Mais j'entends déjà les chercheurs en écotoxicologie soupirer. Et me prier de ne point trop charger leur barque, eux qui ont eu tant de mal à trouver les protocoles d'évaluation du risque pour l'abeille avec les seuls Gaucho et Régent TS (voir le chapitre 6). Certes. Il faudra bien, pourtant, appréhender le risque chimique dans la France rurale à l'échelle du paysage – et non plus seulement à celle de la parcelle – et sur plusieurs saisons. Si l'on ne peut plus se limiter à l'analyse du risque chimique molécule par molécule, c'est bien parce que les abeilles, et d'innombrables autres insectes, sont tous les jours exposées à ces cocktails de contaminants. Le développement de modèles théoriques prédictifs sera alors indispensable à cette nouvelle approche de l'écotoxicologie.

L'administration américaine sent le souffle du boulet

Le vent tourne. Des pesticides qui, aux États-Unis, n'étaient encore en janvier 2008 que des boucs émissaires, presque des victimes collatérales d'un séisme apicole sans coupable ni solution, sont devenus en moins de six mois des suspects redoutés. Sentant la lame de fond qui se lève, l'EPA a fini par lâcher du lest. Avant même la fin du procès qui la met en cause, prévue pour l'été 2009, l'agence d'évaluation de l'impact des pesticides a accepté de publier sur son site Internet une partie des informations réclamées sur l'homologation du clothianidine (Poncho).

En fait, « *il s'agit seulement de la moitié environ du dossier*, m'indique Josh Mogerman du NRDC*. *Or les documents non*

* Courriel du 11 mars 2009.

encore publiés sont les plus importants. Car ils comprennent les résultats d'une étude clé que l'EPA a demandé à Bayer concernant l'impact des pesticides sur les abeilles (ce qui était une condition pour l'enregistrement du produit), l'évaluation de cette étude par l'EPA, ainsi que les commentaires des experts sur l'impact et l'homologation des produits phytosanitaires en Allemagne et en France. Notre action se poursuit donc.»

Dans le document mis en ligne, qui date du 30 mai 2003[19], l'EPA reconnaît qu'il s'agit d'un produit peu sélectif pour les insectes et « *hautement toxique pour l'abeille mellifère*». Hautement toxique puisqu'il a *« une dose létale 50 (DL50) par contact supérieure à 0,0439 µg/abeille* [toxicité aigüe], précise le document. *Il a aussi un potentiel de toxicité chronique pour l'abeille exposée aussi bien que pour d'autres pollinisateurs non ciblés, par transfert de résidus du clothianidine dans le nectar et le pollen. Chez l'abeille domestique, les effets de cette toxicité chronique peuvent inclure des effets létaux et/ou sublétaux chez les larves, et des perturbations dans la reproduction des reines.»*

La nouveauté, ici, n'est pas d'apprendre que cette molécule est toxique pour la plupart des insectes : c'est la fonction des insecticides, même s'il est inquiétant de lire de l'aveu de l'administration qu'elle est peu sélective. Non, l'important ici, c'est que l'EPA anticipe en quelque sorte des risques chroniques perturbateurs pour les pollinisateurs (dans la mesure où elle parle de «potentiel de toxicité chronique»). À moins, et c'est plus grave, qu'elle ne dispose déjà d'éléments fondant ses craintes, qu'elle ne souhaite pas diffuser.

Une chose est sûre : les homologations des produits phytosanitaires se font, aux États-Unis, essentiellement en se fondant sur l'analyse de la toxicité aiguë (mortelle) pour l'abeille, calculée ici sur la base de DL50, analyse à laquelle s'ajoutent des tests plus complets conduits sur les mammifères[20]. Rien d'illégal, donc, n'a eu lieu concernant le clothianidine. Seulement, *« nous voulons que la loi américaine change dans ce domaine,* réclament David Hackenberg et ses collègues apiculteurs. *Qu'il y ait un réexamen des produits systémiques concernant les effets sublétaux, car* *ils présentent des caractéristiques différentes des pesticides de contacts pulvérisés. Or si les pesticides ont changé, ce n'est pas le cas de leur système d'évaluation. Et nous exigeons que ce travail, qui va coûter près d'un million de dollars, ne soit plus à la charge des usagers mais bien des compagnies agrochimiques.** »

Si les écologistes et les apiculteurs ne lâchent pas l'affaire, c'est que dans le fameux plan d'action national arrêté contre le CCD (voir le chapitre 3), c'est la même agence gouvernementale – l'EPA – qui a la charge de superviser l'évaluation du risque toxicologique pour l'abeille. « *L'EPA, que nous avons rencontré il y a un mois à Washington, nous a laissé entendre que le système d'homologation pourrait changer dans les semaines ou les mois à venir,* me confiait, en octobre 2008, le leader syndical David Mendes. *Honnêtement, le problème ne provient pas de cette administration en particulier, bien que bon nombre de ses agents soient issus des groupes industriels. Non, le principal problème concerne ce système d'homologation des produits chimiques lui-même. Et l'administration essaie de s'adapter au nouveau contexte né de cette crise sanitaire aux États-Unis.* »

De cette crise, mais aussi, sans doute, de l'arrivée à la Maison-Blanche d'une équipe nettement plus sensible que la précédente aux menaces écologiques, comme Carol Browner, conseillère du président Obama pour la lutte contre le réchauffement climatique. Ce chef de file de la « *green-team* » à la Maison-Blanche a dirigé pendant huit ans l'EPA dans les années 1990. Il est alors fort probable que l'agence voudra donner l'exemple et des gages sur ce changement d'orientation, assurent les plus optimistes. On peut penser que, dans tous les cas, cela prendra du temps.

---

* Entretien du 24 octobre 2008.

Chapitre 14

TranshumAmerica

La pollinisation des amandiers en Californie est une aventure bien insolite. Où l'on observe les effets inquiétants de cette activité sur le développement des colonies et où l'on entrevoit les pires difficultés pour le futur proche de ces grandes cultures. Ces deux systèmes intensifs ont-ils encore un avenir ? Des solutions alternatives existent-elles ?

Tout le monde connaît Joe Traynor au CAB, le Bureau californien de l'amande. En quelques décennies, il est devenu le plus important courtier spécialisé dans la pollinisation de ce délicat fruit à coque. Le plus respecté aussi. Parti de rien, il a commencé comme simple employé chargé d'approvisionner les bovins en luzerne. Puis il a fondé, en 1973, sa propre compagnie : la Scientific Ag Co, une société au nom rassurant et à but très lucratif, basée à Bakersfield, au cœur même de l'Eldorado de l'amande. Depuis, sa compagnie fournit des « colonies à haut rendement », c'est-à-dire sur huit cadres pleins d'abeilles actives, à un grand nombre d'arboriculteurs.

« *L'amande a changé ma vie* », aime-t-il répéter. Et il n'est pas le seul : ce fruit a aussi bouleversé l'existence et le métier de la plupart des éleveurs commerciaux d'abeilles américaines. Car ce *business* californien n'a plus grand-chose à voir avec les pratiques initiales de l'apiculture. Ici, *Apis mellifera* n'est pas destinée à produire du miel, mais à ensemencer un vaste océan rose crème, l'immense réseau de vergers qui s'étend sur

650 kilomètres de long, entre Bakersfield et Red Bluff, dans le Comté de Tehama. Et cela en moins d'un mois, celui de février, lorsque les cultures ne gèlent plus, que les pluies se font plus rares et l'air se radoucit – entre 13 et 15 °C en moyenne, température à partir de laquelle l'abeille mellifère sortira. Près d'1,5 million de ruches sont alors nécessaires pour «*faire le job*», soit 40 à 60 milliards d'abeilles. Simplement inouï! Bien plus, en tout cas, que ne peuvent assurer les abeilles locales.

La nouvelle ruée vers l'or californien

Chaque mois de février, on assiste au même rituel. Bruyant et stressant pour tout le monde: une noria incessante de quelque 3 000 semi-remorques, chargés de près des deux-tiers des ruches du pays, converge vers cette coulée rose en provenance de tout le territoire américain. C'est la plus vaste migration de travailleurs au monde. Sauf que ces milliards de saisonniers ne sont ici ni volontaires, ni humains: ce sont seulement des insectes d'élevage apeurés et excités devant ces floraisons étourdissantes. Et pour être sûr qu'une colonie passera bien à l'action même si le soleil demeure encore timide, les cultivateurs en installent en général six à l'hectare.

Plus de 4 200 km pour venir de Pennsylvanie, presque autant depuis la Floride: ce pèlerinage sur trois jours n'a rien d'une croisière de luxe ni d'un voyage d'agrément. Mais il représente un marché colossal pour les quelque 900 éleveurs qui conduisent chaque année ces troupeaux ailés. Car une amande mangée n'importe où sur la planète a de bonnes chances de provenir de Central Valley, en Californie (lire l'encadré p. 250). Rentables pour les arboriculteurs, malgré des locations de colonies représentant environ 20 % de leurs coûts d'exploitation, ces butineuses le sont aussi pour leurs maîtres. Comme des centaines de ses collègues, Brent Woodworth, apiculteur dans le Dakota du Nord, ne raterait d'ailleurs ce rallye national de l'amande sous aucun prétexte. Car en 2007, grâce à ses 3 700 ruches, il a empoché 520 000 dollars pour ce seul mois d'activité dans les vergers californien ! Trois fois plus qu'il y a dix ans[1]. Joe Traynor le sait bien : quand il a débuté dans l'amande, en 1973, on louait chaque colonie pollinisatrice 10 dollars. En 1995, le service avait grimpé à 35 dollars par ruche. Douze ans plus tard, ce courtier facture la location aux arboriculteurs 150 à 170 dollars pièce.

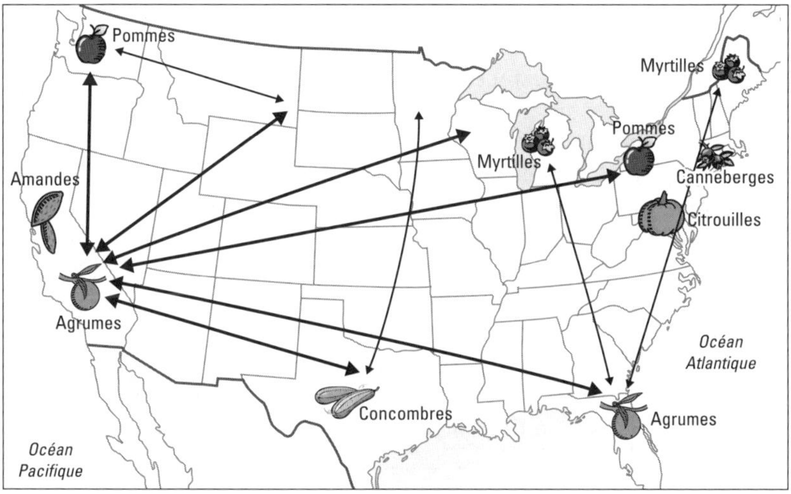

Carte des migrations apicoles aux États-Unis. Chaque année, plus de la moitié des colonies d'abeilles d'élevage, en provenance de tout le pays, sont mobilisées pour polliniser les amandiers de Californie. Mais d'autres voyages de pollinisation, plus courts, existent entre États, par exemple pour féconder les agrumes de Floride, les myrtilles du Maine ou encore les pommes de Pennsylvanie. (Source : ARS-USDA, Beltsville.)

Pour remporter le gros lot, il faut tout de même relever un sacré défi : mettre en action des millions de butineuses en même temps, à l'heure où elles sont censées hiverner tranquillement au fond de leur nid. Et pour que ces colonies soit aussi denses que dynamiques, les éleveurs commerciaux ont une recette éprouvée[5] : leur apporter durant des mois, avant qu'elles puissent se gaver du nectar suave et du pollen des amandiers, de minuscules granulés constitués d'un mélange de sucrose, de levure de bière et de pollen récoltés sur des fleurs par des petites mains chinoises très

The Golden State, The Land of Milk and Honey*

« *La Californie est la plus vaste industrie apicole de tous les États-Unis* », salue le chercheur Eric Mussen, de l'université californienne Davis[2]. La location de plus d'un million de ruches plusieurs fois dans l'année pour polliniser diverses cultures permet à la Californie d'être l'État américain qui produit le plus de miel (9 000 tonnes par an) et de cire (plus de 181 tonnes). En 2007, ces productions lui ont rapporté 42,5 millions de dollars.
C'est incontestablement l'activité de pollinisation des cultures d'amande qui mobilise l'essentiel des colonies d'abeilles migratrices. Vers 1960, il y avait 40 000 hectares de vergers d'amandiers. Aujourd'hui, les surfaces ont été multipliées par presque sept, atteignant près de 267 000 hectares[3]. Et les récoltes sont quatre fois plus importantes. Chaque arbre produisant environ 8 000 amandes, en 2008, la collecte s'est élevée à 680 388 tonnes, soit la troisième moisson record de l'histoire de cette culture-phare de l'État[4]. Ainsi, après deux décennies de croissance rapide, les quelque 6 000 planteurs d'amandiers californiens produisent 70 à 80 % de la consommation mondiale d'amandes. Expédié dans plus de 90 pays, le fruit s'inscrit d'ailleurs au septième rang des exportations alimentaires des États-Unis. Loin devant le riz ou le vin, les amandes sont devenues la première source d'exportation agricole de la Californie, avec une contribution de 1,3 à 1,8 milliard de dollars ces dernières années.

bon marché. Certains ajoutent du sirop de sucre de maïs qu'un distributeur automatique apporte à satiété dans chaque ruche grâce à une pompe à gaz. Voilà qui ressemble fort à un système d'élevage de bétail en stabulation.

Plus rien à voir avec l'apiculture traditionnelle ! Pas davantage avec la qualité nutritionnelle du miel que les abeilles fabriquent et consomment d'ordinaire durant l'année, lequel comporte, en plus des glucides, un grand nombre d'acides aminés, de sels minéraux, de vitamines, d'enzymes et de facteurs antibiotiques.

* « *L'État doré, la terre du lait et du miel* » : telle est la devise de la Californie.

Dopage pour athlètes ailés

Le régime protéiné auxquelles les abeilles doivent se plier avant leur marathon de la pollinisation a un coût relativement élevé pour l'éleveur : 18 dollars (voire plus) par ruche, soit 47 000 dollars pour un cheptel « modeste » de 2 500 ruches. C'est clair, le *business* californien n'est pas fait pour les petits joueurs de l'apiculture de loisirs. Et la rémunération de cette activité vaut bien un tel sacrifice. Car, à l'arrivée, les gains attendus sont sept à douze fois supérieurs aux coûts de ce régime spécial pour préparer les colonies.

Mais c'est assurément pour l'abeille que ce coût demeure le plus sévère. « *Nous finissons* [avec ces migrations], *par oublier qu'il s'agit d'organismes vivants et que les abeilles ont un cycle de vie avec des périodes de basse activité*, déplore Marla Spiwak[6], spécialiste de l'hyménoptère à l'université du Minnesota. *Nous voulons qu'elles soient fortes et actives dans l'heure et nous les transportons comme si elles étaient des machines, tout en attendant qu'elles soient en pleine forme à la descente du camion.* »

Alors, ce dopage destiné à transformer l'insecte en bête de compétition ne va pas sans casse. Et nombre d'observateurs s'interrogent sur le rôle de ces migrations dans les effondrements récurrents de ces dernières années. « *Cela fait trois ans que nous travaillons en Californie,* indique Jeff Pettis, du département d'État de l'Agriculture (USDA) à Beltsville, dans le Maryland*. *Or depuis les deux dernières années, on observe qu'en moyenne un camion sur trois arrivant en Californie chargé d'abeilles vivantes repart avec des abeilles mortes… La raison ? Pas claire !* » Et les problèmes commencent tôt en saison. Car les colonies de la moitié nord du pays sont amenées le plus souvent entre septembre et novembre, avant que les routes ne soient prises par la neige et le verglas. Voilà pourquoi, en attendant février et sa parure florale si parfumée, ces butineuses n'ont rien d'autre à se mettre sous la trompe que du sirop de maïs et des granulés de protéines.

---

* Entretiens des 14 et 15 octobre 2008.

Outre que ce mélange pollinique durcit rapidement et devient indisponible pour les abeilles, donc peu efficace, les apiculteurs ont remarqué une recrudescence de nosémoses et de diarrhées dans la foulée de ce traitement de choc. Simple coïncidence ? Impact direct de cette nutrition artificielle ? Contamination par le micro-champignon *Nosema* sp. de lots alimentaires importés (souvent d'Asie) ? Les éleveurs et les spécialistes continuent de s'interroger. Les études sur la nutrition qu'ils ont conduites en 2005-2006 n'ont pas permis de conclure (voir le chapitre 2). En effet, au mieux, ces apports protéinés permettent de stabiliser les effectifs, plus rarement de les accroître. Au pire, ils n'empêchent pas l'effondrement de certaines colonies. Si toute la profession s'accorde à penser, aux États-Unis comme en Europe, que les apports alimentaires sont devenus indispensables à la plupart des élevages commerciaux, personne ne dispose de la recette magique qui s'approche au mieux de la richesse nutritionnelle des pollens et nectars prélevés dans la nature par les butineuses. Ainsi, en 2008, les chercheurs de l'USDA ont comparé deux sirops commerciaux et un troisième, expérimental, visant à stimuler la croissance des colonies. Aucun de ces régimes n'a permis d'atteindre une telle performance. En revanche, cette expérience, menée sur des colonies d'hiver destinées à polliniser les amandiers, a montré que le nombre d'abeilles baissait si les insectes ne recevaient pas d'apports nutritifs supplémentaires. Nécessaire donc, mais insuffisant.

À défaut de remplacer les récoltes faites par les abeilles elles-mêmes, il ne faudrait pas que ces compléments les empoisonnent ! Or, régulièrement, des contaminations chimiques sont évoquées sans qu'un véritable suivi soit effectué sur cette alimentation. Ainsi, en 2007, Eric Mussen, de l'université Davis en Californie (UC Davis), trouvait dans l'un de ces compléments de fortes teneurs d'hydroxymethylfurfural (HMF), un composé qui peut s'avérer toxique pour l'abeille. Et les organisations apicoles américaines réclament régulièrement que ces produits deviennent traçables et l'assurance que les extraits de betteraves sucrières ou de maïs composant le menu servi à leur bétail ne soient pas bourrés de pesticides.

Une saison en enfer ?

Outre l'alimentation, il reste bien d'autres questions préoccupantes pour la santé des abeilles qui effectuent ces migrations répétées au cours de l'année. Tout d'abord, les dangers que représentent pour elles ces voyages dans la chaleur, les vibrations, les à-coups et la promiscuité. Une vue de l'esprit ? C'est assurément la conviction de leurs convoyeurs, voire de certains apidologues de l'USDA, qui sous-estiment peut-être cet effet. « *Cela fait quarante ans que l'on déplace nos ruches à travers le pays. Moi, ça fait dix ans que je fais l'aller-retour avec mes colonies en Californie et il ne s'est jamais rien produit d'exceptionnel. Et, en une seule année, j'effectue 15 à 20 000 km au total !* », s'enorgueillit David Hackenberg*. « *On les a toujours faits ces voyages, et il n'y a jamais eu de problème* », renchérit Dennis vanEngelsdorp**, de l'USDA en Pennsylvanie, qui s'extasie devant « *ces derniers fermiers nomades d'Amérique* »[7]... Des nomades en semi-remorques alors ! Et David Mendes, qui aligne 8 000 ruches migrantes et plus de trente ans d'apiculture commerciale, assure au bout du compte que *« le stress n'est pas pour l'abeille, mais pour l'apiculteur »****.

« *C'est vrai qu'on transporte des abeilles depuis quarante ans,* note Jeff Pettis. *Mais chaque année, il semble qu'on les déplace plus fréquemment et sur de plus longues distances.* » Et il n'est pas rare d'entendre parler de mortalités « normales » d'au moins 10 % du cheptel à la descente des camions. Ne serait-ce que parce qu'elles sont enfermées dans leur ruche, les unes contre les autres et sous une bâche, les ouvrières ne parviennent plus à

---

* Entretien du 24 octobre 2008.

** Entretien du 9 avril 2008.

*** Entretien du 24 octobre 2008.

Migrations et orientation ne font pas bon ménage…

Le système de navigation de l'abeille est aussi sophistiqué que fragile. Et les changements répétés de paysages, à la faveur des voyages de pollinisation, risquent de perturber la butineuse. C'est du moins ce que l'on peut déduire des observations de Jürgen Tautz, professeur au Centre de biologie de l'université bavaroise Julius Maximilian[8]. En effet, pour que l'abeille puisse à la fois exploiter des massifs floraux pleins de promesses, repérer le trajet lors de ses premiers vols, et revenir au nid avec son butin pollinique au creux des pattes et le jabot plein de nectar, elle a besoin de temps. Le temps de l'apprentissage : lire et mémoriser le paysage, parfois sur des kilomètres carrés, autour de sa ruche. Car pour se souvenir où elle habite, après ses courses aériennes échevelées, l'abeille réalise une série de vols de repérage, en étoile autour du nid, durant lesquels elle inscrit dans sa mémoire un grand nombre de repères : un parterre de fleurs, une haie, de grands arbres, une colline, un bâtiment, une mare, etc. Le tout en s'aidant du Soleil comme d'une boussole. Le reflet et la faible luminosité ultraviolette de notre étoile, seul repère permanent dans le ciel, ainsi que les cercles lumineux qu'elle diffuse dans l'atmosphère lorsqu'il y a des nuages permettent aux butineuses de « calculer » en quelque sorte des angles et de naviguer. Histoire d'exploiter leur domaine floristique au mieux ; d'indiquer aux autres, par leurs danses si savantes et étonnantes, où se diriger pour trouver les trésors nourriciers qu'elles ont repérés. Histoire aussi de ne pas se perdre. Enfin, normalement… Car à trop multiplier les changements de lieu, on les oblige à refaire ce travail fastidieux de repérage et de « calcul ». Au risque de multiplier les erreurs, les errements et les épuisements en vol.

maintenir, par ventilation, une température raisonnable. Pas rare, non plus, qu'un apiculteur livre des ruches un peu trop vides ou bien peu actives.

Pour mieux cerner ce problème, Pettis et vanEngelsdorp ont fait un essai : « *On a mis en place des sondes pour mesurer la température au sein des ruches et suivre la taille du couvain,* rapporte le responsable de l'USDA du Maryland. *Et l'on a comparé ces paramètres entre des colonies qui ont fait le voyage de la Californie à la Floride et d'autres que l'on a laissées dans la Vallée centrale. Ces dernières ont maintenu la bonne température dans la ruche et ont eu un taux de survie du couvain tout à fait satisfaisant. Celles qui ont été transportées, en revanche, ont perdu jusqu'à 30 % du couvain* [12 % des jeunes larves et 10 % des larves plus matures]. *Donc, c'est clair : il y a bien un impact du transport sur les colonies. Mais est-il suffisant pour provoquer leur effondrement ?»*

Par le seul mal des transports, sans doute pas. Mais ajoutées à une activité intensive de pollinisation et à un régime alimentaire plutôt médiocre, ces migrations finissent peut-être par épuiser ces frêles organismes, réduire leur durée de vie et la qualité de leurs défenses immunitaires. Là encore, nos apiculteurs migrants n'y croient guère : *«Je ne suis pas sûr que ces voyages les tracassent tant que ça,* élude David Hackenberg. *Bien sûr, ils doivent être stressants pour l'abeille. Tout ce que nous faisons avec elles doit être stressant. Alors…»* Alors, on justifie tout par la tradition. Celle des transhumances le long du Nil, par les premiers apiculteurs de l'Égypte ancienne, comme celle des migrations héroïques des pionniers du Far West. Sauf que ces voyages actuels, leur fréquence, leur saison et leur finalité n'ont plus grand-chose à voir avec ceux d'antan. Ni les effectifs des colonies déplacées d'ailleurs.

Pourtant, ce qui me semblait jusqu'alors évident ne se vérifie pas complètement dans les données rassemblées par l'USDA et l'AIA (les inspecteurs apicoles américains) pour les pertes de l'hiver 2007-2008 : lorsqu'on les analyse, la surmortalité parmi les ruchers migrateurs n'apparaît pas nettement[9]. « *Il n'y a pas de différences significatives de mortalité entre les apiculteurs migrateurs et les éleveurs sédentaires»*, constate Pettis. Tout de même, il est difficile de croire que ces milliers de kilomètres avalés dans l'année, de même que cette alimentation artificielle, puis la suractivité durant ces contrats, n'affectent nullement la santé des abeilles ! Est-ce bien le cas ? Ou est-ce simplement lié au fait que les enquêteurs de l'USDA ignorent la signature biologique de ce stress chez l'insecte[10] ? Que les enquêtes demeurent bien trop limitées en nombre de colonies étudiées et en durée de suivi ? Il est possible aussi que le stress demeure secondaire et n'affecte pas la santé de l'ensemble de la ruche : *«Peut-être que*

La pollinisation : un commerce marginal en France

Les risques liés à l'apiculture intensive de pollinisation se posent-ils en France ? « *Il y a huit à dix ans, nous avions pensé développer cette activité dans notre région, en Provence, où le maraîchage et l'arboriculture sont très actifs*, indique Pascal Jourdan*, qui dirige l'Association de développement apicole Adapi. *Certains apiculteurs du coin l'ont d'ailleurs testée, y consacrant peut-être un tiers de leur temps de travail. Mais aujourd'hui, si ces contrats de pollinisation représentent 80 % du revenu d'un ou deux exploitants du Vaucluse et des Bouches-du-Rhône, c'est bien le bout du monde. Rien à voir avec les États-Unis ! Et cela ne devrait guère évoluer dans le futur, car le cours du miel est remonté et les importations de fruits et de légumes étrangers ont réduit les productions locales.* » Alors, oui, tel apiculteur acceptera d'entreposer quelques ruches au bord du verger d'un voisin, pour dépanner ou pour arrondir ses fins de mois. Ou certains intègreront sur leurs parcours de transhumance la pollinisation d'un champ, souvent d'ailleurs sans contrat rémunéré lorsqu'il s'agit de grandes cultures oléicoles (colza et tournesol), qui profitent aussi à l'abeille. Mais la plupart des apiculteurs interrogés font la même réponse : « *Sur des fruitiers ou des productions maraîchères, il y a souvent trop de casse à l'arrivée, à cause des nombreux traitements chimiques.* » Des épandages impressionnants que confirme Marie-Hélène Sauge à l'Inra d'Avignon, à la suite d'une étude du programme Ecoger (Écologie pour la gestion des écosystèmes et de leurs ressources) : alors que les vergers représentent en France à peine 1 % de la surface agricole (SAU), ils concentrent 20 % des quantités de pesticides utilisés. Aussi, Pascal Jourdan conseille-t-il à ses adhérents de n'entreposer ses ruches aux abords d'un verger que quelques jours et de préférence en début de floraison. Car « *dès l'essentiel du travail de pollinisation effectué et la fleur fécondée, l'arboriculteur se précipitera pour protéger la formation des fruits avec des pesticides.* » Et là, sauve qui peut !

ces 30 % de réduction du couvain que nous avons observés au cours de notre essai représentent l'effectif tampon pour la colonie, cette quantité non indispensable à la survie collective, existant précisément pour encaisser les à-coups de l'existence ? me glisse Pettis. *Peut-être alors*

* Entretien du 7 octobre 2008.

que ces déplacements participent, comme les pesticides ou le varroa, à cet affaiblissement global des colonies sans provoquer directement leur effondrement.» Ce stress se perdrait, en quelque sorte, dans le bruit de fond des divers problèmes sanitaires de l'abeille.

Seule concession – et pas des moindres – faite aux critiques portées à ce système d'exploitation apicole, les bergers migrateurs et les apidologues de l'USDA admettent que l'incroyable densité des colonies pollinisatrices en Californie, les échanges inévitables entre elles, puis leurs mouvements dans le reste du pays dès le mois de mars, peuvent avoir des conséquences sanitaires dramatiques. *« Ces 1,3 à 1,5 million de colonies repartent dans toutes les directions. Et les maladies, les parasites, ainsi que les gènes de résistances aux acaricides sont distribués à travers tout le pays à la vitesse de la lumière!»*, décrit avec pertinence Marion Ellis, de l'université du Nebraska (Lincoln)*. Ainsi, cet immense Woodstock de l'abeille californienne se transforme, chaque année, en une effroyable tornade microbienne susceptible de dévaster des milliers de ruchers en quelque mois.

Brutal retournement de situation

Les épidémies qui ravagent régulièrement le cheptel apicole américain auront, en retour, des conséquences directes pour les productions agricoles. En particulier, en Californie. *« Pour répondre aux besoins créés par les nouvelles plantations d'amandiers* [on évoque une croissance de 300 000 hectares d'ici à 2010], *il faudra trouver 500 000 colonies supplémentaires d'ici à 2012,* évalue Jeff Pettis dans le Maryland. *Et si, en 2008, nous avons à peine pu satisfaire cette demande arboricole, je doute que nous y parvenions pour 2012.»* Cette perspective trouble suffisamment les planteurs d'amandiers pour que ces derniers soutiennent plus activement les recherches sur la création d'une variété

* Entretien du 11 février 2009.

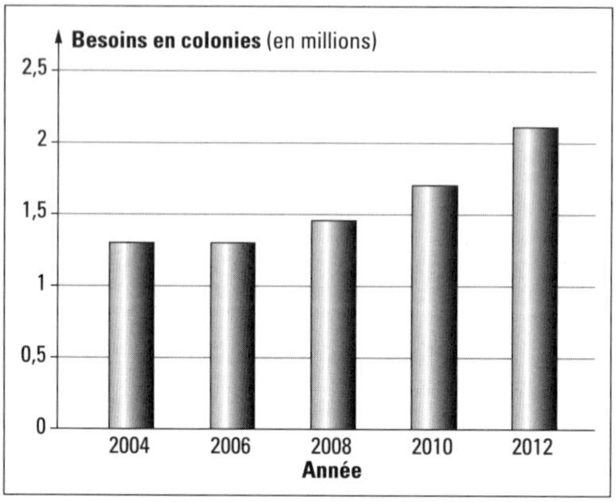

Évolution des besoins en colonies d'abeilles mellifères pour la pollinisation des amandiers en Californie. (Source : ARS-USDA, Beltsville.)

d'arbre auto-pollinisateur. Mais on en est encore loin ! Et d'ici-là, les arboriculteurs risquent encore de payer au prix fort la location des ruches.

Sauf à réagir d'une façon radicale : en réduisant les surfaces à polliniser. Quitte à diminuer la production. Au détriment des profits, pensez-vous peut-être ? Rien n'est moins sûr. Car depuis 2006, les récoltes d'amandes n'ont cessé de s'accroître d'une année sur l'autre : + 22,5 % en février 2007, + 23,8 % l'année suivante, + 15 % en février 2009[11]. Ce qui a inévitablement déprécié le prix des amandes. Et la crise financière mondiale a fait le reste, en réduisant à la fois les achats et les prix : la valeur de la tonne d'amandes a chuté de 30 % entre août et décembre 2008 ! Une baisse de la production pourrait alors raffermir son cours.

Entre calcul et précaution, cette nouvelle stratégie des arboriculteurs a parfaitement fonctionné sur le prix des locations de ruches pour ce mois de février 2009. Au-delà même de leurs espérances ! Et avec un été et un automne 2008 cléments pour les pollinisateurs dans de nombreuses régions du pays, la météo a indirectement renforcé l'efficacité de ce scénario. Les récoltes de pollen et de nectar ont été en effet fort généreuses. Si bien que l'hivernage des colonies s'est présenté sous les meilleurs auspices. Plusieurs apidologues, comme

Eric Mussen de l'UC Davis, ont d'ailleurs pronostiqué que l'épreuve hivernale serait surmontée sans trop de casse par les colonies américaines *d'A. mellifera.* De quoi espérer une abondance nouvelle des populations d'abeilles après plusieurs cycles d'effondrement massifs ? Dernier coup de pouce météorologique à la stratégie des arboriculteurs : une sévère sécheresse qui a frappé cette fois la Californie. Ce qui a conduit le gouverneur Schwarzenegger à imposer une limitation des arrosages dans l'État en février 2009. De quoi accélérer les réductions de surface des vergers exploités, par une mise en friche plus tôt que prévu des vieilles plantations. Conséquence : les besoins en colonies pour cette saison de pollinisation ont été moindres. Dès lors, la relative surabondance de l'offre d'*Apis mellifera* et la baisse de la demande des arboriculteurs a eu un impact immédiat sur les prix des ruches : en chute !

« *Vous avez probablement vu ces publicités dans les journaux locaux (de Bakersfield à Sacramento) et avez été contactés par des apiculteurs vous proposant des abeilles à prix cassés – une sacrée inversion de tendance par rapport à ces dernières années, où il y avait pénurie d'abeilles,* écrit Joe Traynor, le 12 février 2009, à l'adresse de ses clients cultivateurs[12]. *Les raisons de cet excédent apparent d'abeilles en janvier sont multiples* [...] *Et certains apiculteurs, spéculant sur des prix de location en pleine expansion, ont apporté des colonies en Californie sans avoir de contrat pour polliniser les amandiers.* »

Plus exactement, il semble que des éleveurs, au bord du gouffre, ont tenté un coup de poker : débarquer sans contrat préalable et au dernier moment dans la Vallée centrale, en limitant leurs investissements au maximum – faisant l'impasse sur les fameux 18 dollars et plus par colonie pour les préparer à cette saison de pollinisation – et en ne garantissant aucune ruche sur huit cadres. D'autres ont en revanche simplement flairé l'opportunité offerte par cette double crise du CCD et financière pour gratter de l'argent facile. Quitte à ne pas revenir l'année suivante. « *De vrais bandits !* » s'emporte Joe Traynor. Car « *la majeure partie de cet excédent est constituée de colonies bas de gamme de ces apiculteurs spéculateurs.* »

Si Traynor est aussi furieux contre ce qui n'est après tout que le jeu du marché, dont il a su bien profiter jusqu'ici, c'est que ces *desperados* de l'abeille menacent clairement de casser son *business* de courtier avec des « *apiculteurs haut de gamme* » pour un prix lui aussi... « *haut de gamme* » : la seule assurance, d'après lui, que l'arboriculteur obtienne le réel service de pollinisation pour lequel il a payé. Mieux, poursuit-il, s'il veut faire des économies, ses super-colonies peuvent lui permettre de réduire le nombre de ruches à l'hectare. Conscient que cet argument sur la qualité ne calmera sans doute pas cette spéculation, Joe Traynor vient de proposer un rabais de 10 dollars par colonie pour 2010[13]. À condition que les commandes passées au 1er juillet 2009 soient fermes pour l'année prochaine. Rien ne dit, là encore, que cela lui permette de conserver son marché.

Le retournement de tendance est si spectaculaire qu'il ne manque pas de relancer « *le doute sur l'existence réelle d'une crise de la pollinisation globale* », comme l'écrivait l'hebdomadaire britannique *The Economist* en mars 2009[14]. Les populations d'abeilles sauvages et d'élevage, se demande la revue, déclinent-elles vraiment ? Cette surabondance des colonies en Californie durant le mois de février 2009 n'est-elle pas la preuve que le CCD n'est qu'une manipulation de l'opinion publique par les apiculteurs, les apidologues et les médias américains ? « *Pas du tout !* rétorque Marion Ellis, de l'université du Nebraska*. *Car le nombre de colonies aux États-Unis n'a pas augmenté ces dernières années, puisque l'on est passé de 2 443 000 en 2007 à 2 301 000 en 2008. Mais c'est la proportion des colonies mobilisées pour polliniser les amandiers qui s'est accrue.* »

Et sur le Vieux continent, les dernières nouvelles du front apicole, rapportées par les spécialistes réunis à Zagreb, en Croatie, les 3 et 4 mars 2009, pour la quatrième conférence du programme COLOSS (*Colony Loss* ou perte de colonie)[15], ne sont guère plus réjouissantes[16]. Car les pertes moyennes de

* Courriel du 29 mars 2009.

colonies tournent, dans la plupart des pays présents, autour des 30 % et parfois davantage[17] !

Enfin, les quelques suivis à long terme des insectes en Europe (par Jacobus Biesmeijer[18]) comme aux États-Unis (par le National Research Council[19]) attestent, rappelons-le, d'une réduction, dans le paysage rural actuel, de la taille des populations d'abeilles sauvages, en particulier de certaines espèces d'apoïdes spécialisées. Ce qui s'explique par la place très particulière qu'occupent les abeilles dans les réseaux écologiques (trophiques) à l'œuvre dans ces agrosystèmes (voir le chapitre 4).

Au bout du compte, la surabondance des pollinisatrices risque de n'être qu'un feu de paille. Si la théorie liant les effondrements à la nutrition tient la route, on peut même craindre le pire pour 2010 ! Car la baisse des prix de location observée cette année 2009 en Californie incitera probablement les apiculteurs à réduire, à leur tour, leurs dépenses alimentaires. Ce qui risque fort de relancer le CCD… Et la machine à perdre des colonies pourrait bien repartir !

Repenser cette double exploitation à risque

À ce stade de notre enquête, il faut prendre un peu de recul sur ces épisodes en dents-de-scie qui déstabilisent les filières arboricoles et apicoles des États-Unis.

Demandons-nous, un instant, si cette pénurie historique des pollinisateurs pour les amandiers – au-delà de l'épisode de 2009 – est vraiment et d'abord la manifestation d'une crise sanitaire du cheptel apicole américain. Ne se trompe-t-on pas sur le diagnostic et, dès lors, sur les solutions ? Car de solution, il en existe une, naturelle, relativement peu coûteuse et, surtout, durable, à portée de main des cultivateurs. C'est ce que s'évertue à démontrer, depuis 2002, Claire Kremen, biologiste de la conservation à l'université Berkeley, en Californie, qui compare les structures du paysage et les populations de pollinisateurs entre plusieurs sites agricoles. « *Si, à quelques centaines de mètres des vergers d'amandiers, il n'y a pas de haies, pas de bordures en friche ni de bosquets fleuris, on trouve jusqu'à cinq fois moins d'abeilles sauvages que dans les espaces plus hétérogènes. Et le problème de la Vallée centrale californienne, c'est qu'il n'existe plus, dans cet océan de monoculture intensive, que quelques îlots de biodiversité, le plus souvent autour des plantations "bio" d'amandiers.** »

En d'autres termes, les arboriculteurs n'ont à s'en prendre qu'à eux-mêmes s'ils déplorent une chute de la pollinisation. Car c'est bien leurs vergers taillés au cordeau à perte de vue, la pauvreté du choix en pollen et en nectar qu'ils offrent, et l'absence de ressources mellifères une fois la floraison des amandiers passée qui expliquent en partie ce problème. « *C'est comme une personne qui se nourrirait exclusivement de riz ou de gâteau au chocolat : déséquilibré !* », ajoute l'écologue. C'est aussi le manque de sites de nidification – où des centaines d'espèces d'insectes se reproduisent et échangent des gènes – qui condamne l'avenir des pollinisateurs sauvages. Davantage d'ailleurs que les traitements chimiques réalisés dans les vergers d'amandiers, rares au moment de la floraison.

Cette monoculture de l'amande est devenue un exemple emblématique des ravages que l'agriculture intensive cause parmi la faune sauvage et les insectes. En retour, cette diversité entomologique exsangue ne pourra plus garantir aux cultures les services si généreux offerts par les abeilles. En un mot : cette coulée rose crème des vergers en fleurs qui traverse du nord au sud cet immense État américain n'est tout simplement pas « durable » ! « *Nous avons mesuré que 50 à 80 % des besoins de pollinisation concernant les amandiers, les pastèques ou les choux-fleurs sont satisfaits naturellement par des abeilles sauvages dans les cultures "bio", ce qui n'est quasiment jamais le cas dans les champs et les vergers conventionnels* », précise Claire Kremen, qui a également démontré cette « auto-suffisance » pour 90 % des petites exploitations de melons du New Jersey et

* Entretien du 4 novembre 2008.

de Pennsylvanie grâce aux pollinisateurs sauvages locaux[20]. « *Les plantations d'amandiers californiens pourraient se passer en grande partie des colonies d'abeilles d'élevage si l'espace agricole était mieux géré. Ainsi, ce système, très artificiel, est aujourd'hui clairement menacé par le déclin des colonies d'abeilles domestiques.* »

Je voudrais toutefois lever une ambiguïté et ne pas laisser croire que l'on peut complètement s'affranchir des élevages d'*A. mellifera*. Je crains fort que cela soit impossible alors même qu'on projette de produire toujours plus de fruits et de légumes. Pourtant, vu l'impasse angoissante dans laquelle se débattent apiculteurs et agriculteurs, certains évoquent aujourd'hui des abeilles sauvages comme une alternative, voire LA solution au problème du CCD. C'est implicitement l'approche de Claire Kremen et plus nettement celle d'une équipe du Michigan qui vient d'achever trois années d'étude dans quinze fermes afin d'identifier les communautés de pollinisateurs associées aux cultures de myrtilles dans cet État du Middle West. « *Le piégeage et l'observation nous ont permis d'identifier au moins 166 espèces d'insectes (30 genres et 5 familles) sur ces cultures dont 112 les pollinisent activement. La plupart des abeilles présentes sont des espèces solitaires nichant au sol ou dans des cavités* », précisent Julianna K. Tuell et ses collègues[21]. Et ces abeilles sauvages n'étant « *pas affectées par le CCD, elles pourraient servir d'alternative aux abeilles d'élevage* », écrit-elle le 24 mars 2009 dans un communiqué de la Société entomologique d'Amérique (ESA)[22]. D'ailleurs, en confectionnant à leur intention des niches artificielles en roseau ou en bambou, les cultivateurs devraient pouvoir les contrôler, au moins pour les espèces vivant dans des cavités, estime Julianna K. Tuell. Laquelle pointe qu'au-delà des myrtilles, plusieurs espèces d'abeilles relevées dans cette étude visitent également des cerisiers, des pommiers et les cultures de canneberges. Voilà de quoi prendre au sérieux une telle alternative dans ce contexte d'effondrement des colonies…

Curieuse opposition entre abeilles sauvages et domestiques

Il est très séduisant d'imaginer un système agricole « naturel », dont la reproduction est l'œuvre des seuls pollinisateurs sauvages. Encore faut-il s'assurer que ces espèces échappent non seulement au CCD, mais au déclin global qui touche les colonies d'élevage. Sans doute ne constituent-elles pas la cible des pires pathogènes d'*A. mellifera* (*Varroa destructor* et *Nosema ceranae*), mais il reste à prouver qu'elles échappent aussi aux intoxications par les pesticides, qui sont largement diffusés dans l'espace rural. D'autant que leur aire de butinage étant bien plus modeste que celle de nos abeilles d'élevage, les abeilles sauvages auront du mal à éviter un champ ou une zone contaminés. On peut admettre toutefois qu'étant solitaires, ces espèces n'accumulent pas ou peu de pollen ni de nectar (miel) pollué dans leur nid, ce qui suffit à les rendre moins vulnérables aux intoxications par ingestion. Mais cela demande à être vérifié.

Aujourd'hui, quelques chercheurs poussent le bouchon encore plus loin en assurant, tels le bioéconomiste argentin Marcello Aizen et son collègue canadien Lawrence Harder, que « *les abeilles mellifères sont des espèces envahissantes dans pratiquement toutes les zones où elles ont été introduites ; elles volent généralement le pollen des espèces de plantes autochtones sans les polliniser** *ou, tout en les pollinisant sans grande efficacité, elles réduisent leur production de graines*[23] »... Bigre ! Écologiquement illégitime et agronomiquement nulle, *A. mellifera* ne serait plus cette frêle victime à défendre, mais plutôt une espèce nuisible à éliminer. Quel retournement de situation !

Il reste que même si l'on envisageait que les abeilles sauvages (« autochtones ») constituent la relève des colonies mellifères de demain, contrairement à l'espoir que forment ces différents

* Comme on l'a vu au chapitre 3 (note 14), *A. mellifera* n'est pas l'abeille la plus efficace pour polliniser les plantes ; les pelotes de pollen qu'elle forme restent collées à ses pattes jusqu'à la ruche et les grains ne sont pas déposés sur les fleurs.

chercheurs, ces espèces demeureront « incontrôlables » par les cultivateurs – *A. mellifera* est déjà si peu domestiquée ! Ou difficiles à produire en masse. Prenons seulement l'exemple de la première postulante au titre de meilleure pollinisatrise d'Amérique : j'ai nommé *Osmia lignaria*, l'abeille maçonne de la famille des mégachiles, très commune en Amérique du Nord. Étudiée depuis dix ans par le laboratoire de biologie de l'insecte de l'USDA, à l'université d'État de l'Utah (Logan), cette abeille est une pollinisatrice incroyablement efficace de nombreux fruitiers (amandiers, pêchers, pruniers, cerisiers, pommiers, etc.). Selon James Canes, de l'USDA de l'Utah, sur un seul acre (un demi-hectare) de verger, 2000 *Osmia lignaria* feront le boulot de 100000 abeilles mellifères[24]... Et en 2009, 120 hectares d'amandiers ont d'ailleurs été confiés à près d'un million d'abeilles maçonnes en Californie. Une goutte d'eau toutefois parmi les 267000 hectares d'amandiers à polliniser dans cet État ! Et, contrairement à la rumeur, cet élevage n'est pas prêt de décoller rapidement, car *Osmia lignaria* présente tout de même une sérieux handicap pour l'apiculture : étant une espèce solitaire, les éleveurs auront du mal à accroître sa population au delà d'un facteur huit en un an, là où une reine d'*A. mellifera* peut transformer en quelques mois une ruche de quelques douzaines d'ouvrières en une colonie de 20000 butineuses ! En outre, ne produisant pas de miel, l'abeille maçonne ne doit compter que sur la pollinisation pour faire le bonheur de son berger. Et il n'est pas bien sûr que l'on parvienne à en produire suffisamment à un coût raisonnable. D'ailleurs, même James Canes, l'un des meilleurs spécialistes de l'espèce, ne croit guère à son destin national : « *Le nombre d'*O. lignaria *dont un cultivateur a besoin – au moins 500 par acre – est tel qu'elle ne remplacera jamais l'abeille mellifère !* »

Ainsi, ce service de la pollinisation sauvage demeure très aléatoire. Ce qui n'est guère compatible avec le modèle actuel de production commerciale qui, pour la pollinisation, exige la mobilisation rapide d'un très grand nombre de butineuses à la fois. Aussi, à moins de tourner le dos aux modèles industriels de production alimentaire – il faut alors l'annoncer clairement et savoir qui y est prêt – pour sortir de cette crise, nous devons plutôt parier sur le maintien des deux populations d'abeilles dans notre environnement : les abeilles sauvages comme les abeilles d'élevage, sans jouer les unes contre les autres. Car, on l'a vu au chapitre 3, elles ont en réalité des rôles complémentaires, en pollinisant des plantes différentes, et parfois additionnels, en pollinisant de concert les mêmes plantes, ce qui améliore leur fécondation.

Cette action conjuguée des deux types d'abeilles demeure la meilleure garantie offerte aux cultivateurs d'obtenir de bons rendements et des produits de qualité d'une façon durable. Pour les amandiers comme pour les myrtilles, pour les melons comme pour les pommiers. Et la meilleure façon de conserver ces précieux « auxiliaires des cultures », sauvages et d'élevage, est encore de multiplier les habitats semi-naturels, les sources de nourriture, les sites de ponte et de nidification. C'est ce à quoi s'attèle Claire Kremen depuis 2006 dans la Vallée centrale, avec une série de tests portant sur d'autres types d'aménagements agronomiques et de cultures mellifères.

Rien n'indique malheureusement que l'on s'oriente vers une telle politique de conservation et de restauration des milieux semi-naturels aux États-Unis. Du moins jusqu'ici. L'administration Obama changera-t-elle la donne ? Ses encouragements en faveur de l'expansion des cultures destinées à la production d'agrocarburants laissent peu d'espoir. En outre, au lieu d'accroître les efforts de protection des habitats semi-naturels pour les 4000 espèces d'apoïdes nord-américains, le Congrès a financé en 2007 un nouveau programme agricole d'un montant d'environ cinq milliards de dollars. Celui-ci conduira, par exemple, à mettre en labour des prairies du Montana et des deux Dakota, où, jusqu'ici, bien des apiculteurs mettaient au repos leurs colonies après la saison éprouvante de pollinisation des amandiers californiens, en attendant que les fruitiers de ces États du Middle West fleurissent à leur tour.

Une politique nocive et incohérente ! Car ici, comme en Europe, les contribuables paient des millions de dollars pour aider les fermiers à protéger ces territoires semi-naturels, avec des contrats d'entretien sur dix ou quinze ans. Or les cours des céréales venant à flamber – favorisés, en partie, par les subventions fédérales pour la production de bioéthanol – les mêmes agriculteurs peuvent casser sans pénalités ces contrats de protection de l'environnement rural pour exploiter davantage de terres. Ce n'est guère mieux en Europe, où les friches agricoles – si précieuses pour les insectes – devraient être réduites dramatiquement dans le cadre de la prochaine PAC (politique agricole commune) et ce, pour satisfaire aux mêmes objectifs de production accrue de céréales et d'agrocarburants.

C'est clair : dans des zones de plus en plus étendues au sein des pays industrialisés, on a créé de véritables déserts pour les abeilles, sans pollen ni nectar présents tout au long de l'année. Ce qui risque d'avoir un impact tragique sur les colonies d'abeilles mellifères et les abeilles sauvages, souligne l'écologue Dhruba Naug de l'université d'État du Colorado, à Fort Collins : « *La pénurie de nectar et de pollen peut engendrer simultanément une réduction du taux de survie des abeilles adultes et du développement du couvain, ce qui conduira à une dépopulation rapide de la colonie – un des symptômes les plus typiques des effondrements récemment observés* [aux États-Unis][25]. » De plus, l'agriculture biologique, favorable comme on l'a vu aux pollinisateurs, représente seulement 0,5 % des productions américaines, en dépit d'une demande croissante. Et à peine plus en France, où le pourcentage de la surface agricole utile (SAU) en agriculture biologique est de 2 %*.

Recréer d'urgence des milieux semi-naturels

Vu d'abeille, la désertification de notre territoire progresse à grands pas. Partant de ce constat, l'apiculteur Philippe

* Les accords signés au Grenelle de l'environnement prévoient que 15 % de la production agricole en 2020 soit « bio ». Il est peu probable que l'on atteigne cet objectif en dix ans…

Lecompte a initié le Réseau biodiversité pour les abeilles[26] afin d'« *améliorer le bol alimentaire des pollinisateurs*». Pour cela, son réseau a développé des jachères apicoles plantées avec des espèces que butinent les abeilles, en premier lieu dans les zones de grandes cultures comme la Beauce ou la Champagne-Ardenne. « *Le potentiel est énorme en France*, assure-t-il*: *il va rester plus de 300 000 hectares de jachères après la remise en production des sites mis en repos autorisée par Bruxelles, auxquels on pourrait ajouter 300 à 500 000 hectares disponibles, selon les estimations, le long des cours d'eau en milieu rural, ainsi qu'un million d'hectares cultivés en zone urbaine et péri-urbaine, y compris les jardins amateurs. Enfin, on a plus de 500 000 hectares de bordures de routes et d'autoroutes, soit l'équivalent d'un département comme les Bouches-du-Rhône. Au total, cet espace pouvant abriter des plantes mellifères totalise quelque 2,2 millions d'hectares ! Voilà de formidables trames vertes et bleues à mettre en place après le Grenelle de l'Environnement.* »

Avec 1 000 hectares de jachères apicoles en 2007 dans 41 départements, on est toutefois bien loin du compte ! Le désintérêt des agriculteurs et l'ignorance des collectivités territoriales expliquent largement cette faible progression. Mais il y a aussi la défiance d'une majorité d'apiculteurs à l'égard de ce réseau soutenu activement par la firme BASF. Un industriel accusé de vouloir, par ce soutien, amadouer les éleveurs afin de mieux réintroduire le fipronil, son insecticide bouté hors des champs de l'Hexagone en 2004 (voir le chapitre 5). Ce qui est sûr, c'est que sa présence brouille quelque peu le message véhiculé par ce réseau. Car enfin, comment peut-on dénoncer l'impact de l'agriculture intensive sur le milieu rural sans mettre en cause ceux qui, comme cette firme agrochimique, participent à son expansion ? « *Écoutez : on peut être pur et dur, mais à l'arrivée rien ne change !* rétorque Philippe Lecompte. *Or avec BASF ou Syngenta, on avance. Et lorsque certaines Ada* [il préside lui-même l'association de développement apicole dans l'Est, en cours de restructuration] *mettent en œuvre 5 ou 10 hectares de jachère*

* Entretien du 20 mai 2008.

apicole dans une région, cela reste insignifiant pour l'abeille. Car les études montrent que ces jachères doivent atteindre 0,5 % de l'aire de butinage d'une colonie pour satisfaire 66 % de son alimentation! Il est vraiment temps de sortir de l'échelle expérimentale. Et ces industriels sont les seuls qui, grâce à leurs liens avec le monde agricole, au sein des coopératives, peuvent influencer positivement les cultivateurs en les poussant à planter, par exemple, des espèces mellifères dans leurs jachères et à modifier la gestion des "mauvaises herbes" (coupes précoces) en bordure de champs.»

Soutenue mollement par les autorités politiques, cette initiative doit encore faire ses preuves pour l'abeille sur le terrain. Plusieurs questions plus «techniques» se posent. D'abord celle de la composition floristique. Car pour l'heure, parmi les espèces dont la plantation est officiellement autorisée dans les jachères agricoles, seul un quart environ intéresse l'abeille! Et il ne s'agirait pas non plus d'introduire des espèces exotiques pour la région concernée, au risque de voir s'accélérer la disparition de plantes autochtones.

L'équipe d'Axel Decourtye, de l'Association de coordination technique agricole (ACTA), qui a testé plusieurs formules en 2006 et 2007[27], apporte une autre précision clé sur la structure du paysage dans lequel la jachère doit prendre place: « *On a remarqué que plus le paysage est simplifié, avec peu ou pas d'aménagements fixes semi-naturels (haies et bosquets, bois, etc.), plus la phacélie, une petite plante aux fleurs bleutées très mellifères, est exploitée. D'une façon générale, on retrouve 35 % des pollens de nos jachères apicoles dans les ruches des paysages homogènes, contre seulement 1 à 5 % dans les sites d'essai où les paysages offrent des habitats semi-naturels. Cela signifie que lorsque l'abeille a le choix de ses ressources, elle exploite moins nos jachères et préfère des ronces, des roselières, des fleurs de prairies et de bordures de champs ou de route. Ces jachères semblent donc avoir surtout une utilité dans un certain type d'habitats très uniformes et appauvris, comme c'est le cas dans les régions de grandes cultures.*[*] » Le constat fait par Claire Kremen

* Entretien du 6 mai 2008.

en Californie est tout à fait identique. Et le quarté gagnant, parmi les espèces testées en France, est le suivant : la phacélie, dans tous les cas, associée à des légumineuses estivales comme le sainfoin, le trèfle blanc ou hybride, et le lotier corniculé, aux fleurs jaunes et orangées. Leur bénéfice pour l'abeille s'est traduit par le maintien, après l'été, de la taille du couvain et du poids des ruches[28].

Si Eric Mussen, Claire Kremen, Dhruba Naug et quelques autres chercheurs sont convaincus qu'une mauvaise alimentation peut provoquer de sévères effondrements des colonies, ce n'est pas l'avis de tous leurs collègues. Et la question qui se pose à nouveau aux enquêteurs sur le CCD est de savoir si la nutrition s'ajoute à la liste déjà longue des facteurs pesant sur la santé de l'abeille mellifère, ou si elle constitue la cause-clé de son déclin. À l'échelle d'un pays comme les États-Unis ou la France, la réponse est clairement : non. Car, seul, ce facteur ne permet pas d'expliquer l'effondrement d'un si grand nombre de colonies dans des paysages aussi contrastés. En revanche, dans les vastes zones de monocultures, de part et d'autre de l'Atlantique, le problème mérite qu'on s'y penche avec le plus grand sérieux.

Chapitre 15

Meurtres diaboliques entre amis

Dénouement : où l'on établit qu'il n'y a plus de coupable ! Seulement une bande de scélérats qui conjuguent leurs méfaits pour abattre les colonies.

La messe est dite. Il ne fait aucun doute que les pesticides sont et demeurent le véritable coupable des apicides massifs. Cette thèse est défendue depuis plus de dix ans par la plupart des organisations apicoles et des éleveurs en Europe et, depuis peu, aux États-Unis. Elle est, aujourd'hui, relayée par deux films documentaires : *Le Titanic Apicole. La Terreur Pesticide,* de Dominique et Ananda Guillet[1], et *Disparition des abeilles. La fin d'un mystère,* de Natacha Calestrémé et Gilles Luneau[2]. Riches de nombreux témoignages, souvent émouvants, parfois éloquents, mais trop pauvres dans l'examen objectif et approfondi des données disponibles, ces documentaires désignent les pesticides comme LE *serial killer* des ruchers. En gros, les épidémies de varroase, de nosémose ou de viroses qu'essuie un grand nombre de ruchers à travers le monde occidental ne seraient pas à l'origine de leur dépérissement, mais une conséquence de l'affaiblissement des colonies. Un affaiblissement dû, on l'aura compris, aux centaines de contaminants chimiques croisés par les butineuses sur leurs parcours. Et ceux, au passage, que l'éleveur répand au sein de leurs nids pour combattre justement le varroa ? Curieusement, à leur encontre, ces documentaires restent étonnamment discrets alors même qu'ils inquiètent sérieusement de nombreux toxicologues (voir les chapitres 9 et 13).

La fin du mystère, vraiment ? Par la mise en accusation d'un seul coupable ? Quel contraste avec les propos que tiennent les dizaines de chercheurs, techniciens et apiculteurs avec lesquels je dialogue depuis un an et demi ! Car ces scientifiques ont beau aligner face à eux tous les suspects soigneusement examinés, ils ont beau passer en revue une nouvelle fois chacun de leurs forfaits, en vérité, ils ne sont sûrs de rien. Ont-ils failli ? Je ne le crois pas. Leurs enquêtes ont même produit de précieux résultats. Mais voilà : au terme d'investigations énergiques (longues de trois ans aux États-Unis, davantage encore en Europe), ils ne distinguent chez ces suspects que des incohérences. Ici, le fait qu'un de ces criminels est absent des ruchers malades ou de plusieurs régions frappées par un effondrement, alors qu'ailleurs, sa présence est parfaitement corrélée aux pertes de centaines de colonies. Là, de « nouveaux monstres » s'avèrent finalement avoir été présents bien avant que l'on ne rapporte les disparitions massives de colonies dont on les accuse. C'est à désespérer !

Désespérant ? Seulement si l'on se trompe sur la façon de regarder le problème. Car il est difficile de se défaire de la logique « un crime = un assassin ». Difficile aussi de ne pas imaginer que c'est le même cauchemar qui se répète partout. Et pourtant… Il est grand temps dans ce monde que nous avons complexifié à l'envie de ne plus raisonner en mode binaire, en noir et blanc. Non, ces crimes ne sont pas imaginaires : les apicides ont bien eu lieu. Et ils se poursuivent, ici et là, puisque des ruches sont vidées de leurs foules immenses, presque après chaque hiver. Par millions. Mais d'assassin, de responsable, de meurtrier, il n'y en a pas au bout du compte. Ou du moins pas un seul. Pire, les meurtres commis au fond d'un rucher de Castille ou de Pennsylvanie n'ont peut-être rien à voir entre eux, ni avec ceux qui sont fomentés en Californie, en Pologne ou en Vendée ! D'ailleurs, les symptômes relevés sur le terrain présentent eux-mêmes des visages fort différents : ici, c'est une colonie qui s'affaiblit, produisant moins d'abeilles et moins de miel ; là, c'est une ruche qui se vide subitement de ses ouvrières ; ailleurs, on retrouve un nid plein d'abeilles mortes… Et vouloir rattacher ces différentes formes de dépérissement au même phénomène et aux mêmes agents n'est pas seulement audacieux : ce n'est pas la réalité.

Un effet domino + un effet de seuil

Pas de coupable unique ni de cause universelle ? Nous voilà bien avancés ! De quoi désespérer la plupart des apiculteurs. Désemparer les journalistes aussi, eux qui redoutent tant de devoir expliquer les nuances, les jeux confus entre facteurs, la diversité des situations qui brouille l'horizon. Rassurons-les : même s'ils ne jouent pas partout des rôles identiques, les acteurs principaux de ce drame apicole sont bien souvent les mêmes, présents dans toutes les régions industrielles du monde. Pas toujours en même temps ni chaque année, mais largement distribués, en Europe comme aux États-Unis. Et, surtout, au-delà des agents précis mis en cause, les mécanismes délétères conduisant au déclin des colonies sont souvent comparables d'une région à l'autre et d'une année sur l'autre. Je vais tenter de les préciser, avant de présenter les principaux criminels retenus par les scientifiques.

Dans la tourmente sanitaire qui l'éprouve, la colonie me fait penser à un immense château de cartes : chacune d'elle s'appuie sur la suivante et l'entraîne dans sa chute ! Dans le magazine *Bee Culture* du mois de février 2009[3], plusieurs chercheurs américains reviennent ainsi sur les symptômes du CCD, au terme d'un an et demi d'enquêtes dans les ruchers américains. Ils montrent une évolution des colonies, par seuil, selon les saisons, et notent des différences géographiques. Surtout, sans apporter d'explication, ils décrivent un véritable processus de

« contagion », foudroyant : « *Quand une colonie forte est réunie avec une autre du même rucher qui est affaiblie, elle s'effondre à son tour. Une fois que les symptômes commencent, ils semblent affecter la plupart des colonies du même rucher. Nous avons vu ainsi le CCD se propager comme une vague à travers les ruches, de proche en proche.* » Voilà pour l'effet château de carte ou domino.

Les colonies sont sous les coups de boutoir d'une multitude d'assaillants minuscules, inefficaces sinon inoffensifs pris séparément, mais redoutables dès lors que leurs modes d'action se conjuguent. Chacun s'attaquant à une tour du château des abeilles. Chacun défaisant l'une de ses défenses et concourant ainsi à son effondrement. Bien sûr, et l'on s'en doute, ces agents, aussi détestables soient-ils, ne sont doués d'aucune « intelligence », d'aucun machiavélisme, d'aucun plan d'attaque. Juste d'une stratégie évolutive de parasitisme ou d'infection qui, cumulée ou combinée avec celle d'un autre agent, peut devenir fatale pour l'hôte mellifère. Et si quelques individus ne parviennent plus dès lors à assumer une fonction vitale au sein de la colonie, ils peuvent précipiter le déclin de l'ensemble du groupe.

Et ce qui est troublant dans les témoignages de nombreux éleveurs, mais aussi des expérimentateurs en laboratoire ou en serre, c'est qu'ils décrivent souvent une dynamique incontrôlable lors de ces effondrements. Un emballement qui surprend toujours les bergers des abeilles, à partir de la contamination d'un certain nombre de membres de la colonie par un pathogène ou un pesticide. On assisterait alors à un effet de seuil, encore mal appréhendé et rarement mesuré, mais susceptible de s'appliquer non seulement à l'échelle de l'individu (une concentration de produits toxiques par abeille, une charge virale ou parasitaire), mais aussi au niveau de la colonie tout entière. N'existe-t-il pas un seuil de mortalité d'ouvrières, notamment de butineuses, au-delà duquel la colonie s'effondre ? Jeff Pettis, du département de l'Agriculture américaine (USDA), me parlait d'un « effectif tampon » ou d'une sorte de « réserve » d'abeilles qu'il évaluait, à la louche, à environ 25 ou 30 % des effectifs de la ruche, existant précisément pour faire face aux aléas climatiques et à des pénuries alimentaires. « *La perte de cette réserve ne met pas automatiquement en péril l'ensemble du groupe* », précise l'apidologue du Maryland*. *Mais si ces pertes interviennent après l'hiver, il y aura moins de butineuses disponibles pour aller chercher du pollen et du nectar à l'extérieur. Et l'on peut parfaitement imaginer qu'il existe un seuil de dépopulation – lequel ? nous l'ignorons – qui fasse basculer l'équilibre de la colonie et provoque son effondrement.* »

Un troisième effet clé, sous-estimé : l'effet colonial

Très lié à l'effet de seuil, je distingue un troisième effet au cours du processus d'effondrement chez *Apis mellifera* : c'est l'effet colonial. Celui-ci apparaît déterminant pour cette espèce d'abeilles sociales alors même que les expérimentateurs ont tant de mal à l'intégrer à leurs études et à leurs tests. Pourtant, la colonie imprime aux épidémies et aux intoxications une dynamique d'amplification ou de régulation qui est tout à fait essentielle. Prenez l'exemple de la loque américaine[4]. Il suffira que trois à cinq larves d'abeilles soient infectées puis meurent, sur les 20 000 que compte une ruche, pour que les nourrices qui s'en occupent soient atteintes à leur tour. Et ces dernières propageront alors la loque au reste de la colonie. C'est du moins ce que me décrit Jeff Pettis : « *Parvenant à recréer expérimentalement cette épidémie avec la loque, nous avons pu calculer qu'avec seulement 3 à 5 larves contaminées, la probabilité d'effondrement de l'ensemble de la colonie était de… 50 % ! Ce qui démontre autant la virulence de cette bactérie que l'extraordinaire amplification de cette contamination par l'organisation sociale qui prévaut au sein des ruches. Et c'est sans doute une clé du CCD, car cet effet agit de manière analogue avec certains virus ou avec* Nosema ceranae, *avec des intoxications aussi, même si nous n'avons pas encore les moyens expérimentaux de le démontrer ni de le quantifier.* »

---

* Entretiens des 14 et 15 octobre 2008.

Cet exemple de la loque américaine, parmi des centaines d'autres observations similaires, confirme qu'appréhender les problèmes de pathogènes ou de contaminants chimiques abeille par abeille, ou sur une centaine d'entre elles, n'a pas grand sens – nous l'avions déjà évoqué dans le chapitre 6. Car cette dimension sociale des échanges et des régulations à l'échelle du groupe explique la réaction d'une colonie à l'égard d'un stress quel qu'il soit. Ce qui influera sur le devenir de ce stress au sein de la ruche. Ainsi, des agents pathogènes ou toxiques peuvent être propagés par des comportements sociaux comme la toilette, l'échange de nourriture, d'informations ou de simples contacts de reconnaissance. À l'inverse, on peut observer une régulation et un contrôle de la diffusion de tel pathogène ou parasite par l'élimination des larves infectées, le toilettage individuel et réciproque, l'arrêt de la ponte – permettant de réduire la charge parasitaire dans le couvain – voire le départ de la ruche d'abeilles malades.

Cette dimension est absolument primordiale. Elle doit renouveler notre approche de l'épidémiologie chez l'abeille mellifère. Elle reste malheureusement difficile à tester à la bonne échelle : celle des 20 000 à 50 000 abeilles en interaction selon la saison ! Et elle renvoie à cette idée d'« être colonial », qu'une ruche est en réalité un super-organisme. « *Pour moi, la colonie, c'est un seul et même animal,* me déclarait, catégorique, l'apiculteur Joël Schiro, à Boulin, dans les Hautes-Pyrénées*. *Il démarre au printemps, il fait sa saison, se reproduit et accumule des réserves jusqu'à l'automne puis il se met en hivernage. Comme un ours !* »

Jusqu'ici, cette approche a été davantage une métaphore populaire qu'un fait scientifique. « *Je me méfie de cette comparaison très en vogue,* objecte Axel Decourtye à l'ACTA**. *Bien sûr, c'est une image qui frappe l'imagination des gens, mais elle suppose que tout est réfléchi, planifié, cohérent, au sein des colonies. Et je trouve cette*

* Entretien du 21 avril 2008.

** Entretiens des 6 et 7 mai 2008. L'ACTA est l'Association de coordination technique agricole, dans le Rhône.

notion terriblement déterministe ! Sans compter que certains considèrent la reine comme étant le cerveau de ce corps collectif. Or, c'est tout le contraire : le pouvoir dans la ruche est totalement décentralisé, ce sont les ouvrières qui décident, pas la reine, qui est à leur service ! Je trouve plus pertinentes les approches de Jean-Louis Deneubourg, de l'université libre de Bruxelles, qui développe la notion d'auto-organisation chez les sociétés de blattes et de fourmis. C'est-à-dire l'idée que dans une société d'insectes, il existe une série d'événements de régulation entre individus, simples, pas forcément issus d'une réflexion très élaborée. Mais qui s'avèrent déterminants à l'échelle collective.»

Un chercheur allemand, Jürgen Tautz, responsable du groupe « abeille » au centre de biologie de l'université Wuerzburg, en Bavière, vient d'apporter, dans un ouvrage aussi fascinant qu'original, une substance scientifique à cette image métaphorique d'un « *mammifère composé de plusieurs corps* »[5]. Partant de cette vision fonctionnelle d'un corps colonial, il me livre son analyse sur les problèmes actuels de dépérissement des colonies mellifères* : « *S'attachant à satisfaire leurs objectifs économiques, les apiculteurs peuvent ne pas toujours prendre en compte les interactions internes complexes qui déterminent le fonctionnement d'une colonie d'*Apis mellifera. *Il faut bien réaliser que celle-ci est une sorte de "super-organisme" qui travaille comme un grand animal unique, ou plutôt qui ressemble à un mammifère distribué à travers des corps multiples. Cette colonie peut être manipulée d'une façon incroyable, s'adapter et paraître toujours satisfaite. Elle donnera l'impression, confortable pour l'éleveur, d'être indestructible, voire immortelle. Sa résilience remarquable et sa capacité à s'adapter à certaines situations extrêmes masqueront alors les stress sous-jacents (pathogènes, toxiques, etc.) qui peuvent se développer durant une longue période tout en restant indétectables. Jusqu'à un certain moment. En effet, les stress s'accumulant, ils peuvent atteindre un seuil limite. Et lorsque ces problèmes se manifestent au grand jour, il peut être trop tard pour sauver la colonie !* » On retrouve bien là les effets domino et de seuil évoqués précédemment. *« Avec de la chance,*

* Ses propos, recueillis le 27 avril 2009, s'inspirent d'un texte soumis au *New York Times* le 12 juin 2008, non publié.

poursuit Tautz, *nous parviendrons à détecter tel ou tel stress. Mais on n'aura pas forcément réglé le problème. Car il est classique de traiter les symptômes sans combattre la maladie. Ainsi, dans le cas du CCD américain, il semble bien que ces colonies d'abeilles sont affaiblies par la somme des facteurs de stress, ou peut-être seulement par quelques-uns. Mais pour résoudre ce problème de dépérissement, nous devons prêter beaucoup plus d'attention à la biologie complexe des abeilles mellifères, mieux comprendre ce qui conditionne le bon développement d'une ruche, quelles sont ses limites, etc. Les abeilles mellifères viennent de déclencher une alarme très claire aux États-Unis. Nous devrions l'entendre avec une certaine gravité. Ne serait-ce parce que nous avons besoin d'elles plus encore qu'elles ont besoin de nous...*»

Auto-organisation et amplification des comportements

Ce que je ne soupçonnais pas, c'est que les mécanismes sociaux régissant une colonie d'abeilles pouvaient dépasser la seule diffusion *physique* des pathogènes ou des toxines. Or ils affectent aussi leurs comportements individuels et collectifs, j'allais presque dire leur psychologie ! Et ces modifications du comportement chez des individus peuvent avoir des répercussions essentielles sur le développement du groupe. C'est Frank Cezilly, spécialiste d'écologie comportementale chez l'animal et professeur à l'université de Bourgogne, qui ouvre devant moi ce nouvel horizon* : « *Lorsque j'observe d'une part la brutalité des effondrements de colonies d'abeilles mellifères et, d'autre part, leur disparition en grand nombre au sein des ruches, je me demande si l'on n'assiste pas dans ces cas à un phénomène d'auto-organisation propre aux insectes sociaux. À savoir qu'une décision, un comportement aberrant comme déserter sa ruche, suivis par quelques-uns au sein de la colonie – sous l'effet, par exemple d'un pathogène ou d'un toxique – peut être adopté par d'autres, voire par*

* Entretien du 28 avril 2009. Directeur de l'Institut Buffon, Frank Cezilly travaille au sein de l'UMR CNRS 5561 « biogéosciences ».

l'ensemble du groupe au fil du temps, du seul fait de la dynamique de groupe propre à cet organisme colonial. Et le déclenchement de ce mécanisme à l'échelle de toute la colonie nécessiterait qu'un certain nombre d'abeilles [ou certains groupes fonctionnels de la ruche : les butineuses, les nourrices, les gardiennes, etc.] *manifeste un tel comportement. Il dépendrait donc d'un effet de seuil atteint au sein de la population coloniale.* »

Précisons tout de suite un point clé : cette désertion de la ruche procèderait moins d'une décision mûrement réfléchie par la colonie – après je ne sais quel vote à bulletins secrets en assemblée générale ! – que d'un processus collectif inhérent aux insectes sociaux. Et ce comportement que l'on peut qualifier d'aberrant serait la traduction d'un dérèglement de type cognitif chez quelques-uns, lui-même consécutif à un pathogène ou une toxine. Enfin, tout ceci reste, bien entendu, très spéculatif. Mais je ne résiste pas à l'envie de poursuivre davantage dans cette voie. Ainsi, en suivant cette hypothèse, on peut imaginer que les dépérissements des colonies décrits aux États-Unis dans le cadre du CCD, avec des ruches retrouvées sans cadavres, seraient moins la conséquence directe d'une épidémie ou d'une intoxication mystérieuse que d'un mécanisme d'imitation sociale… Déroutant !

Et Jean-Louis Deneubourg, qui est à l'origine de ce concept d'auto-organisation, conforte cette hypothèse si originale* : « *Je suis totalement en accord avec ce que dit Frank Cezilly, c'est un mécanisme plausible qui va en quelque sorte amplifier l'influence de tel ou tel comportement d'un individu. C'est un peu l'histoire des moutons de Panurge de Rabelais : l'un est jeté à l'eau et tous s'y précipitent… C'est caricatural, mais cela décrit en partie ce qui se produit au sein des colonies d'insectes sociaux.* » Cela me fait penser à une sorte de… « contagion comportementale » ! Il acquiesce :

« *Oui, tout à fait. La plupart du temps, ces "contagions comportementales" sont positives, mais elles peuvent aussi avoir des effets négatifs sur le groupe. Et cette question du seuil est essentielle. Car si*

* Entretien du 12 mai 2009.

un comportement n'est pas adopté par un certain nombre d'individus au sein d'un groupe, si on n'atteint pas une masse critique, il ne sera pas repris et propagé au sein du groupe. Ces effets de seuil peuvent être liés à la réponse des individus – qui sont susceptibles de présenter une variabilité inter-individuelle dans l'expression de tel ou tel comportement – mais aussi à celle du groupe, en fonction des niveaux d'interaction entre ses membres et du nombre d'individus qui adoptent ces comportements. Le problème que l'on a, c'est que, si l'on peut facilement modéliser ces mécanismes pour une colonie de fourmis ou d'abeilles, c'est bien moins aisé de développer des vérifications expérimentales ! »

Pour clore cet éclairage sur les mécanismes conduisant à ces effondrements souvent surprenants et encore mystérieux, on peut retenir l'idée que les colonies subissent une double accumulation : la conjugaison de certains facteurs de stress, avec effet domino et effet de seuil en supplément, mais aussi une amplification de ces stress par des échanges sociaux. Lesquels conduisent à une diffusion physique d'un pathogène ou d'une toxine au sein d'une ruche et entre colonies, mais aussi à la possible propagation de comportements aberrants au sein du groupe.

Il me reste à présent à préciser quels sont les acteurs qui tirent les ficelles ou plutôt qui engendrent ces troublants mécanismes. Et là, force est de constater que personne ne s'accorde sur le duo ou le tiercé gagnant : chaque équipe élabore ses propres combinaisons meurtrières à partir de quatre à cinq facteurs.

Varroa ou pesticides : qui fait la poule et qui fait l'œuf ?

Prudente, l'Agence française de sécurité sanitaire des aliments (Afssa) s'est contentée de lister, en février 2009, une quarantaine de stress potentiellement fatals pour les colonies mellifères (dont 29 agents pathogènes de l'abeille)[6]. Elle a tenu, toutefois, à marquer sa préférence pour sa cible habituelle – l'acarien *Varroa destructor* – et à désigner les insecticides (agricoles) comme des tueurs secondaires. En Belgique, Éric Haubruge, de la faculté des sciences agronomiques de Gembloux (université de Liège), a conforté les choix de l'Afssa à la suite d'une étude épidémiologique portant sur de nombreux ruchers du pays entre 2004 et 2008. Après avoir suivi et étudié seize ruchers installés à proximité de champs de tournesol (traités ou pas au Gaucho), Haubruge est catégorique : il n'y a aucune relation entre la mortalité des abeilles et la présence de champs de maïs dont les semences ont été traitées au Gaucho[7]. En tout cas en Belgique. En revanche, « *un très grand nombre d'échantillons contenait des acaricides interdits ou inefficaces contre* Varroa destructor, *suggérant que les méthodes de traitement utilisées par les apiculteurs ne sont pas adéquates pour le contrôle de l'acarien.* » Sa conclusion est alors sans appel : le déclin des colonies est lié à une invasion incontrôlée de varroas et à la nocivité éventuelle de pesticides non homologués pour les combattre ! L'Afssa ne tient pas un autre discours.

« *Je veux bien que l'on dise que la cause du problème, c'est la varroase et que les pesticides agricoles sont un aspect mineur,* s'agace Bernard Vaissière à l'Inra d'Avignon*, *mais si c'était le cas, comment expliquez-vous que les abeilles sauvages déclinent également comme Biesmeijer l'a démontré sans ambiguïté* [voir le chapitre 4][8], *de même que le Conseil national de la recherche américaine (NRC) pour les abeilles sauvages, les colibris et les chauves-souris en Amérique du Nord* [les espèces d'abeilles sauvages, solitaires, ne sont pas affectées par l'acarien][9] *? Par ailleurs, je trouve que l'Afssa va un peu vite en besogne et qu'elle oublie les données, nombreuses et vérifiées, qu'a publiées le CST* [voir le chapitre 5], *qui ont amené à interdire les enrobages des semences de tournesol et de maïs par l'imidaclopride.* »

Mais pas question pour autant qu'il se risque lui-même à désigner les finalistes de cette traque aux tueurs de l'abeille : « *Trop tôt ! C'est tout l'enjeu de l'appel d'offre européen pour des contrats de recherche collaboratifs entre équipes sur trois ans, lancé depuis mars 2009*[10]*. Ce que je peux seulement vous dire, c'est qu'une*

* Entretien du 25 mars 2009.

abeille avec le ventre vide ou exposée de façon chronique aux pesticides aura certainement du mal à résister aux différentes maladies présentes dans son environnement. Aller dire après ça quelle est la cause première qui tue nos abeilles, cela relève du tour de force !»

L'approche de Lionel Garnery à Gif-sur-Yvette (LEGS) est comparable, mais se fait plus précise*: «*Pour l'Afssa, le facteur déclenchant sera le varroa, sur des abeilles affaiblies par les pesticides. C'est un peu le scénario inverse que j'avance avec les mêmes facteurs. Ce qu'il me paraît important de retenir, c'est que dans les deux scénarios, il y a un facteur que l'on peut retirer de l'environnement immédiat des abeilles (les pesticides) et un autre que l'on ne parvient pas à éliminer (le varroa)* [Je doute fort que l'élimination des premiers soient plus aisée que celle du second !] *C'est la raison pour laquelle je considère qu'il était légitime d'agir de façon préventive en supprimant la source du Gaucho et du Régent TS. J'ai toutefois le désagréable sentiment que chaque perte de colonies est un cas particulier et qu'il faut donc gérer ce problème d'effondrement… au cas par cas.*» Sur le rôle des pesticides comme facteur déclenchant ces effondrements, Marc-Édouard Colin de SupAgro à Montpellier lui emboîte le pas.

Pour ces chercheurs donc, la varroase serait la conséquence d'une ruche affaiblie et non sa cause. C'est d'ailleurs l'argumentaire que reprend le documentaire *Disparition des abeilles. La fin d'un mystère*[11]. «*Pourquoi pas, mais il faut le prouver*, réagit Yves Le Conte, apidologue à l'Inra d'Avignon**. *Qui fait la poule et qui fait l'œuf ? Peut-être qu'effectivement, des abeilles fragilisées par les pesticides vont être emportées par* Varroa destructor *; mais peut-être que c'est exactement le scénario inverse ! Franchement personne n'en sait rien aujourd'hui.*»

C'est d'ailleurs la raison pour laquelle il a commencé, avec son collègue Luc Belzunces, un essai en laboratoire qui porte sur de très jeunes abeilles en bonne santé placées dans des cagettes. Le but : comparer les effets séparés puis conjugués de pesticides néonicotinoïdes (la famille chimique du Gaucho), de

---

* Entretien du 23 mai 2008. Le LEGS est le laboratoire «évolution, génétique et spéciation» du CNRS, à Gif-sur-Yvette.

** Entretien du 9 avril 2009.

Varroa destructor et de *Nosema ceranae*. « *Nous allons tester au moins 45 lots d'abeilles en combinant ces trois facteurs. Et nous espérons avoir des premiers résultats à publier vers la fin de l'année 2009. Après quoi, nous referons un essai en combinaison, mais cette fois en plein champ.* »

Sans attendre la première publication, Luc Belzunces m'indiquait le 18 mai 2009, que « [leurs] *tous premiers résultats sur la combinaison de l'imidaclopride* [la molécule active du Gaucho] *et de* Nosema ceranae *montrent des effets de potentialisation surprenants : alors qu'aucun des deux facteurs n'a d'effet mortel sur l'abeille pris séparément à une dose et une charge données, on observe un effet de mortalité puissant aux mêmes dose et charge lorsqu'on les combine !* [Nous avons déjà évoqué ce phénomène si surprenant au chapitre 13 avec les pesticides]. *Et cela, avec des doses aussi bien fortes que faibles du même pesticide. Il n'y a qu'aux doses intermédiaires que cet effet n'apparaît pas...* » Le tandem d'Avignon compte étudier tous les paramètres physiologiques et comportementaux possibles, mais également les variations de la charge virale et de la charge bactérienne à la fin des essais, ainsi que les gènes activés ou inhibés chez l'abeille (notamment ceux qui interviennent dans sa réponse immunitaire), selon les combinaisons des trois facteurs testés.

Si donc, pour une partie (minoritaire) des enquêteurs, les pesticides sont hors de cause, pour le plus grand nombre d'investigateurs, les nombreux produits phytosanitaires sont bien impliqués dans le dépérissement actuel des colonies. Lesquels et comment, c'est toute la question ! Dans ce cas, personne ne considère qu'ils sont les seuls responsables. C'est, plus globalement, l'état médiocre de l'environnement des abeilles qui est en cause pour Marla Spivak, professeur à l'université du Minnesota. Un cocktail délétère composé de pesticides, d'un manque de ressources alimentaires et d'une multiplication des maladies. Cette entomologiste assurait même sur l'antenne de CBS[12] que « *c'est bien ce* [que les abeilles nous] *disent en disparaissant : je ne peux plus vivre ici, c'est toxique !* » Et comme elle, ses collègues californiens Claire Kremen, de l'université de Berkeley, et Eric Mussen, de l'université Davis en Californie, pointent les carences de pollen et de nectar, et surtout leur manque de diversité, ce dans de nombreuses régions agricoles américaines (voir le chapitre précédent).

Pour Diana Cox-Foster et Dennis vanEngelsdorp, de l'université d'État de Pennsylvanie (Penn State), cette cause alimentaire est peu probable. « *Des échantillons* [d'abeilles] *ont été expédiés à notre collègue David Tarpy, de l'université d'État de la Caroline du Nord, qui a mesuré les teneurs en protéines. Or il n'a pas trouvé de différence notable sur ce point entre les ruchers affectés et d'autres qui paraissent en bonne santé* », indiquent les deux chercheurs dans un récent article paru dans *Pour la Science*[13]. De quoi suggérer que les carences en pollen, source de protéines, ne peuvent expliquer en soi le CCD.

La culpabilité des virus relancée ?

Selon Cox-Foster et vanEngelsdorp, éminents enquêteurs sur le syndrome d'effondrement des colonies, ce sont bien les facteurs épidémiques qui doivent être retenus. *Varroa destructor*, à l'évidence, mais aussi une série de virus et de bactéries qu'il transmet directement ou dont il favorise la transmission en affaiblissant la colonie. C'est notamment le cas du virus des ailes déformées (DWV) : sur le terrain, Diana Cox-Foster relève plusieurs exemples d'effondrement de colonies en moins de 48 heures déclenchés par l'action immunodépressive du varroa, puis l'attaque de bactéries (*Escherichia coli*) et du DWV[14] ! Magali Ribière et son équipe, à l'Afssa de Sophia-Antipolis, ont, de leur côté, montré un mécanisme tout à fait semblable avec le virus de la paralysie aiguë (ABPV) qui, toujours en présence de *Varroa destructor,* devient un facteur majeur de mortalité rapide de colonies jusqu'alors en pleine santé*.

Mais pour l'équipe de Penn State, le véritable danger provient de leur cible virale favorite, le fameux IAPV, ce virus de la

* Entretien du 19 mars 2008.

paralysie aiguë décrit par les Israéliens qui a fini par dévoiler sa vraie nature : un tueur né ! En 2008, on s'en souvient (voir le chapitre 8), les chercheurs de Penn State avaient inoculé l'IAPV à des colonies enfermées dans des serres pour voir si ce virus allait provoquer un effondrement comparable au CCD. Et… il l'a fait ! Sans équivoque pour la virologiste Diana Cox-Foster[15] : « *Au bout d'une semaine d'infection par le virus, nous avons observé une forte mortalité des abeilles, avec des ouvrières mourant hors des ruches à travers la serre. Des abeilles ont été retrouvées sur le plancher avec des paralysies typiques de la maladie et des gardiennes ont été vues en train de retirer les ouvrières paralytiques des ruches et de voler à travers la serre. La majorité de ces abeilles convulsives se sont avérées porteuses de l'IAPV.* » La disparition des ouvrières dans les ruches frappées de CCD trouverait ainsi une explication. Une de plus… Plus récemment, la virologiste concluait ainsi sur cette expérimentation[16] : « *Tous nos résultats laissent penser que l'IAPV peut entraîner le CCD ou du moins contribuer au problème.* » Si un stress supplémentaire est peut-être nécessaire pour provoquer l'effondrement des ruches – Cox-Foster, échaudée par la polémique (voir le chapitre 8), est prudente – la chercheuse suggère une autre explication au manque d'effet de l'IAPV sur certaines colonies : le développement d'une résistance par des abeilles. Elle note d'ailleurs que, lors du suivi des colonies de trois grands apiculteurs commerciaux en 2007 par l'USDA du Maryland, « *certaines d'entre elles ont réussi à se débarrasser du virus* [IAPV] ».

De quoi justifier le développement d'un médicament contre ce virus, et de nouveaux financements pour son équipe ? Son collègue Jay Evans demeure, en tout cas, perplexe face à ces résultats : « *Nous aimerions bien savoir quelles lignées de l'IAPV ont été inoculées au cours de cette expérience et être sûr que les abeilles testées n'avaient pas d'autres virus ou des bactéries, ce qui serait susceptible de brouiller les résultats.* » Et l'immunologiste de l'USDA de tacler la précipitation de sa collègue de Pennsylvanie : « *En attendant de pouvoir évaluer et reproduire ce travail, il faut éviter les communiqués de presse trop hâtifs, car c'est très risqué de faire croire aux apiculteurs*

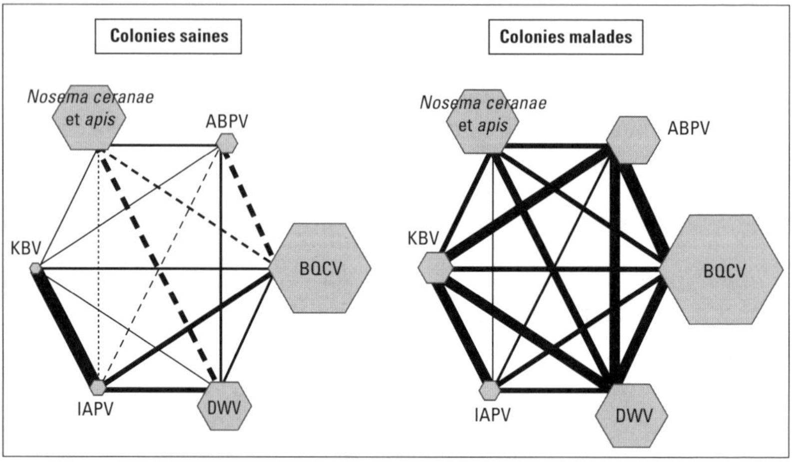

Interactions entre pathogènes dans les ruchers sains et les ruchers frappés par le CCD. Ce schéma, réalisé par l'équipe de l'USDA de Beltsville, présente les différentes associations de pathogènes relevées au sein des colonies faibles (CCD) et des colonies fortes (« saines »), telles qu'elles ont été identifiées par le groupe de travail sur le CCD. On peut voir que dans les deux types de ruches, on trouve à chaque fois une grande diversité de virus (BQCV surtout, mais aussi DWV et un peu de ABPV, ainsi qu'un tout petit peu de KBV et d'IAPV), de même que la présence de *Nosema apis* et *ceranae.* La taille de chaque hexagone indique la charge virale ou parasitaire par colonie, tandis que les traits représentent l'importance des corrélations entre les différents pathogènes. Ainsi, dans les colonies fortes, il y a une forte corrélation entre l'IAPV et le KBV (présents tout deux en très petites quantités, montrant une faible prévalence), ce qui signifie que l'un n'a pas été retrouvé sans l'autre. Dans les colonies frappées par le CCD (malades), « *on identifie le même cortège de pathogènes, en un peu plus fortes quantités (pour BQCV, et plus nettement pour KBV et ABPV)*, commente Jeff Pettis de l'USDA du Maryland. *Mais ce sont surtout les corrélations qui sont fortes : car on trouve un peu tous ces pathogènes en même temps* ! »

et aux responsables sanitaires que l'on a découvert la solution. Et si l'on s'entête à ne considérer que cette piste du virus IAPV, les apiculteurs finiront par se détourner des scientifiques, qu'ils accuseront de conclure cette enquête trop rapidement, sans considérer toutes les autres causes. »

Nosema ceranae relève la tête !

Bon, décidément l'IAPV a du mal à emporter l'adhésion de la majorité des scientifiques travaillant sur le CCD. Et, à ce stade, c'est bien le duo pesticides-*Varroa destructor* qui tient la corde. Mais prudence, *Nosema ceranae* n'a pas dit son dernier mot !

En effet, comme dans le cas de *Varroa*, le micro-champignon *Nosema ceranae* manifesterait une détestable complicité avec plusieurs virus de l'abeille. C'est du moins ce qui ressort des travaux de Mariano Higes, le patron du centre apicole régional des communautés de Castille et de La Manche* : « *Les microsporidies pourraient avoir une influence sur plusieurs virus, dans la mesure où les lésions des cellules épithéliales de l'intestin de l'abeille qu'elles causent peuvent réduire la résistance naturelle de ces cellules, qui jouent d'ordinaire le rôle de barrière contre les infections virales.* »

Il a d'ailleurs montré en laboratoire que l'infection par ce micro-champignon favorise la réplication de virus de l'abeille souvent présents dans les ruches à l'état latent (à l'origine d'infections asymptomatiques), comme le virus des ailes déformées (DWV), le virus des cellules noires de reine (BQCV), celui de la paralysie chronique (CBPV) ou encore celui du Cachemire (KBV). Et peut-être bien de l'IAPV. « *Ainsi, ces virus ne sont, selon nous, ni les facteurs déclenchants ni les responsables des effondrements des colonies frappées par le CCD* », conclue-t-il. Ce qui correspond à l'analyse de la plupart des scientifiques concernant les virus de l'abeille : ce ne sont pas des tueurs de premier ordre !

Plus récemment, un groupe de chercheurs uruguayens et espagnols (dont Higes) a prouvé[17] que « *l'infection par* Nosema ceranae *diminue de manière significative la réponse immunitaire de l'abeille mellifère* », en réduisant la transcription de certains gènes impliqués dans l'immunité, tant cellulaire qu'humorale[18]. « *Un effet que l'on n'a pas observé après l'infection par* Nosema apis. *Cette immunosuppression risque d'accroître la susceptibilité des abeilles aux pathogènes et leur vieillissement* », ajoutent les auteurs.

Outre Mariano Higes, Marion Ellis, de l'université du Nebraska, accorde également un rôle éminent à ce micro-champignon. Mais à la différence de l'Espagnol, pour elle, « [son action] *se conjuguerait avec des conditions alimentaires pauvres pour les*

* Entretien du 28 avril 2008.

*butineuses, le stress des voyages et les résidus d'acaricides»**. Une autre équipe américaine, cette fois à l'université d'État du Colorado, pointe à son tour l'effet désastreux de l'infection par *Nosema ceranae* sur l'alimentation des colonies[19]. Ou du moins sur la sensation de faim : « *Au cours de tests comparatifs menés sur les butineuses de deux colonies d'abeilles, l'une infectée naturellement par* Nosema ceranae *et l'autre non, nous avons constaté que les abeilles infectées étaient affamées*», décrit le spécialiste de l'écologie des maladies d'insectes Dhruba Naug**. C'est qu'elles doivent boulotter pour deux, ou plutôt pour des millions de spores ! Si bien qu'au bout de 24 heures, les abeilles infectées avaient consommé environ 60 % de sirop sucré en plus que les ouvrières saines. Et, surtout, ces spores qui pompent leurs ressources et leur énergie réduisent sensiblement leur durée de vie – ce qu'a également montré Higes. Sans apport de sirop en quantité, la plupart d'entre elles meurent au bout de 24 heures ! Mais lorsqu'elles sont alimentées à satiété, presque toutes survivent au-delà de cette période et leur durée de vie n'est guère différentes de celle des abeilles saines. Un tel mécanisme d'épuisement énergétique peut être fatal et être également déclenché par d'autres parasites comme *Varroa destructor*, d'après le chercheur du Colorado.

Là où l'équipe de Dhruba Naug innove, c'est qu'elle propose un véritable scénario d'effondrement des colonies infectées par *Nosema ceranae*. Et celui-ci colle assez bien avec les vagues brutales d'effondrement décrites dans le cadre du CCD. En situation naturelle, soulignent ces chercheurs, le besoin alimentaire accru constaté chez les abeilles infectées peut être plus fort encore, dans la mesure où les butineuses ne sont plus maintenues, comme en situation expérimentale, à une température idéale. Elles peuvent brûler leurs réserves en sucres plus rapidement durant les jours venteux et froids, quand le coût énergique pour la thermorégulation et le vol est le plus élevé. Ce besoin énergétique supplémentaire les poussera alors à modifier leurs

* Entretien du 11 février 2009.

** Courriel du 17 février 2009.

comportements, en augmentant, par exemple, les échanges de nourriture (par bouche-à-bouche) entre abeilles de la colonie. De quoi accélérer la transmission des spores de *Nosema ceranae* au sein du groupe ! En outre, ajoute l'équipe du Colorado, pour faire face à l'accroissement de leur sensation de faim, les butineuses augmenteront la fréquence de leurs prospections – alors même que les réserves peuvent être importantes dans la ruche. Ce qui favorisera les transmissions de spores entre colonies, à l'occasion de visites de pillage au sein des ruches voisines ou par le biais des fleurs visitées. Tout cela permettrait de comprendre ces vagues d'effondrement décrites dans les ruchers.

Il reste à expliquer pourquoi les ruches se vident de leurs ouvrières. Là encore, Dhruba Naug a son idée : « *Ces abeilles affaiblies par* Nosema ceranae *pourraient avoir du mal à revenir à la colonie, après être sorties prospecter pour calmer leur sensation de faim. Le risque est particulièrement fort au début du printemps, lorsque le temps est plus froid que le soleil peut leur laisser croire.* » Aussi préconise-t-il de « *les alimenter non pas à l'intérieur de la colonie – ce qui ne sert à rien, du fait de leur sensation de faim qui les pousse à sortir butiner – mais à l'extérieur, avec des distributeurs de sirop suffisamment proches des ruches pour qu'elles puissent revenir sans encombre. Enfin, ce n'est encore qu'une piste de travail que nous sommes en train d'évaluer.* »

Tout en reconnaissant « *la qualité et l'originalité de l'étude de cette équipe du Colorado, extérieure au groupe de travail sur le CCD* », Jeff Pettis, du Maryland, persiste et signe pour considérer que ce micro-champignon « *n'est pas le facteur qui pilote le CCD, mais plutôt un microbe pathogène secondaire* » (voir le chapitre 11). La nouveauté dans son discours, c'est qu'à la suite des vérifications qu'elle a elle-même réalisées, sans avoir pu reproduire l'effet mortel foudroyant dont parle Mariano Higes, l'équipe de l'USDA du Maryland a mis en évidence la nocivité de ce micro-champignon lorsqu'il est combiné… avec un pesticide ! En l'occurrence, l'imidaclopride*. C'est également, comme on

* Durant deux mois, un groupe d'abeilles a été nourri avec du pollen sans pesticide, un autre avec du pollen contaminé à 5 ppb de pesticide et un dernier avec du pollen contaminé à 20 ppb – des doses très inférieures à la DL50. 1 ppb = 1 microgramme par kilogramme.

l'a vu, ce que viennent d'observer deux chercheurs de l'Inra d'Avignon. « *D'après nos premiers résultats*, me révèle Jeff Pettis*, *au bout de deux mois de nourrissage avec des pollens contaminés à différentes doses, la taille du couvain semble analogue dans les trois groupes. En revanche, le poids des abeilles émergentes diffère : celles qui ont été nourries avec un pollen contaminé par 5 ou 20 ppb d'imidaclopride ont un poids un peu inférieur, de l'ordre de 5 %, par rapport à celui des abeilles du lot témoin au même stade (100 à 125 mg). Et c'est le même phénomène, au passage, que l'on a observé pour des jeunes abeilles exposées au coumaphos – un acaricide utilisé par les apiculteurs. Nous constatons également une réduction significative de la longévité, de l'ordre de 16 %, chez les abeilles exposées au coumaphos, mais pas chez celles ayant reçu de l'imidaclopride.* » Plus intéressant, dans un deuxième temps, ces mêmes groupes d'abeilles ont été exposés aux spores de *Nosema ceranae*. « *Douze jours après, nous avons compté en moyenne moins de 200 000 spores par abeille dans le lot de contrôle (non exposé au pesticide) contre 700 000 spores, soit près de quatre fois plus, chez les abeilles nourries préalablement avec du pollen contaminé avec l'imidaclopride – sans différence notable selon la dose d'exposition (5 ou 20 ppb).* » D'ici à septembre 2009, l'équipe va effectuer la même expérience, mais en inversant l'ordre d'exposition entre ces deux facteurs. Histoire de voir s'ils obtiennent les mêmes effets physiologiques sur les abeilles. Notons au passage qu'en Espagne, Higes a toujours assuré que ces néonicotinoïdes étaient absents des ruchers dévastés par « sa » bête noire : *Nosema ceranae*.

Les premiers scénarios d'effondrement des colonies

Voilà, après ce dernier tour des laboratoires avec lesquels j'ai travaillé durant une année et demie, deux à quatre suspects sortent du lot : les pesticides et *Varroa destructor* d'abord, ainsi que *Nosema ceranae* et les carences alimentaires, qui leur collent

* Courriel du 14 avril 2009.

au train. Il reste à déterminer lequel d'entre eux initie les effets en chaîne conduisant à l'effondrement des colonies. Est-ce *Varroa* qui frappe le premier et les pesticides qui apportent le coup de grâce ? Est-ce l'inverse ? Est-ce toujours et seulement ce couple infernal qui décime les ruchers, comme on pourrait le croire à première vue dans une partie de l'Europe, voire en Asie, mais moins nettement aux États-Unis ? Ne faut-il pas ajouter à présent *Nosema ceranae*, qui tend à tenir les premiers rôles dans un nombre croissant de pays ? Le pollen ne joue-t-il pas le rôle discret, mais indispensable, de « charpente physiologique ou immunitaire », qui s'effondrerait lorsque la ruche en manque ?

En fait, plusieurs scénarios commencent à s'esquisser discrètement dans les cuisines des laboratoires. J'en présenterai un, après celui de l'équipe du Colorado que nous avons déjà décrit. Il est en cours d'élaboration par le groupe de l'USDA du Maryland. « *L'étude que nous menons concernant les effets croisés des pesticides et de* Nosema ceranae *mime bien, à notre avis, ce qui se déroule en conditions réelles pour l'abeille*, se lance Jeff Pettis : *une accumulation de stress qui peuvent différer ici et là, avec les voyages de pollinisation et des carences nutritionnelles, les varroas toujours présents et des pesticides un peu partout, même à doses infimes. L'ensemble de ces stress que je qualifierais de "primaires" s'accumulent et finissent par affaiblir l'organisme d'*Apis mellifera. *L'abeille devient alors vulnérable à divers pathogènes, à d'autres stress que je qualifierais de "secondaires" comme certains virus ou* Nosema ceranae. *Seuls, même lorsqu'ils sont présents en quantité, ces "stress secondaires" ne posent pas de problème majeur aux abeilles. Ils le deviennent lorsque les colonies ont été affaiblies par un stress primaire.* »

Et ce scénario a immédiatement une vertu pratique pour la défense des colonies. Car « *si nous contrôlons mieux les facteurs primaires,* m'assure Jeff Pettis, *on peut parier que nous éviterons du même coup des épidémies virales, de champignons et de bactéries, et dès lors un grand nombre d'épisodes d'effondrement !* » Il appuie d'ailleurs sa démonstration sur les essais d'irradiation conduits par son groupe en 2007 (voir le chapitre 3) : « *Les différences de taux de survie entre des colonies installées dans des ruches irradiées aux rayons gamma (70 % de survie) et dans des ruches non irradiées (30 à 50 %) sont nettes, mais elles demeurent insuffisantes, car ces irradiations n'empêchent pas les réinfections. Cela est tout à fait cohérent avec notre scénario. Car, qu'a-t-on fait avec les irradiations ? On a juste éliminé les pathogènes présents dans les ruches, c'est-à-dire ceux que nous considérons comme des « stress secondaires ». C'est donc positif, mais provisoire. Car, en faisant cela, on ne s'est pas attaqué aux "stress primaires".»*

Si j'adhère à cette approche de l'équipe du Maryland, je changerais volontiers *Nosema ceranae* de catégorie, en le faisant grimper dans leur convoi des « stress primaires » de l'abeille, comme plusieurs études et observations concourent à le démontrer.

Les atteintes sont-elles immunitaires ?

Il me reste à dissiper une dernière zone d'ombre. Celle de savoir ce qui déclenche très précisément, chez l'abeille, son décès. Je m'explique : contrairement à une idée largement répandue, il n'est pas certain que l'effondrement des colonies s'explique systématiquement par celui du système immunitaire de ses membres. Certes, avec *Varroa destructor*, l'affaire semble entendue : Diana Cox-Foster, de Penn State, a clairement démontré[20] que l'acarien entraîne une immmunodépression chez son hôte, en bloquant, plus ou moins fortement, l'expression de plusieurs gènes liés à la réponse immunitaire de l'insecte[21]. De même, on se souvient que le groupe d'enquête sur le CCD avait identifié assez rapidement que cette question de la réponse immunitaire de l'abeille était centrale. Et Jay Evans, de l'USDA du Maryland s'était alors, en 2007, attelé à son étude avec Gil Robinson, de l'université de l'Illinois (voir le chapitre 8). Or l'analyse immunologique des résidentes d'une centaine de colonies frappées par le CCD ou saines, ainsi que d'un lot d'abeilles congelées depuis 2002, n'a pas confirmé de dysfonctionnement évident de la réponse immunitaire.

Et pour les pesticides, l'immunodépression n'est pas plus manifeste. *«Il semble bien qu'ils rendent les abeilles plus vulnérables aux maladies, comme cela a déjà été observé sur d'autres insectes. Toutefois, on ne sait pas encore où se situe le problème, sur un plan purement énergétique ou ailleurs, au niveau physiologique ; en tout cas, ce n'est pas directement lié à la réponse immunitaire»*, me certifie Evans.

Si certains pathogènes et les contaminants toxiques ne s'attaquent pas directement au système immunitaire d'*Apis mellifera*, sur quoi agissent-ils ? *« Sur leur métabolisme*, pense Evans. *Je crois aujourd'hui que les problèmes rencontrés par l'abeille mellifère au cours de ces effondrements sont davantage physiologiques.»* Alors, immunitaire, physiologique, ou les deux ? L'impact biologique des principaux *killers* de l'abeille demande à être précisé. Et je ne peux aujourd'hui vous éclairer davantage sur ce point.

Une faiblesse immunitaire congénitale chez l'abeille ?

En comparant le génome de la drosophile (la mouche du vinaigre), de l'anophèle (moustique vecteur du paludisme) et d'*Apis mellifera*, les chercheurs ont constaté que l'abeille possède moins de gènes impliqués dans le système immunitaire que les autres insectes[22]. Et, en décembre 2007, la publication de la séquence du génome du coléoptère *Tribolium castaneum* a confirmé la tendance. « *On estime le nombre de gènes impliqués dans la réponse immunitaire à environ 180 chez la drosophile et le coléoptère, et à 220 pour l'anophèle - notons toutefois que, dans la mesure où certains de ces gènes ont d'autres fonctions, sur le développement des organismes, on peut débattre de la pertinence à les inclure ou pas à cette liste des "gènes de l'immunité". Alors que chez l'abeille, ce nombre n'est que de 90* », détaille Jay Evans, l'un des coordinateurs des 90 équipes (dont 5 françaises) qui ont travaillé sur le génome de l'abeille.
Surprenant tout de même pour ce genre qui a plus de 22 millions d'années d'histoire évolutive au compteur ! « *Oui et non*, reprend l'immunologiste du Maryland, *car* A. mellifera *est aussi celui, parmi ces quatre types d'insectes, qui est exposé aux pathogènes les moins divers.* » Traduisez : l'abeille n'a rien d'une mouche qui fait ripaille sur un tas d'excrément et de fruits pourris, où elle récolte toutes sortes

de microbes ! Non, Maya la délicate est fort bien élevée, au sein de cellules closes (couvain operculé) et dans un nid nettoyé avec soin, où le toilettage réciproque confine à l'hygiénisme obsessionnel. « *Elle est ainsi bien mieux protégée*, ajoute Evans. *Et il se peut que sa réponse immunitaire soit aussi plus ciblée sur les microbes moins nombreux qui l'assaillent, plutôt que moins efficace.* » Le nombre de gènes impliqués deviendrait alors une contingence secondaire. L'exposition des abeilles aux virus qui l'infectent « classiquement » a d'ailleurs montré que l'hyménoptère développe, le plus souvent, une très bonne réaction de défense. Il reste, toutefois, une contrepartie à la sélectivité de sa réponse immunitaire : qu'il se présente une nouvelle peste à l'entrée des ruchers et notre hôte sera peut-être bien en peine d'échapper à la nouveauté microbienne qui frappe à sa porte !

L'examen des gènes impliqués dans la détoxification conduit à un constat identique : « *Prenons les cytochromes P450, un groupe d'enzymes de la paroi du système digestif et de l'estomac*, pointe Evans. *Ils ont pour fonction de dégrader les organophosphates, des pesticides naturels des végétaux ou certaines molécules de synthèse fabriquées par l'homme. Là encore, l'abeille en possède peu, 30 % en moins que pour d'autres insectes non pollinisateurs, comme la drosophile ou certains lépidoptères.* » Le cas est analogue pour d'autres enzymes de détoxification comme les glutathion S-transferases (GST) : « *S'il en existe plus d'une vingtaine chez la drosophile et l'anophèle, cette famille n'a qu'un seul représentant chez l'abeille* », constate son collègue français Michel Solignac du LEGS-CNRS*.

Là encore, cette différence s'explique par l'évolution. Les insectes herbivores s'attaquent aux végétaux et ceux-ci ont mis au point, au fil du temps, tout un arsenal de défenses chimiques. *A contrario*, l'abeille qui pollinise une plante développe avec elle une relation de mutualisme. Si bien que les composés insecticides synthétisés par les végétaux sont absents le plus souvent du pollen et du nectar. Un problème surgit toutefois aujourd'hui pour l'abeille. Depuis l'usage intensif des insecticides de synthèse, c'est-à-dire depuis moins d'un siècle. Un soupir à l'échelle de l'évolution, qui ne laisse pas le temps à l'arsenal génétique et enzymatique de protection de l'abeille de s'adapter à ce nouvel environnement. En revanche, chez les insectes herbivores, piqueurs et dévoreurs de feuilles ou de bourgeons, plus régulièrement exposés à ces insecticides manufacturés récemment par l'homme, ces expositions chroniques ont permis de forger des résistances. C'est bien ce que me confirme Jules Hoffmann, spécialiste de l'immunité

* Entretien du 23 mai 2008.

innée chez la mouche drosophile au CNRS et à l'université Louis-Pasteur de Strasbourg, actuel président de l'Académie des Sciences*: « *Cinquante ans d'usage intensif des pesticides n'ont certainement pas modifié l'immunité des abeilles domestiques. Rien à voir avec un mutagène puissant, un carcinogène comme certains produits chimiques ou radioactifs! En revanche, on peut tout à fait imaginer que les insecticides aient un impact métabolique, que les larves soient, par exemple, moins résistantes aux infections et soient moins actives.* »

Parfois, les crises ont du bon...

Depuis le démarrage de ma propre enquête en octobre 2007, j'ai pu obtenir d'importantes réponses sur la réalité du déclin des abeilles mellifères – mais aussi sauvages – et sur ses causes. Plus globalement, aiguillonnée par les apiculteurs et les écologistes, la recherche sur l'abeille a fait un bond de géant. J'ai même le sentiment que l'on a plus appris sur ses pathologies, son écologie, son génome, ainsi que sur l'écotoxicologie de son environnement en dix ou vingt ans qu'en un siècle. Que d'études nouvelles, sinon novatrices, ont été conduites en France, en Europe et aux États-Unis ! Devant la richesse des données collectées, on se dit d'ailleurs que les laboratoires en ont pour cinq ans, dix ans peut-être, avant d'avoir tout exploité.

Certes, d'ici à ce qu'ils produisent des résultats applicables aux élevages d'abeilles, de nombreuses colonies seront défaites et leurs bergers avec ! Mais ces derniers ont déjà atteint un triple objectif : sensibiliser l'opinion à l'importance des pollinisateurs et aux menaces qu'ils subissent ; inquiéter les agriculteurs sur leur gestion parfois déraisonnable de l'espace rural et sur la contribution des abeilles à leurs productions ; mettre en mouvement d'une façon mieux coordonnée la recherche apicole. On est ainsi passé d'un chaos inextricable et sans espoir à un horizon débouchant sur plusieurs pistes de résolution de la crise.

* Entretien du 21 mai 2008.

Bien sûr, son caractère multifactoriel ne simplifie ni les réponses à apporter aux professionnels, ni les actions qu'ils doivent engager pour défendre leurs troupeaux. Bien sûr, il reste aux chercheurs à mieux hiérarchiser les responsabilités de cette « bande de salopards », à répartir les rôles de chacun, à s'accorder enfin sur un scénario cohérent. Mais tout de même, la pire des situations eut été de ne trouver personne au bout de cette longue quête. Aucun facteur crédible à se mettre sous la dent, à ausculter, à décortiquer, à détester. Sans compter que cette crise sanitaire et écologique qui frappe une filière d'élevage aussi singulière que celle d'*Apis mellifera* a permis de faire émerger un double constat.

D'abord le fait que nous avons créé un système d'élevage et de commerce peu durable dans une partie des exploitations. Lequel engendre et entretient une série de stress biologiques, par des échanges de reproducteurs sans contrôle suffisant, des migrations de colonies parfois sur de longues distances – aux États-Unis – et dans un environnement trop pauvre en ressources et souvent pollué. Il me semble aujourd'hui que cette filière d'élevage est arrivée à un tournant, à une étape décisive de son développement. Et les effondrements successifs de colonies dans les pays industrialisés retentissent comme une alerte. En résumé, je crains que l'apiculture commerciale n'ait atteint une limite dans l'intensivité de son activité. Oh ! Je sais bien que cette « intensivité » apparaîtra bien dérisoire aux yeux des responsables de toutes les autres filières d'élevage animal. Mais tout est relatif : c'est pour ce frêle « bétail » et son système colonial, pour cet insecte si rétif à la vie domestique, que la charge est trop lourde !

Le second constat qui se dégage des enquêtes scientifiques sur le déclin des colonies d'abeilles, c'est que les facteurs de stress, en interaction quasi permanente, établissent des équilibres précaires avec des hôtes qui évoluent au sein d'un groupe d'insectes sociaux. À l'arrivée, ce système dynamique que constitue la colonie, ses pathogènes et ses toxines, peut connaître des évolutions rapides, inattendues, conduisant à des effondrements soudains, mais aussi à des prospérités inespérées. D'où un certain caractère imprévisible propre à cet élevage, peu confortable pour l'exploitant.

Le plus dur commence !

Malgré la somme de connaissances considérables accumulée ces dernières années concernant l'abeille mellifère, je me dis que le plus dur est à venir. Le plus dur, mais aussi le plus exaltant. Car, aujourd'hui, il va falloir recréer un avenir pour *Apis mellifera* et pour ses nombreuses cousines sauvages, après les avoir conduites au bord de l'abîme. Car le destin des unes est lié à celui des autres, l'importance écologique et agronomique des différentes espèces d'abeilles demeure indissociable.

Pour recréer un avenir, il va falloir inventer, expérimenter, attaquer le mal à la racine et ne plus se contenter d'en soigner les manifestations. Les solutions ? Il n'existe aucune recette simple et universelle. Aucun vaccin non plus ou aucun médicament miraculeux pour soigner tous les maux des abeilles. Ceux qui vous diront le contraire et vous « vendront » UNE solution, quelle qu'elle soit, vous mentiront. Ayons au moins, collectivement, une double exigence et un peu de bon sens à défaut d'un peu plus de sagesse, en améliorant à la fois la santé et l'environnement des abeilles. Car il s'agit bien des deux faces d'un même traitement pour contrer le déclin des pollinisateurs. Il n'y a pas lieu ici de dresser un catalogue de recommandations – les chercheurs et les techniciens apicoles le feront mieux que moi (on lira seulement, en annexe 4, les réformes en cours pour cette filière d'élevage).

Assainir l'environnement quotidien des abeilles ne peut constituer le douzième des travaux d'Hercule pour les seuls apiculteurs. Démesuré ! Démesuré et bien inéquitable. Car enfin, l'avenir des pollinisateurs est aussi le nôtre. Parce que ces émouvants insectes préservent à la fois nos plaisirs alimentaires, la beauté et la diversité biologique de nos paysages, les préserver devient notre affaire ! Alors, si les apiculteurs, les chercheurs et les industriels peuvent à l'avenir trouver de nouvelles armes contre les maladies de l'abeille, durables et indolores pour leur développement (lire l'annexe 3), pour restaurer la qualité de leur environnement, c'est notre vigilance collective qui est requise. Ne serait-ce que pour faire appliquer les engagements du Grenelle de l'environnement visant à réduire de moitié la diffusion des contaminants chimiques d'ici à 2018[23]. Ou pour créer, dans les zones rurales qui en manquent parfois, ces haies et ces bosquets, ces bords fleuris des champs ou des rivières, dont les abeilles ont tant besoin.

Quel destin funeste, tout de même ! Et quel douloureux paradoxe que le leur. Voilà des espèces minuscules, mais vieilles de quelque 50 millions d'années, riches d'une histoire évolutive presqu'aussi longue que celle des plantes à fleurs auxquelles elles sont vitalement liées, et qui subissent la folie dévorante d'une seule espèce dramatiquement nombriliste, tendanciellement solitaire et qui n'a guère appris en 200 000 années d'évolution : la nôtre. Lui faudra-t-il l'âge des abeilles pour qu'*Homo sapiens* porte enfin plus dignement son nom ? Je me dis parfois qu'il suffirait de peu de chose pour qu'il y parvienne. De stopper sa course un instant et prendre le temps de mieux observer les abeilles. Par leurs stratégies de communication et de production, par leur économie – à tous les sens du terme – par leurs talents et leur « intelligence » collective, ces sentinelles de la nature peuvent devenir une source d'inspiration surprenante pour nos modes de vie en société. Qui sait, à leur contact, nous deviendrons peut-être un jour un peu plus solidaires, plus créatifs ensemble et davantage mobilisé à bâtir un monde plein de saveurs ?

Postcriptum

Depuis quatre ans, au rucher de Lewisburg, en Pennsylvanie, les hivers ont un goût de cendre. Un goût de poussière et de vent. Et l'apiculteur David Hackenberg, notre « lanceur d'alerte » du CCD, se sent maudit. « *En septembre 2008, ça s'annonçait pourtant pas mal du tout : j'avais 800 ruches en pleine forme, prêtes à partir pour la Floride. Et j'espérais être sorti de la série noire*, soupire-t-il*. *Puis, début octobre, le temps s'est gâté. En trois semaines, ça a commencé à diminuer rapidement : j'ai perdu 300 colonies sur les 800 destinées à polliniser les amandiers.* » Le vent mauvais ! En mars 2009, plus de 60 % de ses colonies étaient perdues, l'hiver ne lui laissant que 1 350 ruches populeuses et en pleine santé sur les 3 500 qu'il possédait à l'automne. Ce nouveau désastre lui coûte, cette fois, plus de 320 000 dollars ! « *Pour moi, on a toujours à faire au même phénomène du CCD, mais celui-ci a pris une nouvelle tournure, avec la disparition de reines et la difficulté qu'ont de nombreuses colonies à se développer : c'est comme si elles ne voulaient plus le faire, plus grandir ni manger ! Et une partie des ouvrières a également disparu.* » La faute, selon lui, aux cocktails délétères de pesticides utilisés en agriculture, et tout particulièrement aux néonicotinoïdes.

« *Je ne suis pas le seul dans ce cas*, ajoute Hackenberg. *Toutes les personnes avec lesquelles j'en parle me disent qu'elles ne retrouvent pas, après l'hiver, le même nombre de colonies vigoureuses qu'avant : nous sommes tous sur le même bateau !* » Juste. Néanmoins, au niveau national, l'hiver 2008-2009 a été plus clément que le précédent, comme certains apidologues l'avaient anticipé. Le dernier relevé effectué aux États-Unis par les inspecteurs

* Entretiens du 24 octobre 2008 et du 27 mai 2009.

apicoles (AIA) indique que les pertes totales de colonies entre septembre 2008 et avril 2009 ont été de 28,6 %[1]. Contre 35,8 % durant l'hiver 2007-2008 et 31,8 % l'hiver 2006-2007, selon deux enquêtes similaires. Et au total, 15 % de toutes les colonies détruites lors de l'hiver 2008-2009 présentaient les symptômes du CCD, contre 60 % l'hiver précédent. « *La diminution des pertes totales est encourageante, mais leur taux demeure tout de même insoutenable pour une apiculture commerciale* », estiment les chercheurs du département d'État de l'Agriculture qui ont analysé ces données[2].

« *L'espèce* Apis mellifera *survivra, mais ses éleveurs, j'en suis franchement moins sûre,* s'inquiétait déjà en 2008 Maryann Frazier, de l'université de Pennsylvanie[3]. *Les grands céréaliers diposent de subventions et de l'assurance de bénéficier d'aides en cas de mauvaise saison. J'aimerais bien qu'il en soit de même pour nos apiculteurs commerciaux. Car nous n'en avons pas tant que ça dans le pays – moins d'un millier – et nombre d'entre eux sont sur le point de subir un désastre financier. Or n'oublions jamais que si nous les perdons, nous perdons avec eux notre capacité à polliniser nos cultures commerciales.* »

Alors que nous attendons avec la même appréhension la publication des résultats de l'enquête menée par le Centre national du développement apicole sur l'état des colonies d'abeilles en France – prévue pour septembre 2009 – une nouvelle étude vient de tomber, qui renforce nos inquiétudes : après avoir analysé les données apicoles fournies entre 1961 et 2007 à la FAO par les États de la planète, les bioéconomistes Marcelo Aizen et Lawrence Harder viennent de révéler que la croissance du cheptel ailé ne suffira pas à satisfaire les besoins mondiaux de pollinisation agricole[4]. Car, alors que le développement des cultures dépendant des pollinisateurs a été supérieur à 300 % durant la seconde moitié du XXe siècle, dans le même laps de temps, la population mondiale d'abeilles mellifères n'a, elle, augmenté que de 45 % – et la production de miel de près de 100 %. Il semble bien que les plus gros nuages s'amoncellent au-dessus des vergers d'Europe et des

États-Unis*. D'ailleurs, dans ce dernier pays, les experts du groupe de travail sur le CCD ont calculé que si les colonies d'abeilles continuent à disparaître à la vitesse actuelle, une partie de l'agriculture américaine sera en difficulté dès 2012 – c'est vraiment demain ! – et la population d'*Apis mellifera* des États-Unis risque de disparaître à l'horizon 2035 !

Les arboriculteurs devront-ils dès lors se mettre à la mode chinoise du Sichuan ? Dans cette verdoyante et montagneuse province du centre de l'Empire du Milieu, des vergers en terrasses surplombent des vallées opulentes, couvertes de céréales. Or les poiriers, dont la culture est une spécialité ancestrale de la région, sont aujourd'hui pollinisés… à la main ! Car les abeilles ont disparu depuis les années 80, suite à l'usage incontrôlé des pesticides[5]. Depuis, chaque mois d'avril, les paysans doivent mimer le travail des abeilles : absurde et fastidieux ! Ils commencent par récupérer délicatement le pollen des anthères des fleurs, à la brosse à dents ou au pinceau, puis ils le font sécher deux jours avant de l'appliquer sur des fleurs prêtes à être fécondées. Leur inséminateur ? Un vulgaire bâton surmonté d'une plume de poulet qu'ils trempent dans un bocal rempli de pollen. Une courte application, tout en douceur, de ce pinceau artisanal sur le stigmate de chaque fleur est censée remplacer la danse des abeilles. Et non seulement l'efficacité humaine n'est pas comparable avec celle de ces insectes, mais le coût de l'opération n'a rien à voir ! Et encore, la main-d'œuvre chinoise, très abondante, est bien meilleur marché que celle de nos pays occidentaux. Des économistes et agronomes américains ont d'ailleurs calculé que, pour substituer l'homme aux précieuses abeilles, les fermiers des États-Unis devraient débourser quelque 90 milliards de dollars : l'équivalent de six fois la contribution de cet hyménoptère au marché agricole américain et de soixante-dix fois ce que rapportent les amandes de Californie, celles qui font courir la moitié du cheptel apicole de tout le pays !

---

* Depuis 1961, les populations d'abeilles mellifères progressent en revanche de façon importante en Chine, en Argentine, au Canada et même en Espagne.

C'est peu dire que la nation des cow-boys en semi-remorques aura du mal à passer à l'heure du Sichuan. Et il en est de même pour les agriculteurs du Vieux continent. Imaginez un seul instant : dans les vallées arboricoles de Californie ou celles du Vaucluse, des milliers d'hommes et de femmes, d'enfants aussi, grimpant chaque printemps dans les branches des arbres fruitiers pour les polliniser. Fleur après fleur. Chacun parviendra péniblement, au bout d'une journée harassante, à féconder trente arbres. Là où, jadis, une seule colonie d'abeilles d'*Apis mellifera* ensemmençait, gracieusement, trois millions de fleurs, tout en nous régalant de miel en fin de saison… Un sacré gâchis !

Annexe 1

Les sept principaux virus de l'abeille[1]

IAPV (*Israeli Acute Paralysis Virus*) : le virus « israélien » de la paralysie aiguë.
Comme nous l'avons montré au chapitre 8, ce virus a été identifié en 2002 en Israël par une équipe de l'université de Jérusalem. Découvert dans les échantillons d'abeilles prélevés durant l'hiver 2006-2007 aux États-Unis, l'IAPV a été soupçonné d'être le principal agent à l'origine de l'effondrement des colonies d'abeilles mellifères du pays (CCD). Mais les analyses ultérieures ont montré que sa présence aux États-Unis était antérieure à l'apparition du CCD et qu'il n'empêchait pas toujours les colonies d'être actives. Également présent en France et en Europe, l'IAPV apparaît comme une menace secondaire pour l'abeille mellifère.

ABPV (*Acute Bee Paralysis Virus*) : le virus de la paralysie aiguë de l'abeille.
Ce virus a été identifié en 1963 en Angleterre au cours de travaux qui portaient sur le CBPV (voir ci-dessous). Porteur sain de ce virus, l'acarien *Varroa* l'inocule dans l'hémolymphe (sang) de l'abeille. Ces inoculations répétées favorisent sa multiplication chez l'insecte adulte ou dans le couvain, en particulier en été. Les abeilles malades de ce virus sont traînantes, incapables de voler. Les ailes des juvéniles peuvent être asymétriques ou écartées. Le couvain est en forme de mosaïque. Il y a une importante mortalité larvaire à tous les stades et les larves sont décolorées et filantes. Plusieurs souches de l'ABPV sont trouvées en Europe, Australie et Amérique du Nord.

CBPV (*Chronic Bee Paralysis Virus*) : le virus de la paralysie chronique de l'abeille.
La paralysie chronique est une maladie infectieuse des abeilles adultes, présente sur tous les continents – elle a fait son apparition très récemment en Amérique latine. Sa première transmission expérimentale a été réalisée en 1945, mais le virus qui en est responsable – le CPBV – a été isolé en 1963. Il provoque une paralysie en sept jours, en opposition avec l'ABPV qui, lors des infections expérimentales par inoculation, induit une paralysie en deux à cinq jours. La virose est également nommée « maladie noire » en raison de la couleur caractéristique que prennent certaines abeilles fortement atteintes. Les principaux symptômes sont des tremblements du corps et des ailes chez les abeilles malades, qui seront souvent rejetées par les gardiennes devant la ruche. D'où les tapis d'abeilles mortes qui peuvent se constituer. La contamination de l'abeille s'effectue par l'alimentation ou par d'autres abeilles infectées. La réplication virale pourrait opérer au sein des cellules de l'épithélium du tube digestif et/ou dans le système nerveux des abeilles – en lien apparemment avec une infection par le micro-champignon *Nosema ceranae* (voir le chapitre 15). Cependant, de fortes charges virales ont aussi été mises en évidence dans l'hémolymphe d'insectes malades. Le virus présent dans le miellat (excrétion laissées sur les plantes par des insectes suceurs) collecté par les butineuses peut constituer également une source de contamination.

KBV (*Kashmir Bee Virus*) : virus de l'abeille du Cachemire (voir aussi le chapitre 8).
Proche génétiquement et biologiquement du DWV et de l'IAPV, ce virus a été identifié en 1974 chez des abeilles *Apis cerana* provenant du Cachemire. Le KBV est particulièrement virulent chez l'abeille en présence de l'acarien *Varroa destructor*, allant jusqu'à provoquer des épidémies importantes. L'infection entraîne une mortalité très rapide du couvain et de l'adulte, sans symptômes particuliers. Des souches du virus ont été découvertes chez des abeilles *Apis mellifera* du Canada, d'Inde, d'Europe, d'Australie, de Nouvelle-Zélande, des îles Fidji et des États-Unis.

BQCV (*Black Queen Cell Virus*) : le virus des cellules noires de reine.
Il a été découvert en 1977 sur des larves de reines, dont il provoque la mort avec noircissement des cellules. Il serait également à l'origine de la mort d'ouvrières du couvain en présence de *Nosema apis* et *Nosema ceranae.* Largement distribué en Europe et en Australie, le BQCV infecte la colonie au printemps et au début de l'été.

DWV (*Deformed Wing Virus*) : le virus des ailes déformées.
Ce virus des ailes déformées est fortement lié à la présence de *Varroa destructor* et, semble-t-il, de *N. ceranae* (voir le chapitre 15). Il a été découvert à partir d'abeilles provenant du Japon en 1983 et a colonisé depuis tous les

continents – à l'exception de l'Amérique latine. Les abeilles nées de larves infectées par l'acarien porteur du virus présentent des ailes déformées. Le génome du DWV et celui du KBV présentent 97 % de similarité. Le DWV infecte les abeilles émergentes et les jeunes durant l'automne et l'hiver.

SBV (*Sac Brood Virus*) : le virus du couvain en forme de sac.
Le virus du couvain en forme de sac est l'un des plus connus. Il a été identifié en 1917 comme le premier virus responsable de la maladie du couvain, puis décrit en 1964. Il infecte, au printemps et au début de l'été, les larves d'abeilles et provoque leur déformation. Celles-ci sont ensuite enlevées par les ouvrières, ce qui forme un couvain « à trous ». On retrouve ce virus également chez l'abeille adulte, surtout en présence de *Varroa*. Il serait présent sur tous les continents.

Remarque
Les virus ABPV, CBPV, KBV, BQCV, DWV et SBV ont été retrouvés dans le pollen. Le BQCV et le DWV ont été détectés dans le miel, ce qui implique qu'ils sont passés par l'estomac des abeilles. Comme l'ont montré les chercheurs du département d'État de l'agriculture à Beltsville (États-Unis), la transmission de ces virus entre abeilles peut opérer, chez *A. mellifera*, de façon verticale, c'est-à-dire entre des abeilles de stade de développement différent, ou horizontale, entre adultes d'une même colonie ou de colonies différentes, à la faveur d'échanges sociaux ou de nourriture, par les fèces, lors d'intrusion dans les ruches, ou encore par l'intermédiaire d'un parasite comme *Varroa* ou *Nosema*. Les six virus se transmettent horizontalement mais seuls certains d'entre eux se transmettent verticalement (BQCV, DWV et KBV).

Annexe 2

OEM, ces ondes qui font peur

Quelques activistes et une poignée de chercheurs ont trouvé un nouveau coupable pour expliquer la disparition des butineuses : les ondes à haute fréquence (OEM). Farfelu ? L'hypothèse, lorsqu'elle ne fait pas sourire les apidologues, les laisse perplexes. Le sujet est, une fois encore, assez complexe – il n'y a qu'à voir les polémiques entourant le « Grenelle des ondes » consacré, en mai 2009, aux effets des ondes électromagnétiques sur l'homme. Alors, imaginez sur l'abeille… Cette question fait appel, en plus, à des connaissances physiques et biophysiques que ne partagent pas les spécialistes des abeilles. Et les affirmations dans ce domaine souffrent d'un manque cruel de données de terrain attestant effectivement de l'impact nocif de ces ondes sur les abeilles dans la nature.

Que sait-on sur les OEM, qui inquiètent tant de monde depuis l'explosion de la téléphonie mobile[1] ? À la fois beaucoup et peu de choses. D'abord que, chaque année, plusieurs milliers de nouvelles stations sont implantées pour la téléphonie mobile dans les pays industrialisés. Rien que dans l'Hexagone, en 2006, on répertoriait 54 000 stations de radiotéléphonie disséminées sur tout le territoire, et parmi elles, 35 000 stations de base de téléphonie mobile. Or des études sur les radiations électromagnétiques (les fréquences radio et micro-ondes) laissent penser qu'elles peuvent provoquer divers effets biologiques sur les organismes vivants : accélérer la prolifération cellulaire, endommager la fonction reproductrice, le système nerveux ou le système circulatoire… Mais ces données restent à être étayées et leur interprétation est au cœur de diverses controverses.

Concernant les abeilles, à première vue, les corrélations sont troublantes : alors que les signaux électromagnétiques émis par l'abeille au cours des danses d'orientation couvrent une bande de fréquence de 180 à 250 Hz, nos téléphones portables émettent dans la même bande (217 Hz). En outre, l'abeille possède des nanoparticules de magnétite qu'elle accumule dans son abdomen. Grâce à ces cristaux, elle peut s'accorder aux variations quotidiennes du champ magnétique terrestre et s'orienter, comme les oiseaux migrateurs. Il n'en fallait guère plus au Dr Carlo, chercheur américain de l'Institut des sciences et politiques publiques (SPPI), pour affirmer que ces signaux entraînent une désorientation des abeilles et leur affaiblissement quand elles cherchent à retrouver leur ruche. Elles deviennent alors plus vulnérables aux agressions chimiques, virales ou parasitaires, selon lui[2]. Mais de telles affirmations ne sont pas suffisamment prouvées.

En fait, les seuls travaux expérimentaux concernant l'abeille sont ceux qui ont été conduits depuis 2005 par une équipe de l'Institut informatique éducatif (!) à l'université de Landau, à Coblence en Allemagne[3]. Ils mettent en réalité en cause les radiations émises par les téléphones sans fil et non les téléphones portables. Les chercheurs ont conduit plusieurs expériences en plaçant sous des ruches, des bases de téléphone fixe sans fil (DECT). Puis ils ont tenté d'en mesurer l'impact sur l'orientation, le langage de la danse des abeilles et leur temps de retour à la ruche. Résultat : les abeilles qui ont été soumises à ces ondes arrivent moins vite au bercail que les populations témoins, voire n'y parviennent pas du tout. Ils observent également, pour les mêmes colonies, une diminution du poids des rayons de miel. Ces résultats sont-ils généralisables aux ondes émises par la téléphonie mobile ? Mystère ! Et Jochen Kuhn, l'un des auteurs de l'étude, met en garde l'opinion contre tout amalgame entre ces différents types d'ondes. Amalgame que n'ont pas manqué de faire les médias…

Concernant ces micro-ondes (téléphonie mobile) précisément, certaines études américaines, financées par la NASA, affirment qu'elles n'ont aucun effet significatif sur la mortalité, la consommation de sirop, l'orientation du vol ou la mémoire des abeilles exposées. Par voie de presse, leurs détracteurs ont contesté ces données obtenues sur de petits effectifs d'abeilles, testées en laboratoire et à court terme. Ils ont également fait remarquer que c'est bien dans les zones rurales, où se concentrent les ruches, que le problème demeure le plus sérieux : car les relais sont de forte puissance, pouvant émettre à plus de 20 kilomètres de distance, ce qui n'est pas le cas dans les zones urbaines et périurbaines, ultra-saturées de relais. Il n'empêche, « *dans la mesure où ces émissions sont fréquentes dans l'environnement des abeilles depuis de longues années* », le groupe de travail américain sur le CCD a balayé ce risque d'un revers de main : comment pourraient-elles expliquer la disparition massive et en quelques jours de certaines colonies et pas d'autres placées sur des sites comparables ?

« *Une fois de plus, le problème majeur dans ce genre d'affaire, n'est pas de prouver que ces ondes ont un impact négatif sur l'abeille, mais plutôt que celle-ci est réellement exposée, sur le terrain, à ces ondes* », résume l'écotoxicologue Axel

Decourtye, à l'ACTA (Association de coordination technique agricole, à Marcy-l'étoile, près de Lyon). Et ces travaux sont d'autant plus difficiles à mener qu'il est devenu aujourd'hui pratiquement impossible de trouver des zones témoins sans émissions d'OEM !

Annexe 3

Deux futures armes contre *Varroa destructor*

Parasiter le parasite : la lutte biologique est l'une des deux nouvelles stratégies que développent depuis cinq à six ans plusieurs équipes dans le monde pour tenter de se débarrasser du funeste acarien *Varroa destructor.*

Ainsi, l'Adapro-LR* et le laboratoire européen de lutte biologique (EBCL-USDA), situé aux portes de Montpellier, ont eu l'idée de chercher si des colonies contenaient des parasites naturels du varroa. « *Nous avons collecté des varroas morts et des varroas vivants dans plusieurs ruchers de la région Languedoc-Roussillon, puis l'équipe américaine dirigée par William G. Meikle les a analysés et a mis en culture les parasites vivants,* retrace Vincent Girod de l'Adapro-LR. *Et, il y a deux ans, Meikle a identifié la présence naturelle dans des colonies d'un champignon bien connu,* Beauvaria bassiana, *qui s'est avéré être une souche très virulente contre* Varroa *en laboratoire.* » En 2007, l'association montre, sur le terrain, l'efficacité de cette souche, baptisée Bb0500. Et surtout sa parfaite innocuité pour l'abeille.

Bien des étapes restent toutefois à franchir avant d'espérer éradiquer l'acarien. Ne serait-ce que préciser la meilleure concentration de spores capable de l'éliminer : « *Il semble qu'un gramme par ruche suffit, mais on teste différentes formules d'applications.* » Surtout que, durant l'automne 2007, malgré trois applications à une dizaine de jours d'intervalle, trop d'acariens subsistaient dans les colonies. Est-ce dû à la chaleur intérieure des ruches qui inhibe le développement de *Beauvaria bassiana*? « *Curieux : les scientifiques constatent que plus la souche* [de Beauvaria bassiana] *est virulente en laboratoire, plus sa propagation*

* Entretien du 13 mai 2008. L'Adapro-LR est l'Association de développement de l'apiculture professionnelle en Languedoc-Roussillon.

semble faible sur le terrain...» soupire Vincent Girod. Ces résultats posent de nouvelles questions. Sur le mode d'action du champignon et sur la sensibilité du varroa ; sur l'action conjuguée, cette fois sur l'abeille, du champignon avec d'autres pathogènes ou des pesticides.

Difficultés techniques et commerciales

Pour pouvoir refaire des tests sur plusieurs dizaines de colonies, l'équipe a besoin de produire les spores de *Beauvaria bassiana* en quantité et de la même virulence. Or, nouvelle déconvenue, la société allemande à qui les Montpelliérains se sont adressés ne parvient pas à multiplier cette souche du parasite. Et, pour ne rien arranger, l'Américain William Meikle, qui conduit l'essai, est rappelé aux États-Unis. L'acarien va-t-il, une fois encore, sauver sa peau ?

À ce stade des essais, doivent-ils s'adresser à une équipe industrielle ? Délicat. Car depuis l'affaire du Gaucho et du Régent TS, la défiance règne entre la profession et l'industrie, et les intérêts sont parfois divergents. C'est pourtant le choix qu'a fait un responsable apicole d'une autre association française (Ada-Est) : les techniciens de l'Adapro-LR ont ainsi découvert que ce dernier tentait de développer le même type de lutte biologique, avec le même champignon, en association avec l'industriel Syngenta. Lequel n'est pas vraiment en odeur de sainteté dans le milieu apicole depuis qu'il fabrique le pesticide Cruiser, dont la majeure partie de la profession réclame le retrait. Toutefois, cette tentative de récupération par l'industrie du « biocontrôleur » de *Varroa* n'en est qu'à ses prémices et ces nouveaux acteurs se heurtent aux mêmes difficultés que le groupe montpelliérain. Rien n'assure, en outre, qu'au-delà d'une veille technologique assortie d'une publicité purement médiatique, Syngenta ait vraiment l'intention de se lancer dans le développement coûteux d'un produit pour une « niche commerciale » aussi étroite.

« *Il faudra bien trouver un partenaire industriel quand ce projet débouchera, ne serait-ce que pour mettre en culture à grande échelle ce champignon et assurer sa distribution,* admet Vincent Girod, *mais nous voulons en maîtriser les conditions, notamment sur les droits de propriété, pour que cela serve d'abord les intérêts de la profession apicole. Et nous refusons, par des annonces intempestives, de faire miroiter des résultats qui restent encore à confirmer. Cela fait trop longtemps que la profession attend pour ne pas la décevoir.* » Une bonne nouvelle, tout de même : une société hongroise est parvenue, en 2008, à produire une quantité suffisante de spores pour reprendre les essais à Montpellier, même si la souche est moins pure et moins concentrée que celle qui fut obtenue par les Américains de l'EBCL.

Si ces essais ne débouchent sur rien en France, il y aura encore l'espoir que d'autres, à l'étranger, y parviennent. Peut-être à l'université britannique de Warwick, où l'entomologiste Dave Chandler a testé, avec ses collègues de la station agronomique de Rothamsted près de Londres, une cinquantaine d'agents biologiques – tous des champignons – qui déciment divers insectes. « *Nous avons pu sélectionner parmi eux quatre candidats répondant au mieux à ce cahier des charges* [efficacité contre l'acarien, en situation apicole, et innocuité sur l'abeille] » annonçait Chandler à ses collègues de la Société internationale sur les pathologies des invertébrés, réunie le 4 août 2008 à Warwick. L'équipe tente encore de trouver la meilleure voie d'application au sein des ruches : elle teste des sortes de bains de pieds remplis de champignons, placés à l'entrée des ruches, mais aussi des pulvérisations fongiques en poudre sur les abeilles. Et elle espère pouvoir annoncer le nom du ou des deux finalistes dans quelques mois, avant de s'attaquer à la délicate question de leur production industrielle.

D'un point de vue historique, les plus avancés dans les programmes de lutte biologique sont les Néo-Zélandais, et ils ne sont pas en reste sur le varroa, qui s'attaque aussi à leurs ruches : une équipe du Hort Research Institute vient d'annoncer la découverte d'un ennemi naturel de l'acarien. Toujours un champignon, mais cette fois de la famille des Metarhizium, qui parasite des insectes et certaines plantes. « *C'est le pire ennemi de* Varroa *!* », affirme Mark Goodwin du laboratoire d'Hamilton. Seulement, comme souvent en lutte biologique, il bute sur des difficultés de diffusion de cet agent nettoyeur au sein des ruches : l'hygiénisme atavique de nos chères abeilles les conduit à éliminer ce champignon avant qu'il n'ait eu le temps d'accomplir sa tâche salvatrice. L'équipe a finalement trouvé le moyen – gardé secret ! – de conserver cet agent en quantité suffisante pour éliminer l'acarien. Mais elle ne parvient pas, elle non plus, à trouver un partenaire industriel pour développer cet acaricide biologique.

Particulièrement longs, toujours incertains et potentiellement dangereux – s'ils se retournent contre les abeilles ! – ces programmes de lutte biologique finissent souvent au fond d'un tiroir. C'est ce qui s'est passé pour l'ambitieux projet de contrôle viral du varroa développé en 1998 par Eberhard Bensch et Jean-Marc Bonmatin, du Centre de biophysique moléculaire du CNRS à Orléans. Après cinq ans et plus d'1,3 million d'euros, leurs travaux n'ont débouché sur rien[1] !

Super Maya fera-t-elle de la résistance ?

La seconde stratégie aujourd'hui en développement est de sélectionner des abeilles mellifères naturellement résistantes. « *Dans notre pays, les études montrent qu'une colonie d'*Apis mellifera *infestée par* Varroa destructor *peut survivre au mieux deux ans sans traitement* », indique l'apidologue Yves Le Conte de l'Inra d'Avignon*. En 1994, ce chercheur, qui a écrit une thèse de doctorat sur les relations entre le parasite et notre abeille, a récolté auprès d'apiculteurs de plusieurs régions françaises pas moins de 82 colonies de

* Entretien du 15 janvier 2008.

cette espèce d'abeille, abandonnées ou d'élevage, toutes apparemment résistantes au varroa[2]. Surveillées, pesées, disséquées, ces ruches ont été analysées sous toutes les coutures (leurs abeilles, mais aussi la cire et le couvain), en partie dans le rucher expérimental de son institut, en partie chez des apiculteurs près du Mans. Non seulement les mortalités sont demeurées faibles[3], mais la durée de vie globale des colonies – toutes susceptibles d'être infestées par l'acarien – a surpris : « *Le premier groupe de douze ruches non traitées que nous avons étudié a vécu près de dix ans et cinq colonies ont même dépassé les onze ans ! Dans le second groupe, cette survie moyenne a été d'environ six ans. En comparaison, la survie de l'ensemble des ruches traitées a été d'environ six ans et demi.* » Précision importante, aucune maladie n'a été observée durant toute la période d'étude et le nombre de *Varroa destructor* collectés a été presque trois fois inférieur dans les ruches non traitées. « *Cela suggère que ces abeilles parviennent à inhiber la reproduction des acariens, même si nous n'avons pas élucidé le mécanisme en jeu.* »

Il reste que ces mêmes ruches ont produit, en moyenne, presque deux fois moins de miel que celles qui ont été traitées. Résistantes donc, mais à quel prix ! « *Peut-être, mais ces colonies n'étaient pas gérées dans un contexte de production de miel, contrairement aux autres,* relativise Le Conte. *En outre, durant trois ans, nous avons transhumé nos colonies sur des lavandes en même temps que des colonies traitées et là, nous n'avons pas vu de différences en terme de production de miel.* » Il n'empêche, ces performances n'enthousiasment guère la profession. Laquelle ne manque pas de s'étonner sur ces longévités toujours inexpliquées (alors qu'une reine a aujourd'hui tendance à ne vivre qu'un peu plus de 2 ans, en moyenne). Et, surtout, certains reprochent à Yves Le Conte son absence de sélection d'un écotype d'abeilles à la fois résistantes et productrices.

Après plus dix ans de travaux, relativement coûteux*, ce bilan fait grincer bien des dents. Même parmi les scientifiques, qui s'interrogent sur la manière dont le chercheur d'Avignon a bien pu maîtriser les essaimages et les reproductions de ses super-colonies durant autant d'années. En effet, au bout de deux ans environ, la reine sera remplacée par l'une de ses filles, laquelle sera fécondée par plusieurs mâles, peut-être une vingtaine, provenant des alentours. Et eux ne sont pas nécessairement résistants. Donc, il n'y a aucune raison que cette résistance se transmette durant tant d'années. « *Expliquez ce phénomène de résistance comme vous voulez, par un facteur environnemental propre à ces ruches, peut-être par un bois de la ruche répulsif pour* Varroa, *mais certainement pas par la génétique des abeilles !* me confie un scientifique souhaitant garder l'anonymat. *Car pour qu'une lignée soit résistante, il faudrait non seulement que la reine le soit, mais aussi les mâles, car chacun contribue pour moitié à cette résistance.* » Et lorsqu'il y en a une vingtaine

* Ayant coûté 1,349 million d'euros sur six ans, ce programme demeure le plus cher (annuellement) de tous les projets de recherche apicole financés entre 1997 et 2007 (Cluzeau-Moulay S., 2008, voir note 2).

à se presser autour de la reine-mère, cela complique singulièrement les choses ! « *Si on veut faire les choses sérieusement, pour maîtriser ces reproductions, il faut procéder par insémination artificielle. Lourd et compliqué !* » renchérit le généticien de l'abeille Michel Solignac du LEGS*.

Semée d'embûches, cette aventure pour sélectionner une abeille résistante aux varroas apparaît, comme la lutte biologique, bien incertaine. Du fait de la relative jeunesse du varroa dans les colonies européennes d'*Apis mellifera*: une trentaine d'années, tout au plus. Or, en Asie, c'est au terme de longues décennies – des siècles ? – de parasitisme qu'*Apis cerana* a acquis une certaine forme de résistance, voire une tolérance**. « *Pour qu'il y ait des mutations chez* Apis mellifera *permettant une forme de résistance, c'est peut-être un peu trop tôt. Mais pas impossible !* estime Michel Solignac. Certains chercheurs, comme Jürgen Tautz du groupe « abeille » de Würzburg (Allemagne), se montrent plus perplexes encore : « *Dans la mesure où les abeilles ont une génération par an et les acariens peuvent en produire sept par an, un tel programme de sélection d'abeilles résistantes au* Varroa destructor *semble être une course désespérée. Car n'importe quelle résistance durement obtenue par les abeilles, qui sera maintenue pendant une année, a de fortes chances d'être surmontée par certains acariens au cours des sept générations successives dans le même délai !* »***

On comprend mieux pourquoi Yves Le Conte s'y est cassé le nez. Et il n'est pas le seul ! Ceux qui, ailleurs dans le monde, s'escriment également à développer un génotype d'*A. mellifera* résistant à *Varroa destructor* n'ont pas encore dégoté la perle rare ! Quelques sélectionneurs américains proposent bien des lots d'abeilles plus tolérantes envers l'acarien – notamment des abeilles russes (voir le chapitre 9) – mais elles ont d'autres faiblesses : Jean-Claude Tissot, un apiculteur du New Jersey qui a acquis des hybrides italo-russes résistants, se plaignait que ces abeilles essaiment de façon incontrôlée et produisent moins de miel que les autres.

Le varroa trahi pas son odeur

Selon Kaspar Bienefeld, de l'Institut national de l'abeille d'Hohen Neuendorf, au nord-ouest de Berlin, il existerait chez *Apis mellifera carnica*, des ouvrières capables non seulement de reconnaître les loges infectées, mais aussi de les ouvrir, de détruire les varroas à l'intérieur et de transmettre cette technique de chasse au parasite aux jeunes abeilles. Malheureusement, il a repéré très peu de « nettoyeuses » de cette qualité au sein des ruches.

---

* Entretien du 23 mai 2008.

** *Apis cerana* veillera, la plupart du temps, à limiter le nombre de varroas par un toilettage et une inspection du couvain méticuleux. En cas d'une trop forte infestation, elle pourra aussi essaimer.

*** Courriel du 27 avril 2009.

Comment ces ouvrières repèrent-elles l'Infâme planqué au fond d'une loge operculée ? Par son odeur avancent plusieurs chercheurs* ! Plus que l'immunité, que les scientifiques pensaient impliquée au cours de ce processus de tolérance à *Varroa*, ce seraient d'abord des différences dans l'expression des gènes de régulation du développement neuronal, de la locomotion, de l'apprentissage ou de la mémoire et aussi (et surtout) de l'olfaction, qui seraient en cause. Et c'est cette dernière piste de sélection génétique que poursuivent, aujourd'hui, différentes équipes. Dont celle d'Yves Le Conte, qui refuse de s'avouer vaincu par un parasite aussi minuscule. « *Les gènes de l'olfaction peuvent être directement liés à un comportement hygiénique et de toilettage accru, tel qu'on peut l'observer chez les abeilles tolérantes au varroa,* indique Maria Navajas** du Centre de biologie et de gestion des populations (CBGP) de Montpellier, qui travaille avec Le Conte. *Nous avons identifié un certain nombre de gènes marqueurs qui peuvent être utiles pour repérer ces abeilles tolérantes*[4]. *Mais il nous reste à comprendre encore beaucoup de choses sur les mécanismes de cette tolérance.* »

Cette équipe française s'est alliée aux Américains John R. Harbo et Jeffrey Harris, de l'USDA-ARS à Baton Rouge (Louisiane), qui travaillent depuis une dizaine d'années sur la tolérance de l'abeille au varroa. Ils sont déjà parvenus à trouver des larves capables d'inhiber la reproduction de varroas dans les cellules du couvain grâce à l'expression d'un composé chimique (l'heptadécène). L'équipe de John Harbo a également identifié des abeilles capables de détruire sélectivement les alvéoles contenant des varroas matures sexuellement, alors que les alvéoles renfermant des varroas femelles stériles ne sont pas détruites. Incroyable discernement ! « *Notre collaboration porte précisément sur les gènes impliqués dans ce comportement d'élimination des alvéoles contenant des varroas,* précise Yves Le Conte. *On en a repéré une trentaine qui semble, en partie, spécifique dudit comportement, notamment des gènes de l'olfaction.* » On y revient.

La piste explorée, depuis 1998, par Marla Spivak, de l'université du Minesota, et par Greg Hunt, de l'université Purdue dans l'Indiana, dans le but de sélectionner des abeilles « hygiénistes » résistantes au *Varroa,* emprunte la même voie. Il est en de même pour Mark Goodwin, du Hort Research Institute en Nouvelle-Zélande. En décembre 2007, ce dernier a réussi à sélectionner des colonies d'abeilles dans lesquelles les varroas ne se reproduisent pas. « *Avec beaucoup de patience, nous avons pu multiplier les abeilles de colonies rendant jusqu'à 80 % de varroas stériles,* précise le Néo-Zélandais. *Le problème est que le processus d'insémination des reines de colonies résistantes est coûteux et prend du temps. Nous ne pourrions jamais compter sur l'insémination artificielle pour fournir la quantité d'abeilles résistantes nécessaires aux 300 000 ruchers commerciaux de la Nouvelle-Zélande.* »

---

* L'opercule de la cellule est en effet poreux, ce qui permet les échanges gazeux et la circulation d'odeurs véhiculant des informations.

** Entretien du 3 octobre 2008.

Aussi, 50 ruches de haute résistance vont être isolés sur l'île Great Mercury, au large de la péninsule de Coromandel (île qui appartient à des entrepreneurs milliardaires), de façon à ce qu'elles puissent se multiplier naturellement, sans pollution génétique par des colonies sensibles aux varroas, afin qu'elles conservent ce caractère de résistance. Mais il ne crie pas victoire car il lui reste trop de travail à fournir encore avant de réussir « *à multiplier cette population de 500 000 abeilles résistantes afin d'atteindre un effectif d'environ 2,5 millions d'abeilles qui présentent la même qualité* », ajoute Goodwin.

Alors que le chemin vers la mise au point d'une Super abeille résistante apparaît bien long, certains émettent déjà une réserve sur cette entreprise : « *Si l'on découvre et on sélectionne une telle souche d'abeilles, je crains que tout le monde ne veuille la multiplier. Ce qui risque de se faire aux dépens des autres races existantes. Je m'inquiète alors pour la diversité génétique du cheptel d'abeilles, toujours utile pour l'avenir de l'élevage,* met en garde Lionel Garnery à Gif-sur-Yvette*. *Il faudrait alors trouver un protocole pour pouvoir introduire ce caractère de résistance dans les différentes races existantes, en préservant leurs propres caractéristiques génétiques. La profession en aura-t-elle la patience, et les sélectionneurs, les moyens ?* »

* Entretien du 23 mai 2008.

Annexe 4

Bâtir une filière apicole durable

« *De l'absence de règle quant à la production du cheptel au manque de formation,* [...] *aux vides et impasses techniques, à la multiplication des interlocuteurs vis-à-vis des pouvoirs publics,* [...] *les exemples sont légion pour affirmer l'absolue nécessité de favoriser l'émergence d'une organisation de la filière*», souligne Martial Saddier, député de la Haute-Savoie dans un rapport sur l'apiculture remis au Premier ministre en octobre 2008[1]. Pour y parvenir, celui-ci préconise l'adoption de 26 mesures dont plusieurs devraient être mises en œuvre par le ministère de l'Agriculture et la profession, ou bien sont en cours d'examen.

Voici les principaux changements qui devraient améliorer l'activité des éleveurs et des producteurs de miel :

– Un assez large consensus au sein des organisations apicoles se dessine pour structurer la profession autour d'un **statut professionnel** clair de l'apiculteur : seraient identifiés comme tels ceux qui exploitent un certain nombre de colonies – 40 ? Davantage ? Le point est encore en débat. Ces « professionnels » auraient certaines obligations (la tenue d'un registre d'élevage, une déclaration annuelle de colonies, l'emploi de traitements homologués), mais aussi des aides publiques en cas de sinistres apicoles.

– La création d'une **interprofession apicole** semble décidée dans son principe. Mais des désaccords subsistent (sur son rôle, sa composition et son financement)* entre le ministère, les acteurs de la filière et les organisations

* Le député propose qu'elle regroupe les « *professionnels de l'apiculture ; des fournisseurs de matières premières apicoles ; des commerçants en produits de la ruche ; des éleveurs de reines ; des producteurs de produits dérivés du miel (bonbons, bougies, cires, etc.) ; des représentants des agriculteurs ; des représentants de firmes pharmaceutiques ; des représentants de firmes phytosanitaires.* »

agricoles. Il faut savoir qu'une interprofession apicole existait en 1986 puis a été mise en sommeil quatre ans plus tard à la suite de dissensions syndicales. Cette interprofession devrait surtout travailler à l'amélioration du commerce du miel (normes, appellations, traçabilité, etc.).

– Sur ce commerce, précisément. Aujourd'hui, la France importe plus de miel (22 000 tonnes en 2007) qu'elle n'en produit (18 000 tonnes)[2]. Ce qui réveille des inquiétudes parmi les professionnels : « *Car nous nous sommes battus contre les miels adultérés* [mélanges de provenances ou mélanges comprenant sirops et mélasses] *chinois à base de sirop de canne à sucre,* soupire Joël Schiro, président du syndicat SPMF*. *Adultération que nous avons mise en évidence en 1997-1998, mais ça faisait dix ans que ça durait ! Les importations ont été bloquées de 2002 à 2005 en France, alors que les quantités de miels chinois importés n'ont cessé de croître depuis les années 80.* » À la suite du blocage de ses importations de miel en Europe, la Chine assure avoir fait le ménage dans ses ruchers et a communiqué un plan de surveillance qui a contenté la Commission européenne ; celle-ci a levé son embargo. En réponse aux suspicions sur les provenances et les qualités des miels vendus en France, le député Saddier préconise dans son rapport que soit mise en œuvre « **une traçabilité sans faille** *et des autocontrôles et analyses* » sanitaires pour le miel et la gelée royale, ainsi qu'un système « *qui permettrait d'identifier plus lisiblement l'origine de ces produits* » et de « *clarifier les signes de qualité du miel (label, AOC, IGP, etc.)* ».

– La mise en place d'un « ***Institut technique et scientifique de l'abeille**, organe chargé d'élaborer et d'analyser les programmes de recherche de la filière.* » Le fonctionnement et la composition de cette organisation (place des syndicats apicoles et agricoles au sein du conseil d'administration) font l'objet d'âpres négociations entre partenaires concernés. On assiste en réalité davantage à une renaissance qu'à une création : un Institut technique d'apiculture (Itapi), créé en 1973, a mis la clé sous la porte en 1993 à la suite de la paralysie du groupement interprofessionnel Intermiel qui pourvoyait largement à son financement. La colonne vertébrale du futur Institut doit être le Centre national du développement apicole (CNDA), qui fédère plusieurs associations régionales de développement de l'apiculture (Ada) et qui est en cours de rattachement à l'Association de coordination technique agricole (ACTA). Il reste à en préciser le financement – sans doute pour l'essentiel par la future interprofession, et à partir de taxes professionnelles (Fonds d'aide au développement agricole CASDAR) – et les missions. Quels seront ses champs d'activité par rapport à ceux des organismes de recherche (Inra, CNRS, universités, etc.) ? Quelles seront les garanties quant à l'impartialité de ses recherches par rapport à la profession qui le financera en partie ou à des partenaires industriels ? Quelles seront ses priorités : l'étude d'impact des pesticides ? L'acarien *Varroa destructor* ? L'amélioration génétique du cheptel ? Cet Institut assurera-t-il une surveillance épidémiologique des

* Entretien du 21 avril 2008. Le SPMF est le Syndicat des producteurs de miel de France.

ruchers ? Et aussi des pollinisateurs sauvages ? Autant de questions qui restent en débat.

– Le rapport de Martial Saddier préconise également de *« conforter le* ***réseau d'agents sanitaires*** », de créer un véritable **système d'assurance pour la perte des ruches**, ainsi que l'« *élaboration d'un guide des bonnes pratiques apicoles, aussi bien à destination des agriculteurs que des apiculteurs* ». Enfin, il plaide pour un **renforcement de la formation**, avec la mise en place d'un BTS avec option apiculture et la création, au sein du ministère de l'Agriculture, d'**une direction spécifique** suivant cette filière. La profession a en effet toujours reproché – souvent à juste titre – à la DGAL (Direction générale de l'alimentation) qui « suivait » le dossier apicole d'être culturellement et organiquement trop influencée par les autres secteurs de la production agricole. Ce fut marquant au cours de l'étude d'impact des pesticides Gaucho, Régent TS et Cruiser (voir les chapitres 5 et 6). Pour l'heure, l'ancien ministre de l'Agriculture Michel Barnier a nommé un Monsieur Abeille, Jean-Pierre Comparot, chargé de la coordination de l'administration sur ce sujet transversal.

Notes informatives et bibliographiques

Chapitre 1

1 La pollinisation consiste à transporter les grains de pollen des anthères surmontant les étamines (organe mâle) d'une fleur au stigmate (organe femelle) d'une autre fleur. Une fois sur le stigmate, les grains de pollen émettent un tube pollinique qui traverse la base du stigmate (le style) et achemine les gamètes mâles jusqu'à l'ovule afin de le féconder. Cette fécondation permet de produire des graines puis un fruit.

2 Steve Williams, « The Case of the Missing Bees. How Penn State Scientists are helping to solve the mystery. » *Penn State Agriculture Magazine*, hiver- printemps 2008 ; Elizabeth Kolbert, « Stung. Where have all the bees gone ? », *The New Yorker*, 14 septembre 2008 ; Erik Stokstad, « The Case of the empty hives », *Science*, 18 mai 2007, n° 316, p. 970-72 ; Steve Mort, « Disappearing Honeybees Concern Beekeepers and Farmers » *VOA*, 11 avril 2007 ; Steve Kroft, « What's wrong with bees ? », *CBS News*, 24 janvier 2008 ; Dan Dewitt, « One beekeeper's chaos theory » *Saint Petersburg Times*, 8 avril 2007.

3 La reine pond, au centre de la ruche, 1 500 à 2 000 œufs par jour. Autant d'œufs qui donnent des femelles, d'ordinaire stériles. Mais en cas de besoin, des femelles sexuellement matures (possibles reines) peuvent être fabriquées : pour cela, les ouvrières nourrissent avec un suc nutritif particulier certaines larves installées dans des amorces de cellules royales. La durée de vie des reines est ordinairement de 4 à 5 ans, mais elle tend à diminuer depuis quelques années. Elles sont produites en 16 jours, les ouvrières en 21 jours et les mâles (faux-bourdons) en 24 jours. Ces derniers, destinés à féconder la reine, vivent au printemps deux à quatre semaines avant d'être affamés, chassés ou tués. Les ouvrières, des femelles à l'appareil génital atrophié, vivent de quelques semaines (pour celles nées en été) à quelques mois (pour celles nées en hiver). Elles vont assumer des fonctions très diverses au cours de leur brève existence, fonctions qui varient souvent en fonction de leur âge : nettoyeuses, nourrices, maçonnes, manutentionnaires, ventileuses, gardiennes et, bien sûr, butineuses pour les plus matures. « *En se fondant sur une population d'environ 50 000 abeilles et une mortalité journalière d'environ 500 individus, ce renouvellement journalier de l'ordre d'un pour cent de l'ensemble* [...] *permet le renouvellement de toute la colonie en l'espace d'environ quatre mois* », écrit l'apidologue allemand Jürgen Tautz (*L'étonnante abeille*, de Boeck, 2009).

4 Steve Williams, *op. cit.*

Chapitre 2

[1] Benjamin Lester, « Mystery of the dying bees » *Cosmos Online*, 7 mars 2007.

[2] *Acarapis woodi* est un acarien parasite de l'abeille qui vit et se reproduit dans l'appareil respiratoire de son hôte. La femelle pond dans la trachée ou à son entrée. L'accouplement des *Acarapis* a lieu à l'intérieur des trachées. Le parasite perfore la paroi de l'organe et se nourrit de l'hémolymphe (sang) de l'abeille : il l'affaiblit et gène sa respiration. Affectant durement les ruchers américains, cet acarien se répand en Europe depuis le printemps 2007.

[3] Les quatre laboratoires sur l'abeille de l'USDA (à Baton Rouge, Weslaco, Tucson et Beltsville) ont comparé l'impact de cinq régimes alimentaires (à base de sirop de sucre et/ou de protéines) sur le développement de 200 colonies d'abeilles russes et italiennes, traitées contre leurs parasites. Sans protéines, les colonies arrêtent de pondre et le couvain diminue de moitié. Plus surprenant, après quatre mois d'apports de protéines, les colonies survivent mais ne grandissent pas.

[4] VanEngelsdorp D. *et al.*, « An Estimate of Managed Colony Losses in the Winter of 2006 – 2007: A Report Commissioned by the Apiary Inspectors of America », *Am. BeeJ.*, vol.147, p. 599, 2007. Les enquêteurs devaient poser les questions suivantes : combien de colonies avait l'apiculteur en septembre ? Puis en mars ? A-t-il fait des remplacements ou a-t-il augmenté son cheptel de colonies durant cet intervalle de temps ? Considère-t-il ses pertes comme normales ? Combien de colonies mortes a-t-il eu à déplorer sans retrouver ou presque d'abeilles ? À quoi attribue-t-il ces pertes ?

[5] Cox-Foster D. L. *et al.* « A Metagenomic Survey of Microbes in Honey Bee Colony Collapse Disorder », *Science*, n° 318, p. 283-87, 2007.

[6] Le « pain d'abeille » est fabriqué par les ouvrières à partir du pollen frais et déposé dans les alvéoles de la ruche. Mélangés avec une sécrétion faite de miel, de nectar et d'enzymes, ces pollens subissent un processus de fermentation naturel qui libère les composants de leur noyau. Contenant des lipides, des protides, des glucides ainsi que des acides aminés libres et des acides aminés essentiels, ce « pain » sert à nourrir toutes les abeilles de la colonie.

[7] vanEngelsdorp D. *et al.* « Fall-Dwindle Disease : Investigations into the causes of sudden and alarming colony losses experienced by beekeepers in the fall of 2006 », rapport préliminaire, 15 décembre 2006 ; revu le 5 janvier 2007.

[8] Committee on the Status of Pollinators in North America, National Research Council, « Status of Pollinators in North America », Washington. ISBN: 0-309-66642-2, 396 pages, 6 x 9, 2006.

[9] Underwood R. M. et vanEngelsdorp D., « Colony Collapse Disorder : Have we seen this before ? », rapport, 2007.

[10] Erik Stokstad, *op. cit.*

11 Elizabeth Kolbert, *op. cit.*

12 Maurice Maeterlinck, *La vie des abeilles*, Fasquelle, (1901) 1963, Paris.

13 vanEngelsdorp D. *et al.*, rapport préliminaire (2006), *op. cit.*

14 Il s'agit d'une protéine insecticide issue de la bactérie *Bacillus thuringiensis* (Bt), dont le gène a été intégré au génome de certaines plantes transgéniques, comme le maïs, pour les défendre des ravageurs. L'étude bibliographique de l'agronome Jacqueline Pierre, de la station Inra du Rheu, en France (*Bull. Tech. Apic.*, n° 34 (4), p. 168-175, 2007) confirme le très faible risque pour l'abeille des OGM actuels. Et notamment des cultures de maïs ou de coton exprimant la protéine insecticide Bt : la chercheuse rappelle qu'elle ne cible pas du tout les abeilles et n'entraîne aucun effet connu chez des sujets sains. Seul le maïs Bt 176, qui cumule deux types de transgènes (insecticide et totérance à un herbicide) pourrait, peut-être, aggraver la santé d'abeilles déjà affaiblies par des pathogènes. Mais cela demande confirmation.

15 Cox-Foster D. L. *et al.* (2007) *op. cit.* ; Benjamin Lester, *op. cit.*

16 Steve Williams, *op. cit.*

Chapitre 3

1 La production du cacao, de la vanille, de la fraise, de la myrtille, du cassis, de la framboise, de la poire, de la cerise, de l'abricot, des prunes, de la pêche, du citron, de l'orange, du melon, du fruit de la passion, de l'amande, de la noix du Brésil et de macadamia, etc. dépend des insectes pollinisateurs et des abeilles en premier lieu.

2 http://www.helpthehoneybees.com/

3 Gallai N. *et al.* « Economic valuation of the vulnerability of world agriculture confronted with pollinator decline », *Ecological Economics*, n°68-3, p. 810-821, 2009 ; Gallai, N. *et al.* « Monetary valuation of the pollination service provided by insects to European agriculture », In : Settele J. *et al.* (eds.), *Atlas of Biodiversity Risk*, Pensoft, Sofia & Moscow (in press).

4 Ces données sont obtenues en multipliant la valeur de la production d'une culture (selon les cours en vigueur en 2005) par son coefficient de dépendance à la pollinisation par les insectes. Voici un exemple, celui du kiwi, pour lequel la réglementation impose de ne commercialiser que des fruits ayant un poids supérieur à 65 g. Or ce poids est hors d'atteinte sans les abeilles ; le coefficient de dépendance économique vaut ici 100 %. Pour la France, les insectes pollinisateurs contribuent pour 2 milliards d'euros aux 23 milliards de chiffre d'affaires générés par 73 cultures destinées à l'alimentation humaine. Dans l'Union européenne, cette contribution s'élève à 14, 2 milliards d'euros (soit 9,3 % de la valeur des productions végétales alimentaires en Europe en 2005). Les pays de l'Europe du Sud sont environ deux fois plus vulnérables – car plus dépendants des pollinisateurs pour leur agriculture (beaucoup de fruitiers) – que ceux d'Europe du Nord. « *En cas de disparition totale des pollinisateurs dans le*

sud de l'Europe, il ne sera probablement pas possible de compenser les pertes de productions agricoles dépendantes de ces insectes par les productions des autres pays de l'Union et il sera certainement nécessaire d'importer ces produits d'autres parties du monde», indiquent les auteurs de l'étude (voir ci-dessus note iii).

5 Klein A.-M. *et al.* « Importance of pollinators in changing landscapes for world crops » *Proc. R. Soc.* B, 274, p.303-313 + annexes 1 et 2, 2007. Cette étude bibliographique a passé en revue l'impact des pollinisateurs pour 115 productions végétales clés, consommées dans 200 pays.

6 http://www.snopes.com/quotes/einstein/bees.asp

7 Si de nombreuses espèces d'insectes peuvent polliniser des espèces végétales très variées, les capacités de pollinisation de certains papillons et de certaines abeilles sont limitées à un petit nombre de plantes. La raison : une spécialisation poussée de la langue (chez les abeilles) ou de la trompe (chez les papillons), qui fait écho à la morphologie des fleurs visitées. Le jeune Charles Darwin avait d'ailleurs prédit l'existence d'un papillon avec une trompe de « *onze pouces* » de long en observant les éperons nectarifères de l'orchidée malgache *Angraecum sesquipedale.* Ce papillon (*Xanthopan morgani praedicta*) a été découvert 30 ans plus tard…

8 Velthuis H. et van Doorn A., « A century of advances in bumblebee domestication and the economic and environmental aspects of its commercialization for pollination », *Apidologie*, n°37, p.421-451, 2006.

9 L'ouverture des anthères – les sacs qui contiennent les grains de pollen – de ces fleurs est inversée et le pollinisateur doit les faire vibrer à haute fréquence pour qu'elles libèrent leur pollen. Accrochés à elles, tête en bas, les bourdons émettent alors un son très caractéristique pour obtenir un paquet de pollen sur le ventre. Ils recommencent plusieurs fois la manœuvre pour récupérer de nouveaux paquets.

10 Biesmeijer J. G. *et al.* « Parallel declines in pollinators and insect-pollinated plants in Britain and the Netherlands », *Science*, n° 313, p. 351-354, 2006.

11 Rick Wills, *Pittsburgh Tribune-Review*, 5 avril 2007.

12 Greenleaf S. et Kremen C., « Wild bees enhance honey bees' pollination of hybrid sunflower », *PNAS*, n° 103-37, p.13890-13895, 2006.

13 Whitney H. M. *et al.* « Conical Epidermal Cells Allow Bees to Grip Flowers and Increase Foraging Efficiency », *Current Biology* (sous presse).

14 C'est le cas avec *A. mellifera.* Les pelotes de pollens qu'elle agrège avec du nectar aux corbeilles de ses pattes arrières sont collantes : elles ne permettent pas la dispersion des grains de pollen, qui seront donc perdus pour la pollinisation, mais pas pour la colonie ! (Hargreaves A. *et al.*, *Biol. Rev.*, n° 84, p. 259-276, 2009)

15 Les butineuses d'une même colonie forment des groupes fidèles à certaines récoltes : le pollen ou le nectar, plus rarement les deux – sauf sur certaines plantes, comme les trèfles, dont l'ensemble des groupes

de butineuses exploitent à la fois le nectar et le pollen. Ces répartitions de récolte pourront évoluer en fonction des besoins de la colonie.

16 Dolan M., « Tales from the Hive: The Buzz About Bees » *PBS Nova Online*, octobre 2000. http://www.pbs.org/wgbh/nova/bees/buzz.html

17 Pasquet R. S. *et al.*, « Long-distance pollen flow assessment through evaluation of pollinator foraging range suggests transgene escape distances », *PNAS*, n° 105-36, p. 13456-13461, 2008.

18 L'étude a également mis en évidence que cette abeille pouvait transférer à ses parentes sauvages (par voie pollinique) le transgène codant une protéine insecticide qui est inséré dans un niébé (une plante cultivée) transgénique. Et la même faculté de transfert de gènes a été démontrée, sur des pastèques cette fois, par Alan Walters, de l'université du sud de l'Illinois, et Jonathan Schultheis de Caroline du Nord. Ce qui ne manquera pas d'intéresser ceux qui s'inquiètent de la dissémination des OGM.

19 Jürgen Tautz, *L'étonnante abeille*, De Boeck Université, 2009.

20 Chauzat M.-P. et Jacqueline Pierre J. « L'importance du pollen pour l'abeille domestique », *Bull. Tech. Apic.* N° 32-1, p.11-17 + 19-28, 2005.

21 The Honeybee Genome Sequencing Consortium, « Insights into social insects from the genome of the honeybee *Apis mellifera* », *Nature*, n° 443, p. 931-949, 2006.

22 Les facultés olfactives exceptionnelles de l'abeille ont même conduit l'université du Montana et le laboratoire national Oak Ridge à tenter d'utiliser cet insecte pour renifler des explosifs. Après un conditionnement olfactif en laboratoire, des abeilles sont capables de repérer l'odeur du DNT (précurseur du TNT) dans la végétation comme dans le sol, à des concentrations infimes (moins de 20 parties par milliard !). Elles peuvent de même reconnaître des microbes et de très nombreuses molécules dans l'environnement, comme des radionucléides, des solvants, des pesticides, des métaux lourds… Enfermées dans un robot télécommandé à distance que l'on place sur un champ de mine, seront-elles aussi fiables et pratiques ? (http://beekeeper.dbs.umt.edu/bees/landmines.html)

23 Rick Wills, *Pittsburgh Tribune-Review*, 28 août 2008.

24 Rick Wills, *Pittsburgh Tribune-Review*, 5 avril 2007.

25 Erik Stokstad, *op. cit.*

Chapitre 4

1 Kosior A. *et al.* « The decline of the bumble bees and cuckoo bees (Hymenoptera: Apidae: Bombini) of Western and Central Europe », *Oryx*, 41,1 (2007).

2 Biesmeijer J. G. *et al.* (2006), *op. cit.*

3 Brown M. et Paxton R. « The conservation of bees : a global perspective », *Apidologie* (sous presse).

4 Sur le site *Futura Science*, le 7 septembre 2007.

5 Financé par le 6e programme cadre de la recherche européenne, le programme ALARM (pour *Assessing LArge scale Risks for biodiversity with*

tested Methods ou Évaluation des risques environnementaux à grande échelle pour la biodiversité à l'aide de méthodes testées) a travaillé sur l'évaluation des risques qui découlent des changements climatiques, des produits chimiques répandus dans l'environnement, des invasions biologiques et du déclin des populations de pollinisateurs, dans le contexte de l'utilisation actuelle et future des territoires européens. Le volet qui concerne les pollinisateurs a rassemblé des scientifiques suédois, polonais, estoniens, serbes, anglais, grecs, français, espagnols, italiens, allemands, plus des partenaires autrichiens, irlandais, et hongrois.

6 Hammen V. C. *et al* « Establishment of a cross-European field site network in the ALARM project for assessing large-scale changes in biodiversity », *Environ Monit Assess* (sous presse).

7 Expertise scientifique collective de l'INRA « Agriculture et biodiversité : valoriser les synergies », juillet 2008. Données Agreste, ministère de l'Agriculture.

8 Oostermeijer, J. G. B. *et al.* « Pollination in rare plants: is population size important ? », *Det Norske Vitenskaps akademi. I. Matematisk Naturvitenskaplig Klasse, Skrifter*, n° 39, p. 201-213, 2000.

9 Petanidou T. *et al.* « Long-term observation of a pollination network: fluctuation in species and interactions, relative invariance of network structure and implications for estimates of specialization », *Ecology Letters* (sous presse).

10 Biesmeijer J. G. *et al.* (2006), *op. cit.*

11 À l'origine, Carl Linné, le père de la nomenclature à deux noms (binomiale), a décrit l'abeille domestique sous le nom d'*Apis mellifera.* Puis il a corrigé ce nom en indiquant qu'il avait commis une erreur car l'abeille ne rapporte pas le miel (*mellifera*), mais le fabrique à partir du nectar : elle devait donc être appelée *Apis mellifica*, l'abeille qui fait du miel. Mais les règles de taxonomie peuvent varier d'un Muséum à l'autre. Et certains, chez les Anglo-Saxons, ne prennent en compte que la première appellation. Les francophones ont fait de la résistance, en considérant que si c'est le même auteur qui redéfinit l'espèce par un nouveau nom, celui-ci doit s'appliquer. Ils ont alors adopté, un temps, le nom d'*A. mellifica*, avant de se ranger à la règle anglophone sous la pression du nombre.

12 http://www.discoverlife.org/mp/20q?guide=Apoidea_species.

13 Martial Saddier, « Pour une filière apicole durable. Les abeilles et les pollinisateurs sauvages », rapport au Premier ministre François Fillon, octobre 2008.

14 Audit GEM-ONIFLHOR, 2005.

15 Brunea, *Abeille & Cie*, 2007.

16 Maxim L. et van der Sluijs J. P « Uncertainty: cause or effect of stakeholders' debates ? Analysis of a case study: the risk for honeybees of the insecticide Gaucho® », *Science of the Total Environment*, n° 376, p. 1-17, 2007.

[17] *Le Titanic apicole. La terreur pesticide.* Un film de Dominique Guillet et Ananda Guillet, Kokopelli, 2008.

[18] Selon des relevés de l'Afssa (mars 2008), on a compté 20 à 70 % de pertes sur 17 ruchers de 10 départements durant l'hiver 1987-1988 ; même plongée au cours de l'hiver 1999-2000 ; 38 à 100 % pour l'hiver 2005-2006.

[19] Éditorial du bulletin du SPMF, 10 mars 2008.

[20] Les pertes de l'hiver 2007-2008 correspondent pour 50 % à des mortalités, 8 % à des colonies malades, 28 % à des colonies faibles et 14 % à des « bourdonneuses » (colonies sans reines). Si l'île de La Réunion (15 % de pertes) et la région Paca (plus de 20 %) sont en dessous de cette moyenne globale, les plus touchées des régions sont l'Auvergne (38 %), la Franche-Comté (45 %), la Bourgogne (50 %) et l'Alsace (62 %). Par ailleurs, 45 % des apiculteurs déclarent des productions de miel faibles et 5 % nulles. 57 % indiquent aussi que, durant l'automne 2007, la disponibilité en nectar et/ou miellat était faible ou nulle. Et la pression du varroa dans les colonies était estimée forte pour 37 % des apiculteurs, moyenne pour 42 % et faible pour 18 %.

[21] Cluzeau-Moulay S. (2008), *BTA* n°143-35-3, p.104-113, 2008.

[22] Selon l'audit de la filière miel en date de 2005 (GEM-ONIFLHOR), avec 25 500 tonnes de miel produites en 2004, la France enregistre une baisse de production de 3 000 à 4 000 tonnes par rapport à 1997. Les statistiques agricoles pour 2006 font état de 20 000 tonnes de miel produites et de 18 000 tonnes pour 2007. Cette diminution est plus sensible encore au niveau des rendements par ruche, puisque l'on passe de 30 kilos en 1997 à 24 en 2004. Les causes de cette baisse de production doivent toutefois être interprétées avec prudence, tant la fabrication du miel est soumise à mille aléas. Des aléas météorologiques, de qualité des variétés agricoles et des périodes de culture, ou encore des modifications du sol, qui rendent la récolte de nectar par l'abeille aussi capricieuse qu'une éruption de champignons en sous-bois ! Cette moindre production, même si elle se confirme au fil des ans, ne signifiera pas donc automatiquement une déficience des butineuses. Ou du moins pas seulement.

[23] Jasper Copping, *Telegraph,* 20 janvier 2007.

[24] Pierre Asselin, *Le Soleil*, 3 mai 2007.

[25] Site internet de *Québec Sciences*, 20 septembre 2007.

[26] La Suisse attribue 5 000 francs suisses à toute personne qui s'engage à soigner 5 ruches sur une période de 5 ans, avec un supplément de 1 000 francs suisses tous les 2 ans pour ceux qui augmenteront leur cheptel. Le Royaume-Uni, lui, a doublé son budget de recherche sur l'abeille, qui atteint 400 000 livres par an, tandis que son unité nationale sur l'abeille va dépenser 2,3 millions de livres pour cartographier les zones où les pollinisateurs sont menacés.

[27] Pour la France et en 2004, on comptait 1 762 apiculteurs professionnels (exploitant plus de 150 ruches) – et 69 237 personnes possédant au moins

une ruche – sur près de 769 000 personnes employées par la secteur agricole, selon le Service de statistique Agreste 2007 du ministère de l'Agriculture et de la pêche. Et l'on peut estimer à quelque 205 millions d'euros le chiffre d'affaires de l'apiculture française, à comparer aux 64 milliards d'euros générés par les productions agricoles (en partie grâce aux abeilles), élevage compris (Insee 2008, hors subventions).

28 Martial Saddier (2008), *op. cit.*

29 L'Adapro-LR compte aujourd'hui 150 adhérents, dont 5 syndicats. Comme la plupart des autres Ada, cette structure régionale apporte un soutien réglementaire et technique aux apiculteurs professionnels. Elle développe également des expérimentations dans le domaine sanitaire, de la sélection génétique et de la qualité des miels.

Chapitre 5

1 F. Nicolino et F. Veillerette, *Pesticides, révélations sur un scandale français*, Fayard, 384 pages, 2007.

2 Charvet R. *et al.* « Insecticides systémiques : de nouveaux risques pour les insectes pollinisateurs », *Ann Pharm Fr*, n° 62, p. 29-35, 2004.

3 Dans l'article « L'arbre qui cache la forêt », *La Santé de l'abeille*, n° 201, mai/juin 2004.

4 GEM-ONIFLHOR, 2005.

5 L'ouvrage du journaliste Gil Rivière-Wekstein (*Abeilles, l'imposture écologique*, Le Publieur, 2006) décrit par le menu l'origine de cette « affaire ».

6 P. Vermandère, *L'abeille et le miel*, juin 1997.

7 Maxim L. et van der Sluijs J. P (2007), *op. cit.*

8 V. Tardieu, *Le Monde*, 18 avril 1998.

9 Le 26 mars 2004, le groupe « abeille » de la Commission des toxiques (Comtox) indique néanmoins que « *les abeilles peuvent être exposées par l'intermédiaire du pollen. Ainsi, en France, de 30 à 40 % des ruches sont au contact de pollen de maïs. Par ailleurs, la proportion de pollen de maïs dans le mélange de pollens entrant dans les ruches au moment de la floraison de celui-ci peut être de 60 à 80 %.* » Et dans la mesure où ce maïs est une culture tardive, son pollen rapporté à la ruche servira à nourrir la colonie durant l'hiver et les abeilles de la prochaine génération. S'il est contaminé, il contaminera la colonie sur deux générations.

10 http://www.agriculture.gouv.fr/spip/IMG/pdf/rapportfin.pdf.

11 Dans un avis de juin 1993, la Comtox met en garde contre l'utilisation du fipronil sur le maïs car celui-ci « *a une affinité pour la matière grasse* ». Or dans la mesure où le maïs dit « ensilage » est destiné à nourrir les vaches, si l'on traite cette culture avec le Régent TS, il y a risque d'en retrouver des résidus dans le lait consommé par l'homme.

12 http://www.futura-sciences.com/fr/doc/t/chimie/d/un-insecticide-dans-le-collimateur-le-regent_373/c3/221/p6/

13 Comité scientifique et technique de l'étude multifactorielle des troubles des abeilles (MP Halm) « Fipronil utilisé en enrobage de semences

(Régent TS®) et troubles des abeilles», rapport de décembre 2005, validé le 15 mai 2005.

14 Y. Miserey, *Le Figaro*, 2 mars 2003.

15 http://www.basf.fr/index.php?pge=49.

16 Gil Rivière-Wekstein, *Agriculture & Environnement*, 2 juillet 2008.

17 La «norme poussières» fixe, par décret du 11 février 2004, une limite de 4 grammes de pesticide émis dans l'environnement sous forme de poussières par quintal de semence. C'est la technique dite du «test Heuber» qui permet de mesurer ces teneurs en poussières. Elle consiste à faire tourner, sur un support abrasif et dans une cloche fermée, quelques dizaines de grammes de semences enrobées et à récupérer ce qui s'échappe par un système d'aspiration, puis à le peser. Rappelons qu'en 2002-2003, les niveaux de fipronil relevés dans les poussières en champs se situaient en moyenne à 80 grammes par quintal de graines, avec des valeurs extrêmes autour de 170 grammes. Soit plus de 13 à 29 fois la dose létale par contact pour l'abeille!

18 D'après le communiqué de presse signé par treize groupements apicoles et associations écologiques du 7 avril 2008: «Cruiser l'hécatombe continue: vent de panique dans le Nord-Ouest de l'Italie».

19 Büchler R. *et al.*, in *Proceedings of the 4th COLOSS Conference (COlony LOSSes). Prevention of honeybee*, Zagreb, Croatie, 3 et 4 mars 2009.

20 En octobre 2008, une réunion de la Commission internationale pour l'étude des relations abeilles et plantes (ICPBR) recommandera à tous les États membres un contrôle de la quantité de poussières émises dans l'environnement par le biais d'un test permettant de fixer un seuil limite ou par l'utilisation de semoirs équipés de dispositifs de contrôle de ces émissions.

21 http://www.bvl.bund.de/nn_1004662/EN/08__PresseInfothek__engl/01__Presse__und__Hintergrundinformationen/PI__Maissaatgut__Mesurol__engl.html.

22 Le 23 octobre 2008, l'Afssa, saisie par la DGAL, « *conclut que les premières données du programme de surveillance ne contiennent pas d'élément d'alerte qui justifieraient de revoir les conclusions et recommandations émises dans ses précédents avis.* » En clair: on peut, selon elle, poursuivre la diffusion du Cruiser. L'Afssa avait formulé, en janvier 2008, trois recommandations: respecter une distance de 3 km entre les cultures traitées et les ruches, arrêter au 15 mai la période des semis et mettre en place dès 2008 un suivi indépendant des ruchers alentour. En décembre 2008, le ministère de l'Agriculture précise que cette molécule ne pourra être utilisée qu'une année sur trois dans la même parcelle et demande une surveillance sur six régions au lieu des trois en 2008. Elle exhorte en outre les industriels à trouver des substituts à cette famille chimique.

23 Charvet R.*et al.* (2004) «Insecticides systémiques: de nouveaux risques pour les insectes pollinisateurs», *Ann Pharm Fr*, n° 62, p. 29-35, 2004.

24 Institut Pasteur de Lille, *Produits phytosanitaires dans les eaux de pluie de la région Nord - Pas-de-Calais*, Lille, 59 pages, 2003.

25 Sur les 80 molécules qui ont été suivies, une cinquantaine ont été retrouvées au fil de l'étude et 200 à 2 000 kg de produits phytosanitaires par an sont réintroduits dans l'environnement terrestre de cette région par les pluies. Les teneurs de ces retombées demeurent néanmoins fort modestes : en moyenne, de 1,13 µg/m^2 en 2000 et 2,89 µg/m^2 en avril en 2001 pour l'imidaclopride ; plus de 10 µg/m^2 pour d'autres pesticides.

26 Compte-rendu de la séance du 25 mars 2004 du groupe « abeille » de la Comtox.

Chapitre 6

1 Chauzat M.- P. *et al.* « A survey of pesticide residues in pollen loads collected by honey bees in France », *Journal of Economic Entomology*, n° 99, p. 253-262, 2006.

2 Les mortalités hivernales des colonies ont été variables mais peu élevées : 7,3 % en 2003, 9,2 % en 2004, 5,8 % en 2005. Et l'Afssa a relevé une moyenne de 1,20 µg d'imidaclopride par kilo d'abeille (sur 187 abeilles échantillonnées durant les trois ans de l'étude multifactorielle) et une moyenne 0,45 µg de fipronil/kg d'abeille.

3 La DL50 d'une substance, ou dose létale 50, est la dose induisant la mortalité de 50 % des individus exposés. Cette dose mortelle s'exprime en nanogrammes (1 ng = 10^{-9} g) de matière active par kilogramme chez l'animal (ng/kg). Plus la DL50 est faible, plus la substance est toxique. Cette dose n'est valable que pour l'espèce testée : elle varie d'une espèce à l'autre. Mais elle peut varier aussi – c'est le cas pour l'abeille – entre études portant sur le même produit et la même espèce, du fait de la variabilité naturelle entre individus et des différences de protocoles expérimentaux.

4 En 1987-1988, ces observations ont porté sur 17 ruchers dans 10 départements (uniquement sur les pathologies), puis en 1999-2000 sur 41 ruchers dans 19 départements, en 2002-2005 sur 24 ruchers dans 5 départements, en 2005-2006 sur 18 ruchers dans 13 départements et, en 2007-2008, sur 29 ruchers dans 17 départements.

5 La loque américaine est une maladie due à la bactérie *Paenibacillus larvae*, qui dévore les larves d'abeilles (elle se développe grâce aux tissus intestinaux et aux sucres présents dans les larves), jusqu'à ne laisser qu'un résidu gluant. Encore appelée « pourriture du couvain »ou « loque puante », cette grave maladie infectieuse doit être déclarée aux autorités sanitaires. La seule possibilité actuelle pour lutter contre elle est de détruire les couvains et colonies infectés, puis de brûler les cadres. La maladie est d'autant plus difficile à éradiquer que les bactéries peuvent survivre sous forme de spores pendant des dizaines d'années. La loque européenne, causée par plusieurs autres bactéries, est, elle, jugée moins grave.

6 Les tests, développés en particulier par Minh-Hà Pham-Delègue, alors à l'Inra de Bures-sur-Yvette, permettent d'étudier les réponses des abeilles à des odeurs et ses capacités de mémorisation olfactive. « *L'expérience consiste*, explique la chercheuse, *à déclencher une réponse réflexe d'extension du proboscis*

(de la langue) en stimulant par contact les organes qui assurent la détection du goût, situés sur les antennes, les pièces buccales ou les pattes. Si l'on envoie une odeur alors que l'abeille se nourrit à un distributeur de sirop, on obtient ensuite une extension du proboscis lorsque l'on présente l'odeur seule. La procédure ne prend pas plus de six secondes.» Ce conditionnement est du même type que celui obtenu par le Russe Ivan Pavlov sur des chiens, à partir de signaux sonores. Ici, n'importe quelle odeur associée à de la nourriture sera mémorisée. On pourrait même imaginer dresser l'hyménoptère à mémoriser certaines odeurs de sorte que dans la nature, il se dirigerait préférentiellement vers certaines sources : des plantes à polliniser, par exemple (voir aussi note 22 du chapitre 3).

7 Suchail S. *et al.* « Characteristics of imidacloprid toxicity in two *Apis mellifera* subspecies », *Environmental Toxicology and Chemistry*, n° 19-7, p. 1901-1905, 2000.

8 Une molécule, lorsqu'elle pénètre dans un organisme, se fixe sur différentes cibles. Ces dernières ont des affinités différentes pour le toxique (affinités qui en outre sont variables selon les individus), ce qui implique que la fixation du toxique sur ces différentes cibles dépend de la concentration propre du composé, donc de la dose d'exposition.

9 Suchail S. *et al.* « Discrepancy between acute and chronic toxicity induced by imidacloprid and its metabolites in *Apis mellifera* », *Environmental Toxicology and Chemistry*, n° 20-11, p. 2482-2486, 2001.

10 Y. Miserey, *Le Figaro*, 5 octobre 2002.

11 V. Tardieu, *Le Monde*, 17 novembre 2000.

12 Pour sensibiliser l'opinion aux problèmes de l'abeille, la campagne « Abeille sentinelle », très médiatisée, consiste à demander à des entreprises privées (dans des villes comme Lille, Martigues, Nantes, Angoulême ou Besançon) ou encore à des hôtels (dans les régions Rhône-Alpes, Ile-de-France, Pays-de-Loire et Languedoc-Roussillon) de louer et d'entretenir 6 à 8 ruches sur leurs toits. Les toits de Versailles sont également concernés. La région Languedoc-Roussillon est l'un des premiers partenaires de l'UNAF. Son président, Henri Clément, est, il est vrai, lozérien. Il a dirigé le congrès mondial sur l'abeille (APIMONDIA), qui s'est tenu à Montpellier du 15 au 20 septembre 2009.

13 Extrait du rapport moral de la 77e Assemblée générale du SPMF (31 janvier 2008, Colombier-le-Cardinal).

14 V. Tardieu, *Sciences & Vie*, n° 1012, p. 96-102, janvier 2002.

15 Cité dans le mémoire de fin d'étude de G. Fléchet « Traitement de la polémique autour de la nocivité des insecticides Gaucho et Régent », DESS de Journalisme scientifique et technique, Université de Montpellier 1, 2005.

16 G. Rivière-Wekstein, *op. cit.*

17 F. Nicolino et F. Vieillerette, *op. cit.*

18 « Mortalités, effondrements et affaiblissements des colonies d'abeilles », rapport de l' Afssa, novembre 2008, p. 35.

[19] Traduit à partir de *Bee Culture*, p. 13-14, mai 2001.

[20] Aubert M. *et al.* « Recherches sur les mortalités d'abeilles et prévention des risques liés aux insecticides », *Bulletin épidémiologique* de l'Afssa, n° 20, 2006.

[21] Rappelons l'omniprésence des traitements phytosanitaires chimiques en France : en 2000, l'Union des industries de la protection des plantes (UIPP) estimait à environ 100 000 tonnes par an la masse de matière active de produits phytopharmaceutiques utilisés dans notre pays. Environ 55 % de ces produits sont des fongicides, 30 % des herbicides et moins de 5 % des insecticides. La France représente 30,5 % du marché européen des traitements phytosanitaires, loin devant l'Allemagne (14,9 %), l'Italie (10,1 %) ou la Grande-Bretagne.

[22] L'« Action plan bocage » prévoit le remboursement de 70 % des achats de plantes, la prise en charge de 40 % des travaux de mise en place et même, depuis 2008, un bonus de 10 % d'aide si les cultivateurs replantent des espèces mellifères.

Chapitre 7

[1] CCD Steering Committee, *Colony Collapse Disorder : Action Plan*, 20 juin 2007.

[2] Cox-Foster D. L. *et al.* (2007) *op. cit.*

[3] The Honeybee Genome Sequencing Consortium (2006), *op. cit.*

[4] Cette division artificielle des colonies au printemps devance et contrôle, en fait, l'essaimage que la colonie effectue spontanément, selon la météorologie, l'état sanitaire ou le développement du groupe. Ainsi, la reine quitte la ruche, entraînant derrière elle les deux tiers de la colonie, qui constituent un essaim en forme de grappe autour d'elle, avant d'implanter un nouveau nid. Le tiers d'abeilles restant, avec des cellules royales prêtes à éclore, remplaceront la reine. Et la colonie reformée autour de sa reine reprendra son développement… jusqu'au prochain essaimage ! Lorsqu'il pratique un essaimage artificiel, l'apiculteur prélève 3 ou 4 cadres de couvain recouverts de leurs abeilles dans une ou plusieurs colonies. Réunies dans une nouvelle ruche avec du miel et du pollen, des cadres avec des cires fraîches, elles produiront une nouvelle reine.

[5] Un paquet d'abeilles de bonne qualité est composé habituellement d'1 à 2 kilos d'ouvrières. Voyageant d'ordinaire par avion dans une caissette de transport grillagée, munie d'un nourrisseur délivrant du sirop, cette mini-colonie comporte une reine fécondée et encagée en son centre.

[6] L'émergence d'une race résulte des variations qui affectent en permanence l'espèce, puis de leur sélection, soit par des facteurs du milieu (c'est la sélection naturelle, moteur de l'évolution), soit par l'éleveur. Ainsi, on distingue plusieurs races ou sous-espèces de l'abeille d'élevage *Apis mellifera* : *A. mellifera mellifera*, *A. mellifera scutellata*, *A. mellifera ligustica*, etc.

7 Martial Saddier, octobre 2008, *op. cit.*
8 Rémy Vandame, thèse de Doctorat soutenue le 18 décembre 1996, *Importance de l'hybridation de l'hôte dans la tolérance à un parasite. Cas de l'acarien parasite* Varroa jacobsoni *chez les races d'abeilles* Apis mellifera *européenne et africanisée, en climat tropical humide du Mexique,* université Claude-Bernard Lyon 1, Inra d'Avignon, Institut phytosanitaire du campus de Cordoba, Mexique.
9 Ashleigh Milner, site de l'Association américaine des producteurs d'abeilles (BIBBA), 1996. http://www.bibba.com/origins_milner.html.
10 Communication personnelle de Lionel Garnery.
11 Parmi les quatre grandes lignées évolutives d'*Apis mellifera*, la sous-espèce *A. m. mellifera* colonise naturellement l'Hexagone. Cette dernière, que l'on appelle encore la « *petite noire* » du fait de la couleur sombre de sa robe, ou encore « *la gauloise* », domine les ruchers français à 72 %, selon une étude conduite au CNRS de Gif/Yvette (LEGS). On la trouve des Pyrénées à l'ouest de l'arc alpin, jusqu'en Scandinavie, au Nord des Carpates et en Pologne. Mais, à la faveur du jeu des introductions et des importations à des fins apicoles, on a introduit dans les ruchers français l'abeille italienne (*A. m. ligustica*), la caucasienne (*A. m. caucasica*), puis un hybride des deux.
12 Cox-Foster D. L. *et al.* (2007) *op. cit.*

Chapitre 8

1 Cox-Foster D. L. *et al.* (2007) *op. cit.*
2 Maori E. *et al.* « Isolation and characterization of Israeli acute paralysis virus, a dicistrovirus affecting honeybees in Israel : evidence for diversity due to intra- and inter-species recombination », *Journal of general virology*, n° 88, p. 1-11, 2007.
3 Morel E. et Aznar V. « IAPV et autres viroses », mémoire IEFGB, UM2, Montpellier, 2008.
4 Chen Y. et Evans J. D. « Historical presence of Israeli Acute Paralysis Virus in the United States », soumis le 29 octobre 2007 à l'*American Bee Journal.*
5 Anderson D. et East I. J. « The latest buzz about colony collapse disorder », *Science*, n° 319-5864, p. 724-725, 2008.
6 Morel E. et Aznar V. (2008) *op. cit.*
7 C. Vago, *L'enchaînement des maladies chez les insectes*, thèse de doctorat de soutenue le 29 mai 1956.
8 Steve Williams, *op. cit.*
9 The Honeybee Genome Sequencing Consortium (2006), *op. cit.*
10 Steve Williams, *op. cit.*
11 Erik Stokstad (2007), *op. cit.*
12 Tentcheva D. *et al.* « Prevalence and seasonal variations of six bee viruses in *Apis mellifera* L. and *Varroa destructor* mite populations in France », *Applied and Environmental Microbiology*, n°70-12, p. 7185-7191, 2004.

13 Les échantillons ont été analysés afin de détecter la présence des six principaux virus de l'abeille (voir l'annexe 1) : le virus des ailes déformées (DWV), le virus du couvain sacciforme (SBV), le virus de la paralysie chronique ou maladie noire (CBPV), le virus de la paralysie aiguë (ABPV), le virus des cellules noires de reine (BQCV), et le virus du Cachemire (KBV). On a également déterminé, par la technique de la PCR quantitative, la charge virale associée à chacun des virus mis en évidence.

14 Singh *et al.*, étude de l'université Penn State pour la branche Est de l'ESA, 2008.

Chapitre 9

1 L'acarien *Varroa jacobsoni* est découvert au début du XXe siècle chez l'abeille orientale *Apis cerana* par l'entomologiste amateur Edward Richard Jacobson, alors qu'il se trouve à Java pour affaire. Il l'envoie au directeur des Jardins zoologiques royaux de La Haye, Antoon Cornelis Oudemans, très réputé quoi que bien sulfureux depuis qu'il s'intéresse à la cryptozoologie, aux très grands serpents de mer et autres monstres du Loch Ness. Ce dernier décrit le parasite en 1904 en le classant dans la famille des Laelapidae. En 1974, ce *Varroa* est reclassé dans la famille nouvellement créée des Varroidae. L'espèce asiatique *Varroa jacobsoni* – présente en Indonésie et Malaisie – est inoffensive pour l'abeille orientale. Et depuis 2000, on distingue une autre espèce d'acarien en Asie, *V. destructor,* qui existe au moins depuis les années 1950 ; elle peut être présente dans les colonies des deux abeilles espèces d'*Apis*, mais s'avère dangereuse pour la seule *A. mellifera.*

2 Rémy Vandame (1996), *op. cit.*

3 de Ruijter A. « Reproduction of *Varroa jacobsoni* during successive brood cycles of the honeybee » *Apidologie*, n° 18, p. 321-326, 1987.

4 Sakofski F. *et al.* « Seasonality of honey bee colony invasion by *Varroa jacobsoni* Oud » *Apidologie*, n° 21, p. 547-550, 1990 ; Greatti M., *et al.* « Reinfestation of an acaricide-treated apiary by *Varroa jacobsoni* », *Exp. Appl. Acarol.*, n° 16, p. 279-286, 1992.

5 Rapport Afssa, novembre 2008, *op. cit.*

6 Oldroyd B. P. « Coevolution while you wait : *Varroa jacobsini*, a new parasite of western honeybees », *TREE*, n° 14, p. 312-315, 1999.

7 Initialement, il n'y avait pas de zone géographique où les deux espèces d'abeilles *Apis cerana* et *A. mellifera* étaient en contact. Leurs territoires respectifs n'étaient toutefois séparés que par un « *no bee's land* » large de 630 kilomètres, localisé au niveau de la frontière actuelle de l'Iran et de l'Afghanistan. C'est la modernisation de l'apiculture au XXe siècle qui a permis un contact artificiel entre les espèces.

8 V. Tardieu et D. Leglu, « Alerte ruche pour les abeilles », *Libération,* 22-23 novembre 1986.

9 Gonçalves L. S. *et al.*, « The truth about *Varroa* in Brazil », *Bee Pathology*, p. 171-173, 1985.

10 Proceedings of the 4th COLOSS Conference, *op. cit.*
11 Muñoz I. *et al.* (2008), « Genetic profile of *Varroa destructor* infesting *Apis mellifera iberiensis* colonies », *Journal of Apicultural Research and Bee World*, n° 47, p.4, 2008.
12 Kim Flottum, « Russians Saving U.S. from Colony Collapse Disorder », *The Daily Green*, 14 avril 2009.
13 Oldroyd B. P. (1999), *op. cit.*
14 Peng Y. S. C. *et al.* « The resistance mechanism in the asian honeybee *Apis cerana* Fabr. to an ectoparasitic mite *Varroa jacobsoni* Oud » *J. Invert. Pathol.*, n° 49, p; 54-60, 1987.
15 Fries I. *et al.* « Grooming behavior and damaged mites (*Varroa jacobsoni*) in *Apis cerana* cerana and *Apis mellifera* ligustica » *Apidologie*, n° 27, p. 3-11, 1996.
16 Rémy Vandame (1996), *op. cit.*
17 Lettre adressée par J. Schiro au directeur de la DGAL le 31 mars 2008, intitulée « La publication scientifique du savant dresseur de puces ».
18 Les maladies animales réputées contagieuses (MARC) sont soumises à déclaration plus à l'application de mesures sanitaires. Depuis février 2006, la liste des MARC comprend plusieurs pathogènes : la bactérie responsable de la loque américaine et *Nosema ceranae*, présents en France, ainsi qu'*Aethina tumida* (le petit coléoptère) et *Tropilaelaps clareae*, absents de notre territoire. *Varroa*, la bactérie responsable de la loque européenne et l'acarien de la trachée ont été retirés de cette liste des MARC. La varroase a été simplement classée comme maladie animale à déclaration obligatoire (MADO) en préfecture, mais sans mesures de gestion sanitaire associées.
19 Frazier M. *et al.* « What have pesticides got to do with it ? », *American Bee Journal*, p. 521-523, 2008.
20 Klaus Wallner, « Des acaricides dans la cire d'abeille : situation actuelle dans 10 pays européens », Comptes rendus du 47e congrès de l'Association des instituts de recherche sur l'abeille, à Blaubeuren, près d'Ulm (Allemagne), 3-5 avril 2000.
21 En 2008, l'Afssa fait état de concentrations moyennes pour le fluvalinate de 647,49 µg/kg dans les cires, de 1 545,61 µg/kg dans des abeilles vivantes – « *une dose proche d'une valeur toxique* [de la DL50] » – et de 37,94 µg/kg dans le miel pour le coumaphos (inférieur à la limite maximale de résidus admise) (Aubert M. *et al.*, 2008).
22 R. Vandame (1996), *op. cit.*
23 Cluzeau-Moulay S. (2008), *op. cit.*

Chapitre 10

1 Les premiers élevages d'*A.mellifera* sont pratiqués par les Égyptiens il y a 4 400 ans, dans des troncs évidés d'un volume de 25 litres. Ce type de ruche archaïque se répand dans tout l'Empire gréco-romain de l'époque et, au-delà, jusqu'au Moyen Âge, où des ruches coniques en paille vont les remplacer. Il faut attendre 1814 pour qu'un certain François

Huber, naturaliste suisse qui était aveugle, invente la première ruche à cadres articulés, l'ancêtre des ruches modernes créées par Dadant et Langstroth, dotées, elles, de 10 à 12 cadres. Ce nid artificiel tente de conjuguer la sécurité et le confort pour la colonie, avec la facilité d'intervention pour l'apiculteur.

Chapitre 11

1 vanEngelsdorp D. *et al.* « A Survey of Honey Bee Colony Losses in the U.S., Fall 2007 to Spring 2008, U.S. Bee Loss Survey », *PLOS One,* vol. 3, n° 12, e4071, 2008.

2 De septembre 2007 à mars 2008, deux groupes d'apiculteurs ont été suivis en parallèle : 305 éleveurs de 23 États par les Inspecteurs apicoles américains (AIA) et 29 exploitants par le laboratoire du département d'État de l'agriculture de Beltsville. Ceux-ci exploitaient au total 474 336 ruches, soit 19,4 % des 2,44 millions de colonies *d'A. mellifera* recensées aux États-Unis à l'été 2007. Les colonies étaient estimées à 4,5 millions en 1980 et 5,9 millions en 1947.

3 vanEngelsdorp D. *BeesCene* Vol. 25-1, p.19-21, 2009 (www.bcbeekeepers.com).

4 Mariano Higes *et al.* « Le dépeuplement des ruches en Espagne : origine de l'hypothèse *Nosemae ceranae* », *Agriculture & Environnement,* 11 juin 2008.

5 Martín-Hernández R. *et al.* « Outcome of colonization of *Apis mellifera* by *Nosema ceranae* », *Appl. Environ. Microbiol.,* n° 73, p. 6331-6338, 2007.

6 Les glandes hypopharyngiennes ont pour fonction principale de produire et de sécréter la partie protéique de la gelée royale (l'autre partie étant fournie par les glandes mandibulaires et les glandes salivaires céphaliques), à partir de la digestion partielle du pollen et du miel.

7 Martín-Hernández R. *et al.* (2007) *op. cit.*

8 Gil Rivière-Wekstein, *Agriculture & Environnement,* 3 septembre 2007.

9 vanEngelsdorp D. *et al.* (2008), *op. cit.*

10 Cox-Foster D. L. *et al.* (2007), *op. cit.*

11 Higes M. *et al.* « How natural infection by *Nosema ceranae* causes honeybee colony collapse », *Environmental Microbiology* (sous presse).

12 Si, en laboratoire, l'équipe d'Higes montre que *Nosema ceranae* peut tuer un groupe de 20 abeilles en 8 jours, à l'échelle de la colonie, cela peut prendre quelques années : deux ans peut-être, voire moins s'il y a d'autres facteurs aggravants. Le chercheur précise : « *Nous n'observons pas de relation stable dans le temps entre le nombre de spores et la santé de la colonie.* » En clair, il n'existerait pas de seuil de charge en spores fatal pour la colonie.

13 Higes M. *et al.* (sous presse) *op. cit.*

14 Kralj, J. et Fuchs, S. « Parasitic *Varroa destructor* mites influence flight duration and homing ability of infested *Apis mellifera* foragers », *Apidologie,* n° 37, p. 577-587, 2006.

15 van Ooij C. « Buzzkill », *Nature Reviews Microbiology*, n° 6, p. 650-651, 2008.

16 L'équipe espagnole montre que les butineuses sont davantage infestées que les ouvrières restées à l'intérieur, surtout lors de la première phase, mais aussi au cours de la dernière. Ce qui est vrai en revanche, c'est qu'en phase terminale, 40 à 50 % des abeilles d'intérieur sont fortement contaminées par *Nosema ceranae*: la charge en spores dépasse les 10 millions par abeille morte à l'intérieur (contre 21 millions de spores sur les butineuses retrouvées mortes à proximité des ruches) si l'effondrement intervient en hiver. Au printemps, la charge en spores est moindre. Au final, l'analyse des seules abeilles d'intérieur par les Américains ne peut expliquer l'absence du parasite au sein de certaines ruches frappées par le CCD.

17 Higes M. *et al.* (2008) *op. cit.*

18 Martín-Hernández R. *et al.* (2007) *op. cit.*

19 Chauzat M.-P. *et al.* « Presence of *Nosema ceranae* in French honey bee colonies », *Journal of Apicultural Research*, n°46-2, p. 127–128, 2007.

20 32,8 % des échantillons se sont avérés négatifs à la présence d'espèces de *Nosema*. *N. apis* a été trouvé seul dans 1,6 % des échantillons (exclusivement dans le nord de la France), *N. ceranae* seul dans 59 %, et les deux espèces en même temps dans 6,6 % des échantillons. Dans les échantillons positifs, les charges parasitaires étaient comprises entre 24 000 et 16 millions de spores par abeille infectée.

21 Gil Rivière-Weinstein, *Agriculture & Environnement*, 12 juin 2008.

22 *Le Monde,* 12 juin 2008.

23 Raymond Borneck et Frédéric Pozet, *Jura agricole et rural*, 29 janvier 2009.

24 Paxton R. J. *et al.* « *Nosema ceranae* has infected *Apis mellifera* in Europe since at least 1998 and may be more virulent than *Nosema apis* », *Apidologie*, n° 38, p. 558-565, 2007.

25 De nombreux oiseaux rejettent par le bec des éléments non digérés de leurs proies (des poils, os, arêtes, écailles, fragments de coquilles ou de carapaces, enveloppes dures de graines, plumes, etc.), sous forme de pelotes de réjection ou de régurgitation, et ce plusieurs heures après l'ingestion.

26 Higes M. *et al.* « Regurgitated pellets of *Merops apiaster* as fomites of infective *Nosema ceranae* (Microsporidia) spores », *Environmental Microbiology*, n° 10-5, p. 1374–1379, 2008.

27 Higes M. *et al.* « An approach to *Nosema ceranae* control with Fumagillin in field conditions », rapport.

28 Raymond Borneck et Frédéric Pozet, *op. cit.*

29 *Le Monde,* 12 juin 2008.

30 Martín-Hernandez R. « Effect of Temperature on the Biotic Potential of Honeybee Microsporidia », *Applied and Environmental Microbiology*, n° 75-8, p. 2554-2557, 2009.

31 *Le Monde,* 12 juin 2008.

[32] Les analyses de 43 échantillons d'abeilles de 12 exploitations, effectuées en juin 2008 pour l'Ada-FC, montrent des teneurs comparables en spores de *Nosema ceranae*: des minima de 0 à 0,01 spores par abeille et des maxima de 4,77 et 5,65 millions de spores par abeille, respectivement dans les colonies fortes et les colonies faibles.

[33] Chapon, L., Ellis M.D. and Szalanski A. « *Nosema* and tracheal mites in the North Central region, 2008 Survey», communication personnelle.

[34] Plischuk S. *et al.*« South American native bumblebees (Hymenoptera: Apidae) infected by *Nosema ceranae* (*Microsporidia*), an emerging pathogen of honeybees (*Apis mellifera*) », *Environmental Microbiology Reports* (sous presse).

[35] Les chercheurs ont trouvé *Nosema ceranae* en grande quantité en Grèce, mais aussi en Israël, en Turquie, en Croatie, en Hongrie, en Serbie, en Pologne, en Slovénie, en Autriche, au Royaume-Uni, en Irlande, au Danemark, en Norvège, en Suède et en Finlande.

[36] Proceedings of the 4th COLOSS Conference, *op. cit.*

Chapitre 12

[1] Hormis les cas d'importations accidentelles – comme celle de *Vespa velutina* en France ou celles, plus anciennes, de *V. crabro* aux États-Unis (introduction volontaire par l'homme),et de *V. orientalis* à Madagascar et au Mexique – la grande majorité des espèces de frelons dans le monde se concentre au niveau du centre de l'Asie. On distingue en Asie 12 variétés de *V. velutina.* Celle qui a été introduite de longue date en France est *V. nigrithorax* , appelée ainsi car son thorax est plutôt sombre.

[2] Perrard A. *et al.* « Observations on the colony activity of the Asian hornet *Vespa velutina* Lepeletier 1836 (Hymenoptera: Vespidae: Vespinae) », *Ann. Soc. Entomol. Fr.*, n° 45-1, p. 119-127, 2009.

[3] Tout ce que l'on sait, d'après la reconstitution effectuée par l'équipe du MNHN (voir note ii ci-dessus), c'est que l'on a un premier signalement de deux nids par un horticulteur importateur de poteries du Yunnan dans la région de Tonneins (Lot-et-Garonne), en 2004, puis d'un nid dans le même département à Tombebœuf et d'une reine à Nérac, en 2005, et, enfin, d'un autre nid, datant de 2005 mais signalé seulement en 2007, dans la région de Bordeaux. Toutefois, on ignore à la fois la date des premières importations de pots chinois, le site d'entrée réel du frelon – d'autres nids plus anciens peuvent ne pas avoir été repérés, là ou ailleurs – et le trajet qui a été suivi par les insectes, même s'il est probable qu'ils sont passés par le port de Bordeaux.

[4] Villemant C. *et al.* (2006) « Premier bilan de l'invasion de *Vespa velutina* Lepeletier en France (Hymenoptera, Vespidae) », *Bul. Soc. Entomol. Fr*, n° 111, p. 447-450, 2006.

[5] En Vendée, Deux-Sèvres, Charente-Maritime, Gironde, dans les Landes, les Pyrénées-Atlantiques, la Charente, la Haute-Vienne, la Creuse, la Corrèze, le Cantal, la Dordogne, le Lot-et-Garonne, le Gers, les Hautes-

Pyrénées, la Haute-Garonne, l'Ariège, le Tarn, le Tarn-et-Garonne, le Lot, l'Aveyron, la Lozère, L'Hérault, le Gard, puis la Côte d'Or (selon le site de surveillance de l'INPN-MNHN au 15 juin 2009 : http://inpn.mnhn.fr/isb/servlet/ ISBServlet?action=Espece&typeAction=10&page Return=ficheEspeceDescription.jsp&numero_taxon=433589).

6 Perrard A. *et al.* (2009), *op. cit.*

7 Si la piqûre du frelon est effectivement plus douloureuse que celle d'une guêpe, les niveaux de sensibilité sont, en réalité, très différents d'une personne à l'autre : un individu allergique peut mourir d'une seule piqûre de frelon d'Asie ou d'Europe, mais aussi de guêpe ou d'abeille. « *Pour les personnes non-allergiques,* précise Claire Villemant, *la piqûre du frelon n'est pas, en soit, plus dangereuse que celle d'une guêpe, même si elle fait plus mal. Ce qui fait globalement la différence entre le frelon d'Europe et celui d'Asie, c'est la taille de la colonie plus importante chez ce dernier. D'où un sentiment de plus grande agressivité chez* V. velutina. *Pour le reste, le comportement est le même et la taille de l'aiguillon quasiment identique. Si on ne tape pas dans un nid ou si l'on ne dérange pas ses habitants, on a peu de risque d'essuyer une attaque.* »

8 Rortais A. *et al.* « A New Enemy of Honeybees in Europe : the Asian Hornet *Vespa velutina* » In: Settele J. *et al.* (eds.). *Atlas of Biodiversity Risk.* Pensoft, Sofia & Moscow (sous presse).

9 Ne sont aujourd'hui classables (par décision préfectorale) comme « espèces nuisibles », que des ravageurs s'attaquant à des végétaux et de petits vertébrés, tels la martre ou le renard. Il y a un vide réglementaire concernant les espèces invasives qui ne ravagent pas de végétaux.

10 Dharam Pal Abrol, « Defensive behavior of Apis Cerana against predatory wasps », *Journal of Apicultural Science,* n° 50-2, page 39-46, 2006.

11 La formation d'une boule de défense par les abeilles peut conduire au blocage des stigmates du frelon, ces petits orifices situés sur l'abdomen par lesquels s'effectuent les échanges de gaz respiratoires. Les frelons meurent alors étouffés, comme on l'a observé entre *Apis mellifera* et *Vespa orientalis* (Papachristoforou A. *et al.* « Smothered to death: hornets asphyxiated by honeybees », *Current Biology,* n°17-18, p. R795-R796, 2007).

12 Kastberger G *et al.* (2008) "Social Waves in Giant Honeybees Repel Hornets". *PLoS ONE,* vol. 3, n° 9, e 3141, 2008.

13 Papachristoforou A. *et al.* « High frequency sounds produced by Cyprian honeybees *Apis mellifera cypria* when confronting their predator, the Oriental hornet *Vespa orientalis* », *Apidologie,* n° 39, p. 468-474, 2008.

Chapitre 13

1 Beattie-Moss M., « Colonies in collapse: What's causing massive honeybee die-offs ? », *Research Penn State* (magazine en ligne), 10 novembre 2008.

2 Guerrilla News Network, 24 avril 2007.

3 Al Meyerhoff, *Los Angeles Times,* 30 juillet 2008.

[4] Beattie-Moss M. (2008), *op. cit.*

[5] *Le Monde*, 19 septembre 2008, propos recueillis par Stéphane Foucart.

[6] 7 000 ppb = 7 000 µg/kg. Cette concentration du chlorothalonil (la molécule active du Bravo) – à ne pas confondre avec le pesticide appelé clothianidine (Poncho) – correspond à 175 et 111 fois la dose mortelle pour l'abeille (la dose létale pour la moitié de l'échantillon testé, ou DL50, est environ de 63 µg/abeille au bout de 48 heures par contact et de 40 µg/abeille par ingestion). Aux doses autorisées, ce fongicide des grandes céréales, cultures maraîchères et viticulture, est considéré comme peu toxique pour l'abeille.

[7] Eric Mussen, *UC Apiaries*, University of California, janvier-février 2009.

[8] L'équipe de Maryann et Jim Frazier a recherché les résidus de 171 molécules chimiques et leurs métabolites dans le pollen, la cire, les abeilles adultes et le couvain de colonies affectées par le CCD, ainsi que dans des ruches témoins apparemment saines, cela dans plusieurs États. La plupart des échantillons provenaient de ruches impliquées dans des voyages de pollinisations, et certains émanaient de petits ruchers sédentaires.

[9] Beattie-Moss M. (2008), *op. cit.*

[10] Communiqué de presse du 21 mai 2008 de Penn State University : « Research Continues As Honey Bee Losses Rise In U.S. »

[11] Desneux *et al.* « The sublethal effects of pesticides on beneficial Arthropods », *An. Rev. Entomol.*, n° 52, p. 81-106, 2007.

[12] Frazier M. *et al.* « What have pesticides go to do with it ? », *American Bee Journal*, n° 148, p. 521-523, 2008.

[13] *Ibid.*

[14] Johnson R. M. *et al.* « Synergistic Interactions Between In-Hive Miticides in *Apis mellifera* », *Journal of Economic Entomology*, n° 102-2, p. 474-479, 2009.

[15] Iwasa T. *et al.* « Mechanism for the differential toxicity of neonicotinoid insecticides in the honey bee *Apis mellifera* », *Crop Protection*, n° 23, p. 371-378, 2003.

[16] Dans l'étude menée par l'équipe de Takoa lwasa, la toxicité mortelle (DL50) du pesticide thiaclopride s'accroît respectivement de plus de 1 141 fois et plus de 559 fois chez l'abeille déjà exposée aux fongicides DMI triflumizole et propiconazole, en comparaison avec la DL50 mesurée sans exposition préalable aux fongicides. De même, le pesticide acétamipride est respectivement 244 fois et 105 fois plus toxique en synergie avec ces deux fongicides que s'il est appliqué isolément. Seuls, ces deux pesticides s'avèrent peu toxiques pour l'abeille. Des milliers de fois moins en tout cas que le fameux Gaucho ! Gaucho dont, au passage, la synergie toxique n'est rehaussée « que » d'un facteur 1,5 à 1,8 fois avec ces mêmes fongicides.

[17] Colin M.-E. et Belzunces L. P. « Evidence of synergy between Prochloraz and Deltamethrin in *Apis mellifera* L. : a convenient biological approach »,

Pestic. Sci., n° 36, p. 115-119, 1992 ; Belzunces L. P. *et al.* « Synergistic effects of pyrethroid insecticdes and azole fungicides in honey bees, at sublethal doses », *Mésogée*, n° 5, p. 13-16, 1993 ; Chalvet-Monfray K. *et al.* « Synergy between deltamethrin and Prochloraz in bees : modeling approach », *Environmental Toxicology and Chemistry*, n° 15-4, 525–534, 1996.

18 Vandame R. et Belzunces L. P. « Joint actions of deltamethrin and azole fungicides on honey bee thermorégulation », *Neuroscience Letters*, 251 57–60, 1998.

19 http://www.epa.gov/opprd001/factsheets/clothianidin.pdf.

20 En France et en Europe, le schéma d'homologation actuel (OEPP, 2001, actualisé en 2009) prévoit trois étapes possibles pour des tests sur l'abeille : la première consiste à mener, en laboratoire, des essais de mortalité aiguë (DL 50) sur des groupes d'abeilles ; puis, en fonction des résultats, de poursuivre par des essais en cage ou/et sous semi-tunnel (serre) ; enfin, selon les résultats de l'étape 2, de procéder à des tests en plein champ sur des colonies entières. En outre, des tests supplémentaires peuvent être exigés par les experts nationaux. Par exemple, en France, les contestations du Gaucho et du Régent TS ont conduit à mettre en place une Commission scientifique et technique (CST) qui a évalué de nombreuses études portant sur ces deux molécules. Forts de cette expérience, les experts français ont demandé à l'agence européenne d'homologation des produits phytosanitaires de revoir leur schéma sur deux points : intégrer, dès la première étape, un test sur le stade larvaire, ainsi que des tests de plus longue durée sur les abeilles adultes. Cette demande est en cours d'étude.

Chapitre 14

1 Jim Downing, *The Sacramento Bee*, 22 février 2007.

2 Eric Mussen, « Don't underestimate the value of honet bees ! », site web de l'UC Davis, 28 mars 2007.

3 *The Economist*, 7 mars 2009, pages 73-74.

4 Jim Downing, *The Sacramento Bee*, 13 septembre 2008.

5 Singeli Agnew, « The Almond and the Bee », *San Francisco Chronicle*, 14 octobre 2007.

6 *Ibid.*

7 Beattie-Moss M. (2008), *op. cit.*

8 Jürgen Tautz (2009), *op. cit.*

9 Comme nous l'avons indiqué au chapitre 11, les grands éleveurs, qui pratiquent des voyages de pollinisation, ont effectivement rapporté 4,5 et 1,8 fois plus de pertes dues au CCD que, respectivement, les apiculteurs à temps partiel (1 à 50 colonies) et les exploitants moyens (51 à 499 colonies). De plus, les pertes des exploitants qui emmènent leurs colonies en Californie dépassent celles des apiculteurs sédentaires (39,7 % contre 28,6 %). Mais il s'agit là d'une estimation des pertes *totales* (cumulées) dans ces catégories d'apiculteurs, qui sont en réalité le fait de

quelques-uns. Si l'on considère, en revanche, les pertes *moyennes* (divisée entre apiculteurs par catégorie), on n'observe plus cette différence de surmortalité entre les types d'apiculture (30,9 % chez les migrateurs contre 31,4 % chez les sédentaires). (vanEngelsdorp D. *et al.*, 2008, *op. cit.*).

10 Recherchant ces marqueurs de stress, l'équipe de Penn State a effectué des prélèvements de nymphes d'abeilles : en cas de stress, celles-ci pourraient surexprimer certaines protéines.

11 Statistiques de l'Almond Board of California (ABC) : http://www.almondboard.com/files/PDFs/2009%2E02%20PosRpt.pdf.

12 Joe Traynor, *Almond Grower Newsletter* du 12 février 2009.

13 Joe Traynor, *Almond Grower Newsletter* du 20 mars 2009.

14 *The Economist, op. cit.*

15 Le programme COLOSS vise à coordonner la surveillance des pertes d'abeilles. Lancé en novembre 2008, sous-financé (100 000 euros pour trois ans), il regroupe pour l'instant 130 personnes : des chercheurs et des professionnels apicoles de 35 pays européens, mais aussi des États-Unis et de la Chine. Ce programme souhaite améliorer l'échange et l'harmonisation des données concernant les pertes et leurs causes possibles.

16 Proceedings of the 4th COLOSS Conference (COlony LOSSes) *op. cit.*

17 Pertes moyennes de colonies : 27 % en Croatie durant l'hiver 2008 et déjà plus de 15 % sur les premiers mois de 2009 ; 25 % et plus dans sept provinces polonaises durant l'année 2007-2008 ; 27 % en moyenne en Serbie au cours de l'hiver 2008 ; près de 30 % en France selon l'enquête du CNDA durant la même période ; 33 % en Angleterre et au Pays de Galles, 27 % en Écosse durant l'hiver et le printemps 2008 ; 20 à 40 % en moyenne, selon les années, en Espagne ; 30 % au Portugal en 2006 ; 33 % au Danemark entre l'automne 2007 et le printemps 2008 ; 30 à 40 % dans le nord de l'Italie et 10 à 30 % dans le centre et le sud de la Botte, au cours de l'hiver 2007-2008, ; 60 % dans le nord de la Grèce dans les premiers mois de 2009, etc.

18 Biesmeijer J. G. *et al.* (2006), *op. cit.*

19 Committee on the Status of Pollinators in North America, National Research Council (2006), *op. cit.*

20 Winfree R. *et al* « Native bees provide insurance against ongoing honey bee losses », *Ecology Letters*, n° 10, p. 1105-1113, 2007.

21 Tuell J. K. *et al.*, « Wild Bees (Hymenoptera: Apoidea: Anthophila) of the Michigan Highbush Blueberry Agroecosystem », *Ann. Entomol. Soc. Am.*, n° 102-2, p. 275-287, 2009.

22 Entomological Society of America, « Wild Bees Can Be Effective Pollinators », communiqué de presse du 24 mars 2009, PRLog.Org.

23 Aizen M. A. et Harder L. D. « The Global Stock of Domesticated Honey Bees Is Growing Slower Than Agricultural Demand for Pollination », *Current Biology* (sous presse).

24 Mims C., « Plan Bee : As Honeybees Die Out, Will Other Species Take Their Place ? », *Scientific American*, 31 mars 2009.
25 Naug D. « Nutritional stress due to habitat loss may explain recent honeybee colony collapses », *Biol. Conserv.* (sous presse).
26 http://www.jacheres-apicoles.fr/index/
27 L'équipe d'Axel Decourtye a testé 43 espèces et 18 mélanges d'espèces nectarifères et pollinifères dans 7 sites plus ou moins complexes (grandes cultures, prairies, espaces avec habitats semi-naturels) dans 4 régions (Centre, Poitou-Charentes, Midi-Pyrénées, Rhône-Alpes), avec une taille de jachère variant de 0,6 à 4 hectares.
28 Decourtye A. *et al.*, « Introduction de jachères florales en zones de grandes cultures : comment mieux concilier agriculture, biodiversité et apiculture ? », *Courrier de l'environnement de l'INRA*, n° 54, 2007.

Chapitre 15

1 *Le Titanic Apicole. La Terreur Pesticide*, de Dominique Guillet et d'Ananda Guillet, 125 mn, Kokopelli, 2008.
2 *Disparition des abeilles. La fin d'un mystère*, de Natacha Calestrémé et Gilles Luneau, 52 mn, Mona Lisa Production pour France 5, 2009.
3 Debnam S. *et al.* « Colony Collapse Disorder Symptoms : The symptoms change with the seasons and are different in various locations », *Bee Culture*, 1er février 2009.
4 Voir note v du chapitre 6.
5 Jürgen Tautz (2009), *op. cit.*
6 rapport Afssa, novembre 2008, *op. cit.*
7 Nguyen B. K. *et al.* « Does Imidacloprid Seed-Treated Maize Have an Impact on Honey Bee Mortality ? », *Journal of Economic Entomology*, n° 102-2, p. 616-623, 2009.
8 Biesmeijer J. G *et al.* (2006), *op. cit.*
9 Committee on the Status of Pollinators in North America, National Research Council (2006), *op. cit.*
10 KBBE-2009-1-3-03 : « Bee health: identification of emerging honey bee pest and diseases and re-emergence of pathogens and explaining the intimate mechanisms and the reasons for increased honey bee mortality » (FP7-KBBE-2009-3).
11 *Disparition des abeilles. La fin d'un mystère.* (2009), *op. cit.*
12 Steve Kroft, « What's wrong with bees ? », *CBS News*, 24 janvier 2008
13 Cox-Foster D. et vanEngelsdorp D. « Sauvons les abeilles », *Pour la Science*, mai 2009.
14 Yang X. et Cox-Foster D. L. « Impact of an ectoparasite on the immunity and pathology of an invertebrate : Evidence for host immunosuppression and viral amplification », *PNAS*, n°102-21, p. 7470-7475, 2005.
15 Communiqué de presse du 21 mai 2008 de Penn State University : « Research Continues As Honey Bee Losses Rise In U.S. »
16 Diana Cox-Foster et Dennis vanEngelsdorp, avril 2009, *op. cit.*

[17] Antúnez *et al.* « Immune suppression in the honey bee (*Apis mellifera*) following infection by *Nosema ceranae* (Microsporidia) », *Environmental Microbiology* (sous presse).

[18] Le système immunitaire cellulaire agit sur les cellules infectées par des virus et bactéries, et les cellules cancéreuses (grâce à certains lymphocytes T), tandis que le système immunitaire humoral agit contre les bactéries et les virus dans les liquides du corps grâce à la sécrétion d'anticorps dans l'hémolymphe (par les lymphocytes B).

[19] Mayack C. et Naug D. « Energetic stress in the honeybee *Apis mellifera* from *Nosema ceranae* infection », *J. Invertebr. Pathol.* (sous presse).

[20] Yang X. et Cox-Foster D. L. (2005) *op. cit.*

[21] Les gènes dont l'expression est diminuée sont notamment ceux qui codent trois peptides anti-microbiens (abaecine, défensine, et hyménoptaecine) et quatre enzymes liées à l'immunité (phénol-oxydase, glucose-déshydrogénase, glucose oxidase et lysozyme).

[22] The Honeybee Genome Sequencing Consortium (2006), *op. cit.*

[23] Plan Écophyto 2018 -10 septembre 2008, ministère de l'Agriculture et de la Pêche.

Post-scriptum

[1] vanEngelsdorp D., Hayes J. et Pettis J. « Preliminary Results: A Survey of Honey Bee Colonies Losses in the U.S. Between September 2008 and April 2009 », note du 19 mai 2009.

[2] Cette enquête a été conduite par téléphone auprès de 20 % des exploitants des États-Unis.

[3] Beattie-Moss M. (2008), *op. cit.*

[4] Aizen M. A. et Harder L. D. (2009) «The Global Stock of Domesticated Honey Bees Is Growing Slower Than Agricultural Demand for Pollination.» *Current Biology*, 19 (sous presse).

[5] *The Silence of Bees*, film documentaire réalisé par Doug Shultz, PBS, 28 octobre 2007.

Annexe 1

[1] Données en partie issues de : Michel Aubert *et al.*, *Virology and the honey bee*, 458 pages, ouvrage éditée par la Commission européenne, ISBN 92-79-00586-3 (2008).

Annexe 2

[1] Isabelle Clopeau et Ameline Lehebel-Peron, deux étudiantes en master à l'université de Montpellier (IEGB), ont réalisé une bonne synthèse sur le sujet, sur laquelle je me suis appuyé : « Effets des radiations électromagnétiques sur les abeilles », février 2008.

[2] Dr. Carlo, *ACRES of Geological and Planetary Sciences, The California Institute of Technology*, 170-25, 2007.

[3] On pourra consulter les rapports d'expérience – en allemand –

sur le site Internet de l'Institut informatique éducatif de Landau (http://agbi.uni-landau.de) : Staver H. *et al.* « Verhaltensänderung unter elektromagnetischer Exposition », Pilotstudie, 2005 ; Staver H. *et al.* « Verhaltensänderung der Honigbiene *Apis mellifera* unter elektromagnetischer Exposition », Folgeversuch, 2006. Une version anglaise peut être demandée par mel à Jochen Kuhn (kuhn@uni-landau.de) : Harst W. *et al*, « Can Electromagnetic Exposure Cause a Change in Behaviour? Studying Possible Non-Thermal Influences on Honey Bees – An Approach within the Framework of Educational Informatics ».

Annexe 3

1 Cluzeau-Moulay S. (2008), *op. cit.*

2 Le Conte Y. *et al.* (2007) « Honey bee colonies that have survived *Varroa destructor* », *Apidologie*, n° 38, 2007.

3 Deux fois par mois, les effectifs sont évalués, de même que l'état de santé et les productions en miel, en les comparant à 90 colonies témoins, proches des deux sites, traitées par l'Apivar une fois par an, en automne. Bilan : la mortalité des colonies non traitées varie entre 9,7 % et 16,8 % par an entre 1999 et 2005. Elle s'avère supérieure à celles des colonies traitées à l'Apivar… jusqu'en 2003. En effet, pour 2004 et 2005, c'est l'inverse qui est observé.

4 Navajas M. *et al.* « Differential gene expression of the honey bee *Apis mellifera* associated with *Varroa destructor* infection », *BMC Genomics*, n° 9, p. 301, 2008.

Annexe 4

1 Martial Saddier, rapport au Premier Ministre François Fillon, octobre 2008, *op. cit.*

2 La Hongrie, avec 25 % des importations, est le principal fournisseur de la France, devant l'Espagne (22 %), l'Argentine (18 %) et l'Allemagne (13 %). Les importations en provenance de Chine restent très faibles (491 tonnes) tout en ayant presque été multipliées par huit par rapport à 2005 ! Chiffres cités par Martial Saddier dans son rapport.

Index thématique

Apis mellifera :
– appauvrissement et conservation de la diversité génétique) 136-138 ; 144-147 ; 311-313
– origines et diffusion du genre *Apis*, de l'espèce et des différentes lignées dans le monde 134-135 (*A. m. scutellata*, l'abeille africanisée) ; 140-144 (saga et expansion du genre *Apis*)

Apoïdes : biodiversité mondiale 67

Apiculteurs américains : démographie et catégories 13-14 ; 299-301

Apiculteurs français : démographie, catégories et structuration 14 ; 68-79 ; 316-318

CCD (*Colony Collapse Disorder*)
– définition et symptômes 11-18 ; 27-28
– plan de travail et aides financières 39-41 ; 127-130

Colonies d'abeilles : importance du groupe chez *A. mellifera* et comportement social 33-34 ; 54 ; 103-106 ; 111 ; 274-280

Contrats de pollinisation et location de colonies 12-13 ; 23 ; 54-55 ; 248-253 ; 257-260

Démographie et déclin des abeilles sauvages
– aux États-Unis 28-29 ; 263-265
– en Europe 60-63

Démographie et déclin des abeilles d'élevage (*A. mellifera*) aux États-Unis :
– hiver 2006-2007 et déclin historique 25-29
– hiver 2007-2008 197-199 ; 260
– hiver 2008-2009 299-301

Démographie et déclin des abeilles d'élevage (*A. mellifera*) en France 60 ; 67-76

Démographie et déclin des abeilles d'élevage (*A. mellifera*) en Europe et dans le reste du monde 68 ; 73-74 ; 261 ; 299-301

Désertion et disparition des ouvrières au sein des ruches (*A. mellifera*) 11-18 ; 33-34 ; 85-86 ; 203-206 ; 243 ; 278-279

Einstein, Albert : la malédiction du maître… 43-45

Frelon asiatique (*Vespa velutina)* 219-228

IAPV (virus) 149-166 ; 284-286

Impact alimentaire et agricole du déclin des pollinisateurs 12 ; 41-42 ; 74 ; 299-301

Importations, production et commerce international d'abeilles 56-57 ; 132-140 ; 171-176

Jachères et friches apicoles 125 ; 267-270

Médias américains et CCD : la mise en scène médiatique 19-20 ; 24-33 ; 130

Médias français et pesticides : le rôle des médias 86 ; 118-120 ; 271-272

Migrations pour la pollinisation aux États-Unis 12-13 ; 247-270

Nosema ceranae (micro-champignon) 197-218 ; 286-290 ; 304

Ondes électromagnétiques : impact sur l'abeille 34-35 ; 306-308

OGM : impact sur l'abeille 35

Perturbations écologiques et pollinisateurs 64-67 ; 262-267 ; 283-284

Pesticides
– impact sur l'abeille (généralités) 81-126 (France) ; 229-246 (États-Unis) ; 280-284 ; 290 ; 299-301
– effet de faibles doses 99 ; 103 ; 111-113
– synergies entre produits 107-109 ; 241-244

Pollinisation : mécanisme et performance des abeilles 45-54

Stress des colonies : impact des migrations apicoles 251-257

Suivi sanitaire défaillant du cheptel apicole 75-76

Synergies entre facteurs dangereux pour l'abeille 283-297

Système immunitaire de l'abeille 292-295

Varroa destructor (acarien)
– expansion et impact sur l'abeille mellifère 167-188 ; 280-284 ; 290-291 ; 303-305
– lutte contre *Varroa destructor* 174-196 ; 309-315

Virus de l'abeille (autres que l'IAPV) 149 ; 161-165 ; 284-286 ; 303-305

Remerciements

Mes remerciements vont d'abord à Farid et ma mère, qui ont été mes premiers lecteurs complices et enthousiastes. Puis à Catherine Vincent, mon amie journaliste, dont la relecture attentive, les critiques judicieuses et amicales m'ont aidé à mettre en valeur certains passages et à en affiner d'autres, trop indigestes. Que mon ami écologue et généticien des populations végétales, François Bretagnolle, professeur à l'université de Bourgogne (Dijon), soit aussi chaleureusement salué pour sa relecture de l'ensemble de mon manuscrit et ses remarques savantes bien utiles. Ma reconnaissance va enfin à mon éditeur pour son accompagnement et son soutien, même dans les périodes de doutes et de découragement. Pour ses questions successives aussi, qui m'ont aidé à transformer mes intuitions en fil rouge de cette enquête au long cours.

Que les étudiants de la promotion 2007-2008 du Master « biologie, géosciences, agroressources et environnement » (BGAE) à l'université des Sciences et techniques de Montpellier soient également associés à ces remerciements, eux qui ont réfléchi avec moi sur le déclin des pollinisateurs dans le cadre d'une enquête finalisée par de remarquables rapports et un séminaire public en février 2008.

J'ai aussi une sincère gratitude pour l'ensemble des apiculteurs qui m'ont ouvert les portes de leurs ruchers, alors que je ne connaissais rien au monde de l'abeille, et ont cherché à me faire partager leur amour pour ces bestioles si fascinantes. Un merci appuyé à l'ami Denis Cournol du rûcher de Fiers Loup (Hérault) que j'ai pu suivre durant plus d'un an et dont j'ai apprécié les miels si parfumés ! Merci encore à Jean-Claude Canac de Servian (Hérault), Christian Olive (FNOSAD) de Saint-Gely-du-Fesc (Hérault), Joël Schiro (SPMF) près de Boulin (Hautes-Pyrénées), Henri Clément (UNAF) de Fraissinet-de-Fourques en Lozère, Philippe Lecompte (Réseau Biodiversité pour l'abeille, Ada-Est) de Ville-en-Tardenois en Champagne, Maurice Chaudière de La Sarazine en Ardèche, Dominique Vannobel de Pompidou en Lozère, Pascal Jourdan (ADAPI/CNDA) d'Aix-en-Provence…

Pour leurs aides apportés à mon séjour et à mon travail aux États-Unis, j'adresse mes remerciements chaleureux à Marie-Cécile Hénard, du Département de l'agriculture à l'ambassade des États-Unis à Paris, dont le soutien renouvelé a été très précieux, de même qu'à Véronique Bornet du Service de la communication et des affaires culturelles de la même ambassade pour l'efficacité du suivi de ma demande d'aide.

Un immense merci également à Kelly A. Gomes de Washington (info@InterpretFrench.com), aussi compétente qu'enthousiaste sur mon enquête, ainsi qu'à Lise Barnéoud, Jean-Jacques Legale et Jeanne-Marie Boufreton, qui m'ont aidé à mieux comprendre mes interlocuteurs américains. Sans oublier mon amie Marie-Laure, qui a « sauvé » mon voyage aux États-Unis un beau matin d'octobre.

Que soient également remerciés, ceux qui m'ont accordé des entretiens, souvent longs, et m'ont renvoyé d'innombrables compléments :

– Jeff Pettis et Jay Evans, ainsi que Judy Chen, du laboratoire de l'abeille au département d'État américain à l'agriculture (USDA) dans le Maryland (Beltsville), dont l'accueil et l'ouverture ont été très surprenants – et appréciés ! – pour le journaliste français que je suis ;
– Dennis vanEngelsdorp de l'USDA et l'université de l'État de Pennsylvanie (PSU) ;
– Marion Ellis, professeur au Département d'entomologie de l'université du Nebraska (Lincoln) ;
– Claire Kremen, professeur associée du Département des sciences, politique et gestion de l'environnement, de l'université Berkeley en Californie ;
– Dhruba Naug, spécialiste du comportement et de l'écologie des insectes sociaux au département de biologie de l'université d'État du Colorado, à Fort Collins ;
– les apiculteurs aux États-Unis : David Hackenberg (Hackenberg Apiaries à Lewisburg, en Pennsylvanie), Dave Mendes (Headwaters Farm Inc., à North Fort Myers, en Floride) et Jean-Claude Tissot (Tissot Apiaries à Milford dans le New Jersey).

Merci encore à toute la communauté apidologique, à ces chercheurs français et européens qui m'ont reçu le plus souvent, ou ont pris le temps de me répondre par téléphone, puis de relire, là aussi en partie, mes écrits.

Je tiens particulièrement à saluer Axel Decourtye de l'Association de coordination technique agricole (ACTA), de Marcy l'Étoile (Rhône), qui a pris de longs moments pour répondre à mes très nombreuses questions et pour relire attentivement quelques chapitres de ce livre.

Mes remerciements vont aussi à :

– Robert Fonfria, taxonomiste de passion à Eygalières dans les Alpilles provençales ;
– Vincent Girod et Magali Ruello de l'Ada du Languedoc Roussillon à Montpellier (Adapro-LR) ;
– Yves Goïc, l'ancien président du Centre national de développement de l'apiculture (CNDA), président de l'Ada-Provence (Adapi) ;
– Fabrice Allier et Sophie Cluzeau-Moulay du Centre national de développement de l'apiculture (CNDA) à Paris ;
– Florence Smyej et Brigitte Lamic-Martin de la DDSV de l'Hérault ;
– Jean-Marie Boudet-Dalbin, vétérinaire à Montpellier ;
– Nicolas Keck du Laboratoire départemental de surveillance sanitaire de l'Hérault ;
– Nicolas Gallai et Guillaume Fried de l'ENSAM-SupAgro de Montpellier ;

– Marc-Édouard Colin de SupAgro à Montpellier ;
– Maria Navajas généticienne des populations au Centre de biologie et de gestion des populations de Montpellier (Inra) ;
– Yves Le Conte, Bernard Vaissière, Guy Rodet, Luc Belzunces, ainsi que Gabriel Carré du département de l'abeille (écologie des invertébrés) à l'Inra d'Avignon ;
– Jean-Paul Faucon, Magali Ribière, Philippe Blanchard et Olivier Celle, de l'unité « pathologie de l'abeille » à l'Afssa (Sophia-Antipolis, Alpes-Maritimes) ;
– Gérard Arnold, Lionel Garnery, Agnès Rortais (à présent à l'EFSA), Michel Solignac et Florence Mougel, spécialistes de l'abeille au laboratoire « évolution, génomes et spéciation » (LEGS-CNRS) à Gif-sur-Yvette ;
– Claire Villemant, entomologiste spécialiste des guêpes et des frelons au Muséum national d'histoire naturelle de Paris (MNHN) ;
– Monique Gauthier, neurobiologiste des insectes à l'université de Toulouse ;
– Jean-Pierre Sarthou, entomologiste et écologue, spécialiste des syrphes, à l'ENSAT à Toulouse ;
– Jules Hoffman, président de l'Académie française des Sciences, spécialiste de l'immunité innée des insectes à l'Institut de biologie moléculaire et cellulaire (université Louis-Pasteur, Strasbourg) ;
– Jacqueline Pierre, botaniste, apidologue et agronome à l'Inra du Rheu en Bretagne ;
– Frank Cézilly, directeur de l'Institut Buffon et professeur à l'université de Bourgogne, spécialiste du comportement animal et d'écologie comportementale (UMR CNRS 5561, Biogéosciences) ;
– Henri Darmency, malherbologue à l'Inra de Dijon ;
– Mariano Higes Pascual du laboratoire « El Centro Apícola Regional esta integrado dentro au Centro Agrario de Marchamalo de la Junta de Comunidades » de la région espagnole Castilla-La Mancha ;
– Jürgen Tautz, responsable du groupe « abeille » au Centre de biologie de l'université Wuerzburg en Bavière, en Allemagne ;
– Jean-Louis Deneubourg, professeur à l'Université libre de Bruxelles, en Belgique, spécialiste des systèmes d'auto-organisation chez les insectes sociaux (unité d'écologie sociale).

Merci aux collaborateurs des firmes d'agro-chimie qui ont bien voulu entamer avec moi un dialogue ouvert et me faire connaître leurs points de vue sur le monde apicole et sur leurs productions : Jean-Marc Petat, directeur de l'environnement, et Sandrine Le Blond, du service de la communication, du groupe BASF Agro, à Lyon ; Dominique Perret, directeur des recherches, et Yves Le Borgne, directeur de la communication, pour le Groupe Euralis ; Blandine Thuel, responsable du service communication et développement des ventes de la société RAGT Semences.

Mes remerciements sincères et profonds vont enfin aux membres du comité de lecture du Centre national du livre (CNL) sans le soutien desquels cette aventure journalistique n'aurait tout simplement pas été possible.

Imprimé en France par Europe Media Duplication à Lassay-les-Châteaux
N° d'édition : 004909-01 – N° d'imprimeur : 21689
Dépôt légal : août 2009